貿 易 法 規

編 著 者

張 錦 源

學歷：國立臺灣大學經濟系畢業
經歷：國立政治大學國際貿易研究所教授
　　　司法官訓練所講座
　　　中央信託局副局長
現職：國立交通大學經營管理研究所教授
　　　外貿協會培訓中心顧問

白 允 宜

學歷：國立政治大學國貿系學士
　　　國立政治大學國貿系碩士
經歷：崇右企專講師
　　　行政院青輔會講師
現職：中華徵信所副總經理

三 民 書 局 印 行

國家圖書館出版品預行編目資料

貿易法規／張錦源，白允宜著.－－修訂三版一刷.－
－臺北市；三民，民90
　　面；　公分

ISBN 957-14-2378-5　（平裝）
　1.貿易—法令，規則等

558.2　　　　　　　　　　　　　　　84009100

網路書店位址　http://www.sanmin.com.tw

© 貿　易　法　規

著作人　張錦源　白允宜
發行人　劉振強
著作財
產權人　三民書局股份有限公司
　　　　臺北市復興北路三八六號
發行所　三民書局股份有限公司
　　　　地址／臺北市復興北路三八六號
　　　　電話／二五○○六六○○
　　　　郵撥／○○○九九八——五號
印刷所　三民書局股份有限公司
門市部　復北店／臺北市復興北路三八六號
　　　　重南店／臺北市重慶南路一段六十一號
初版一刷　中華民國八十四年九月
修訂二版一刷　中華民國八十七年八月
修訂三版一刷　中華民國九十年三月
編　　號　S 55171-1
基本定價　拾貳元貳角
行政院新聞局登記證局版臺業字第○二○○號

ISBN　957-14-2378-5　（平裝）

編輯大意

一、 本書共包括基本法規、輸出法規、輸入法規、推廣法規、其他貿易管理法規、關務法規、檢驗法規、投資法規及其他法規等九類我國所制定的貿易相關法規。

二、 隨著政府貿易政策日益自由化及國際化，對現行貿易法規的充分瞭解，實屬必要。為配合時效性，本書對於「貿易法」施行之後陸續公布的相關子法均予以介述，期讀者得以一窺我國貿易法規的全貌。

三、 本書編寫採深入淺出方式，力求理論與實務並重，詳細介紹各項貿易法規的制定背景及法令條文，適合學生及社會人士進修考試之用。

四、 本書每章之後，均設有習題，以供學生練習，藉以加強對本書內容的瞭解與印象。

五、 本書疏漏之處在所難免，尚祈先進不吝指正是幸。

編者　謹識
民國八十四年九月

貿易法規

目　次

第四章　貿易推廣法規

第五章　其他貿易管理法規

第六章　關稅法規

第七章　檢驗法規

第八章　投資法規

第一章　基本法規

第一節　貿易法

八十二年二月五日總統⑻華總㈠義字第○四七八號令制定公布

八十六年五月七日總統⑻華總㈠義字第八六○○一○五七四○號令修正公布

八十八年十二月十五日總統⑻華總㈠義字第八八○○二九七四九○號令修正公布

一、前言

　　隨著國際貿易快速蓬勃的發展，我國早已成爲世界貿易大國之一。但是近年來由於國際保護主義興起，各主要貿易國家紛紛採取輸入配額、反傾銷及反仿冒等保護措施，再加上新興工業化國家間的競爭愈形激烈，已使我國對外貿易的拓展面臨劇烈的競爭。爲因應國際貿易情勢的轉變，亟須確立今後我國的對外貿易政策及方針，因此政府參考美、日、德、韓等國貿易法的立法例，予以法制化，制定我國的貿易法。

　　事實上，目前世界主要貿易國家，均制定貿易法以規範對外貿易事務，例如美國制定有一九七四年「貿易法」(Trade Act)、一九七九年「貿易協定法」(Trade Agreement Act)、一九八四年「貿易暨關稅法」(Trade and Tariff Act)及一九八八年「綜合貿易暨競爭力法」(Omnibus Trade and Competitiveness Act)等；德國制定有一九八六年「對外經濟法」(Foreign Trade and Payment Act)；日本制定有「外匯及外國貿易管理法」；韓國制定有

一九八七年「對外貿易法」等。然而我國早期雖然積極拓展對外貿易，但却缺乏有關管理貿易的法律。在貿易法尚未制定前，有關貿易法規僅以「經濟部國際貿易局組織條例」爲基礎，依國際貿易局的職掌而制定。貿易法爲所有有關貿易法規的母法，在貿易法完成法定程序後，相關貿易法規勢必須作適當的修正。

貿易法從研擬初稿至施行歷經十年多，在這段期間內，我國對外貿易關係與貿易環境有極大的轉變。由於民國六十八年起一連串的中美經貿談判，均涉及甚多的法規與制度，行政部門也體認到以「貨品出(進)口審核準則」爲依據而衍生的六、七十種行政命令，在作爲規範貿易活動或對外談判依據上，已缺乏法律規範的效力。因此，經濟部於民國七十一年五月間由國際貿易局成立專案小組，聘請學者專家著手研擬貿易法，而於民國七十四年間完成初稿，次年復由該局召開數次研討會，完成草案的修改，送請經濟部審議。

然而，制訂貿易法勢必使國內市場傾向開放，唯當時國內產業，保護呼聲仍高，因而遲遲未能提出草案。直到民國七十八年初，政府決定積極規劃加入關稅暨貿易總協定(General Agreement on Tariffs and Trade, GATT)，且我國當時亦基於經濟發展需要，或在美國多次談判壓力下採取開放進口、降低關稅、放寬外匯管制等平衡貿易的具體措施，才又重新檢討研擬，以國際規範爲依歸，並考慮我國經貿發展需要，訂定有關條文。七十八年十一月經行政院核定移請立法院審議，立法院於八十年七月通過一讀後，却由於其審議順序一直排在政治議題之後，加上我加入GATT案進展受制於中共因素而無法完成立法，直到八十二年元月因加入GATT入會審查即將於三月底召開，立法院才在三日內通過二、三讀程序。

貿易法草案歷經多次愼重研擬修正，其內容已相當具體而完備，

經經濟部報請行政院審核通過，再送請立法院於八十二年一月十四日三讀通過，完成立法手續，而於民國八十二年二月五日由總統公布實施。其後，爲配合世界貿易組織(World Trade Organization, WTO)成立後的相關規定，於八十六年五月七日修正部分條文，並增訂第二十條之一。從此我國擁有一部符合國際規範並且現代化的貿易法規，並使我國對外貿易活動邁向法制化的新里程，未來我國貿易體制亦將更趨向自由化、制度化及透明化。貿易法主要特點如下：

一、確立自由貿易原則，明示我國對外貿易政策取向。

二、適用範圍擴及附屬於貨品的智慧財產權。

三、明定國際貿易的主管機關。

四、確立貿易互惠原則，並因應變化採取必要的禁止或限制貿易措施。

五、明定諮商解決國際爭端原則。

六、建立貨品負面表列制度，以准許貨品自由輸出入爲原則，限制爲例外。

七、軍事機關輸出入貨品納入貿易管理並列入統計。

八、建立高科技貨品輸出入管制。

九、因應需要採取輸出入配額管理。

十、禁止不公平競爭行爲。

十一、經濟部設置貿易調查委員會。

十二、設置推廣貿易基金。

十三、制定罰責專章與異議處理程序。

　　貿易法全文共計三十七條條文，分爲五章，第一章總則（第一條～第八條），第二章貿易管理及進口救濟（第九條～第二十條之一），第三章貿易推廣與輔導（第二十一條～第二十六條），第四章罰責（第二十七條～第三十三條），第五章附則（第三十四條～第三十七條）。

二、總則

㈠宗旨　第一條規定，「爲發展對外貿易，健全貿易秩序，以增進國家之經濟利益，本自由化、國際化精神，公平及互惠原則，制定本法。本法未規定者，適用其他法律之規定。」

依本條所規定的內容可知，制定本法的目的有三：1.發展對外貿易，2.健全貿易秩序，3.增進國家的經濟利益；制定本法的精神有二：1.自由化，2.國際化；而制定本法的原則有二：1.公平，2.互惠。

由於有關貿易所涉及的事項甚多，因此如果「貿易法」未規定者，可適用其他法律的規定，例如管理外匯條例、關稅法、專利法、商標法及著作權法等。

㈡貿易的定義　第二條規定，「本法所稱貿易，係指貨品之輸出入行爲及有關事項。

前項貨品，包括附屬其上之商標專用權、專利權、著作權及其他已立法保護之智慧財產權。」

國際貿易可分爲有形貿易及無形貿易兩大類，前者指原料、半成品、製成品的商品貿易，而後者指保險、船運、金融、技術等的服務業貿易及國際投資而言。不過本法所規定的貿易係以經濟部國際貿易局所管轄範圍內的有形貿易爲主，亦即指貨品經海關通關的輸出入行爲，而並未包括無形貿易在內。

通常交易的貨品除其有形的硬體部分外，也會包含無形的服務或軟體部分。例如機器、設備、資訊產品、交通工具等貨品的買賣，往往附加商標、專利、安裝、試車、修護及其他軟體的提供等事項在內，而其成本及費用亦已包括在交易價格之中。因此，貿易除貨品本

身外，亦應包括附屬於各該貨品的智慧財產權的部分在內，以配合實際需要。而所謂貿易有關事項，則係指貿易除了進出口買賣行為以外，尚有貿易的管理、輔導、管制及其他以貿易行為為基礎所生的必要事項。

至於本條第一項所規定的貨品，其範圍則依第二項的規定，除了貨品本身以外，尚包括附屬於該貨品之上的智慧財產權在內，但該智慧財產權僅限於依法受到保護的商標專用權、專利權、著作權等權利。若未經法律取得的權利，例如商譽、專門技術等，則係屬當事人之間所約定的權利事項，而並非屬於智慧財產權法所規定而加以保護的範圍。

㈢出進口人的定義　第三條規定，「本法所稱出進口人，係指依本法經登記經營貿易業務之出進口廠商，或非以輸出入為常業辦理特定項目貨品之輸出入者。」依本條規定，出進口人可分為兩類：

1.經登記經營貿易業務的出進口廠商：依本法第九條規定，「公司行號經經濟部國際貿易局登記為出進口廠商者，得經營輸出入業務。」此類出進口廠商係指具有出進口貨物資格的生產業者或貿易商。

2.非以輸入為常業辦理特定項目貨品的輸出入者：係指非以經營貿易為常業的法人、團體或個人，但基於特殊需要，經核准而辦理特定貨品的出進口者，例如教育或研究機構進口自用研究設備，慈善機構出口救濟物資等等。

㈣主管機關　第四條規定，「本法之主管機關為經濟部。

本法規定事項，涉及其他部會或機關之職掌者，由主管機關會商有關機關辦理之。」

我國憲法第一○七條第十一款規定，國際貿易政策由中央立法並

執行之，故貿易法的行政主管機關是隸屬中央政府的經濟部。經濟部之下設有國際貿易局，為貿易的業務主管機關。有關國際貿易局的職掌，請詳見「經濟部國際貿易局組織條例」。事實上，隸屬於經濟部之下有關國際貿易事務的機關除了主管國際貿易政策與法規之規劃、管理、協調及發展的國際貿易局之外，尚包括：

1.工業局：主管工業發展政策與措施的擬訂及推動，也負責管理出進口貨物的製造生產事項。

2.智慧財產局：主管全國專利、商標及智慧財產等業務，也負責管理附屬於出進口貨物之上的商標專用權、專利權、著作權及其他已立法保護的智慧財產權。

3.標準檢驗局：主管農、工、礦、商品檢驗及動植物檢疫，也負責管理出進口貨物品質的檢驗及檢疫事項。

4.投資審議委員會：主管投資審核、技術合作及產業技術引進等事項。

5.貿易調查委員會：主管產業受害調查及貨品進口救濟事項。

6.加工出口區管理處：主管各加工出口區，以促進投資、發展外銷，也負責管理區內的生產及出進口管理事項。

7.法規委員會：主管經濟法規的修訂、編纂及解釋。

8.國際合作處：主管國際經濟及技術合作的聯繫及推動。

9.投資業務處：主管國內外投資計畫的推動、聯繫及追踪。

10.訴願審議委員會：主管依法審議人民提起的訴願及再訴願案件。

11.研究發展委員會：主管國內外經濟政策與措施的研究。

12.駐外商務機構：主管連繫與駐在國的經濟貿易相關事宜，以促進對外經貿關係。包括投資服務中心、經濟參事處、商務專員處、經

濟（商務）組、辦事處等共計六十二處駐外機構。

由於貿易所涉及的事項甚為廣泛，除經濟部主管的上述單位外，與貿易有關的中央機構尚包括：

1.中央銀行：中央銀行外匯局主管外匯。

2.外交部：主管對外商洽經濟與技術援助、駐外使館貿易推展、簽訂商約及貿易協定、協助廠商聯絡參加國際商展事宜。

3.財政部：掌理關稅、緝私、通關等海關業務，監督保險，督導國營事業經營國際貿易。

4.交通部：擴展國際交通電訊及航運業務，審核國際交通電訊、航運、無線電訊器材進口等事項。

5.國防部：主管國防戰略物資採購及輸出管制事宜。

6.教育部：審理教育文化用品的進出口。

7.行政院衛生署：出進口藥品的檢驗登記，對申請進口藥品及衛生器材品名數量的審核及衛生檢疫。

8.司法行政部：各級法院對貿易廠商違犯刑事法令案件的監督。

9.行政院僑務委員會：海外僑商有關貿易與投資業務的聯繫。

10.行政院新聞局：進口出版品及影片的審核。

11.法務部：偵辦廠商對外貿易違犯刑事法令案件。

12.行政院經濟建設委員會：負責經濟研究、設計等相關事宜。

13.行政院農業委員會：主管農產品貿易政策的策劃、協調、配合及審核農產品進口等事宜。

由於經濟部與其他中央機關的地位均為同級機關，而非主屬關係，因此，本條第二項規定，凡是本法所規定的事項涉及相關機關職權者，應由經濟部會商有關機關辦理，俾使相關機關得相互配合。

㈤貿易的禁止或管制　第五條規定，「基於國家安全之目的，主

管機關得會同有關機關報請行政院核定禁止或管制與特定國家或地區
之貿易。但應於發布之日起一個月內送請立法院追認。」

　　國家安全係政府制定或執行政策的最高原則，故應就國家整體立
場，從各方面的影響因素作考量，主管機關經濟部應與其他有關機關
會商，以決定採取禁止或管制與特定國家或地區的貿易措施，再報請
行政院核定。此外，爲了避免行政部門的濫用權力，本條規定行政院
在發布有關貿易之禁止或限制措施一個月內，應送請立法院追認，同
時使該禁制措施具備法律效力。

　　㈥貿易的暫停或採行必要措施　第六條第一項規定，「有下列各
款情形之一者，主管機關得暫停特定國家或地區或特定貨品之輸出入
或採取其他必要措施：

　　1.天災、事變或戰爭發生時。

　　2.危害國家安全或對公共安全之保障有妨害時。

　　3.國內或國際市場特定物資有嚴重匱乏或其價格有劇烈波動時。

　　4.國際收支發生嚴重失衡或有嚴重失衡之虞時。

　　5.國際條約、協定或國際合作需要時。

　　6.外國以違反國際協定或違反公平互惠原則之措施，妨礙我國輸
出入時。」

　　本項所稱的「必要措施」，依「貿易法施行細則」第四條的規
定，包括對輸出入貨品的數量、價格、品質、規格、付款方式及輸出
入方法予以限制，並得於請財政部依法課徵特別關稅。而本項規定得
採行暫停貿易或其他必要措施的對象，可針對特定國家或地區的所有
進出口貨品，或是僅針對特定貨品的輸出入，而不論貿易的國家或地
區。本項的貿易限制措施是屬於緊急應變、暫時性的，如果發生上述
六種狀況時，可使主管機關得以迅速採取適當手段，減少不利影響，

進而確保國家之利益。

　　第六條第二項規定，「前項第一款至第四款或第六款之適用，以對我國經濟貿易之正常發展有不利影響或不利影響之虞者爲限。」除依國際條約、協定或基於國際合作需要以外，經濟部採行暫停貿易或其他必要措施時，應以對我國經貿之正常發展有不利影響或有不利影響之虞者才可適用，亦即如果貿易對手國所採取的手段雖不正當或不公平，但對我國經貿的正常發展並未產生不利影響或無不利影響之虞者，則無採取對該國貿易限制的必要。

　　第六條第三項規定，「主管機關依第一項第四款或第六款暫停輸出入或採行其他必要措施前，應循諮商或談判途徑解決貿易爭端。」利用諮商或談判的手段來解決貿易爭端，是世界貿易組織（WTO）的基本原則，也是近年來各國所採用的方法。本項規定如果我國的國際收支發生嚴重失衡（例如大量的貿易的順差或逆差）或有嚴重失衡之虞，或是外國以違反國際協定或違反公平互惠原則之措施，妨礙我國輸出入時，經濟部在採取暫停貿易或其他必要措施之前，應先經諮商或談判途徑解決，倘若無法解決時，始得採取。

　　第六條第四項規定，「主管機關採取暫停輸出入或其他必要措施者，於原因消失時，應即解除之。」由於採取暫停貿易或其他必要措施並非正常的貿易政策，故當其原因消失時，即無存在之必要，經濟部應立即解除限制。

　　第六條第五項規定，「前條追認規定於本條適用之。」依本法第五條之規定，主管機關採取因應措施之後，應於發布之日起一個月內送請立法院追認。

　　㈦貿易談判與協定　第七條第一項規定，「主管機關或經行政院指定之機關，得就有關對外貿易事務與外國談判及簽署協定、協議。

其所爲談判事項涉及其他機關者，應事先協調。」由於對外貿易所涉及的事項甚多，並非係經濟部一單位所能全部管轄，而且我國並未設立談判之專責機關，因此本條第一項規定對外貿易談判的機關除經濟部外，尙有經行政院指定的機關，以符合實際需要。

第七條第二項規定，「民間機構或團體經主管機關授權者，得代表政府就有關對外貿易事務與外國談判及簽署協議。其協議事項，應報請主管機關核定。」由於我國的國際地位特殊，與外國貿易談判不一定能由政府機關出面辦理，而可能需要以民間爲基礎。因此本條第二項規定凡是民間團體或機構，經主管機關授權者，得代表政府就有關對外貿易事務與外國談判及簽署協議，惟其協議事項須報請主管機關核定。目前我國對外談判利用民間團體與外國進行貿易諮商談判者，以中華民國紡織業外銷拓展會（紡拓會）與各國進行紡織品配額談判最具代表性。

第七條第三及第四項規定，「對外貿易談判所簽署之協定或協議，除屬行政裁量權者外，應報請行政院核轉立法院議決。

協定或協議之內容涉及現行法律之修改或應另以法律定之者，需經完成立法程序，始生效力。」

經談判而簽署的協定或協議爲國家政府的承諾，須負履行義務，因此若非屬於行政機關可自行處理者，應經立法程序成爲法律。此外，如果協定或協議的內容涉及現行法律的修改或應另以法律定之者，亦需要經立法程序，完成修改法律或制定法律的手續後，始發生效力。

㈧公聽會及徵詢意見　第八條規定，「有關經濟貿易事務與外國談判及簽署協定或協議前，主管機關或行政院指定之機關得視需要會同立法院及相關部會或機關舉辦公聽會或徵詢學者專家及相關業者之

意見。」

　　爲求實際效果，舉辦公聽會或徵詢學者專家及相關業者的意見應在與外國談判及簽署協定或協議之前，而非在其過程中或事後。而舉辦公聽會或徵詢意見時是否需要會同立法院及相關部會或機關共同舉辦，則可由主管機關或行政院所指定的機關視需要而定，也可自行辦理。

三、貿易管理及進口救濟

　　㈠出進口人的資格　第九條規定，「公司行號經經濟部國際貿易局登記爲出進口廠商者，得經營輸出入業務。

　　出進口廠商登記管理辦法，由經濟部定之。」

　　以輸出入爲常業的出進口廠商，必須先依「公司法」之規定成立公司，或依「商業登記法」的規定，登記爲行號，然後再依經濟部在八十二年七月九日所公布「出進口廠商登記管理辦法」向國際貿易局辦理登記後，始得經營輸出入業務。

　　第十條規定，「非以輸出入爲常業之法人、團體或個人，得依經濟部國際貿易局規定辦理特定項目貨品之輸出入。」非以輸出入爲常業者，經國際貿易局特別核准而可辦理特定貨物輸出入的出進口人，依本條規定可爲法人 (如學校法人、慈善機構之財團法人等)、團體 (如教會、人民團體等) 以及個人。

　　㈡輸出入自由化與限制　第十一條規定，「貨品應准許自由輸出入。但因國際條約、貿易協定或基於國防、治安、文化、衛生、環境與生態保護或政策需要，得予限制。

　　前項限制輸出入之貨品名稱及輸出入有關規定，由主管機關會商有關機關後公告之。」

為配合國際貿易自由化的趨勢，並積極推動加入世界貿易組織 (WTO)，本條第一項前段確立貨品應以自由輸出入為原則。但是基於下列理由而可限制貨品的輸出入：

1.國際條約、貿易協定（如保護瀕臨絕種野生動物之華盛頓公約，減少環境污染的蒙特婁公約等）。

2.基於國防、治安、文化、衛生、環境與生態保護。

3.貿易政策。

主管機關對於本條第一項所規定的限制，包括限制輸出入的貨品名稱以及限制輸出入的規定均須公告之，以使出進口人知悉。而公告前，亦應由主管機關會商有關機關，例如農委會、衛生署等。

㈢軍事機關的輸出入　第十二條規定，「軍事機關輸出入貨品，由經濟部會同國防部訂定辦法管理之，並列入輸出入統計。」

過去有關軍事機關所需要貨物的輸出入，均列入軍事秘密的範圍，除一般物資外，原則上不對外公開，尤其是經國防部核定的秘密採購案件，更不受審計單位的審計，而其輸出入原則大部分均不列入對外貿易之統計內。但是依本條規定，以後我國軍事機關對貨物的輸出入，將以經濟部會商國防部於八十二年十一月二十九日所制定公布的「軍事機關輸出入貨品管理辦法」作為管理的依據，使軍事機關的輸出入能透明化與制度化。

此外，我國軍事機關對外採購金額龐大，但過去基於保密觀點，大部分並未正式列入對外貿易金額之內，致使對外貿易金額無法正確反映實際情形，而在平衡對外貿易方面遭受頗為不利之結果，因此本條也明定軍事機關之輸出入須列入對外貿易的統計中。

㈣高科技貨品的輸出入　第十三條規定，「為確保國家安全，履行國際合作及協定，加強管理戰略性高科技貨品之輸出入及流向，以利

引進高科技貨品之需要，其輸出入應符合下列規定：

1.非經許可不得輸出。

2.經核發輸入證明文件者，非經許可不得變更進口人或轉往第三國家、地區。

3.應據實申報用途，非經核准不得擅自變更。

輸往管制地區之特定戰略性高科技貨品，非經許可不得經由我國通商口岸過境、轉運或進儲保稅倉庫。

前二項貨品之種類、管制地區，由主管機關會商有關機關後公告之。

第一項及第二項許可之申請條件與程序、輸出入、過境、轉運或進儲保稅倉庫之管理、輸出入用途之申報、變更與限制及其他應遵行事項，由主管機關會商有關機關訂定辦法管理之。」

高科技產品除可提高技術層次及貨物附加價值外，往往亦與軍事用品具有密切的關係，因此為維護本國利益，並藉以引進高科技，乃需建立高科技貨品輸出入管制系統。經濟部依本條之規定，已於八十三年三月三十一日訂定公布「高科技貨品輸出入管理辦法」，以作為管理的依據。

㈤貿易事務之委辦　第十四條第一項規定，「下列事項，經濟部國際貿易局得委託金融機構、同業公會或法人辦理之：

1.貨品輸出入許可證核發事項。

2.貨品輸出入配額管理事項。

3.其他有關貨品輸出入審查、登記事項。」

雖然有關貿易的主管機關為經濟部，而國貿局為貿易業務的主辦機關。但事實上，為便利廠商輸出入貨品，擴大工商團體參與政府經貿事務，為配合實務運作需要，不少實際作業及事務，需要配合或委

託其他機構代辦，較爲方便。依本條之規定，國貿局得委託金融機構、同業公會或法人辦理的事項包括：貨品輸出入許可證之核發、貨品輸出入配額之管理，以及其他有關貨品輸出入的審查、登記。關於貨品輸出入許可證的核發及紡織品輸出入配額之管理，已由國貿局委託簽證銀行（我國的外匯銀行）及紡拓會辦理。至於其他有關貨品輸出入之審查、登記事項，目前國貿局則委託下列四同業公會辦理出口核章：臺灣區罐頭食品工業同業公會、臺灣區花卉輸出同業公會、臺灣區蔬果輸出業同業公會及臺灣區冷凍蔬果工業同業公會，以維持計劃性產銷及有秩序的出口。

第十四條第二項規定，「金融機構、同業公會或法人辦理前項之受託業務，應受經濟部國際貿易局監督。並於必要時，赴立法院備詢。其工作人員就其辦理受託事項，以執行公務論，分別負其責任。」

金融機構的監督權原是屬於財政部及中央銀行，而同業公會的監督權則是屬於內政部。不過，既然由經濟部國際貿易局委託辦理貿易業務，則該業務範圍應受國際貿易局的監督，以求委託業務之執行能徹底。此外，受委託的金融機構、同業公會或法人，於必要時應赴立法院備詢。而受委託單位其承辦的工作人員就各該承辦的工作，應以執行公務論，分別負擔法律責任。例如收取不法金錢，將構成貪污罪；若有不實的記載，將構成僞造公文書之罪等等，以加重其責任。

㈥貨品輸出入管理辦法　第十五條規定，「出進口人輸出入依本法規定限制輸出入之貨品或依第十條規定辦理特定貨品之輸出入，經核發輸出入許可證者，應依許可證內容辦理輸出入。

貨品輸出入許可證之核發、更改及有效期限、產地標示、商標申報及其他輸出入管理應遵行事項之管理辦法，由主管機關定之。」過去，

廠商於輸出貨品時，須依照「廠商申請輸出貨品辦法」辦理，而於輸入貨品時，須依照「廠商申請輸入貨品辦法」辦理。目前，經濟部已依本條規定，分別在八十二年七月先後公布實施「貨品輸入管理辦法」及「貨品輸出管理辦法」，包括輸出入規定、商標標示、產地標示、簽證規定等，以作為廠商辦理貨品輸出入時的依據。

㈦輸出入配額 第十六條第一及第二項規定，「因貿易談判之需要或履行協定、協議，經濟部國際貿易局得對貨品之輸出入數量，採取無償或有償配額或其他因應措施。

前項輸出入配額措施，國際經貿組織規範、協定、協議、貿易談判承諾事項或法令另有規定者，依其規定；未規定者，應分開標售。」

雖然貿易自由化為國際趨勢，但各國為了保護國內產業，對於若干貨品的進口或出口採用配額（Quota）制度，以限制貨物的進出口數量。原則上，輸出入貨品的配額，應是依據進出口國家間的談判、協定或協議等為基礎，而由主管機關設定者。但是由於貿易對手國不一定與我國具有正式邦交關係，致使若干國家對我國產品的進口採取單方面限制，而非經雙方談判、協定或協議。

關於配額的分配及管理，依經濟部於八十二年五月三日公布實施的「紡織品出口配額處理辦法」規定，紡織品配額分為計畫性配額及臨時性配額兩類。其中，計畫性配額係依業者出口實績核配，當為無償；而臨時性配額則是依據業者的實際需要，由業者申請核配，原則上亦屬於無償，但是如果申請額度超過所能核配的熱門類臨時性配額時，則採用比例核配、統一比價、有價申配等方式核配。

此外，有關輸出入配額的相關措施，如果國際經貿組織規範（例如WTO或GATT有關輸出入配額的國際規範等）、我國與外國所簽訂的協定或協議（包括我國已參加或雖未參加而為一般國家承諾共同遵

守的國際多邊組織所簽署的協定或協議，例如有關紡織品配額的「多種纖維協定」等)、我國與外國貿易談判的承諾事項 (例如中美紡織品貿易談判等)，或是我國法令 (例如「紡織品出口配額處理辦法」等) 有特別的規定時，當然必須從其規定；但是如果沒有任何相關規定時，原則上所有的輸出入配額均應採取公開標售的方式處理。

第十六條第三項規定，「出進口人輸出入受配額限制之貨品，不得有下列行為：

1. 偽造、變造配額有關文件或使用該文件。
2. 違規轉運或規避稽查。
3. 不當利用配額致破壞貿易秩序或違反對外協定或協議。
4. 逃避配額管制。
5. 未依海外加工核准事項辦理。
6. 利用配額有申報不實情事。
7. 其他妨害配額管理之不當行為。」

凡出進口廠商如果輸出入的貨品屬於應受配額管制者，均不可違反各項管理規定或出現上述七種行為，否則依「貿易法」第二十九條規定，將可能被經濟部國際貿易局處以罰鍰、收回配額或停止該項貨品一定期間內輸出、輸入、輸出入，並得取銷實績、停止申請配額資格，或撤銷其出進口廠商登記的處分。

第十六條第四項規定，「輸出入配額，不得作為質權或強制執行之標的。除特定貨品法令另有規定外，無償配額不得轉讓。」

配額係屬於國家所有，而非歸於屬私有的權利。主管機關將配額依業者之出口實績為基礎核配或依業者的實際需要經特定手續後核配，故其權利係屬行政上之措施，非基於法律所賦與之權利，不具備固定性與安定性。因此，本項明確規定輸出入配額，不得作為質權或

強制執行的標的，以免在認定上產生問題。另一方面，就國家整體利益而言，如何使配額得到最有效的利用，並使實際需要配額的業者能順利以合理代價取得不足配額，實爲主管機關管理配額最主要的事項。因此，主管機關將配額轉讓的事項宜加以限制，依「紡織品出口配額處理辦法」的規定，紡織品配額雖准予轉讓，以達到互通有無之目的，但無償配額原則上是不可以轉讓的。廠商辦理配額轉讓時應向紡拓會辦理登記，而且其轉讓方式、期限亦有限制。

　　第十六條第五項規定，「輸出入配額之分配方式、程序、數量限制、利用期限、受配出進口人之義務及其有關配額處理管理事項，由主管機關依各項貨品之管理需要分別訂定辦法管理之。」我國目前除「紡織品出口配額處理辦法」之外，過去尚有「輸英鞋類出口配額處理辦法」、「輸法鞋類出口配額處理辦法」、「輸英電子產品出口配額處理辦法」、「輸美工具機出口配額處理辦法」等，均屬有關工業產品的出口配額處理規定。

　　㈥禁止出進口人的違規行爲　第十七條規定，出進口人不得有下列之行爲：

　　1.侵害我國或他國依法保護之智慧財產權。智慧財產權包括商標專用權、專利權及著作權等，是依據商標法、專利法及著作權法等各有關法律，經申請各主管機關核准而取得的權利。違反各該法律規定，侵害他人權利者，除負刑事責任以外，尚需負損害賠償責任。我國有關輸出貨品的仿冒問題規定於「貨品輸出管理辦法」第三章商標之標示及第四章附有著作之貨品之輸出中，以禁止不法出口廠商的仿冒商標及侵犯著作權行爲，以免遭進口國海關或法院查扣而受重大損失。

　　2.未依規定標示來源識別、產地或標示不實。各國對出進口貨品的來源或產地標示均甚爲重視，以便與本國產製的貨品有明確的區別，

同時亦可使消費者得以辨別各種貨品的產製國家，以保護消費者的權益。另一方面，出口國亦會規定出口貨品應標示來源或產地國，俾使進口國消費者得知悉貨品來源，而收到推銷的效果，同時亦可防止他國較劣貨品的不當競爭。我國有關輸出貨品的產地標示問題，規定於「貨品輸出管理辦法」第五章產地之標示中。此外，我國「商品標示法」對外銷商品的標示亦有規定。

3.未依規定申報商標或申報不實。出進口貨物不論有無使用商標，出進口廠商均應在出進口報單上明確記載，若有虛偽記載者，將構成偽造文書之罪而受罰。

4.使用不實之輸出入許可證或相關貿易許可。證明文件。出進口廠商若偽造或使用內容不實的輸出入許可證或其他貿易許可文件進行貿易活動時，也將構成偽造文書之罪而依本法第二十八條受罰。

5.未依誠實及信用方法履行交易契約。如果交易的一方違反契約約定屬於故意者，可能會構成詐欺行為，將受刑法處分，並負損害賠償責任；如果屬於過失者，則僅構成民事法上損害賠償責任。不過自本條規定以後，出進口廠商若未依誠實及信用方法履行契約者，除了上述刑事或民事責任外，亦將受到本法第二十八條的處分。

6.以不正當方法擾亂貿易秩序。本款所規定的「不正當方法」範圍包括不合理價格傾銷、聯合壟斷、配額之惡用（以多報少或種類之虛報等）、產地之偽報等不公平貿易行為。

7.其他有損害我國商譽或產生貿易障礙之行為。除上述各種情形之外，目前各國對於保護稀有動物、保護環境等問題亦甚重視。如果不法商人進口象牙、犀牛角等國際間禁止買賣的貨物，將遭受國際團體的指責甚或發起抵制進口我國貨物等行為，而傷害我國之對外貿易，故亦應加以禁止。

㈨**進口救濟**　第十八條第一項規定，「貨品因輸入增加，致國內生產相同或直接競爭產品之產業，遭受嚴重損害或有嚴重損害之虞者，有關主管機關、該產業或其所屬公會或相關團體，得向主管機關申請產業受害之調查及進口救濟。」本條所規定的進口救濟，並不包括出口國之補貼或傾銷兩種情形，而於第十九條另行規定。

貿易自由化以後，市場大幅開放的結果，國外貨品的輸入勢必急遽或大量增加，而可能影響國內相關產業的生存或發展。因此，受害產業的主管機關、業者、公會或相關團體得向經濟部申請受害的調查。但是依照國際慣例，須以國內生產相同或直接競爭產品的產業遭受嚴重損害或有嚴重損害之虞者為限。經調查屬實，即成立進口救濟案件，應按國際慣例採取適當的救濟措施，例如調整或提高關稅，設定輸入配額，限制輸入或與輸出國諮商，要求自動限制其輸出數量等。

第十八條第二項規定，「經濟部為受理受害產業之調查，應組織貿易調查委員會，其組織規程由經濟部另訂之。」經濟部已於八十三年三月十一日制定公布「經濟部貿易調查委員會組織規程」，成立貿易調查委員會以客觀、合理、公平立場，執行調查工作。

第十八條第三項規定，「第一項進口救濟案件之處理辦法，由經濟部會同有關機關擬訂，報請行政院核定後發布之。其屬主管機關依世界貿易組織紡織品及成衣協定公告指定之紡織品進口救濟案件處理辦法，由經濟部擬訂，報請行政院核定後發布之。」在自由開放的經濟體制下，為了使國內產業在市場開放與本身產銷間獲致適當的調適，以避免國外產品的大量進口導致國內產業遭受嚴重的損害，經濟部已會同有關機關，包括財政部、農業委員會等，共同制定「貨品進口救濟案件處理辦法」，並由行政院於八十三年六月一日公布實施。此外，經

濟部也根據世界貿易組織(WTO)有關紡織品及成衣協定的內容，於八十八年六月二日發布「紡織品進口救濟案件處理辦法」，處理因紡織品輸入數量增加，導致國內生產相同或直接競爭產品的產業，受嚴重損害或有嚴重損害之虞的調查及進口救濟案件。

㈩補貼與傾銷案件之處理　第十九條規定，「外國以補貼或傾銷方式輸出貨品至我國，對我國競爭產品造成實質損害、有實質損害之虞或對其產業之建立有實質阻礙，經經濟部調查損害成立者，財政部得依法課徵平衡稅或反傾銷稅。」

所謂「補貼」係指進口貨物在輸出或產製國家之製造、生產、外銷運輸過程，直接或間接領受獎金或其他金錢上的協助行為，而使出口業者對出口貨品減少支出或回收部分成本，從而提高貨品在國際市場的競爭力。所謂「傾銷」係指進口貨物以低於同類貨物之正常價格銷售。而正常價格，係指在通常貿易過程中，在輸出國或產製國國內可資比較的銷售價格。

依本條規定，若要財政部依法課徵平衡稅或反傾銷稅，不但要財政部調查有補貼或傾銷的事實，而且必須經經濟部證實補貼或傾銷的結果對我國競爭產業造成實質損害、有實質損害之虞或對其產業之建立有實質阻礙，才得成立。是故這兩個條件必須同時存在，而且須具有因果關係。

一般而言，損害調查將以我國競爭產品生產業者所提供的資料，及主管機關實地調查的結果，或依據各該產業的經營情形與其價格變動情況來認定。主要調查事項包括：

1.該進口貨物之進口數量：包括進口增加的絕對數量及與國內生產量或消費量比較的相對數量。

2.國內同類貨物市價所受的影響：包括國內同類貨物因該進口貨

物而減價或無法提高售價的情形，及該進口貨物的價格低於國內同類貨物的價格狀況。

3.對國內有關產業的影響：包括各該產業下列經濟因素所顯示的趨勢：⑴生產狀況。⑵生產設備利用率。⑶存貨狀況。⑷銷貨狀況。⑸市場占有率。⑹出口能力。⑺銷售價格。⑻獲利狀況。⑼投資報酬率。⑽僱用員工情形。

事實上，「關稅法」第四十六條及第四十六條之一已分別規定有關課徵平衡稅及反傾銷稅事項，財政部並於七十三年七月三日公布實施「平衡稅及反傾銷稅課徵實施辦法」，主動或受申請辦理平衡稅及反傾銷稅案件。但自「貿易法」實施後，有關進口救濟之案件，財政部將於經濟部調查損害成立後，再行課徵平衡稅或反傾銷稅。

(十一)輸出入同業公會的監督輔導　第二十條規定，「主管機關對輸出、入有關同業公會之業務，應負監督及輔導之責，其監督輔導辦法，由經濟部會同內政部定之。」輸出、入有關同業公會是屬於商業團體，依據「商業團體法」的規定，商業團體屬於民間團體組織，而凡是民間團體均須依法向內政部登記，由內政部負監督與輔導責任。不過，有關輸出入的同業公會，是由出進口廠商所組成的，性質較為特殊，故其登記及管理機關雖為內政部，但其監督與輔導則應屬於貿易主管機關較適當。不過，經濟部在訂定輸出入有關同業公會的監督輔導辦法時，也應知會其主管機關內政部，以求彼此的配合。

(十二)裝運前檢驗　第二十條之一規定，「受外國政府委託在我國執行裝運前檢驗者，其檢驗業務應受主管機關監督。

世界貿易組織裝運前檢驗協定爭端解決小組所為之決定，有拘束裝運前檢驗機構及出口人之效力。

裝運前檢驗監督管理辦法，由經濟部定之。」

所謂裝運前檢驗(pre-shipment inspection，簡稱PSI)，係指在貨物裝運出口前，必須經由指定的公證機構實施檢驗。若貨物經檢驗合格，則推定出口人已履行買賣契約規定的交貨義務。一般多由民間的公證行執行裝運前檢驗，惟本條所規定者係爲受外國政府委託在我國執行的情況，因此經濟部須另訂辦法來規範。

依本條第三項的規定，經濟部訂定了「裝運前檢驗監督管理辦法」，主要條文內容如下：

1.本辦法之主管機關爲經濟部，其檢驗業務之監督管理由國際貿易局（以下簡稱貿易局）執行之。

2.本辦法所稱裝運前檢驗機構(以下簡稱檢驗機構)，指受進口國政府委託或授權，對我國輸出至該進口國之貨品執行裝運前檢驗之機構。

3.本辦法所稱裝運前檢驗，指檢驗機構對輸出至進口國之貨品執行關於品質、數量、價格或關稅稅則分類等之一切查證行爲。

4.檢驗機構應於開始執行裝運前檢驗三十日前，檢附其與進口國政府簽訂受託或被授權執行裝運前檢驗之契約報請貿易局備查。

前項契約內容如有變更時，應於變更之日起三十日內報請貿易局備查。

前二項契約內容如以外文爲之，應檢附中文譯本。

5.檢驗機構執行裝運前檢驗之程序、標準及檢驗方式，對所有出口人應具有一致性。

6.檢驗機構應主動提供出口人關於檢驗程序之資料。

7.出口人得向檢驗機構要求提供下列資料：

(1)具體檢驗程序、項目及標準。

(2)進口國政府關於裝運前檢驗活動之法律與規章之參考索引。

(3)第 17 點所規定設置之申訴程序。

8.檢驗機構之檢驗程序如有修正，除已於安排檢驗日前事先通知出口人外，不得依修正後之檢驗程序執行。

9.檢驗機構進行品質及數量之檢驗時，應依出進口人約定之標準；如無約定標準時，應依相關國際標準為之。

10.檢驗機構查證出進口人間之契約價格，除能證明已依以下第 11 點及第 12 點之原則認定者外，應以出進口人間約定之價格為契約價格。

11.檢驗機構查證出進口人間之契約價格，應依下列原則辦理。但進口國政府另有規定者，從其規定：以在相同或接近時間內，從我國輸出相同或類似之貨品，於競爭及相類似之銷售條件下，並符合通常商業實務，且扣除任何標準折扣後之價格，作為查證出口價格之比價標準。應同時考量出進口人之契約條款及下列因素：

(1)交易層次及買賣之數量。

(2)交貨期間及條件。

(3)品質規格。

(4)特別設計項目。

(5)特別裝運或包裝規格。

(6)訂購規模。

(7)現貨買賣。

(8)季節影響。

(9)授權費或其他智慧財產權費。

(10)其他經貿易局認定之因素。

運輸費用之查證，以出進口人契約所約定在我國境內運輸方式之價格為準。

前項第一款之比價應依下列規定辦理：採用之參考價格應具有合理之計價基礎，並應考量進口國及被使用作為價格比較國家之相關經濟因素。

在價格查證之任何階段，應予出口人解釋其價格之機會。

12.檢驗機構查證出進口人間之契約價格時，下列項目不得列入查證。但進口國政府另有規定者，從其規定：

⑴在進口國生產並在該國境內銷售之貨品價格。

⑵非自我國輸出貨品之價格。

⑶生產成本。

⑷武斷或虛構之價格或價值。

⑸在我國之零售價格。

13.檢驗機構執行查證取得未經公布、第三人通常無法取得或非屬於公眾已知之資料，均應以商業機密處理。

前項商業機密處理程序由檢驗機構訂定並報請貿易局備查；變更時，亦同。

14.檢驗機構不得要求出口人提供下列資料：

⑴關於已獲得專利、專利授權、未公開之製造方法或關於專利申請中之製造方法。

⑵向未公開之技術。但為證明符合進口國或國際之技術規範或標準者，不在此限。

⑶包括製造成本在內之內部定價。

⑷利潤水準。

⑸出口人與其供應者間之契約。但未提供致檢驗機構無法進行檢驗者，得要求提供該契約必要範圍之資料。

15.檢驗機構進行檢驗貨品時，應避免不合理之遲延。檢驗機構與

出口人就檢驗日期達成協議後，除雙方同意、或因出口人之行為、或因不可抗力之事由，得另行安排檢驗日期外，檢驗機構應於該日期進行檢驗。

16.檢驗機構應於完成檢驗後五日內，簽發清潔報告單予出口人或進口人；如未簽發清潔報告單時，應給予詳細之書面理由，並予出口人提供書面意見之機會，且於出口人請求時，儘速安排重驗。但進口國政府另有規定者，從其規定。清潔報告單上文字有錯誤時，檢驗機構應更正，並將更正後之資料儘速送達相關之當事人。

17.檢驗機構應在其各個辦公處所指定主管人員，於營業時間內接受及處理出口人之申訴。出口人於申訴時，應以書面提出與交易相關之事實、申訴內容及建議之解決方式。依上述所指定之人員對出口人之申訴，應於接獲申訴文件後，儘速作成決定。

18.檢驗機構與出口人得以協議方式解決爭議。於世界貿易組織協定在中華民國管轄區域內生效之日起，出口人如依第17點規定向檢驗機構提出申訴後二日內未能解決爭議時，任何一方均得依世界貿易組織裝運前檢驗協定之規定，提付獨立之審查程序進行爭議處理。

19.出口人依第17點規定向檢驗機構提出申訴後二日內未能解決爭議時，得於獲知爭議未能解決之日起十四日內向貿易局提出調解之書面申請，並應副知檢驗機構。貿易局應於雙方當事人同意進行調解後二日內，成立調解小組處理爭議。

20.貿易局應建立調解小組共同調解人名冊，由貿易局、進出口公會、公證公會推薦人選，並每年更新一次。調解小組置共同調解人三人，由貿易局自共同調解人名冊遴選之。調解小組置召集人一人，由貿易局派兼之，處理調解小組行政、文書事務。共同調解人與調解案件有利害關係者應迴避。但當事人一方知悉共同調解人對調解案件有

利害關係，而未提出異議者，不在此限。共同調解人拒絕或無法進行調解工作時，貿易局應更換人選。

21.調解小組會議由召集人召集並主持會議。召集人除有不可抗力之原因外，應於開會二日前通知共同調解人開會。調解小組應給予雙方當事人公平合理之陳述機會；必要時，並得要求雙方當事人提供相關文件資料。調解小組應於成立後七日內作成建議調解結果，並至少應經二位共同調解人之同意；必要時，得延長一次，但不得逾七日，並通知雙方當事人。

22.調解小組應就第 21 點作成之建議調解結果通知雙方當事人。雙方當事人應於七日內決定是否接受建議調解結果，並以書面通知調解小組。

23.調解案件有下列情形之一者，得終止調解：

⑴雙方當事人自行達成協議。

⑵調解無法達成預期結果或無繼續進行調解之必要。

⑶申請調解之一方撤回申請。

前項調解之終止，調解小組應以書面通知雙方當事人。

四、貿易推廣與輔導

㈠推廣貿易基金　第二十一條第一項及第二項規定，「為拓展貿易，因應貿易情勢，支援貿易活動，主管機關得設立推廣貿易基金，就出進口人輸入之貨品，由海關統一收取最高不超過輸出入貨品價格萬分之四‧二五之推廣貿易服務費。但因國際條約、協定、慣例或其他特定原因者，得予免收。

推廣貿易服務費之實際收取比率及免收項目範圍，由主管機關擬訂，報請行政院核定。」

　　由於我國的貿易業者多屬於中小企業，不少對外貿易的活動都需要依賴團體或統合性力量，始能收到預期效果。因此，推廣貿易基金的設置將有利於支援各項貿易活動，對於拓展對外貿易助益很大。依第一項規定，設立推廣貿易基金的目的有三：一為拓展貿易，包括新市場的開發及特殊產品或新產品的市場開發等；二為因應貿易情勢，包括貿易的談判、協議及諮商等；三為支援貿易活動，包括獎勵促進貿易績效、國內外貿易資料的調查統計、依本法第十四條規定委辦貿易事務、有關貿易事務的研究、邀請外國學者專家、貿易業者或貿易官員等。

　　本基金主要來源係由海關在辦理貨物進出口通關手續時，以推廣貿易服務費項目一併徵收。而其徵收金額依本條第一項及第二項規定，海關所徵收的推廣貿易服務費最高原條文訂為進出口貨物價格的萬分之五。不過，關於本條規定，立法院在制定「貿易法」時也做了如下的附帶決議，「第二十一條部份，經濟部每年應定期檢查並調整推廣貿易服務費率，以減輕業者之負擔。」因此，推廣貿易服務費實際徵收的費率應由經濟部依實際需要擬訂適當比率，報請行政院核定或調整。依目前最新修正條文的規定，推廣貿易服務費係依最高不超過輸出入貨品價格的萬分之四‧二五，由海關統一向出進口人收取。此外，主管機關經濟部可因國際條約、協定、慣例或其他特定原因，而規定免收推廣貿易服務費。有關免收推廣貿易服務費的範圍，詳見本章第二節「貿易法施行細則」第十八條規定內容。

　　第二十一條第三及第四項規定，「第一項基金之運用，應設置推廣貿易基金管理委員會，其委員應包括出進口人代表，且不得少於四分之一。

　　推廣貿易基金之收支、保管及運用辦法，由行政院定之。」

　　行政院已於八十二年十一月八日公布實施「推廣貿易基金收支保管及運用辦法」，並設置「推廣貿易基金管理委員會」負責處理本基金之收支、保管及運用。依本條規定，該委員會十九席委員中共計有五名出進口人代表，包括中華民國全國商業總會一人、中華民國全國工業總會一人、臺灣省進出口商業同業公會聯合會一人、臺北市進出口商業同業公會一人、高雄市進出口商業同業公會一人，使該基金之運用能更配合業者的實際需要。

　　㈡排除不公平貿易障礙　第二十二條規定，「主管機關應協助出進口廠商，主動透過與外國諮商或談判，排除其在外國市場遭遇之不公平貿易障礙。」

　　由於我國出進口廠商的經營規模較小，而且大部份貿易對手國與我國並無正式邦交，故業者在外國市場的各種貿易活動，可能會受到相當的阻力或不公平待遇。這些不公平貿易障礙主要包括關稅及非關稅障礙，其範圍相當廣泛，例如進口配額、關稅的差別待遇、行銷活動的限制等。因此，經濟部應主動與外國諮商或談判，以排除不公平貿易障礙，使我國出進口廠商得與其他國家業者享受相同的待遇。

　　㈢推動配合輔導措施　第二十三條規定，「為因應貿易推廣之需要，行政院得指定有關機關推動輸出保險、出進口融資、航運發展及其他配合輔導措施。」

　　本條所規定事項是經濟部所主管事項以外，有關貿易的配合輔導措施。為推展對外貿易、加強分散國外市場及提高進出口業者的競爭能力，除貿易主管機關之管理及輔導外，尚需要其他有關機關業務的配合，以扶助貿易業者。這些配合輔導措施包括由財政部管轄的輸出入銀行辦理輸出保險、出進口融資，交通部主管航運事業的發展，以及其他如外貿協會貿易人才培訓中心的貿易人才培訓，外貿協會包裝

實驗所的出口貨物包裝改良，以及紡拓會對出口紡織品的研究、設計及開發等。

㈣貿易文件或資料的檢查與保密　第二十四條規定，「經濟部國際貿易局因管理需要，得通知出進口人提供其業務上有關之文件或資料，必要時並得派員檢查之，出進口人不得拒絕；檢查時檢查人應出示執行職務之證明文件，其未出示者，被檢查者得拒絕之。」國際貿易局為明瞭貿易業者經營狀況是否有違規行為，例如仿冒、傾銷、進出口違禁品、配額不當使用等，或對外談判的需要，得通知出進口人提供業務上有關文件或資料，並可於必要時派員實地檢查，俾獲得正確資料，但是檢查員須出示證件，否則出進口人得拒絕接受檢查。

第二十五條規定，「業務上知悉或持有他人貿易文件或資料足以妨礙他人商業利益者，除供公務上使用外，應保守秘密。」貿易主管機關因業務上知悉或持有他人貿易文件，例如信用狀、報價單、輸出入許可證、提單等，均載有買賣雙方的交易條件，包括價格、數量、供應來源、廠商名稱及地址等，由於涉及經營者商業機密，為尊重商業隱私權，維持良好秩序，因此本條規定除供公務上使用外，必須加以保密。

㈤貿易糾紛的處理　第二十六條規定，「出進口人應本誠信原則，利用仲裁、調解或和解程序，積極處理貿易糾紛。

主管機關應積極推動國際貿易爭議之仲裁制度。」

貿易糾紛之處理，雖屬於當事人間的問題，但是，國際貿易局為確保國際信譽，對業者的履約問題，特別在第五組設一個單位協助業者處理貿易糾紛，並辦理貿易糾紛的協調工作。有關貿易糾紛的處理，當事人應基於誠信原則及善意的立場，先行協商和解，若仍無法解決者，得請求第三者介入，經調解或提起仲裁或訴訟等方式解決。

不過，由於仲裁判斷的效力與法院終結判決具有相同效力，因此通常是以仲裁方式代替訴訟。由當事人在買賣契約中規定仲裁條款，約定若無法由雙方當事人處理契約糾紛時，願意經由指定之仲裁機構，依約定的仲裁規則，以仲裁人的判斷而解決。依據我國現行「仲裁法」，並配合法務部推動商務仲裁制度，廠商宜多利用仲裁、調解或和解程序解決糾紛。

五、罰則

(一)違反戰略性高科技貨品輸出入管制的處分　第二十七條規定，「輸出入戰略性高科技貨品有下列情形之一者，處二年以下有期徒刑、拘役或科或併科新臺幣三十萬元以下罰金：

1.未經許可輸往管制地區。

2.經核發輸入證明文件後，未經許可於輸入前轉往管制地區。

3.輸入後未經許可擅自變更原申報用途，供作生產、發展核子、生化、飛彈等軍事武器之用。

法人之代表人、法人或自然人之代理人、受雇人或其他從業人員，因執行業務犯前項之罪者，除處罰其行為人外，對該法人或自然人亦科以前項之罰金。」

第二十七條之一規定，「有前條第一項各款所定情形之一者，由經濟部國際貿易局停止其一個月以上一年以下輸出、輸入或輸出入貨品或撤銷其出進口廠商登記。」

第二十七條之二規定，「輸出入戰略性高科技貨品有下列情形之一者，經濟部國際貿易局得處新臺幣三萬元以上三十萬元以下罰鍰或停止其一個月以上一年以下輸出、輸入或輸出入貨品或撤銷其出進口廠商登記：

1.未經許可輸往管制地區以外地區。

2.經核發輸入證明文件後，未經許可變更進口人或轉往管制地區以外之第三國家、地區。

3.輸入後未經許可擅自變更原申報用途，而非供作生產、發展核子、生化、飛彈等軍事武器之用。

違反第十三條第二項規定之特定戰略性高科技貨品，海關得予扣押，經主管機關會商有關機關後視需要退運或沒入。」

在「貿易法」所規定的處罰罰則中，以規定在第二十七條、二十七條之一及二十七條之二等三條文中有關違反戰略性高科技貨品輸出入管制的處分最重，因為除了一如其他罰則中所採用的罰鍰，或停止出進口廠商一定期間輸出、輸入或輸出入貨品，或撤銷其出進口廠商登記等處罰之外，是唯一會對違規的行為人處以有期徒刑或拘役的，而且對於該行為人的雇主、代理委託人或法人（即企業體）也會連帶科以新臺幣三十萬元以下的罰金。

㈡違反其他輸出入管制或其他不法行為的處分　第二十八條規定，「出進口人有下列情形之一者，經濟部國際貿易局得予以警告或處新臺幣三萬元以上三十萬元以下罰鍰或停止其一個月以上一年以下輸出、輸入或輸出入貨品：

1.違反第五條規定與禁止或管制國家或地區為貿易行為。

2.違反第六條第一項規定之暫停貨品輸出入行為或其他必要措施者。

3.違反第十一條第二項限制輸出入貨品之規定。

4.違反第十五條第一項規定，未依輸出入許可證內容辦理輸出入。

5.有第十七條各款所定禁止行為之一。

6.違反第二十四條規定，拒絕提供文件、資料或檢查。

7.違反第二十五條規定，妨害商業利益者。

有前項第一款至第五款規定情形之一，其情節重大者，經濟部國際貿易局除得依前項處罰外，並得撤銷其出進口廠商登記。」

㈢違反輸出入配額處理辦法的處分　第二十九條規定,「出進口人有第十六條第三項第一款至第四款規定情形之一者，經濟部國際貿易局得視情節輕重處新臺幣六萬元以上三十萬元以下罰鍰、收回配額或停止該項貨品三個月以上六個月以下輸出、輸入、輸出入，並得取銷實績、停止申請配額資格，或撤銷其出進口廠商登記。

出進口人有第十六條第三項第五款至第七款規定情形之一者，經濟部國際貿易局得予以警告或處新臺幣三萬元以上十五萬元以下罰鍰、收回配額或停止該項貨品一個月以上三個月以下輸出、輸入、輸出入，並得取銷實績、停止申請配額資格。

為防止涉嫌違規出進口人規避處分，在稽查期間，經濟部國際貿易局得對其所持之配額予以全部或部分暫停讓出或凍結使用。」

㈣輸出入貨品的暫停　第三十條規定,「出進口人有下列情形之一者，經濟部國際貿易局得暫停其輸出入貨品。但暫停原因消失時，應即回復之:

1.輸出入貨品仿冒或侵害我國或他國之智慧財產權,有具體事證。

2.未依第二十一條第一項規定繳納推廣貿易服務費者。

因前項第一款情形而暫停輸出入貨品之期間，不得超過一年。」本條係規定如果輸出入貨品仿冒或侵害智慧財產權的行政處分，以暫停輸出入貨品一年為最高處分，但是如果未依規定繳納推廣貿易服務費者，則不在此限。惟若處罰原因消失時，則應立即恢復出進口人輸出入貨品的權利。

㈤受停止輸出入處分前的交易　第三十一條規定,「依第二十七條

之一、第二十七條之二第一項或第二十八條至第三十條規定受停止輸出入貨品之出進口人，其在受處分前已成立之交易行為，經經濟部國際貿易局查明屬實者，仍得辦理該交易行為貨品之輸出入。」

原則上，如果出進口人受停止輸出入貨品的處分者，在受處分期間不得辦理貨品之輸出入，但本條特別作例外的規定。對於受處分前所成立的交易，業者必須提出買賣契約書或其他成立買賣的書面證據，再經國際貿易局認定後，仍得辦理該項交易。

出進口廠商在訂定買賣契約之後，便應負擔履行契約義務。倘若出進口廠商受停止輸出入貨品的處分而不能履行契約義務者，是否會構成不可抗力事故而不予履約，尚有疑義，但是為避免發生國際貿易糾紛，保障善意行為的相對方，故作如此規定。

㈥貿易處分的異議　第三十二條規定，「依第二十七條之一、第二十七條之二第一項或第二十八條至第三十條規定受處分者，得向經濟部國際貿易局聲明異議，要求重審，經濟部國際貿易局應於收到異議書之次日起二十日內決定之；其異議處理程序及辦法，由經濟部定之。

對前項異議重審結果不服者，得依法提起訴願及行政訴訟。」

本條係規定受處分業者若不服國際貿易局處分的救濟手段。如果業者認為國際貿易局所決定的處分不符合實際情形，或者有正當理由者，得向國際貿易局以書面方式提出異議聲明，並要求國際貿易局重新審查認定。國際貿易局在收到業者重審之請求時，應在收到異議書第二天起算的二十天內審定異議書。關於業者提出異議的程序，經濟部已於八十二年七月十六日公布實施「貿易處分案件聲明異議處理辦法」，業者須依據此辦法之規定，提出異議及重審，而國際貿易局亦須依據此辦法處理。

如果業者對國際貿易局異議重審結果不服者得依「訴願法」第一

條（人民對於中央或地方機關之行政處分，認爲違法或不當，致損害其權利或利益者，得依本法提起訴願。）及第四條第八款（不服中央各部、會、行、處、局、署所屬機關之行政處分者，向各部、會、行、處、局、署提起訴願。）規定向經濟部提起訴願。業者若經上述訴願手續之後，若有「行政訴訟法」第五條（人民因中央或地方機關對其依法申請之案件，於法令所定期間內應作爲而不作爲，認爲其權利或法律上利益受損害者，經依訴願程序後，得向高等行政法院提起請求該機關應爲行政處分或應爲特定內容之行政處分之訴訟。人民因中央或地方機關對其依法申請之案件，予以駁回，認爲其權利或法律上利益受違法損害者，經依訴願程序後，得向高等行政法院提起請求該機關應爲行政處分或應爲特定內容之行政處分之訴訟。）所規定的情事者，亦得提起行政訴訟，判決主管機關之處分無效，並得附帶請求損害賠償。

　　㈦罰鍰的強制執行　第三十三條規定，「依本法所處之罰鍰，經通知限期繳納，逾期仍未繳納者，移送法院強制執行。」本法的主管機關爲經濟部，除第二十七條之刑罰規定須經法院審判以外，其餘規定的處罰，並非經法院的審判手續，由於經濟部本身並非司法機關，不具備強制執行的職權，故須另訂強制執行的規定，以確定業者於受到經濟部國際貿易局處分罰鍰後，能在限期內繳納罰鍰。

六、附則

　　第三十四條刪除。

　　㈠受補助同業公會或法人的輔導監督　第三十五條規定，「同業公會或法人之年度經費，由推廣貿易基金補助半數以上者，其人事及經費，應受經濟部之輔導監督，並於必要時，赴立法院備詢之。」

　　一般同業公會的年度經費是以會費方式向會員收取爲主，而依本

法第十四條規定，經濟部國際貿易局得將其部分掌理事項委託同業公會辦理，故該局對受託機構將會有相當經費的補助，若其補助金額超過其年度經費半數以上者，將適用此規定。此外，中華民國對外貿易發展協會協助國際貿易局執行多項貿易推廣工作，其經費亦大多來自推廣貿易基金，故亦須受本條的規範。凡適用本條規定的同業公會或法人於必要時須赴立法院備詢，而其備詢事項則以其人事、經費、業務等為主要。

　　㈡施行細則的擬訂　第三十六條規定，「本法施行細則，由經濟部擬訂，報請行政院核定後發布之。」經濟部已於八十二年十一月八日公布「貿易法施行細則」，就「貿易法」執行時可能發生之疑義予以釋定，並就貿易推廣及其他有關程序事項予以補充，以利執行。

　　㈢施行日　第三十七條規定，「本法自公布日施行。但第二十一條有關推廣貿易服務費收取，自八十二年七月一日起實施。

　　本法修正條文第六條、第十八條及第二十條之一施行日期，由行政院定之。」

　　法律的施行日，除情況特殊外，例如適用地區廣大（如過去在大陸所公布之法律）或內容特殊而需要經過一段宣傳期間者，原則上自公布日起實施。但是本條特別規定第二十一條有關推廣貿易服務費之收取，自八十二年七月一日起實施，而有別於其他規定均自公布日八十二年二月五日起正式實施。其主要原因有二，一為配合政府預算的執行，因我國政府預算係以七月一日為新年度，而在六月三十日前的預算均已編定，故推廣貿易服務費之收取亦應自新會計年度起收取。另一原因則是該推廣貿易服務費係海關以進出口貨物報關金額為準而收取，海關和業者均需要一段時間之準備，同時其收取比率雖原條文規定不超過輸出入貨品價格的萬分之五，但確實比率尚無法於公布日

立刻決定。因此，將有關推廣貿易服務費之收取日，規定自八十二年七月一日起實施。而有關新修訂的第六、十八及二十之一條的規定，由於須待行政院制定相關法規後才能執行，因此其施行日期並未能與修正公布日期同時生效。

「貿易法」經公布實施之後，依本法規定，應制定的辦法如下：

1.出進口廠商登記管理辦法。（第九條，詳見第五章第一節）

2.軍事機關輸出入貨品管理辦法。（第十二條，詳見第五章第三節）

3.高科技貨品輸出入管理辦法。（第十三條，詳見第五章第二節）

4.貨品輸出管理辦法。（第十五條，詳見第二章第一節）

5.貨品輸入管理辦法。（第十五條，詳見第三章第一節）

6.紡織品出口配額處理辦法。（第十六條，詳見第二章第三節）

7.經濟部貿易調查委員會組織規程。（第十八條，詳見本章第四節）

8.貨品進口救濟案件處理辦法。（第十八條，詳見第三章第二節）

9.紡織品進口救濟案件處理辦法。（第十八條，經濟部已於八十八年六月二日公布）

10.輸出入同業公會監督輔導辦法。（第二十條，目前尚未公布）

11.裝運前檢驗監督管理辦法。（第二十條之一，詳見本法該條文之說明內容）

12.推廣貿易基金收支保管及運用辦法。（第二十一條，詳見第四章第一節）

13.貿易處分案件聲明異議處理辦法。（第三十二條，詳見第五章第

四節)

　　14.貿易法施行細則。(第三十六條，詳見本章第二節)

七、未來貿易法規趨勢

　　有鑒於一九八○年代全球經濟景氣衰退，新保護主義擡頭，各國貿易摩擦日增，GATT 的規範已無法涵蓋高科技產品、服務業、海外投資、智慧財產權等當代國際貿易的重要領域，以致 GATT 展開烏拉圭回合談判(Uruguay Round)，俾爲全球貿易往來建立起新的規範。因此，烏拉圭回合談判的宗旨即在排除世界貿易的障礙，會議自一九八六年九月十五日始至一九九三年十二月十五日結束，在長達七年半的諮商中達成十四項多邊貿易協定及四項複邊協議，除一般商品貿易外，過去規範不周或排除 GATT 規範外的紡織品、農業貿易、服務貿易、外人投資及智慧財產權等，皆納入全面的規範，其重要協議如下：

　　1.將與貿易相關的投資、智慧財產權及服務業市場開放均納入 GATT 規範，包括「與貿易有關的投資措施(TRIMS)」減少各種有礙貿易的投資障礙；「與貿易有關的智慧財產權協定(TRIPS)」建立國民待遇及最惠國待遇原則，訂定著作權及相關權利的具體保護標準，以及規定執行的標準與程序；而「服務業貿易總協定(GATS)」則建立最惠國待遇及透明化原則，並要求各會員國提出承諾表，將所承諾的行業分別列出市場開放及國民待遇的限制或條件。

　　2.所有締約成員均需削減百分之三十三的進口關稅，並原則上工業產品分四年五階段完成。

　　3.各國農產品進口關稅應於未來六年間削減百分之三十六，單一

產品稅率削減百分之十五。對於過去完全禁止進口的項目，除稻米外
應解除進口管制或予以關稅化，至少對外開放進口相當於國內消費量
百分之三的數量，六年後增至百分之五。稻米則可暫緩關稅化，但須
依一定之模式開放部分市場。

4. 過去的紡織品及成衣係以多種纖維協定(Multi-Fiber
Arrangement, MFA)為規範，並不受GATT其他條文約束，新協定
則分三期於十年間將紡織品及成衣納入自由貿易的規範中。

5. 強化爭端解決的功能。涉及爭端的當事國，應於仲裁申請提出
三十天內進行諮商，倘在六十天內未能達成協議，當事國可要求成立
仲裁小組處理。

6. 成立世界貿易組織(World Trade Organization, WTO)取
代GATT，並執行烏拉圭回合談判的各項協定，包括修正後的GATT、
原有的各項規約以及烏拉圭回合所達成的其他協定與部長會議的決
議。

烏拉圭回合談判的結果為國際貿易自由化建立了一個新的里程
碑，成功地削減存在於締約成員的關稅及非關稅貿易障礙，並使
GATT規範的領域大幅擴大。由於烏拉圭回合談判為全球性、多邊性
的協議，它的影響將是全面性的，因此無論我國未來是否加入WTO，
皆無法逃避國際經濟的新規範。為避免在國際間造成貿易摩擦與報復，
我國所採取的各項經貿措施均應符合WTO及GATT的各項基本原
則，包括最惠國待遇原則、國民待遇原則、關稅減讓原則、消除數量
限制原則、排除非關稅貿易障礙原則等，以及符合烏拉圭回合談判的
各項協議。今後政府不能再採取任何與WTO及GATT規範相抵觸的
措施，作為保護國內產業的政策工具。

為順應貿易自由化的潮流，未來我國將陸續依據WTO及GATT

的原則、烏拉圭回合談判的各項協議以及我國入會諮商談判中的承諾，大幅降低關稅、取消非關稅貿易障礙，並全面檢討現行經貿法規，包括關稅法、商標法、專利法、著作權法、商港法、貿易法、商品檢驗法及其他相關投資法令及獎勵措施輔導等，俾能符合國際貿易規範，達到貿易自由化的目的。另一方面，為了避免因貿易自由化結果，反而使我國產業面臨進口貨品的惡性競爭，因此我國已於八十三年六月依貿易法制定貨品進口救濟案件處理辦法，並於八十三年八月一日起成立貿易調查委員會，俾為國內產業提供一個公平競爭的貿易環境，同時也藉由競爭而加速我國的經濟轉型，調整貿易體制。

第二節　貿易法施行細則

民國八十二年十一月八日經⑻貿字第○四○八二五號
民國八十三年十月七日經⑻貿字第○三四七一○號令修正
民國八十八年二月十日經⑻貿字第八八○○一七○九號令修正

一、前言

　　經濟部依「貿易法」第三十六條之規定，於民國八十二年十一月八日報請行政院核定發布「貿易法施行細則」，就「貿易法」執行時可能發生的疑義予以釋定，並就貿易推廣及其他有關程序事項予以補充，以利執行。

　　本施行細則全文共計二十三條，分爲一般性規定、名詞定義與範圍、規定的適用、對外貿易關係的拓展、公告相關規定、電子資料傳輸文件的處理、配額相關規定、推廣對外貿易應辦理的事項、推廣貿易服務費相關規定、暫停進出口的辦理、特區貿易的辦理等十一部分。

二、一般性規定

　　㈠制定依據　第一條規定，「本細則依貿易法（以下簡稱本法）第三十六條規定訂定之。」

　　㈡施行日　第二十三條規定，「本細則自發布日施行。」

三、名詞定義與範圍

　　㈠外國、他國或對手國的定義　第二條之規定，「本法所稱外國、他國或對手國，包含世界貿易組織所指之個別關稅領域。」

　　「貿易法」對於指我國以外的國家或地區，有稱爲外國（如第六

條第一項第六款、第七條、第八條、第十九條、第二十二條)或他國(如第十七條第一款、第三十條第一項第一款)等,為免適用上發生疑義,本條參照「世界貿易組織」(World Trade Organization, WTO)界定本法所稱外國、他國或對手國含義,係指個別關稅領域,包括主權國家或有關地區在內,以資適用。而所謂「個別關稅領域」則不以現已成為該組織之締約國者為限。

(二)必要措施的範圍 第四條規定,「主管機關依本法第六條對特定國家或地區或特定貨品所採取之必要措施,包括對輸出入貨品之數量、價格、品質、規格、付款方式及輸出入方法予以限制,並得洽請財政部依法課徵特別關稅。」

本條所規定者係除暫停特定國家或地區或特定貨品的輸出入以外的其他必要措施,包括對貨品的交易條件(包括數量、價格、品質、規格、付款方式及輸出入方式)的限制及特別關稅(包括平衡稅、反傾銷稅及報復關稅)等之課徵,以因應國際貿易情勢的特殊變化。

(三)國際條約或協定的範圍 第五條規定,「本法第六條第一項第五款及第十一條第一項但書所稱國際條約或協定,其範圍如下:
一、我國與外國所簽訂之條約或協定。
二、我國已參加或雖未參加而為一般國家承諾共同遵守之國際多邊組織所簽署之公約或協定。」

「貿易法」第六條第一項第五款、及第十一條第一項但書所指的國際條約或(貿易)協定,原應限於我國為簽約國者始有遵守或履行的義務。惟因鑑於目前我國處境特殊,現正積極籌謀重還國際社會,擴大參與國際事務之際,對於若干現階段我國雖未參加但卻為一般國家願意或承諾共同遵守的條約或協定,例如「多邊輸出聯合管制委員會」(COCOM)所釐訂的輸出管制表,如與美方簽訂協定時,即需間接

遵守；又如保護瀕臨絕種野生動植物之「華盛頓公約」(CITES)，爲維護國際形象，我國雖非簽約國，但亦已遵守。

㈣保護他國智慧財產權的範圍　第十三條規定，「本法第十七條第一款所稱他國，指與我國有多邊或雙邊保護智慧財產權之條約或協定之國家或地區。」

依我國現行商標法、專利法及著作權法，除著名商標及著作權採創作保護主義外，均採取登記與註冊主義，亦即必須在我國辦理登記或註冊，始受保護。凡未在我國辦理登記或註冊者，除有違反公平交易法者外，並不受刑事追訴。但是「貿易法」鑑於即使未在我國登記或註冊的智慧財產權，如因侵犯權利或仿冒行爲而輸往外國，亦將遭受外國海關查扣，發生刑事糾紛，這對於廠商亦屬一大損失，因此規定不得侵害他國依法保護的智慧財產權，不問有否在我國辦理登記，而僅問有無仿冒事實，保護智慧財產權較爲週到，也較符合國際間加強保障智慧財產權的趨勢。但是如果對任何他國所保護的智慧財產權均予提供保障，不但在實務上難以執行，而且亦無此需要。是故，本條乃基於互惠原則，將本法第十七條第一款所指他國依法保護的智慧財產權界定爲與我國有多邊或雙邊保護智慧財產權條約或協定者，始爲相當，以資適用，同時也促請他國重視與我國簽訂相互保障智慧財產權的條約或協定。例如目前與我國有著作權互惠關係的國家或地區，其國人的著作受我國著作權法保護者，計有美國、英國、瑞士、香港法人及住在臺灣地區的西班牙和韓國僑民的著作；換句話說，我國人的著作目前應可受到美國、英國、瑞士及香港的保護，同時，住在西班牙及韓國的我國僑民，其著作亦受到當地國的保護。

四、規定的適用

㈠立法院追認的適用　第三條規定，「主管機關依本法第六條規

定所採取之暫停輸出入或其他必要措施，應於發布之同時報請行政院
於發布之日起一個月內送請立法院追認。」

　　事實上，「貿易法」第六條第五項已規定主管機關採取暫停特定
國家或地區或特定貨品的輸出入或採取其他必要措施時，應適用第五
條有關追認的規定。本條為資明確，乃就其適用範圍及追認程序予以
明定，以資適用。

　　㈡關稅法認定標準的適用　　第十四條規定，「主管機關依本法第
十九條規定調查損害時，對於實質損害、有實質損害之虞或對其產業
之建立有實質阻礙之認定，應與財政部依關稅法第四十六條、第四十
六條之一課徵平衡稅或反傾銷稅時，對於關稅法第四十六條之二所稱
重大損害或有重大損害之虞或重大延緩國內該項產業之建立所作之認
定相同。」

　　「貿易法」第十九條規定的重點，係參照美國、韓國的先例，將
原由財政部受理損害調查，移轉由經濟部受理（蓋因經濟部為產業主
管機關），而非另界定傾銷或補貼含義。為免發生疑義，故本條明定
與關稅法用語不同處，解釋為其適用及認定標準具有相同含義。

五、對外貿易關係的拓展

　　第六條規定，「為拓展對外貿易關係，主管機關應舉辦或參與雙
邊、多邊經貿合作會議，並得視經貿發展情況或需要，與特定國家或
地區簽署有助於增進雙邊經貿關係之協定或協議。」

　　為開拓國際貿易發展空間，增進對外經貿關係，本條規定應舉辦
或參與雙邊或多邊經貿合作會議，並簽署相關協定或協議，俾對我國
經營業者在外國之經貿活動獲得必要協助或保障。

　　關於有助於增進雙邊經貿關係的協定或協議，例如簽署「投資保

障協定」，對於投資人前往國外投資較有保障，免於資產遭到當地國征收或收歸國有的投資風險；又如簽署貨品輸往對方國家展覽時，享有免稅優惠的協議，則有助於經貿活動及雙方實質關係的增進。

至於發展多邊經貿關係部分，我國近年來亦積極推展，包括參加「亞太經濟合作會議」（Asian Pacific Economic Cooperation, APEC）、申請加入「世界貿易組織」（World Trade Organization, WTO）與「經濟合作暨發展組織」（Organization for Economic Cooperation and Development, OECD）保持對話關係等。

六、公告相關規定

㈠各類禁制措施的公告　第七條規定，「依本法第五條對特定國家或地區所爲之禁止或管制、第六條暫停貨品之輸出入或其他必要措施、第十一條第一項但書所爲之限制、第十三條高科技貨品輸出入之管理、第十六條所採取無償或有償配額或其他因應措施及第十八條進口救濟措施，均應公告，並自公告日或指定之日起實施。」

本條明定依「貿易法」各相關規定所爲禁止、管制、暫停限制或有關配額或提供進口救濟等各項措施，因涉及出進口人之權益，爲便於執行均應予公告，以便出進口人知所遵循。且爲免發生流弊，乃規定自公告日或指定之日起實施。

㈡公告前已生效交易的處理　第八條規定，「出進口人於前條公告日或指定之日前，有下列情事之一者，仍得辦理輸出入貨品：

1.出進口人已取得輸出入許可證，並在許可有效期限內者。

2.進口人已申請開出信用狀、匯出貨款或貨品自國外裝運輸入，具有證明文件者。

3.出口人已接到國外銀行開來信用狀或預收貨款，具有證明文件者。」

在各類貿易禁制措施公告或變更公告之前，出進口人如果已經取得輸出或輸入許可證者，因已發生法定效力，且未逾輸出或輸入許可證有效期限者，則仍繼續有效，得憑以辦理輸出入。

政府法令變更雖然屬於不可抗力行為的一種，但是為避免買賣雙方發生不必要的糾紛，並兼顧廠商對外交易的履行，是故對於公告變更前，廠商已進行的行為，本條分別依輸入與輸出不同情形釐訂一定條件，例如進口人已申請開出信用狀、匯出貨款或貨品已自國外裝運輸入，或出口人已接到國外銀行開來信用狀或預收貨款等，承認其既成事實，准予專案核准，出進口人仍得辦理輸出入貨品，以兼顧實際需要。

七、電子資料傳輸文件的辦理

第九條規定，「依本法規定辦理之輸出入，其出進口文件之申請或提出，得採與海關、經濟部國際貿易局或其委託辦理簽證機構電腦連線或電子資料傳輸方式辦理。」

依「公文程式條例」（八十二年二月三月修正公布）第二條第二項規定，「各款之公文，必要時得以電報、電報交換、電傳文件、傳真，或其他電子文件之。」又該條例第三條第五項規定，「機關公文以電報、電報交換、電傳文件或其他電子文件行之者，得不蓋用印信或簽署。」由於貿易自由化政策下，海關對於輸出入貨品採負面列表制，大部分貨品輸出入均得直接逕向海關申報，而為了加速貨品通關作業，需要配合實施通關自由化，採取電腦連線或電子資料傳輸。因此，本條規定出進口許可證的核發等文件亦實施簽證自動化，得採與

電腦連線或電子資料傳輸方式辦理輸出入有關程序。而財政部亦已配合修正關稅法第四條之三規定，有關文件得以電子資料傳輸。

八、配額相關規定

㈠配額措施的處理方式　第十條規定，「輸出入貨品，依本法第十六條第一項規定採取無償或有償配額措施者，經濟部國際貿易局得採取下列方式處理：

　　1.自行或會同有關機關核配配額。

　　2.委託金融機構、同業公會或法人管理。

　　3.指定由公營貿易機構輸入標售。

　　4.其他經主管機關核定之方式。」

「貿易法」第十六條第一項規定，「因貿易談判之需要或履行協定、協議，經濟部國際貿易局得對貨品之輸出入數量，採取無償或有償配額或其他因應措施。」至於採取配額措施的處理方式，本條明定經濟部國際貿易局得自行或會同有關機關核配配額，委託金融機構、同業公會或法人管理，指定由公營貿易機構輸入標售，或其他經主管機關核定之方式辦理。

㈡有償配額的處理　第十一條規定，「本法第十六條第一項所稱有償配額，指定經濟部國際貿易局有關機關協商後公告，以標售一定費率收取配額管理費之有償方式處理配額。」

本條規定有償配額的處理，包括標售及依一定費率收取配額管理費。為便出進口人遵守，乃規定應予公告。鑑於輸出配額係因出口過於集中某一特定國家或地區而發生，基於「使用者付費」原則，並為使公平分配，其因管理配額所發生的成本或費用，宜由業者自行負擔。故需要收取配額管理費，以達自給自足目標。

㈢處理有償配額收支　第十二條規定，「處理有償配額之所得，除經行政院核准者外，應繳交國庫。

受託機關辦理配額管理所需經費，由經濟部國際貿易局編列預算支應。但處理配額之所得未繳交國庫者，不在此限。」

基於政府預算統收統支原則，本施行細則第十一條所收取的有償配額所得價款及第十條第三款由公營貿易機構輸入標售所得均應繳交國庫。至於受託機構因受託辦理配額管理所需經費，則另編列預算支應，以資適法。但是如果受託機構處理配額所得並未繳交國庫時，則其辦理所需經費則須自行負責。

㈣凍結配額的範圍　第二十條規定，「本法第二十九條所稱凍結配額，指暫停配額轉讓、換類、臨時性配額之申請或利用配額之出口簽證。」

為防止涉嫌違反配額管理的廠商將持有的配額轉讓脫售，以規避處分，故本條設有凍結配額的規定，包括暫停配額轉讓、換類、臨時性配額的申請或利用配額的出口簽證等四種型態，以達到保全目的。

九、推廣對外貿易應辦理的事項

第十五條規定，「為推廣對外貿易，主管機關得自行或委託中華民國對外貿易發展協會或其他相關機構、法人或同業公會辦理下列事項：

1. 釐訂對特定國家或地區經貿擴展計劃。
2. 調查並排除外國對我國貿易障礙。
3. 協助因應外國對我國貿易指控案件。
4. 推動企業行銷輔導體系。
5. 推動優良產品識別體系。

6.在特定國家或地區設立海外貿易據點。

7.培訓貿易談判及推廣人才。

8.舉辦或參加國際商品展示活動。

9.表揚國內進出口或外商採購國產品績優廠商。

10.協助國內出進口廠商及旅居海外華商推廣貿易。

11.其他有助於推廣對外貿易之活動。」

有關貿易推廣活動在各國立法例上，歐美國家往往列為商務部或商工部職掌之一，而在亞洲國家則往往另設貿易推廣專責機構辦理。另依我國「商業團體法」及「工業團體法」的規定，各有關公會亦具有推廣貿易的功能。加以我國與無邦交國家的貿易推廣，不便由政府出面，亦有授權或委託貿易推廣機構辦理的必要。是故本條明定有關所列舉各項推廣貿易活動，主管機關得自行辦理或委託中華民國對外貿易發展協會或其他相關貿易推廣機構或單位辦理。

十、推廣貿易服務費相關規定

㈠收取基準　第十六條規定，「依本法第二十一條第一項收取推廣貿易服務費，應依下列規定：

一、輸出貨品以離岸價格為準。

二、輸入貨品以關稅完稅價格為準。

三、輸入貨品以修理費、裝配費、加工費、租賃費或使用費核估其完稅價格者，以所核估之完稅價格為準。」

出進口人依「貿易法」第二十一條第一項規定就輸出入貨品價格繳交推廣貿易服務費。本條明確界定出進口貨品的收取價格基準，出口以離岸價格為準，進口則以完稅價格為準。如果進口貨品以修理費、裝配費、加工費、租賃費、使用費核估完稅價格者，則須按該完

稅價格核計收取推廣貿易服務費。

　　㈡繳納期限　第十七條第一項規定，「依本法第二十一條第一項規定應繳納之推廣貿易服務費，出進口人應自海關塡發繳納證之日起十四日內繳納。」

　　由於推廣貿易服務費係由海關負責收取，故其收取規定與關稅相同，依「關稅法」第二十二條規定，「關稅之繳納，自海關塡發稅款繳納證之日起十四日內爲之。」因此，有關推廣貿易服務費出進口人亦應自海關塡發繳納證之十四日內繳納。

　　㈢繳納方式　第十七條第二項規定，「海關收取前項推廣貿易服務費時，其屬進口貨品者，併入稅款繳納證與進口稅捐同時收取；其屬出口貨品者，於運輸工具結關開航後收取。」

　　爲配合海關自動通關作業系統的建立，簡化收取手續，推廣貿易服務費係比照商港建設費收取方式，進口貨物隨關稅同時征收，而出口貨物則於運輸工具通關完成後收取。

　　㈣免收的範圍　第十八條規定，「主管機關依本法第二十一條就出進口人輸出入之貨品收取推廣貿易服務費，其非屬出進口人所爲之輸出入，或其輸出入非爲營業目的，或所輸出入非爲貨品者，免收推廣貿易服務費，其項目由經濟部洽財政部定之。」

　　推廣貿易基金的設置，係基於「使用者付費」、「受益者付費」的理念而來，取之於出進口人用之於特定推廣事項。因此，如非營業性質的出進口貨品、或基於國家正副元首及外交禮遇或國際慣例等需要免收的貨品；或參照關稅法令有關免稅規定，配合海關免徵關稅同步劃一處理原則，以利海關快速通關之需要，或其他因金額過小不符成本效益、或古董藝品須經文建會等有關機關證明，酌予減免收取者，均適用本條免收推廣貿易服務費的規定。

經濟部與財政部於八十二年十二月四日公告輸出入貨品免收推廣貿易服務費的項目範圍，並追溯自八十二年七月一日起生效。下列輸出入貨品，免推廣貿易服務費：

1.政府機關、各國使領館外交人員出口貨品。

2.救濟物資、自用船舶固定設備的各種專用物品、燃料及個人自用行李進出口者。

3.依法沒入或貨主聲明放棄經海關處理的貨品。

4.保稅倉庫、保稅工廠、加工出口區、科學工業園區、免稅商店等保（免）稅貨品的進出口。但保稅倉庫的申請出倉進口及其他核准內銷之應稅貨品，不在此限。

5.轉口及復運進、出口貨品。

6.依關稅法令規定免稅進口者。但海關進口稅則規定免稅者，不在此限。

7.應繳或補繳之推廣貿易服務費金額未逾新臺幣一百元者。

8.三角貿易貨品。

9.其他經貿易局專案核定減免者。

㈤得申請退還的範圍　第十九條規定，「下列輸出入貨品，得向海關申請退還已繳納之推廣貿易服務費：

1.輸出入貨品在通關程序中，因故退關或退運出口者。

2.因誤寫、誤算、誤收等情形致溢收者。

3.出口廠商於貨品放行後，依法令規定准予修改報單出口貨價者。

前項應予退還之金額未逾新臺幣一百元者，不予退還。」

凡因故退關、退運出口貨品，或因誤寫、誤算、誤收等溢收部份，或於貨品放行後依法令准予修改出口價格者等情事，其已收取的

推廣貿易服務費，出進口人可至海關原收費單位申請退還。惟退還金額在新臺幣一百元以下者，因實益不大，乃規定不予退還，以節省退還成本。

十一、暫停出進口的辦理

第二十一條規定，「依本法第三十條第一項第一款規定，出進口人輸出入仿冒商標貨品，經查證屬實，暫停其輸出入貨品者，經濟部國際貿易局得委託海關暫停該批貨品之輸出入。

依本法第三十條第一項第二款規定應暫停出進口人輸出入貨品或於暫停原因消失時回復之者，經濟部國際貿易局得委託海關辦理。」

出進口人輸出入貨品若有仿冒商標情事或是未依「貿易法」第二十一條規定繳納推廣貿易服務費者，依該法第三十條第一項第一款及第二款規定，經濟部國際貿易局得委託海關辦理暫停其輸出入貨品。惟因貨品輸出入須經過海關，而且推廣貿易服務費亦係委由海關統一收取，是故違反上述規定有關暫停輸出入貨品的回復措施亦委由海關辦理，以簡化程序，便利出進口人。

十二、特區貿易的辦理

第二十二條規定，「加工出口區或科學工業園區有關應由經濟部國際貿易局辦理之貿易事項，得委託各該區管理處（局）辦理。」

在加工出口區或科學工業園區的輸出入業務，依「貿易法」應辦的登記、簽證或管理事項，應逕向各該區管理處（局）辦理，以資便捷。

第三節　經濟部國際貿易局組織條例

五十九年十二月二十四日總統令公布
六十年一月十五日行政院台(60)經〇三六二號頒
六十六年十二月二十三日修正公布

一、前言

　　我國在民國六十年以前，有關貿易的最高主管機關爲行政院外匯貿易審議委員會，該委員會將有關外匯與貿易兩方面的管理事務制定各種相關辦法，以作爲處理的依據。但民國六十年以後，爲了配合對外貿易的發展及管理的複雜化，行政院撤銷該委員會，而分別於中央銀行設立外匯局，處理有關外匯的管理業務，並於經濟部設立國際貿易局，辦理有關貿易的管理業務。五十九年十二月二十四日總統同時公布了「管理外匯條例」及「經濟部國際貿易局組織條例」。

　　「經濟部國際貿易局組織條例」是以規定有關經濟部國際貿易局的組織及職權爲主，卻缺乏完整的管理事項規定。多年來，國際貿易局事實上所掌理的業務已依實際需要擴張甚多，早已超出該條例所規定之範圍。另一方面，就主管機構而言，貿易的管理也並非單純由特定的機關單獨就可充分執行，其所涉及的事項相當複雜，而需由各機關配合。尤其，經濟部國際貿易局組織條例有關國際貿易局的職權範圍的規定，更不能發揮其涉外事項的功能。因此極需另制定管理貿易的單行法，使國際貿易局在推展及處理貿易事務時，有更完善的法律作爲基礎。不過由於我國的「貿易法」已在民國八十二年二月五日經總統公布實施，使得我國對外貿易的管理具備了法律依據，在推展對外貿易的政策及業務等方面獲得各有關機關的支援與合作，同時也使

得各種行政法規亦可基於貿易法而制定公布，以應付日益複雜化的國際經貿情勢，進而促使我國對外貿易的升級。

　　「經濟部國際貿易組織條例」公布後，六十六年十二月曾予以修正。本條例全文共有十二條，分為國際貿易局的地位、國際貿易局的職掌、國際貿易局的組織、人事與職等、其他規定等五部分。

二、國際貿易局的地位

　　依本條例第一條規定，「經濟部為辦理國際貿易業務，設國際貿易局。」是故國際貿易局為我國辦理及主管國際貿易業務的機關，隸屬於經濟部。我國憲法第一○七條第十一款規定，「國際貿易政策由中央立法並執行之。」；而第一四五條第三款規定，「國民生產事業及對外貿易，應受國家之獎勵、指導與保護。」因此，所謂國際貿易業務應包括的範圍，廣義的尚包括有關國際貿易政策及獎勵、指導與保護等事項。

三、國際貿易局的職掌

　　本條例第二條規定，本局掌理下列事項：

　　「1.農、林、漁、畜、礦及工業產製品等出口申請案之審核與發證事項。

　　2.物資進口申請案之審核與發證事項。

　　3.華僑及外國人投資案件輸入商品之監督與審核事項。

　　4.年度出進口貿易策劃事項。

　　5.外銷商品品質、包裝等有關之問題研究、改進事項。

　　6.外銷商品標準及檢驗之研究與建議事項。

　　7.出進口貿易商、代理商及其他出進口廠商有關貿易之管理事

項。

　8.國際市場之調查、分析事項。

　9.國際貿易之研究發展事項。

　10.其他有關國際貿易事項。

　前項第一款至第三款之審核準則，由行政院定之。」

　　過去我國由於受經濟及政治等因素的影響，對於貨品的進出口採取相當嚴格的限制政策。目前雖然因應經貿的發展，而採取較爲放寬的管制政策，但是貨品的進出口原則上仍需要取得貿易主管機關的許可。因此，貨品進出口的審核與發證事項，均應屬國際貿易局主要掌職範圍。所謂貨品，包括農、林、漁、畜、礦及工業產製品等項目。不過，國際貿易局對於這些貨品的進出口簽證手續，除了部份管制及限制進出口的貨品由該局自行辦理外，將大部份准許進出口貨品的進出口簽證手續，均委託中央銀行授權的簽證銀行代爲辦理。此外，該局對於特定貨品則另請相關主管機關同意後再行核發進出口簽證，例如菸酒由公賣局辦理，而醫藥品由衛生署辦理。另一方面，華僑及外國人在我國的投資，若以自備外匯輸入的自用機器設備、存料或建廠及週轉需要的准許進口類出售貨品爲投資者，其輸入商品的監督及審核事項，亦屬該局職掌範圍。本條第二項規定：上述進出口事項的審核準則由行政院定之，目前均依「貨品輸入管理辦法」及「貨品輸出管理辦法」相關規定辦理。

　　依本條第一項第五款及第六款的規定，國際貿易局對外銷商品的品質、包裝、標準及檢驗等事項，具有研究、改進及對相關機關建議之職權。由於商品品質、品質標準及商品檢驗等業務係屬於經濟部商品檢驗局的職權範圍，因此國際貿易局僅能依國外市場的需要，自行研究而建議商品檢驗局或其他相關機關作爲訂定各種法規及標準的參

考。

四、國際貿易局的組織

　　國際貿易局主管爲局長及副局長，其下設有秘書室、人事室及會計室等事務性單位。此外，爲了執行該局的掌理事項並設有五組、貨品分類委員會、商務聯繫中心、國際貿易資料組、推廣外銷基金管理小組及高雄辦事處等單位，以處理相關的業務。國際貿易局組織系統如表 1-1。

表 1-1　經濟部國際貿易局組織系統表

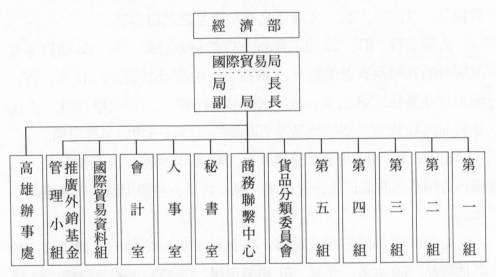

資料來源：《貿易手册》，國際貿易局編。

　　茲將國際貿易局所屬各單位的職掌分別說明如下：

　　㈠第一組　依本條例第三條規定，「本局設五組，分掌前條各事項，並得分科辦事。」

　　第一組以貨物進口爲主要業務，職掌包括：

　　1.有關大宗物資進口事項。

2.有關於農、林、漁、牧、狩獵品進口事項。

3.有關礦產品進口事項。

4.有關製造業產品進口事項。

5.有關水、電、煤氣及其他商品進口事項。

6.有關三角貿易事項。

7.有關國內農、工業生產配合事項。

8.有關輸入法規研擬事項。

第一組共分四科，各科主辦業務範圍如下：

1.第一科：11 農產品，12 林產品，13 禽畜產品，14 水產品，15 狩獵品，21、22、23、24 礦產品等項產品之進口事項。

2.第二科：31、32 加工食品，33 飲料及菸類，34、35 紡織品及其所製的衣服及衣著裝飾品，36 皮革、毛皮及其製品，37 木、竹、藤製材及製品，38 紙漿、紙、紙製品及印刷品，39 化學材料，40 化學製品，41 橡膠及塑膠製品等項產品的進口及三角貿易等事項。

3.第三科：42 非金屬礦物製品，43 基本金屬，44 金屬製品，45 機械等項產品的進口及公營事業、東歐貿易、科學園區等有關業務事項。

4.第四科：46 電機及電器，47 運輸工具，48 精密儀器設備，49 其他製品，50 水電、煤氣，61 預製房屋，62 軍用武器及彈藥，63 藝術品、珍藏品及古董，64 特殊商品等項產品進口及有關進口的綜合業務等事項。

㈡第二組　第二組以貨物出口為主要業務，職掌包括：

1.農、林、漁、畜、礦及工業產製品出口申請案之審核與簽證。

2.前項產製品年度計畫之擬訂。

3.前項產製品設限配額的分配與管理。

4.前項產製品原料供需與調節的處理。

5.前項產製品委託加工案件的核辦。

6.前項產製品專案報驗復運不結匯出口案件的核辦。

7.前項產製品的商標報核及免標產地核准案件的核辦。

8.前項產製品出口案件的協同辦理或配合執行。

9.前項產製品的配合輔導與查核。

10.有關主管業務法規的研擬與建議。

11.有關主管其他業務的執行或協同處理。

12.有關主管業務範圍之公會或財團法人的授權與監督。

第二組共分四科，各科主辦業務範圍如下：

1.第一科：11 農產品，12 林產品，13 禽畜產品，14 水產品，15 狩獵品，21 能源礦產品，22 金屬礦石，23 非金屬礦石，24 寶石，31、32 加工食品，33 飲料及菸類。

2.第二科：34、35 紡織品，36 皮革、毛皮及其製品，37314 木鞋等，37323 軟木鞋等，395 人造纖維，4991 旅行用品。

3.第三科：37 紙漿、紙（37314、37323 除外），38 紙製品及印刷品，39 化學材料（395 除外），40 化學製品，42 非金屬礦物製品，43 基本金屬，44 金屬製品，45 機械，46262 家用電動縫紉機，498 及 499 其他雜項工業產品（4991 除外）。

4.第四科：46 電機及電器（46262 除外），47 運輸工具，48 精密儀器及設備，49 其他製品（498、499 除外），50 水電煤氣，61 預製房屋，62 軍用武器及彈藥，63 藝術品，珍藏品及古董，64 特殊商品。另有出口稀有動植物許可證的核發，免標產地申請案，商標報核案，保稅案以及出口案件的綜合業務。

㈢第三組　第三組以政策性、計畫性及因應外國政府各項措施的

研究及處理等爲主要業務，職掌包括：

1.國際貿易政策的研擬與建議。

2.國際貿易年度施政計畫的綜合擬訂。

3.主要貿易國家經貿發展情況的研析。

4.國際重大經貿事務的分析與對策的研擬。

5.國際間重大貿易措施與變革，因應對策的研擬。

6.外國貿易保護措施、輸入國對我產品的設限或指控爲不公平貿易，其因應與排除的交涉及談判。

7.其他國際貿易涉外談判與交涉的處理。

8.對有關優惠關稅制度案件的研辦。

9.多國籍企業與我經貿發展關係的研究。

10.智慧財產權保護工作的聯繫、推動與宣導。

11.政策性採購案件的研擬。

12.國外產品進口傾銷案件的研辦。

13.各種特殊貿易方式（如期貨交易、對等貿易……等）的研究。

14.有關涉外案件，外籍律師與顧問的約聘。

15.各項貿易行政工作的研究。

16.有關國際貿易圖書、資料的管理與運用。

第三組共分二科，各科主辦業務範圍如下：

1.第一科：國際貿易政策、年度施政計畫、國際重大經貿問題、美國重要貿易保護法案。美國優惠關稅、平衡中美貿易、貿易對手國經貿情形、智慧財產權、對等貿易、多國籍企業、貿易行政工作等事項。

2.第二科：外國保護主義的因應、排除與設限交涉談判。中美貿易諮商與優惠關稅制度談判、開發中國家優惠關稅制度案件、政策性

採購、約聘外籍律師或顧問案件、進口傾銷案件等事項。

㈣第四組　第四組以拓展與研究國外市場及人才的培訓為主要業務，職掌包括：

1.國外市場的調查與研究。

2.國外經貿資料的蒐集與彙整及研析。

3.國外各地區貿易拓展工作的推動。

4.分散市場研究與規劃。

5.雙邊經貿合作會議的籌辦。

6.航運貿易行政工作的協調。

7.參加或舉辦國外商展計畫的舉辦與推動。

8.外國政府或廠商來華舉辦商展案件的處理。

9.工商團體或廠商赴國外商展的核辦與輔導。

10.貿易統計分析的編製。

11.貿易宣傳資料廣告的策劃。

12.貿易刊物的編印發行。

13.國際貿易人才的訓練與培育的策劃、推動與監督。

14.外人多次入境商務簽證案件的核辦。

15.外賓之接待與簡報的製作。

16.工商團體舉辦經貿會議的處理及督導。

17.駐外商務單位業務的聯繫、督導與考核。

18.駐外商務單位有關人事經費的簽擬。

第四組共分四科，各科主辦業務範圍如下：

1.第一科：美洲地區有關業務職掌等事項。

2.第二科：亞太地區（含中東、非洲）有關業務職掌、貿易統計分析編製等事項。

3.第三科：歐洲地區有關業務職掌、貿易宣傳、貿易人才訓練與培育、商展的舉辦、航運貿易協調、外國人入境商務簽證案件等事項。

4.第四科：駐外商務單位及駐外人員有關事項及經貿商情資料的編印。

㈤第五組　第五組以管理出進口業者及貿易糾紛的調處為主要業務，職掌包括：

1.出進口廠商管理與輔導。

2.大貿易商認定與輔導。

3.免稅商店設置與稽核。

4.績優廠商表揚的籌辦。

5.限加工外銷用及其他進口原料、貨品的稽核。

6.廠商年度實績的考核。

7.國際貿易糾紛的調處。　（貿易糾紛案件處理程序如表 1-2）

8.貿易廠商的登記。

9.廠商設置國外辦事處的核辦。

第五組共分三科，各科主辦業務範圍如下：

1.第一科：進出口廠商、大貿易商、免稅商店等有關事項。廠商實績考核。表揚績優廠商。進口原料貨品稽核。欠繳關稅、進出口違規、申報貨價不實案件的議處等事項。

2.第二科：國際貿易糾紛案件調處事項。

3.第三科：貿易廠商登記與變更。貿易廠商英文名稱的預查核定，廠商設置國外辦事處等事項。

㈥貨品分類委員會　本條例第五條規定，「本局設貨品分類委員會，掌理出進口貨品分類之審訂事項。」依「經濟部國際貿易局貨品

表 1-2　貿易糾紛案件處理程序

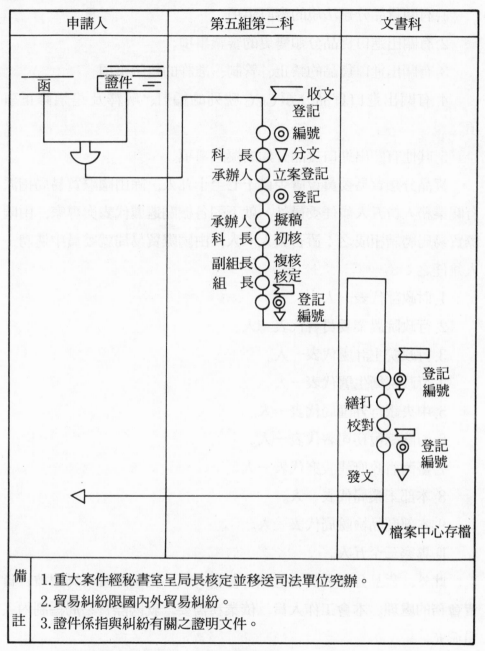

申請人	第五組第二科	文書科

| 備註 | 1.重大案件經秘書室呈局長核定並移送司法單位究辦。
2.貿易糾紛限國內外貿易糾紛。
3.證件係指與糾紛有關之證明文件。 | |

資料來源：貿易手冊，國際貿易局編

分類委員會組織簡則」的規定，貨品分類委員會任務如下：

1.有關貨品分類法規的審訂事項。

2.有關出進口貨品分類變更的審議事項。

3.有關出進口貨品的禁止、管制、准許的建議事項。

4.有關出進口貨品分類 CCC 號列的編訂、解釋及建議修正事項。

5.其他有關出進口貨品分類的擬議事項。

貨品分類貿易委員會置委員十七至十九人，除由國際貿易局指派有關業務人員五人兼任委員外，就下列各機關遴薦代表與專家，由國際貿易局聘請組成之；置召集人一人，由國際貿易局就委員中遴聘一人兼任之：

1.財政部代表一人。

2.行政院農業委員會代表一人。

3.行政院主計處代表一人。

4.行政院衛生署代表一人。

5.中央銀行外匯局代表一人。

6.海關總稅務司署代表一人。

7.臺灣省政府建設廳代表一人。

8.本部工業局代表一人。

9.本部商品檢驗局代表一人。

10.專家三至五人。

此外，貨品分類委員會置執行秘書一人，由國際貿易局派兼，負責會務的處理。本會工作人員，依業務需要，就國際貿易局編制內人員派充。

㈦商務聯繫中心　主要業務職掌為：

1.「國際貿易行政資訊系統」年度計劃預算的擬訂及執行事項。

2.本局電腦軟、硬體的計劃、設置、維護事項。

3.本局各單位應用電腦作業的輔導、支援及執行事項。

4.各項應用作業系統的規劃、分析及設計事項。

5.應用程式的設計、撰寫、測試及維護更新事項。

6.電腦系統的操作及安全事項。

7.國內外貿易資料收集、整理、登錄、建檔、統計分析及提供定期或不定期報表事項。

8.與各有關單位電腦連線作業的研擬及辦理事項。

9.專題研究報告的撰擬及貿易文件處理事項。

10.有關資訊業務諮詢處理事項。

㈧秘書室　依本條例第四條的規定，「本局設秘書室，掌理總務、文書、出納、議事等事項。」

㈨推廣外銷基金管理小組　本小組係依「推廣外銷基金收支保管及運用辦法」而成立的，以管理推廣外銷基金。但是該辦法已於八十二年被廢止，而被「推廣貿易基金收支保管及運用辦法」所取代，故本小組功能已不復存在。

㈩高雄辦事處　依本條例第五條之一規定，「本局得視業務需要，報經行政院核准，於各主要產銷區域設置辦事處，其組織通則另定之。」目前國際貿易局僅在高雄市設立辦事處，依「經濟部國際貿易局所屬各辦事處組織通則」的規定，經濟部國際貿易局所屬各辦事處掌理各該區內的下列事項：

1.農、林、漁、畜、礦及工業產製品等出口申請案件的審核與發證事項。

2.物資進口申請案件的審核與發證事項。

3.華僑及外國人投資案件輸入商品的監督與審核事項。

4.外銷商品品質、包裝等有關問題研究改進的擬議事項。

5.外銷商品標準及檢驗的研究與擬議事項。

6.商情資料的蒐集與遞報事項。

7.其他有關國際貿易事項。

各辦事處設二科或三科，分掌第二條各款所列事項。另外，設秘書室掌理文書、印信、庶務、出納及不屬其他各科事項。各辦事處置處長一人，職位列第八至第十二職等，綜理處務，並指揮監督所屬職員。

五、人事與職等

㈠局長、副局長　依第六條規定，「本局置局長一人，綜理局務；副局長一人或二人，襄理局務；其職位均列第十至第十四職等。」

㈡其他人事規劃　依第七條規定，「本局置組長五人，職位列第八至第十二職等；副組長五人，職位列第七至第十一職等；主任一人，職位列第七至第十一職等；專門委員五人至七人，職位列第八至第十二職等；秘書五人至十一人，稽核十人至十八人，技正五人至十一人，職位均列第六至第九職等，各職稱中之五人均得列第十或第十一職等；科長十五至二十一人，編譯三人至七人，專員二十二人至三十六人，職位均列第六至第九職等；技士六人至十人，職位列第一至第五職等，其中四人得列第六或第七職等；科員四十七人至六十七人，職位列第一至第五職等，其中二十一人得列第六或第七職等；辦事員二十八人至三十五人，職位列第一至第五職等；書記十五人至二十五人，職位列第一至第三職等。」

㈢人事室、會計室、統計室　依第八條之規定，「本局設人事室、會計室及統計室各置主任一人，其職位均列第六至第九職等；依法律規定，分別辦理人事、歲計、會計及統計事項。

前項各室所需工作人員，應就本條例所定員額內派充之。」

㈣職位的職系　依第九條之規定，「第六條至第八條所定各職稱人員，其職位之職系，依公務職位分類法及職系說明書，就商業行政、一般行政管理、稽核、人事行政、文書、會計、統計及其他有關職系選用之。」

六、其他規定

㈠對外行文　依第十條規定，「本局對外公文，以經濟部名義行之。但關於下列事項，得由局行文：

1.遵照部令應行轉飭事項。

2.依照部令所定辦法，督率進行事項。

3.曾經呈報核准事項。」

㈡辦事細則　依第十一條規定，「本局辦事細則，由局擬訂，呈請經濟部核定之。」

㈢施行日　依第十二條規定，「本條例自公布日施行。」

與貿易有關之中央機構，請詳見表1-3。

表 1-3 與貿易有關的機關一覽表

中央機構:

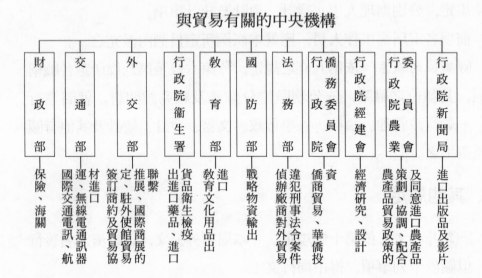

與貿易有關的中央機構										
財政部	交通部	外交部	行政院衛生署	教育部	國防部	法務部	行政院僑務委員會	行政院經建會	行政院農業委員會	行政院新聞局
保險、海關	材進口運、無線電通訊器國際交通電訊、航	聯繫推展、國際商展的定、駐外使館貿易簽訂商約及貿易協	貨品衛生檢疫出進口藥品、進口	進口教育文化用品出	戰略物資輸出	違犯刑事法令案件偵辦廠商對外貿易	資僑商貿易、華僑投	經濟研究、設計	及同意進口農產品策劃、協調、配合農產品貿易政策的	進口出版品及影片

第四節　經濟部貿易調查委員會組織規程

民國八十三年三月十一日經(83)人字第○○六九五三號

一、前言

隨著政府貿易自由化政策的執行，國內市場將日益開放，而國外貨物也勢必大量輸入，而可能影響國內相關產業的生存或發展。因此，「貿易法」第十八條第一項規定，「貨品輸入急遽或大量增加，使國內生產相同或直接競爭產品之產業，遭受嚴重損害或有嚴重損害之虞者，有關主管機關、該產業或其所屬公會或相關團體，得向主管機關申請產業受害之調查及進口救濟。」而經濟部為了調查受理受害產業實際受害情形，應成立貿易調查委員會，以公正、客觀的立場，執行調查工作。

經濟部依「貿易法」第十八條第二項規定，「經濟部為受理受害產業之調查，應組織貿易調查委員會，其組織規程由經濟部另訂之。」而於八十三年三月十一日制定公布「經濟部貿易調查委員會組織規程」。本組織規程全文共計十二條，分為一般性規定、掌理事項、組織與業務、其他規定等四部分。

二、一般性規定

㈠制定依據　第一條規定，「本規程依貿易法第十八條第二項規定訂定之。」

㈡施行日　第十二條規定，「本規程自發布日施行。」

三、掌理事項

第二條規定，「經濟部貿易調查委員會（以下簡稱本會）掌理事項如下：

1.關於貿易法第十八條第一項規定產業受害之調查。

2.關於前款調查之審議、受害之認定及擬採救濟措施之建議等事項。

3.關於貿易法第十九條規定損害之調查事項。

4.關於貨品進口救濟之諮詢事項。

5.關於貨品進口救濟事務之研究事項。」

貿易調查委員會主要工作包括，有關因貨品輸入急遽或大量增加，而使國內生產相同或直接競爭產品的產業，遭受嚴重損害或有嚴重損害之虞（貿易法第十八條第一項），以及因外國以補貼或傾銷方式輸出貨品至我國，對我國競爭產品造成實質損害、有實質損害之虞或對其產業的建立有實質阻礙（貿易法第十九條）的調查事項；對於上述調查結果的審議、受害的認定以及建議採行救濟措施；並負責有關貨品進口救濟事務的諮詢及研究事項。

四、組織與業務

㈠調查組及法務室　第三條規定，「本會設調查組及法務室，分掌前條所列事項；調查組並得分科辦事。」

㈡秘書室　第四條規定，「本會設秘書室，掌理文書、印信、議事、事務、出納及不屬其他各組室事項。」

㈢委員　第五條規定，「本會置主任委員一人，由經濟部部長兼任，委員十人至十二人，由主任委員就下列人員聘兼之：

一、財政部次長一人。

二、行政院經濟建設委員會副主任委員一人。

三、行政院農業委員會副主任委員一人。

四、行政院勞工委員會副主任委員一人。

五、對產業、經貿、財稅或法律等富有研究與經驗之學者、專家六人至八人。

前項第五款聘兼委員任期三年，期滿得續聘一次。

本會聘兼委員爲無給職，但得依規定支領交通費。」

由於貿易調查事項涵蓋範圍廣泛，經濟部應會同其他相關部會共同商議，期使審議結果得以合理、客觀，因此貿易調查委員會除由經濟部部長兼任主任委員以外，另聘財政部、經建會、農委會及勞委會等部會副主管擔任委員。而爲求能博採衆議，經濟部並聘請產業、經貿、財稅或法律方面的學者、專家擔任委員，任期三年，惟可續聘一次。委員會的委員均爲兼任性質，均爲無給職，但可支領交通費。

㈣委員會議　第六條規定，「本會每月召開委員會議一次，必要時得召開臨時會，由主任委員召集之。」

主任委員因故不能召集時，由主任委員指定委員一人召集之。

委員會召開時，得邀請有關機關派員或專家列席。」

原則上，貿易調查委員會每個月由主任委員或主任委員所指定的委員召集全體委員會議，必要時也可召開臨時會議。爲使委員會議能夠聽取多方面意見，委員會召開時也可邀請相關部會派員或專家列席參與討論。

㈤其他職位　第七條規定，「本會置執行秘書、副執行秘書、組長、室主任、副組長、科長、視察、技正、專員、組員、技士、辦事員。」

㈥人事及會計業務　第八條規定，「本會人事、會計業務分別由經濟部人事處、會計處派員兼任。」

㈦兼任顧問　第九條規定，「本會得聘請兼任顧問，隨時向本會提供意見並備諮詢。」

五、其他規定

㈠職等及員額表　第七條規定，「本會職員之職等及員額，另以編制表定之。」

有關「經濟部貿易調查委員會編制表」，請詳見表1-4。

㈡分層負責明細表　第十一條規定，「本會分層負責明細表另定之。」

表1-4　經濟部貿易調查委員會編制表

職稱	官等	員額	備註
主任委員			由經濟部部長兼任
委員		（十至十二）	由主任委員聘兼
執行秘書	簡任	（一）	簡任第十一至第十二職等
副執行秘書	簡任	一	簡任第十一職等
組長	簡任	一	簡任第十一職等
室主任	簡任	二	本職稱之職等在「甲、中央機關職務列等表之十二」未規定前，暫以薦任第九職等至簡任第十職等列用。
副組長	薦任至簡任	一	薦任第九職等至簡任第十職等
科長	薦任	二	薦任第九職等
視察	薦任	三	薦任第八至第九職等，其中一人得列簡任
技正	薦任	三	薦任第八至第九職等，其中一人得列簡任
專員	薦任	四	薦任第七至第八職等
組員	薦任	三	薦任第七至第八職等
技士	委任	三	委任第四至五職等，其中一人得列薦任
辦事員	委任	三	委任第四至五職等，其中一人得列薦任
人事管理員	委任	（一）	由經濟部人事處派員兼任
會計員	委任	（一）	由經濟部會計處派員兼任
合計		二十七（十三—十五）	

附註：本編制表各職稱之職等，適用「甲、中央機關職務列等表之十二」之規定；該職務列等表修正時亦同。

習題

壹、填充題

1. 「貿易法」所稱貿易，係指_____的輸出入行為及有關事項。

2. 「貿易法」的主管機關為_____。

3. 基於_____的目的，經濟部得會同有關機關報請行政院核定禁止或管制與特定國家或地區的貿易。但應於發布之日起_____內送請立法院追認。

4. 貨品應准許自由輸出入。但因國際條約、貿易協定或基於_____、_____、_____、_____、_____與_____或_____，得予限制。

5. 輸出入配額，不得作為_____或_____的標的。除特定貨品法令另有規定外，_____不得轉讓。

6. 外國以_____或_____方式輸出貨品至我國，對我國競爭產品造成實質損害、有實質損害之虞或對其產業之建立有實質阻礙，經_____調查損害成立者，財政部得依法課徵_____或_____。

7.為拓展貿易,因應貿易情勢,支援貿易活動,經濟部得設立＿＿＿＿＿＿,
　就出進口人輸出入的貨品，由海關統一收取最高不超過輸出入貨品
　價格＿＿＿＿＿＿的推廣貿易服務費。

8.出進口人應本誠信原則,利用＿＿＿＿＿、＿＿＿＿＿或＿＿＿＿＿
　程序，積極處理貿易糾紛。

9.依「貿易法」第二十七條之一、第二十七條之二第一項或第二十八
　條至第三十條規定受處分者,得向經濟部國際貿易局聲明＿＿＿＿＿,
　要求重審，經濟部國際貿易局應於收到異議書之次日起＿＿＿＿＿
　決定之；其異議處理程序及辦法，由經濟部定之。對重審結果不服
　者，得依法提起＿＿＿＿＿及＿＿＿＿＿。

10.「貿易法」所稱外國、他國或對手國,包含世界貿易組織所指之
　＿＿＿＿＿。

11.經濟部依「貿易法」第六條對特定國家或地區或特定貨品所採取
　之必要措施，包括對輸出入貨品之＿＿＿＿＿＿、＿＿＿＿＿＿、
　＿＿＿＿＿、＿＿＿＿＿、＿＿＿＿＿及＿＿＿＿＿予以限制，並
　得洽請財政部依法課徵＿＿＿＿＿。

貳、問答題

1. 試述貿易法的特點爲何?

2. 試述貿易法制定之宗旨爲何?

3. 試述經濟部得暫停特定國家或地區或特定貨品的輸出入或採取其他必要措施的情況?

4. 試述出進口人不得從事之行爲?

5. 試述經濟部國際貿易局得暫停出進口人輸出入貨品的情況?

6. 試述在禁制措施公告日前已生效的交易, 在何種情況下仍得辦理輸出入貨品?

7. 試述經濟部國際貿易局對於輸出入貨品採取配額措施者, 得採取何種方式處理?

8. 試述經濟部爲推廣對外貿易, 得自行或委託其他單位辦理何種事項?

9. 試述推廣貿易服務費收取的基準?

10. 試述免收推廣貿易服務費的情況?

11. 試述國際貿易局的職掌?

12. 試述經濟部貿易調查委員會的職掌?

第二章　輸出法規

第一節　貨品輸出管理辦法

八十二年七月十九日經濟部經⑧貿○八七一四八號令發布

八十二年十月二十二日經濟部經⑧貿○九○五六○號令修正

八十三年八月二十九日經濟部經⑧貿○八九一五七號令修正

八十四年三月二十二日經濟部經⑧貿八四四六○四九三號令修正

八十四年八月九日經濟部經⑧貿八四四六一五八○號令修正

八十六年七月二日經濟部經⑧貿八六四六一○○二號令修正

八十七年七月十三日經濟部經⑧貿八七四六一一五四號令修正

八十八年九月十五日經濟部經⑧貿八八四六一五五九號令修正

一、前言

　　「貨品輸出管理辦法」是依據「貿易法」第十五條的規定，由經濟部於民國八十二年七月十九日公布實施，並分別於八十二年十月、八十三年八月、八十四年三月及八月、八十六年七月、八十七年七月、八十八年九月因配合我國經貿環境的改變而經七次修正。在未制定「貿易法」之前，經濟部依行政院所制定的「貨品出口審核準則」於民國六十年九月公布了「廠商申請輸出貨品辦法」，以作爲國際貿易局處理廠商申請貨物輸出的依據，其後並經過十餘次的修正。不過，該辦法因「貨品輸出管理辦法」的公布實施而於同日由經濟部公布廢止。因此，今後出進口廠商有關貨品的輸出，應依據「貨品輸出管理辦法」辦理。

　　「貨品輸出管理辦法」內容主要在結合以貨品爲規範對象的「限制輸出貨品表」，以出口人資格爲規範對象的出口管理規定，以及輸出簽證程序、免證程序等，構成一完整的貨品輸出管理體系。由於本辦法係依據「貿易法」制定，故不但具有充分的法律基礎，且其規定內容亦較單純而明瞭，其修改亦較愼重，不致於產生類似過去修訂過度頻繁的現象。

　　本辦法全文計三十三條條文，共分爲七章。第一章總則（第一條～第四條）、第二章輸出規定（第五條～第八條）、第三章商標之標示（第九條～第十九條）、第四章附有著作之貨品之輸出（第二十條～第二十一條之二）、第五章產地之標示（第二十二條～第二十四條）、第六章簽證規定（第二十五條～第三十條）、第七章附則（第三十一條～第三十三條）。

二、總則

　　㈠制定依據　第一條規定，「本辦法依貿易法（以下簡稱本法）第十五條規定訂定之。」

　　「貿易法」第十五條第二項規定，「貨品輸出入許可證之核發、更改及有效期限、產地標示、商標申報及其他輸出入管理應遵行事項之管理辦法，由主管機關（經濟部）定之。」是故本辦法當依該條規定由經濟部制定公布。

　　㈡適用範圍　第二條規定，「本辦法之適用範圍，包括貨品及附屬於貨品之特定智慧財產權之輸出。」

　　本辦法係依「貿易法」而制定，故對於輸出貿易的適用範圍亦與該法規定相同。依「貿易法」第二條規定，本法所稱貿易，係指貨品之輸出入行爲及有關事項。而本條所規定的貨品包括附屬其上之商標

專用權、專利權、著作權及其他已立法保護之智慧財產權。

㈢主管機關與執行機關　第二條之一規定,「本辦法之主管機關為經濟部, 其業務由經濟部國際貿易局 (以下簡稱貿易局) 執行。但有關附有著作之貨品輸出監視業務, 由經濟部智慧財產局 (以下簡稱智慧局) 執行。」

㈣簽證與免證的定義　第三條規定,「本辦法所稱簽證, 係指貿易局或其委託之單位簽發輸出許可證; 所稱免證, 係指免除輸出許可證。」

貨品輸出管理通常採取許可證制度,由主管機關核發輸出許可證,出進口人取得輸出許可證之後始得辦理貨品輸出。

然而為配合貿易自由化, 簡化貨品出口手續, 主管機關亦得免除部分貨品輸出業者辦理輸出許可證。

㈤廠商的範圍　第四條規定,「本辦法所稱廠商, 係指依出進口廠商登記管理辦法辦妥登記之出進口廠商。」

「貿易法」第三條第一項規定, 「本法所稱出進口人, 係指依本法經登記經營貿易業務之出進口廠商, 或非以輸出入為常業辦理特定項目貨品之輸出入者。」本辦法所規範的輸出業者僅限於依「出進口廠商登記管理辦法」規定, 向國際貿易局辦妥出進口廠商登記的廠商才可辦理貨品的進出口。

三、輸出規定

㈠限制輸出貨品表　第五條規定, 「下列依本法規定限制輸出之貨品, 貿易局應就其貨品名稱及輸出規定, 彙編限制輸出貨品表, 公告辦理之:

　1.本法第五條所指輸出特定國家或地區之貨品。

2.本法第六條採取必要措施限制輸出之貨品。

3.本法第十一條第一項但書規定限制輸出之貨品。

4.本法第十三條規定之高科技貨品。

5.本法第十六條採取輸出配額之貨品。

輸出前項表列貨品，應依該表所列規定申請辦理簽證。」

我國由於實施貿易自由化政策，除了依「貿易法」第五、六、十一、十三、十六條的規定加以限制者外，原則上政府對於貨品之輸出均採取開放的政策。依本條規定，國際貿易局對於法令限制輸出之貨品，應彙編「限制輸出貨品表」並公布。貨品經列入「限制輸出貨品表」者，其輸出手續均應依該表所規定的事項申請簽證，於取得輸出許可證後始得輸出。

依「貿易法」的規定而列入「限制輸出貨品表」的貨品範圍如下：

1.輸出特定國家或地區的貨品：「貿易法」第五條前段規定，「基於國家安全之目的，主管機關得會同有關機關報請行政院核定禁止或管制與特定國家或地區之貿易。」

2.暫停輸出或採取必要措施的貨品：「貿易法」第六條第一項規定，「有下列各款情形之一者，主管機關得暫停特定國家或地區或特定貨品之輸出入或採取其他必要措施：(1)天災、事變或戰爭發生時。(2)危害國家安全或對公共安全之保障有妨害時。(3)國內或國際市場特定物資有嚴重匱乏或其價格有劇烈波動時。(4)國際收支發生嚴重失衡或有嚴重失衡之虞時。(5)國際條約、協定或國際合作需要時。(6)外國以違反國際協定或違反公平互惠原則之措施，妨礙我國輸出入時。」

3.特殊理由限制的貨品：「貿易法」第十一條第一項但書規定，「因國際條約、貿易協定或基於國防、治安、文化、衛生、環境與生態保

護或政策需要，得予限制。」

　　4.高科技貨品：「貿易法」第十三條第一項規定，「爲確保國家安全，履行國際合作及協定，加強管理戰略性高科技貨品之輸出入及流向，以利引進高科技貨品之需要，其輸出入應符合下列規定：(1)非經許可不得輸出。(2)經核發輸入證明文件者，非經許可不得變更進口人或轉往第三國家、地區。(3)應據實申報用途，非經核准不得擅自變更。」此外，該條第二項規定，「輸往管制地區之特定戰略性高科技貨品，非經許可不得經由我國通商口岸過境、轉運或進儲保稅倉庫。」

　　5.採取輸出配額的貨品：「貿易法」第十六條第一項規定「因貿易談判之需要或履行協定、協議，經濟部國際貿易局得對貨品之輸出入數量，採取無償或有償配額或其他因應措施。」

　　㈡免證輸出　本辦法有關免證輸出，分別規定在第六條第一項及第二項、第七條、第八條中。

　　第六條第一項及第二項規定，「廠商輸出未列入限制輸出貨品表之貨品，免證。

　　廠商以外之出口人，輸出未列入限制輸出貨品表之貨品，應向貿易局申請簽證。但金額在離岸價格(FOB)美幣一萬元以下或其等值者，免證。」

　　依本條規定，出口廠商於輸出屬於「限制輸出貨品表」以外貨品時，不必經簽證手續，得以免簽證出口。

　　非廠商（包括法人、團體、個人等）於輸出貨品時，不論是否屬於「限制輸出貨品表」的貨品，原則上均應向國際貿易局辦理簽證，取得輸出許可證之後，始得輸出貨品。但是如果輸出貨品的離岸價格(FOB)低於美金一萬元者，則免辦簽證。

　　第七條規定，「有下列情形之一者，免證輸出：

1.停靠中華民國港口或機場之船舶或航空器所自行使用之船用或飛航用品，未逾海關規定之品類量值者。

2.漁船在海外基地作業，所需自用補給品，取得漁業主管機關核准文件者。

3.軍事機關輸出軍用品，取得國防部或其指定授權機構之同意文件者。

4.寄送我駐外使領館或其他駐外機構之公務用品。

5.停靠中華民國港口或機場之船舶或航空器使用之燃料用油。

6.中華民國對外貿易發展協會及中華民國紡織業外銷拓展會輸出商展用品。」

第七條所規定的六種特殊用途輸出，均非屬於出口廠商因交易所生的輸出，為簡化輸出手續，故亦得免辦簽證出口。

第八條規定，「郵包寄遞出口小量物品、旅客出境攜帶自用物品，依海關之規定辦理，並免受第五條及第六條第二項規定之限制。」

由於第八條所規定的郵包或旅客用品均係屬於小量（例如商業樣品等）或係自用者，也非屬於出口廠商正常營業所出口的貨品，因此不論這些貨品是否列入「限制輸出貨品表」，均毋需向國際貿易局申請出口簽證，而可適用免辦簽證出口的規定。

㈢委託查核輸出貨品表　第六條第三及第四項規定，「未列入限制輸出貨品表之貨品中，其他法令另有管理規定者，貿易局得就海關能予配合辦理部分之相關貨品名稱及其輸出規定，彙編委託查核輸出貨品表，公告辦理之。

輸出前項委託查核輸出貨品表內之貨品，於報關時，應依該表所列規定辦理。」

輸出貨品雖因不符第五條規定，而未列入「限制輸出貨品表」中，但若因其他法令另有規定者，爲了便利海關協助配合管理，國際貿易局對於上述貨品應彙編「委託查核輸出貨品表」並公告，以利出口廠商配合作業。貨品經列入「委託查核輸出貨品表」者，其輸出報關手續，海關均應依該表所規定的事項辦理。

四、商標的標示

㈠商標專用權歸屬的查明　第九條規定，「出口人輸出之貨品標示有商標者，應自行查明所標示之商標之專用權歸屬，不得有仿冒情事。

貨品之內外包裝或容器標示有商標時，適用前項之規定。」

不論輸出貨品本身或貨品的內外包裝或容器上標示有商標時，輸出廠商必須查明商標專用權的歸屬，提出有使用權利的證明文件，以免發生侵權問題。如果發生仿冒行爲，則將依商標法的規定處罰，除須負刑事責任以外，尙須負擔民事上的損害賠償責任。

㈡有無使用商標的載明　第十條規定，「出口人輸出貨品，應於出口報單上正確載明或黏貼其所標示之商標，未標示商標者應載明『無商標』。

輸出有標示商標之貨品，不得於出口報單上載明無商標。

經海關查明屬復運出口之外貨或退回整修之國貨零組件，不受前二項之限制。

輸出貨品標示之商標，經海關查明與出口報單申報不符者，海關得要求出口人提供該商標專用權人指定標示或授權使用或其他能證明無仿冒情事之文件供查核放行。」

除了復運出口的外國貨物或是復運進口退回整修的國貨零組件以

外，如果出口貨物本身或包裝、容器上附有商標者，出口廠商應於出口報單上標示其商標，俾使主管機關查核，以防範仿冒出口。出口貨物若無任何商標者，則須於輸出許可證及出口報單上記載「無商標」字樣。因此，出口貨物不論有無使用商標均須明確記載，若有虛偽記載者，將構成偽造文書之罪而受罰。若出口貨物的商標複雜，得在出口報單上以浮貼方式表示。如果海關發現出口貨品所標示的商標與出口報單所申報不相符時，出口人應提出該商標專用權人指定標示或授權使用或其他能證明無仿冒情事的文件（例如進口商指定標示該商標及願負一切責任的聲明文件），供海關查核後始准放行。

第十一條刪除。

第十二條刪除。

第十三條刪除。

第十四條刪除。

第十五條刪除。

依據經濟部於八十三年八月二十九日修正的「貨品輸出管理辦法」，其中有關出口人輸出標示有商標的貨品須申請報核的規定已予廢止，故國際貿易局不再受理特定貨品商標報核申請案件。今後輸出許可證新格式將取消商標欄（原輸出許可證第六欄），惟出口人仍應依規定，自行查明其輸出貨品所標示的商標專用權歸屬，不得有仿冒情事，並應於海關出口報單上正確載明或黏貼輸出貨品所標示的商標，未標示商標者，應載明「無商標」。

(三)商標的特別監視　第十五條之一規定，「貿易局對出口貨品標示之商標為特別監視者，得建立商標出口監視系統，受理商標專用權人或其代理人申請商標登錄並收取費用；其收費標準由貿易局定之，並循預算程序辦理。

前項商標出口監視系統之執行程序，由貿易局會同關稅總局公告之。」

如果商標專用權人或其代理人爲防止出口貨品仿冒其商標，得向國際貿易局申請商標登錄，對於使用該商標出口的貨物，加以特別監視。國際貿易局應會同關稅總局共同制定商標出口監視系統的執行程序，俾供廠商遵循，並應依預算程序，制定登錄費用的年度收支計畫，辦理此項費用的收取。

依本條規定，爲有效執行出口貨品商標查核工作，經濟部國際貿易局與財政部關稅總局經協調相關單位，共同規劃籌建「商標出口監視系統」，並於民國八十三年九月十日共同公告「商標出口監視系統運作執行程序」，內容包括系統規劃架構、商標出口監視系統登錄程序及檢附文件種類說明、收費原則、登錄資料的異動或撤銷、海關查核執行程序等五部份，開放接受商標專用權人提供其商標圖樣、授權廠商名單、專用權期間等相關資料，經國際貿易局審核、鍵入電腦資料庫後，傳輸至各關區以供海關關員查核出口貨品標示之商標是否有侵害該系統已登錄商標之情事。國際貿易局自公告日起，受理商標專用權人申辦商標登錄相關事宜；海關則自八十三年十月一日起，正式就「商標出口監視系統」所登錄之資料實施出口貨品商標查核工作。

爲方便海關關員的檢索，並縮短查詢時間，以避免影響出口通關時效，登錄作業係將該商標註冊證上列載指定商品名稱轉換成貨品分類號列(CCC Code)，除依此做爲登錄收費標準依據外，更藉此貨品分類號列搭配其商標名稱、圖案特徵及廠商統一編號等檢索碼，輸入設定條件後快速將資料庫中登錄商標圖樣歸類，縮小應查詢圖樣範圍並一一於螢光幕顯視，以便海關關員查核出口貨品標示的商標有無侵害系統已登錄商標之情事。

依「商標出口監視系統運作執行程序」中有關商標出口監視系統登錄程序及檢附文件種類說明的規定，主要內容如下：

1.受理機關：經濟部國際貿易局（第二組第四科）。

書表供應：國際貿易局一樓書表供應處。

2.申請人資格及其他限制：

⑴已在我國註冊的商標專用權人。

⑵已在其他國家或地區（以下簡稱他國）註冊的商標專用權人，且符合下列a、b兩條件之一者：

a.已向我國中央標準局提出申請註冊者；或

b.可舉證其商標為著名商標者。

⑶其他限制：

a.所指商標，不包括服務標章、證明標章及團體標章。

b.商標專用權人得委託代理人辦理登錄等相關事宜，但在中華民國境內無住所或營業處所者，應委託代理人辦理之。另其代理人應在中華民國境內有住所，俾發現仿冒案件時能迅速通知，以利採取相關司法行動。

c.商標專用權人與其代理人發生糾紛時，以商標專用權人意思表示為主。

3.申請登錄應檢附的文件：

申請登錄者除繕寫「商標專用權人已註冊商標登錄申請書」、「商標專用權人已註冊商標登錄資料表」、「同意廠商標示註冊商標證明書」、「商標特徵描述說明書」外，另檢附如下列的文件：

⑴已在我國註冊的商標專用權人應檢附證明文件如下：

a.我國中央標準局商標註冊證影本；若以聯合商標註冊證辦理者，須另檢附正商標註冊證影本。

　　b.凡由代理人爲登錄申請者，應再檢附代理人委任書，委任書上並載明代理權限（包括委任辦理登錄、檢送及修改「同意廠商標示註冊商標證明書」等事項）。

　　(2)在他國註册且已向我國中央標準局提出註冊申請的商標專用權人應檢附證明文件如下：(註：俟中央標準局核准後，該登錄申請人應即向國際貿易局辦理登錄資格種類變更，毋須另行繳費，惟須依後述「登錄資料的異動或撤銷」程序辦理。)

　　a.他國商標註册證影本，且須經當地國公證人公證或提供當地國商標主管機關之認證證明，並檢附中文譯本。

　　b.已向我國中央標準局辦理商標註册登記申請書及繳費證明影本。

　　c.凡由代理人爲登錄申請者，應再檢附代理人委任書，委任書上並載明代理權限（包括委任辦理登錄、檢送及修改「同意廠商標示註冊商標證明書」等事項）。

　　(3)在他國註册且主張其商標爲著名商標的商標專用權人，應檢附證明文件如下：

　　a.他國商標註册證影本，且須經當地國公證人公證或提供當地國商標主管機關的認證證明，並檢附中文譯本。

　　b.舉證其商標爲著名商標的證明文件。

　　c.凡由代理人爲登錄申請者，應再檢附代理人委任書，委任書上並載明代理權限（包括委任辦理登錄、檢送及修改「同意廠商標示註冊商標證明書」等事項）。

　　(4)關於申請登錄，貿易局認爲有必要時，得通知申請人或其代理人檢附身分證明或法人證明文件；該證明文件如爲外文者，不須經當地國公證，惟應檢附中文譯本（可節譯其中與身分證明有關部分）。

(5)申請人所提出其他證明文件，若以中文以外的文字記載者，均須加附中文譯本。

(6)申請人所提出的證明文件影本及中文譯本，須由申請人或其代理人簽章並註明其內容「與正本無誤」字樣。

4.申請登錄案件的審核：

申請登錄的商標，經核對與已登錄的商標不同，亦不近似者，即予核准登錄，否則應依下列原則處理：

(1)同屬我國的註冊商標時，先准登錄並移送中央標準局表示意見。

(2)分屬我國及他國的註冊商標時，先准登錄並通知相關專用權人。

(3)分屬不同他國的註冊商標時，先准登錄並通知相關專用權人。

(4)同屬同一他國的註冊商標時，先准登錄並通知相關專用權人澄清。

5.對於主張其商標為著名商標的申請案件，國際貿易局將移請中央標準局表示意見，經核可後，即予核准登錄。

6.申請登錄案件經核可後，由國際貿易局核發「經濟部國際貿易局自行收納款項統一收據」及原申請表格申請人留存聯，供申請人於繳費期限內（一個月）向臺灣銀行或其各地分行繳納規費，並繳回經臺灣銀行核章的統一收據第一聯，國際貿易局於驗證核章後發還，並將申請登錄資料鍵入電腦資料庫中。

7.申請登錄相關事宜時得以郵寄或親自投件方式為之，惟審核結果將以正式信函告之。

有關收費原則，依「商標出口監視系統運作執行程序」規定內容如下：

1.基於使用者付費原則及登錄者方予監視的精神，對於申請特別監視的商標專用權人將收取登錄費用。

2.收費原則如下：

(1)同一商標註冊證的申請案件，視爲一件。

(2)將商標註冊證上列載指定商品項目轉換成貨品分類號列(CCC Code)，前六碼（即國際間通行的HS碼）相同者歸爲一類，登錄十個類別以內一律收費新臺幣五千元；若超過十個類別，該超過部分每類另加收費新臺幣一千元。

(3)登錄後的資料修改，每件每次收費新臺幣兩千元。若涉及增加商品類別，其與已登錄的商品類別總和超過十類者，該超過部分每類另加收費新臺幣一千元。僅修改同意標示廠商名單者，不收取費用。

(4)商標經登錄並繳費後，被商標主管機關評定撤銷登記者，不可申請退費。

(5)商標專用期間的延展，視同資料修改收費，每件每次收費新臺幣兩千元。

此外，有關商標登錄資料的異動或撤銷，依「商標出口監視系統運作執行程序」的規定，主要內容如下：

1.登錄資料的異動：

(1)凡已辦理登錄的商標專用權人對前已登錄資料有所增刪時，應檢附原申請表格（申請人留存聯）正本供查核（驗畢後歸還）及影本一份，另填具更改事項至登錄機關辦理。

(2)凡增加授權廠商資料者，應檢附新繕打的「同意廠商標示註冊商標證明書」。

(3)凡由代理人爲登錄資料修改申請者，其在原委任代理權限內得檢附原辦理登錄案件的委任書影本（註明「與正本無誤」字樣）辦理。

(4)國際貿易局核可申請案件後，即核發「經濟部國際貿易局自行收納款項統一收據」供申請人於繳費期限內（一個月）向臺灣銀行或

其各地分行繳納規費，並繳回經臺灣銀行核章的統一收據第一聯，國際貿易局於驗證核章後發還，並將申請登錄資料鍵入電腦資料庫中。

(5)凡辦理商標專用期間的延展，已登錄者請於專用期間屆滿前向所屬商標主管機關辦理，並據此依前述程序向國際貿易局辦理資料異動。

2.登錄資料的撤銷：

(1)凡已辦理登錄的商標專用權人或其代理人，辦理撤銷登記時，應檢附原申請表格正本供查核(驗畢後歸還)及影本一份，另填具申請書至國際貿易局辦理。

(2)凡由代理人為撤銷登錄者，其在原委任代理權限內得檢附原辦理新增登錄案件的委任書影本（註明「與正本無誤」字樣）辦理。

(3)若已登錄商標案件，其商標專用權經原商標主管機關撤銷或准予異動者，經國際貿易局查知，將逕行撤銷登錄或為必要的變更，並通知原登錄申請者。

㈣商標相同或近似的處理　第十五條之二規定，「出口人報關輸出貨品之本身或其內外包裝或容器上如標示有商標，或所標示之記號、標籤、符號、印戳、進口商名稱縮寫或其他文字，經海關查核與商標出口監視系統登錄之商標相同或近似並使用於登錄同一貨品者，依下列方式處理：

1.與系統登錄之商標相同且未列入商標專用權人同意標示廠商名單者，海關得要求出口人提供商標專用權人指定標示或授權使用或其他能證明無仿冒情事之文件供查核放行。

2.與系統登錄之商標近似者，海關得就其近似程度是否足以產生混淆誤認之虞，依前款規定辦理或要求出口人具結聲明無仿冒商標之情事後予以放行，並函相關主管機關事後查證。」

　　依「商標出口監視系統運作執行程序」中有關海關查核執行程序規定，報關輸出貨品的本身或其內外包裝或容器上如標示有商標或標示之文字、圖形、記號或其組合在外觀上疑似商標，海關於查驗後，利用「商標出口監視系統」進行抽核比對，如發現與已登錄的商標相同或近似，並使用於與登錄商標同一類貨品（以中華民國商品標準分類號列六位碼為準）時，依下列方式處理：

　　1.與登錄商標相同

　　(1)出口人為登錄之商標專用權人或已列入其同意標示廠商名單者，貨物准予放行出口。

　　(2)出口人未列入登錄的商標專用權人同意標示廠商名單者，除第1.(3)項情形外，貨物退關不准出口，並按下列方式處理：

　　a.登錄商標為已在我國中央標準局註冊者，依商標法移送法辦，並送國際貿易局依貿易法處分。

　　b.登錄商標為已在他國註冊並已向我國中央標準局提出註冊申請者，送國際貿易局依貿易法處分。

　　c.登記商標為未來我國註冊之著名商標，依公平交易法移請公平交易委員會處理，並送國際貿易局依貿易法處分。

　　d.通知登錄的商標專用權人或其在臺代理人。

　　e.出口人列入出口嚴查廠商名單。

　　(3)出口人未列入登錄的商標專用權人同意標示廠商名單，但有下列情形之一者，貨物准予放行出口：

　　a.出口人提出登錄商標專用權人指定標示，或授權使用，或其他能證明無仿冒情事（例如係向登錄商標專用權人或其授權人購得等）之文件。

　　b.出口人提出該商標在進口地已由不同的商標專用權人註冊登

記，經出具該註冊證影本及其同意標示的證明文件者，貨物准予切結出口，並通知登錄的商標專用權人，由其自行查證，採取相關的法律行動。

c.出口人提出已在我國中央標準局註冊的證明文件，或已向中央標準局登記的授權使用文件，貨物准予出口，惟應通知登錄商標的在臺代理人，由其於進口地採取保護措施。

2.與登錄商標近似

(1)與登錄商標極近似：雖與登錄商標並不完全相同，但其近似程度足以產生混淆誤認之虞者，例如文字相同而字體不同、圖形相同而顏色不同、設計圖案相同而排列位置不同，無論出口人是否已列入登錄商標專用權人的同意標示廠商名單，均按第1項方式處理。

(2)與登錄商標近似：

a.出口人具結無仿冒商標情事後放行，並取樣送經濟部查禁仿冒商品小組處理。如為未在我國註冊的著名商標，則取樣送公平交易委員會核處，由其決定是否移送法辦。

b.經濟部查禁仿冒商品小組或公平交易委員會移送法辦的出口人，列入海關出口嚴查廠商名單。

3.商標申報不實

(1)出口人如有商標申報不實情形（例如甲商標申報為乙商標或有商標申報為無商標），不得具結無仿冒情事後出口，應提出商標專用權人註冊證影本，或其同意標示或授權使用，或其他能證明無仿冒情事（例如係向商標專用權人或其授權人購得等）的文件，始准放行出口。

(2)商標申報不實，並涉及與登錄商標相同或近似者，改依第1、2項方式核處，惟第2項情形，不得具結無仿冒情事後出口。

(3)商標申報不實案件，除移送經濟部查禁仿冒商品小組處理（必要時得檢附貨樣）外，出口人並依有無涉嫌仿冒已登錄的商標，列入海關出口嚴查或加強查驗廠商名單。

4.查核範圍與執行法源依據

(1)已在我國中央標準局註冊的商標：

a.查核範圍：涵蓋所有外銷地區。

b.執行法源：商標法、貿易法、貿易法施行細則、貨品輸出管理辦法、出口貨物報關驗放辦法。

(2)已在他國註冊並已向我國中央標準局提出註冊申請的商標：

a.查核範圍：限輸往該註冊國的貨品。

b.執行法源：貿易法、貿易法施行細則、貨品輸出管理辦法、出口貨物報關驗放辦法。

(3)未在我國註冊的外國著名商標：

a.查核範圍：涵蓋所有外銷地區。

b.執行法源：公平交易法、貿易法、貿易法施行細則、貨品輸出管理辦法、出口貨物報關驗放辦法。

第十六條刪除。

第十七條刪除。

第十八條刪除。

第十九條刪除。

五、附有著作之貨品之輸出

㈠適用範圍　第二十條第一項規定，「出口人輸出附有特定著作之特定貨品時，應檢附著作權相關文件，不得有侵權情事。智慧局或其委託單位必要時得對該特定貨品予以查核。」

本條規定並非適用於附有著作的任何貨品，而僅適用於附有特定著作的特定貨品。該貨品必須由著作權人或取得該著作權的使用權者，始得販售。所謂「附有特定著作之特定貨品」，係指由智慧財產局公告的特定著作及特定貨品。

依本辦法第二十一條規定，「前條所稱之特定著作、特定貨品、著作權相關文件及其他有關規定由智慧局公告之。」因此，智慧財產局公告有關特定著作、特定貨品、輸出廠商應提出與著作權有關的文件及其他相關事項的規定。輸出業者出口經智慧財產局所公告的「附有特定著作之特定貨品」時，須提出與該著作有關的權利證明文件，包括著作證書或著作權使用證明書，向智慧財產局或其委託的單位辦理出口手續。

為避免仿冒的電腦程式出口，造成著作權人的損失，並損及我國商譽，我國自民國八十一年十一月起實施「電腦程式相關產品出口管理制度」，藉由政府單位與著作權人的合作，共同維護電腦程式著作權人的權益。出口廠商及著作權人申請出口電腦程式相關產品時，均須依照「電腦程式相關產品出口管理制度作業規定」辦理。

㈡著作的範圍　第二十條第二項規定，「前項所稱之著作係指著作權法第五條所例示規定者。」

依「著作權法」第五條規定，「本法所稱著作，例示如下：

1.語文著作。

2.音樂著作。

3.戲劇、舞蹈著作。

4.美術著作。

5.攝影著作。

6.圖形著作。

7.視聽著作。

8.錄音著作。

9.建築著作。

10.電腦程式著作。

前項各款著作例示內容，由主管機關訂定之。」

因此，凡是附有屬於上述著作的貨品，均必須依本條規定，憑著作權相關文件向智慧財產局或其委託單位辦理出口手續。

㈢特別監視的處理　第二十一條之一規定，「智慧局對出口貨物附有之著作為特別監視者，得受理著作權人或其代理人申請登錄，對送樣存放要求保護者，則須收取費用；其樣品存放費用金額由智慧財產局定之。

前項樣品存放費用之收取，應循預算程序辦理。」

著作權人或其代理人為防止其著作被剽竊或侵犯，因此可將其著作樣品存放於智慧財產局要求該局對附有著作的出口貨品特別監視。惟此項特別監視作業，智慧財產局應依預算程序規定，編製年度收支預算，經核可後收取樣品存放費用。

依「電腦程式相關產品出口管理制度作業規定」，由於電腦程式相關產品出口管理制度係採登錄保護原則，電腦程式著作權人如欲接受本制度的保護，須向經濟部智慧財產局委託的財團法人資訊工業策進會申請辦理著作登錄。主要規定內容如下：

1.受理機構：財團法人資訊工業策進會。

2.受理登錄的貨品範圍：電腦、列表機、電視遊樂器（含其半導體晶片或印刷電路板）等CCC號列計十六項內含電腦程式的貨品。

3.受理登錄對象：依我國著作權法保護的本國人或外國人的電腦程式著作。

(1)登錄對象內所稱「外國人」，係指依我國著作權法第四條與我國有著作權或首次發行的互惠國家或地區之人民而言。(目前與我國有著作權互惠國家或地區的人民包括美國、英國、香港、瑞士的人民，及西班牙與韓國居住我國的僑民。)

(2)著作權人得委託代理人辦理登錄相關事宜，但在我國境內無住所或營業處所者，應委託代理人辦理之。另其代理人應在我國境內有住所，俾發生侵權案件時能迅速通知，有助著作權人採取相關司法行動。

4.申請登錄應檢附的表格及相關證明文件：申請登錄者除填具「電腦程式相關產品出口管理制度——登錄申請書」、「電腦程式相關產品出口管理制度——著作登錄表」、及「電腦程式相關產品出口管理制度——著作特性表」，另應檢附下列文件：

(1)本國人申請登錄者，應檢附以下證明文件各乙份：

a.我國或他國政府核准著作權登記的執照或登記謄本(含核准函)影本或著作權切結書。

b.著作權人為個人者：國民身份證影本。

c.著作權人為法人者：法人資格證明書影本（如營利事業登記證或公司執照影本等）。

(2)與我國有著作權互惠保護的國家或地區的人民申請登錄者，應檢討以下證明文件各乙份：

a.我國或該互惠國家或地區核准著作權登記的執照或登記謄本（含核准函）影本或著作權切結書（宣誓書）。

b.著作權人為個人者：國籍資格證明書。

c.著作權人為法人者：法人資格證明書。

前項他國的文件均須經當地國公證人公證。國籍及法人資格證明

書得以著作財產權人的宣誓書代替。

(3)於中華民國管轄區域內首次發行，或於中華民國管轄區域外首次發行後三十日內在中華民國管轄區域內發行者，須提供擁有著作權的證明文件。

(4)提供該電腦程式樣品十件(請將內容存於 3.5″ (1.4M) 磁碟片、光碟片、或卡匣上)，並提供查核與分析的相關文件、查核方法及工具等，俾利執行電腦程式的著作權保護。

(5)著作權人欲申請登錄被授權人資料者，應檢附「電腦程式相關產品出口管理制度——登錄授權表」。

(6)凡由代理人為登錄申請者，應附送代理人委任書，並載明代理權限（包括委任辦理著作權登錄及有無委任檢送「電腦程式相關產品出口管理制度——登錄授權表」及處理疑似侵權案件等事項）。

(7)前述所須文件若係影本者，應加蓋申請人或代理人的印章；若係外文者，應檢附中文譯本。

5.登錄費用：

(1)申請登錄者，應繳交樣品存放費，每件電腦程式著作新臺幣五千元正。

(2)申請登錄者應於受理機構通知繳費（經濟部智慧財產局自行收納款項統一收據）後，依繳費收據所規定的一個月期間內向臺灣銀行或其各地分行繳納規費，並憑繳費完成的「統一收據」第一聯向資策會辦理登錄核准；申請人未依規定完成繳費手續者，則以退件方式處理。

6.凡經核准登錄的電腦程式著作，受理機構除將登錄的事項載於其電腦資料庫外，且將定期公告周知。

7.登錄保護期限：登錄保護期限自核准登錄日起至著作權期限屆

滿為止。

8.登錄資料的變更及收費：

(1)已登錄的著作權人、被授權人、或其代理人的姓名、名稱、住所、居所、營業所、事務所有變更、移轉或註銷時，應向登錄受理機構申請變更登記。

(2)登錄後的資料變更，每次變更申請收費新臺幣二仟元正，由著作權人憑受理機構所開具的繳費收據向臺灣銀行或其各地分行繳納。

9.經登錄的資料，有下列情形之一者，受理機構應撤銷其登錄：

(1)原申請人自行申請撤銷者。

(2)申請登記的事項虛偽不實或發現原登錄有違法情事者。

(3)著作權業經法院或著作權主管單位撤銷者。

受理機構依前項規定撤銷登錄前(第(1)款除外)，應先附理由通知書通知著作權人或其代理人於三十日內申述意見。

㈣壓印來源識別碼的處理　第二十一條之二規定,「為貿易管理需要，貿易局得公告指定出口貨品項目，應壓印來源識別碼。」

六、產地之標示

㈠方式　第二十二條規定，「輸出貨品，應於貨品本身或內外包裝上標示產地，其標示方式應具顯著性與牢固性。但因貨品特性或包裝情況特殊致無法依據規定標示者，得向貿易局申請專案核准。」

依本條規定，出口貨物應在貨品本身或其內外包裝上標示產地，亦即只要在貨品本身或內外包裝上選擇一處標示即可。不過，事實上除非無法在貨品本身標示，例如化學品、農產品、水產品及畜牧產品等，一般而言均會在貨品本身上標示產地。因此，一般工業製品原則上均應在貨品本身及內外包裝上標示產地，尤其先進工業國家均要求

此種標示方法。

　　至於產地標示的方法，應具備顯著性及牢固性兩條件。所謂顯著性應考慮標示的位置及字體的大小等，而牢固性則應考慮標示的方法，包括鑄刻、印刷、縫繡等。如果輸出貨品本身體積微小，無法標明或習慣上不標示產地者，甚或買主要求免標產地者，均應事先向國際貿易局專案申請核准。

　　㈡標示文字及得標示其他產地的例外　第二十三條規定,「輸出貨品係在中華民國製造者，應標示中華民國製造或中華民國臺灣製造，以其他文字標示者，應以同義之外文標示之。但輸往美國以外之無邦交國家或地區者，得標示臺灣製造或同義之外文、

　　前項輸出之貨品,除原標示於進口零組件上之原產地得予保留外，不得加標外國地名、國名或其他足以使人誤認係其他國家或地區製造之字樣。但有下列情形之一者，得於貨品本身標示其他產地：

　　1.供國外買主裝配用之零組件，其產地標示在表明其最後產品之產地，並經貿易局專案核准者。

　　2.供國外買主盛裝用之容器或包裝材料者。

　　依前項但書規定標示其他產地者，仍應於內外包裝上標示我國產地。」

　　依本條規定，凡是在我國生產或製造的貨品，應在貨品本身或其內外包裝上均應標示我國爲其產地，而不得標示產地爲其他國家或地區，也不得增加標示外國地名、國名或其他足以使人誤認爲在其他國家或地區製造或生產的字樣，使其標示在我國產製的效果受到影響或誤解。亦即中文標示爲「中華民國臺灣製造」，英文標示爲 Made in Taiwan, Republic of China 或 Made in Taiwan, R.O.C.。而輸往與我國無正式邦交的國家，因不承認我國國號，故貨品原則得不

標示「中華民國」(Republic of China 或 R.O.C.)，而可僅標示產地，即「臺灣製造」(Made in Taiwan)，但若輸往美國則仍應加標國名。

如果輸出貨品係以進口零組件加工而成者，則該自國外進口的零組件係依原來製造國的規定已標示其產地國，應予以保留其標示，以確保其眞正的產地國標示，但是輸出成品仍應標示我國爲其產地。

此外，如果有下列二種情形之一者，則得於貨品本身標示他國爲產地國，但仍應於貨品內外包裝上標示我國爲其產地，且均必須經國際貿易局專案核准：

1.供國外買主裝配用的零件組：在我國製造的零組件如果係提供國外業者作爲裝配用者，得標示該貨品最終完成的國家，以配合其最終成品的產地標示。

2.供國外買主使用的容器或包裝材料：由於容器或包裝材料上的標示係在說明其所包裝的貨品，因此如果在外國使用的容器或包裝材料上標示我國爲產地國者，將會產生矛盾，因此本款作例外的規定。

(三)復運出口貨物的標示　第二十四條規定，「輸出貨品係外貨復出口者，其原產地標示得予保留；進口時未標示產地者，得依原樣出口。」

依本條規定，復運出口的貨物無論當初進口時有無標示產地，均得依原樣方式出口。

七、簽證規定

(一)輸出許可證的申請　第二十五條規定，「出口人申請輸出許可證時，應向簽證單位填送輸出許可證申請書，經簽證單位審核與規定相符後予簽證。」

　　輸出許可證申請人應填送具輸出許可證申請書一式五份後，向指定的簽證單位提出申請。經簽證單位審核，經認定與所規定相符後，始予簽證。

　　㈡輸出許可證的有效期限　第二十六條規定，「輸出許可證自簽證日起三十日內有效。但貿易局另有規定者從其規定。

　　輸出許可證不得申請延期，未能於有效期間內出口者，申請重簽證時，應將原輸出許可證申請註銷。」

　　除非國際貿易局有特別規定，輸出許可證原則自簽證日起算三十日內有效。出口廠商應在期限內將貨物自輸出港運出口。輸出許可證在有效期限屆滿時失效，而且不能申請延長其有效期限。因此，若無法於有效期限內輸出者，必須重新申請簽證，而且在重新申請輸出許可證時，應將失效的原輸出許可證申請註銷，以免誤用。此外，如果輸出貨品係分批交貨而其交貨期間無法在三十日內全部完成者，也需要分批申請輸出許可證。

　　㈢修改、註銷及補發的申請　第二十七條規定，「輸出許可證之修改、註銷及補發，出口人應填具申請書向原簽證單位申請辦理。

　　依前項規定申請註銷輸出許可證時，並應將所持各聯繳回。」

　　如果出口人需要申請修改、註銷及補發輸出許可證時，均須要填妥其申請書。由於無論修改、註銷或補發均係對原輸出許可證所為，故亦應向原簽證單位申請，以免因受理機關不同而產生問題。

　　如果出口人係申請註銷輸出許可證者，則除了須填具新申請書向原簽證單位申請辦理以外，尚須繳回已失效的輸出許可證。依本辦法規定，以下三種情形均應註銷重簽輸出許可證：1.未能於輸出許可證有效期間內出口者。（第二十六條第二項）2.貨物未報關出口前發現輸出許可證有錯誤時。（第二十八條第一項第一款）3.於報關出口前

遺失輸出許可證者。（第二十九條）此時由於輸出許可證已遺失，是故申請註銷重簽時，免繳回原輸出許可證。

　　㈣修改手續　第二十八條規定，「輸出許可證之修改，應依下列規定辦理：

　　1.未報關前發現錯誤者，應註銷重簽，不得申請修改。

　　2.已報關未放行前或報關放行後須修改者，應檢附輸出許可證修改申請書向原簽證單位辦理。但修改內容涉及貨物名稱、品質、品類、單位或數量者，應先經海關簽署證明始可申請修改；如因屬免驗或抽中免驗，海關無資料可資查證者，應由海關在修改申請書有關聯簽署證明。

　　3.申請修改時，仍應依原輸出規定辦理。

　　4.輸出許可證申請人名稱，不得修改。但經貿易局專案核准修改者，不在此限。

　　前項各款之修改，應自簽證單位簽證之日起六個月內為之。但未逾三年經貿易局核准者，不在此限。」

　　依本條規定，如果貨物尚未向海關辦理出口報關之前發現輸出許可證記載錯誤者，不得申請修改，僅得申請註銷輸出許可證而重新簽發，蓋此時輸出許可證尚未使用，而且也可以免除輸出許可證因修改而影響其明確性。但是如果輸出許可證係在貨物已向海關辦理輸出報關手續後，始發現記載錯誤者，則不管貨物是否已放行，應向原簽證單位申請修改。

　　修改輸出許可證內容時，如果係修改一般事項，應檢附輸出許可證有關聯及修改申請書，向原簽證單位辦理修改。如果輸出許可證係修改貨物名稱、品質、品類、單位或數量，則應先經海關簽署證明後，才可辦理修改手續；但若其出口貨品屬於免驗或未被抽驗者，因

海關無資料可資證明，故由海關在申請書有關聯上簽署證明即可。

　　修改係變更原輸出許可證所記載的內容，並不影響原輸出許可證之效力，故應依原輸出許可證所依據的輸出法規辦理，以使其所依據的法令一致。

　　依本條第一項第四款規定，出口人不得申請變更申請人名稱，除非申請人名稱變更係經國際貿易局核准更改者，才得申請變更。

　　輸出許可證的修改應於簽證單位核發許可證之日起六個月內申請修改；如果超過此一期限而在三年以內者，只要經國際貿易局核准，則可以申請修改；不過若超過三年，則不得修改。

　　㈤遺失的處理　第二十九條規定，「輸出許可證，於報關出口前遺失者，應申請註銷重簽，於報關出口後遺失而有申請補發需要者，得向原簽證單位申請辦理之。」

　　如果輸出許可證遺失時尚未辦理報關出口者，不得申請補發，應辦理註銷重簽。如果輸出許可證遺失時，貨品已經報關出口者，可能不需要輸出許可證，但若需要使用輸出許可證者，得向原簽證單位申請補發手續。不過，重簽與補發時，可能會有適用法規上的不同。重簽係以申請重簽輸出許可證時的規定為準，而補發則係以原輸出許可證申請簽證時的規定為依據，如果申請重簽時輸出許可證申請法規已經修改者，則兩者所依據的法令可能不完全一致。

　　㈥申請書　第三十條規定，「輸出許可證申請書、修改申請書及註銷補發申請書，各聯應一次套打(寫)，不得塗改，其經塗改者，無效。但商品分類號列經簽證單位更正後蓋有校對章者，不在此限。

　　輸出許可證及其申請書格式由貿易局定之。」

　　輸出許可證申請書應將各聯整合一次套打或手寫，且不得將記載事項加以塗改，否則無效。不過，如果記載的商品分類號列經簽證單

位更正後並加蓋校對印章者，則不在此限。輸出許可證及其申請書的格式均由國際貿易局訂定，並且由該局統一印刷供應使用，申請人得向簽證單位購買使用。

八、附則

㈠低於國家標準規範的專案報驗　第三十一條規定，「廠商輸出之貨品，屬應施出口檢驗品目，且其國外客戶指定採購規範低於國家標準者，基於貿易上之特殊需要，得向貿易局申請核轉商品檢驗局准予專案報驗出口。但以使用上無安全顧慮，或不致使消費者發生誤認或有任何欺騙行爲者爲限。」

出口廠商依規定輸出的貨品若屬於應施出口檢驗的項目者，則應於出口前由商品檢驗局或其指定機構進行檢驗，經檢驗合格之後始得輸出。

但是如果出口貨品低於中華民國國家標準(Chinese National Standards, CNS)時，商品檢驗局原則上不能受理。不過，有時候如果係出口存貨或對較爲落後的國家輸出貨品時，可能買方所要求的貨物品質的確較低，因此本條規定係配合業者貿易實務上的需要。對於低於國家標準的貨品，由出口廠商提出證明文件（如買賣契約等），經國際貿易局核准後，再由國際貿易局核轉商品檢驗局，以業者所要求的低標準規範實施商品檢驗。

貨物品質標準較低時，其安全性亦可能較低，對消費者將產生安全上的問題；而且貨物品質也不宜太低，應該有一定限度，因爲法律規定賣方應保證貨物具有相當的商品性(merchantability)或與同類貨物相當的品質，如果品質標準太低，可能會使消費者產生誤認或使出口業者趁機詐騙。因此，出口貨品的低標準應受到此兩種條件的限

制。

　　㈡其他有關法規的公告　第三十二條規定，「基於輸出貿易管理需要，貿易局得依本法或本辦法公告其他有關輸出規定事項。」

　　依「經濟部國際貿易局組織條例」第一條規定，經濟部爲辦理國際貿易業務，設國際貿易局；而該條例第二條第七款規定國際貿易局掌理出進口廠商及有關貿易的管理事項，故國際貿易局爲管理需要得依「貿易法」或本辦法公告各種有關輸出規定事項。

　　㈢施行日　第三十三條規定，「本辦法自發布日施行。」

第二節 輸出業團體分類標準

六十九年八月二十日　內政部臺(69)內社四一五四六號令　訂定
　　　　　　　　　　經濟部(69)貿二八三四九號令

七十七年十月二十一日　經濟部(77)貿三一六九八 A 號　第五次修正
　　　　　　　　　　　內政部臺(77)內社六四三七二三號

八十年四月一日臺(80)內社字第九一四一七一號

八十年四月八日經(80)貿○一八一七七號令修正

八十一年八月十七日內政部、經濟部修正發布

團　體　業　別	業　務　範　圍
蔬果輸出業	從事蔬菜、青果之輸出業
茶輸出業	從事茶葉之輸出業
鹽漬蔬果輸出業	從事鹽漬蔬果之輸出業
鰻蝦輸出業	從事活鰻、活蝦之輸出業
冷凍及加工鰻輸出業	從事冷凍及加工鰻之輸出業
冷凍水產品輸出業	從事除冷凍及加工鰻外之冷凍水產品之輸出業
遠洋鮪漁船魚類輸出業	從事鮪魚、鰹魚、旗魚及鯊魚等之輸出業
遠洋魷漁船魚類輸出業	從事魷魚之輸出業
木材輸出業	從事木材之輸出業
花卉輸出業	從事花卉之輸出業
羽毛輸出業	從事羽毛、羽毛衣及羽毛寢具等有關成品之輸出業

藝品禮品輸出業	從事手工製禮品、手工製家庭用品、雕刻、刺繡、編織玩偶、玉石、珊瑚、貝角及其他手工製造爲主或加工之手工藝品等之輸出業
帽子輸出業	從事帽子及耳罩之輸出業
裝飾燈炮燈串輸出業	從事裝飾燈泡及燈串之輸出業
照明燈具輸出業	從事照明燈具及其零配件之輸出業
手提包輸出業	從事各種成份（主要爲塑膠及皮革）之手提包、手提箱、旅行包、旅行箱、化妝箱、公事包及書包等之輸出業
塑膠袋輸出業	從事塑膠吹袋、編織布袋及塑膠袋之輸出業
不銹鋼餐具輸出業	從事不銹鋼餐具之輸出業
縫衣機輸出業	從事縫衣機及其配件之輸出業
金銀珠寶飾品輸出業	從事金銀珠寶飾品之輸出業
自行車輸出業	從事自行車（脚踏車）及其零配件之輸出業
裝飾陶瓷輸出業	從事裝飾陶瓷之輸出業
合板製造輸出業	從事合板製造之輸出業

第三節　紡織品出口配額處理辦法

八十二年五月三日經濟部經(82)貿字第○八三九四六號令

八十二年九月十五日經濟部經(82)貿字第○八九四一七號修正

八十三年一月七日經濟部經(83)貿字第○九三○五五號

八十三年十二月三十日經濟部經(83)貿字第○九三四六二號修正

八十四年五月十日經濟部經(84)貿字第八四四六○九四九號修正

八十四年十一月二十二日經濟部經(84)貿字第八四四六二一八五號修正

八十四年十二月三十日經濟部經(84)貿字第八四四六二三一八號修正

八十五年二月十四日經濟部經(85)貿字第八五四六○一二○號修正

八十六年十二月十七日經濟部經(86)貿字第八六三九一二五四號修正

八十八年十二月十五日經濟部修正

一、前言

　　雖然世界各國在關稅暨貿易總協定(GATT)的架構下，均致力於貿易自由化，對於貨物的輸出入儘量避免各種法律或行政上的限制，以使各國貨物得依經濟法則在國際間自由流通。但是事實上，各國基於工業及經濟發展程度的差異，爲保護本國工業，不得不採取各種關稅或非關稅措施以限制進口。而配額制度即是最爲明顯且限制嚴格的非關稅貿易障礙。配額通常是由進口國家片面或由進口國家與出口國家進行諮商後，以協議或協定方式設定特定貨物的進出口數量，而禁止進出口超過該特定數量的限制措施。

　　各工業先進國家的紡織工業由於勞工成本上漲等不利因素的影響，已漸失國際競爭力，而開發中國家的紡織品均大量輸入，對其紡

織品工業影響甚大。因此，工業國家不得不對主要輸出紡織品的開發
中國家採取限制進口措施。過去多年來，我國紡織品工業發展迅速，
致使不少工業先進國家也對我國採取進口配額限制措施，例如美國、
加拿大、歐洲、日本等國。而「紡織品出口配額處理辦法」便是為了
因應各國對我國紡織品的輸入限制而制定的。

　　新版的「紡織品出口配額處理辦法」係依據「貿易法」第十六條
的規定，由經濟部於八十二年五月三日公布實施，其後並經多次修正。
在未制定「貿易法」之前，經濟部依「貨品出口審核準則」於民國六
十四年三月公布了「紡織品出口配額處理辦法」，以作為處理紡織品出
口配額的依據，其後並經十餘次的修正，以配合實際作業需要。不過，
該舊辦法已因本辦法的公布實施而於同日由經濟部公布廢止了。此外，
為配合本辦法的施行，經濟部並公布了「紡織品出口配額處理辦法實
施要點。」

　　本辦法全文計四十二條條文，共分為六章。第一章總則（第一條
～第十六條）、第二章計畫性配額（第十七條～第十八條）、第三章臨
時性配額（第十九條～第二十四條）、第四章海外加工（第二十五條～
第二十八條）、第五章稽查與處分（第二十九條～第三十七條）、第六
章附則（第三十八條～第四十二條）。

二、總則

　　㈠制定依據　第一條規定，「本辦法依貿易法（以下簡稱本法）第
十六條之規定訂定之。」依「貿易法」第十六條第一項規定，「因貿易
談判之需要或履行協定、協議，經濟部國際貿易局得對貨品之輸出入
數量，採取無償或有償配額或其他因應措施。」而同條第五項規定，「輸
出入配額之分配方式、程序、數量限制、利用期限、受配出進口人之

義務及其有關配額處理管理事項，處理辦法，由主管機關（經濟部）依各項貨品之管理需要分別訂定辦法管理之。」因此，本辦法有其制定的法律依據。

　　㈡配額的管理機構　第二條規定，「各廠商輸往進口設限國家或地區（以下簡稱設限地區）之紡織品，其出口配額之管理，由經濟部國際貿易局（以下簡稱貿易局）委託財團法人中華民國紡織業外銷拓展會（以下簡稱紡拓會）辦理之。」

　　依「貿易法」第十四條規定，經濟部國際貿易局得委託金融機構、同業公會或法人辦理貨品輸出入配額管理事項。依此規定，國際貿易局將其紡織品出口配額管理權委託中華民國紡織業外銷拓展會辦理。由於紡拓會係由有關機關及紡織業者所共同組成的財團法人，與業者的關係密切，且其所掌握的相關資料豐富，因此容易管理有關配額的工作。

　　㈢用辭定義　第三條規定，「本辦法用辭定義如下：

　　1.紡織品出口配額：指與進口國家訂有紡織品配額協定（或協議），或須作出口管理之各種紡織品之出口限額，分為計畫性配額及臨時性配額。

　　2.計畫性配額：指為供應廠商實施計畫產銷需要，於每一年度開始，依規定核配之配額。

　　3.臨時性配額：指非屬計畫性配額之配額。

　　4.比例核配臨時性配額：指紡拓會於每一年度開始按廠商前一年度臨時性配額出口實績主動核配之配額。

　　5.二次核配臨時性配額：指紡拓會於每一年度適當時間將貿易局依有關各條規定保留、收回，廠商繳回及核配後之餘額，公告受理廠商申請之配額。

6.紡織品出口實績(以下簡稱出口實績)：指廠商在協定(或協議)年度（每年一月一日起至十二月三十一日止）內依規定期限將紡織品配額利用出口或繳回後，依有關各條規定核算之數量，用以作核配次一年度配額之依據,分為計畫性配額出口實績及臨時性配額出口實績。

7.出口單價：指出口地離岸價格(FOB)總價（不包括佣金）除以出口數量而言。

8.海外加工：指廠商以原料或半成品委託海外加工成受配額限制之貨品後，復運進口利用我國配額出口，或利用我國配額逕由海外加工地出口。」

㈣配額及實績的類別及計算單位　第四條規定,「紡織品出口配額及出口實績之類別區分及計算單位，以設限地區協定（或協議）規定為準，並按各該類別分別計算之。

輸美紡織品各類配額中設有出口限額數者，稱為個別限額類別；個別限額類別以外之類別，稱為通籃類別。」

凡有配額限制的紡織品都有配額代號，而依本條規定，無論是紡織品出口配額或出口實績的產品項目分類（例如棉、毛紡織品）或是計算單位（例如尺、碼等）均係以我國與各設限進口國或地區的協定（或協議）規定為準，分別計算其配額及實績。此外，我國出口到美國的各類紡織品配額則依其是否訂有出口限額數量，而分為個別限額類別及通籃類別。

㈤受配對象及配額的收回　第五條規定,「從事經營紡織品出口業務之廠商除應先辦妥廠商登記外,並應憑登記卡向紡拓會辦理登記後,方可列為紡織品出口配額之受配對象。

前項廠商登記應向貿易局辦理,其在加工出口區者，應向該區管理處辦妥外銷事業或貿易業登記，其在科學園區者，應向該區管理局

辦妥園區事業登記。

　廠商經貿易局暫緩受理其出進口業務者，其申請配額、轉讓及換類應予暫緩受理。

　廠商有歇業、解散或受註銷、撤銷登記處分之情事者，應由貿易局收回其持有之配額，其已出口者，不予計列出口實績。但本辦法另有規定者，從其規定。」

　紡織品出口廠商必須辦理廠商登記，並向紡拓會辦理登記後，始能成爲紡織品配額的受配對象。一般出進口廠商登記，應向國際貿易局辦理；在加工出口區的廠商，則向其所屬的加工出口區管理局辦理；而在科學工業園區的廠商，則應向其所屬的園區管理局辦理。

　經登記而成爲受配對象的紡織品出口廠商，如果因故經國際貿易局暫緩受理其進出口業務的期間內，則同時也將暫緩受理該廠商有關配額、轉讓及換類的申請。此外，如果因爲有歇業、解散或受註銷、撤銷登記處分等原因，而無法繼續使用配額者，國際貿易局應收回其配額。此類廠商的出口實績，除另有規定者外，一律不予計列。

　㈥配額使用期限　配額必須依協定或協議之期限內使用，而配額是以年度爲準。因此，第六條規定，「廠商受配之配額應於規定期限內利用出口，且不得超過該協定（或協議）年度。」

　取得紡織品出口配額的廠商應於規定期限內將貨物交運出口，亦即將貨物經通關手續後交付運送人或裝載於運送工具上。由於配額係按年度規劃分配的，是故出口廠商必須取得交運日期在協定年度內的運送單據。

　㈦原產地規定　第六條之一規定，「依本辦法利用配額輸往設限地區之紡織品，以原產地爲我國者爲限。

　紡織品之主要製程在我國進行者，始得認定其原產地爲我國。

前項主要製程之認定基準，由貿易局公告之。」

依本條第三項規定，國際貿易局於八十九年四月十四日公告「輸往設限地區紡織品主要製程認定基準」，主要內容如下：

1.輸往設限地區之紡織品應以貨品之主要製程作為認定原產地之依據，各項貨品之主要製程係依據我國相關法令規定，並參酌國際慣例及各設限地區原產地規定制定之。但各設限地區針對各項貨品之原產地規定與上述主要製程不同者，則另定主要製程特別規定作為原產地之認定依據。輸往設限地區紡織品主要製程及主要製程特別規定附表，係依紗類、布類、成衣類、雜項（包括手提包、行李箱、毛巾、抹布、桌巾、餐墊、床單、床罩、窗簾、室內裝飾品及露營用品等）以及地區別（如輸往美國、歐聯等）分別規定。

2.廠商利用我國配額從事紡織品海外加工作業，其委託海外加工之製程應以主要製程（有特別規定者為特別規定）以外者為限。

3.廠商如有需要，可將各項貨品之詳細製程經由所屬公會送請財團法人中華民國紡織業外銷拓展會（以下簡稱紡拓會）審查後轉請經濟部國際貿易局核定該產品之主要製程（或主要製程特別規定）並公告實施。

4.廠商取得進口國核發之判令，如不違背前述主要製程或主要製程特別規定，且屬案例性質者，則由所屬公會送請紡拓會審查核定後逕由該會公告。

㈧廠商得利用配額出口的條件　第六條之二規定，「獲配配額廠商應實際參與貨品之主要製程，或符合下列情形四種以上者，始得利用配額出口：

1.接獲國外買主之訂單。

2.接獲國外買主之貨款。

3.購買或供應原料予製造商。

4.與製造商簽訂貨品生產合約或訂單。

5.支付貨款予製造商。

6.安排貨品輸出。」

㈨配額的種類　第七條規定,「各類配額其前一年度利用率低於百分之六十或前二年度利用率均低於百分之七十五者爲冷門類, 不屬冷門類別者, 爲熱門類。但貿易局得視配額特性、市場狀況或與進口國諮商結果檢討後, 公告調整配額之冷熱門性質。

前項所稱前一年度利用率係以紡拓會於前一年度截至十二月二十日爲止可取得之最新配額利用率資料爲準。」

配額依其利用程度區分爲熱門類配額及冷門類配額。依本條規定, 如果配額前一年度利用率低於百分之六十或前二年度利用率均低於百分之七十五或未經國際貿易局調整爲熱門類者, 均屬於冷門類配額。而不屬於冷門類配額者, 則屬於熱門類配額。

依本條規定, 國際貿易局得依據下列狀況, 調整配額的冷熱門性質:

1.配額特性。

2.市場狀況。

3.與進口國諮商結果。

依「紡織品出口配額處理辦法實施要點」, 有關輸美紡織品通籃類別配額的規定, 主要內容如下:

1.廠商獲配通籃類別配額, 應向紡拓會申請, 並獲核發出口證明書 (以下簡稱 E／C) 始得簽證出口。

前項廠商獲配配額屬依熱門類或冷門類二次核配臨時性配額規定所獲配之臨時性配額者, 紡拓會得於辦理核配同時核發 E／C。

2.爲防止某一類別之 E／C 核發數額過於集中，紡拓會得參酌實際情形對 E／C 核發數額加以限制，或予分次核發。

3.紡拓會對通籃類別配額 E／C 之核發，其在五月卅一日以前申請者，應就計畫性配額部份優先核發，六月一日以後則按申請之先後次序核發之。

4. E／C 之出口簽證期限如下：

(1)計畫性配額及依各熱門類臨時性配額額度中作爲獎勵出口高價品之配額、獎勵拓銷非設限地區之配額、比例核配，或是各冷門類臨時性配額額度中作爲比例核配的規定，而所獲配之臨時性配額，均爲六個月。

(2)依各熱門類或冷門類臨時性配額額度中作爲二次核配的規定而所獲配之臨時性配額，應配合「紡織品出口配額處理辦法」第二十四條規定辦理，即應於獲配之日起五個月內申請出口簽證，延期以一個月爲限。

已核發 E／C 之配額，廠商未能於前項規定期限內申請出口簽證，或簽證後未於輸出許可證有效期限內利用出口者，由紡拓會收回之。

5. E／C 核發後，不得申請轉讓、註銷、繳回、換類或更改數量。

6.廠商獲配之配額，因天災或其他不可抗力之原因或因類別不符被進口國擋關或出口前確知相關產品已有相關情事，致不能於規定期限內利用出口或貨物無法在進口國通關進口，經檢附證明文件報請紡拓會查明屬實且無不當利用配額情事，轉經貿易局核准者，或經貿易局視配額利用狀況及市場需求檢討者，得放寬上述第 5 點轉讓以外之規定，或延長E／C有效期限。

㈩配額管理費　第八條規定，「廠商獲配熱門類配額者，應於規定期限內按獲配數量及前一年度該類全年總平均出口單價計算總金額之

千分之一點五繳交配額管理費；獲配冷門類配額者，應按千分之零點七五繳交配額管理費；逾期未繳交部分，由紡拓會收回該部分配額。

前項配額管理費，其徵收應依預算程序辦理。」

依本辦法第七條第一項規定，熱門類配額係前一年度利用率超過百分之六十或前二年度利用率均超過百分之七十五的配額，其餘則屬冷門類配額。廠商獲配熱門類或冷門類配額，應於規定期限內繳交配額管理費。而管理費係以前一年度該類全年總平均出口單價乘以所獲得的配額數量來計算，如果受配廠商未於規定期限內繳納管理費者，紡拓會將會收回其未繳交部分的配額，以示行政處罰。上述熱門類及冷門類配額管理費應編製年度收支預算，依預算程序辦理。

㈡配額的預借　第九條規定，「廠商不得在受配之配額外超額出口。但經貿易局在協定（或協議）配額範圍內專案核准超裝及通案辦理預借者，不在此限。

廠商超裝或已動用之預借數量，應在各該廠商次一年度之同類計畫性配額或臨時性配額內扣回之。

廠商未動用之預借配額，紡拓會應於次年度再核配予廠商使用；其於預借時繳交之配額管理費不予退還，並應依前條規定繳交配額管理費。

每一年度計畫性配額或比例核配臨時性配額尚未正式核配前，紡拓會得依廠商前一年度出口實績核配暫可動用數供廠商使用。

前項暫可動用數應於正式核配時扣回。」

出口配額係對貨物出口數量的限制，故嚴格禁止業者出口超過受配配額的貨物，以期有效管制。廠商如果需要出口超過其受配配額的貨物時，應以專案向國際貿易局申請核准或以通案辦理預借，而在協定或協議的配額範圍內使用。

　　廠商以專案核准超裝或通案辦理所預借的配額，應該從該廠商次一年度的同類計畫性或臨時性配額中扣回。如果在年度配額尚未分配之前，廠商需要使用配額時，廠商得申請預借當年度的配額，然後再從當年度廠商所獲配的同類配額中扣回。

　　㈤配額的換類　第十條規定，「紡拓會得於協定（或協議）規定範圍內受理廠商申請換類，各類可供核換數量得一次或分次核放，其核放次數及每次可供核換數量，參酌各類配額之季節性、市場需求狀況及配額額度大小決定之。」

　　依本條規定，紡拓會得依據廠商實際需要及參酌各種情形，在協定或協議可供換類的配額數量範圍內受理廠商申請換類，決定其核放的次數及每次核換的數量。

　　依「紡織品出口配額處理辦法實施要點」，有關換類配額的規定，主要內容如下：

　　1.配額換類包括下列各項：

　　⑴同組換類。

　　⑵特別融換。

　　⑶合併類別換類。

　　⑷本（子）類別換類。

　　⑸其他經貿易局核定的換類。

　　2.廠商申請換類，應持有足額的換出配額，其換出類別規定如下：

　　⑴合併類別換類、本（子）類別換類及特別融換限以協定（或協議）規定的類別申請換出。

　　⑵輸美個別限額類別同組換類限以同組個別限額類別申請換出；通籃類別同組換類，得以同組個別限額或通籃類別配額申請換出。

　　⑶其他經貿易局核定的換類，其換出類別由貿易局另定之。

前項換出類別，貿易局得視實際情形調整之。

3.廠商限以下列配額（預借者除外）申請換出：

⑴依「紡織品出口配額處理辦法」第十七條規定獲配或長期讓入的計畫性配額。

⑵依各熱門類臨時性配額額度中作為獎勵出口高價品之配額、獎勵拓銷非設限地區之配額或是比例核配的規定，所獲配的熱門類臨時性配額。

⑶依各冷門類臨時性配額額度中作為比例核配的規定，所獲配的冷門類臨時性配額。

屬合併類別換類、本（子）類別換類或輸加特別融換者，除前項配額外並得以下列配額申請換出：

⑴讓入之一年期計畫性配額。

⑵讓入之臨時性配額。

⑶依各熱門類或冷門類臨時性配額額度中作為二次核配的規定，所獲配之臨時性配額。

本點換出配額種類，貿易局得視實際情形調整之。

4.換類配額計列出口實績規定如下：

⑴合併類別換類、本（子）類別換類及輸美個別限額類別同組換類：以計畫性配額換出者，計列換出類別出口實績，以臨時性配額換出者，計列換入類別出口實績。

⑵輸美通籃類別同組換類：以通籃類別換出者，計列換入類別出口實績；以個別限額類別換出者，廠商得自行擇定就換入類別或換出類別計列出口實績。

⑶特別融換：一律計列換出類別出口實績。

⑷其他經貿易局核定之換類：由貿易局另定之。

　　換類配額如未利用出口，應就其計列出口實績類別依「紡織品出口配額處理辦法」有關規定辦理。

　　本點計列出口實績之規定，貿易局得視實際情形調整之。

　　5.廠商得在公告各該次該類可供核換額度內向紡拓會申請，其換類數量應依協定（或協議）規定之標準換算率、特別融換比例或其他經貿易局核定之比例折換。

　　每一廠商申請換入總數最高不得超過該類可供申請換入數，同一換出配額不得同時重複申請換入兩種以上不同的類別。

　　6.換類配額的核換，如廠商申請換入數量總和小於或等於可供換入數時，按申請數量核換；如申請換入數量總和大於可供換入數量時，按比例核換。如換入類別屬輸美通籃類別者，廠商申請換入總數過大時，得視當時的 E／C 核發狀況及市場趨勢等因素，調整可供換入數。

　　前項核換規定因分類定義變更，經與進口國協議訂定特別配額或額數調整，致額數有明顯供不應求情況時，貿易局得視實際需要規定優先核換予前一年度出口各該類產品的廠商。

　　7.廠商經獲核准換類後，不得申請放棄或調整核換結果。但獲換數較小者，經貿易局核准後，得申請放棄。

　　8.經換入的配額不得申請轉讓、換出及撤銷。但除轉讓外，貿易局得視配額利用狀況及市場需求檢討放寬規定並得限制其用途。

　　廠商經換入的配額，因天災或其他不可抗力的原因或因類別不符被進口國擋關或出口前確知相關產品已有擋關情事，致不能於規定期限內利用出口或貨物無法在進口國通關進口者，得檢附證明文件報請紡拓會查明屬實且無不當利用配額情事，轉經貿易局核准後，撤銷換類。

　　㈤配額轉讓期限　第十一條規定，「計畫性配額之轉讓分長期轉讓

及一年期轉讓兩種。長期轉讓，其出口實績歸受讓人所有；一年期轉讓，其出口實績之百分之九十歸出讓人所有，其餘百分之十之歸屬，由讓受雙方自行擇定。但受讓人因違規受撤銷出進口廠商登記或不予計列出口實績處分者，讓受雙方均不計列出口實績。

廠商應於辦理轉讓登記時敍明申報轉讓種類；辦理一年期轉讓登記時，並應敍明前項百分之十出口實績之歸屬，事後不得變更。

轉讓之一年期計畫性配額准予撤銷。

臨時性配額之轉讓，其出口實績歸受讓人所有。」

配額轉讓可能係爲廠商停止營業而長期無法使用配額，或僅是因爲年度出口減退而暫時無法充分使用配額，故配額轉讓分爲長期轉讓及一年期轉讓兩種。所謂長期轉讓係指廠商（出讓人）將其持有的計畫性配額永久轉讓給受讓者(受讓人)，使受讓者得長期使用。在此情況下，轉讓者不能獲得出口實績而喪失其配額的分配權，而受讓者則相反地取得出口實績，並取得配額的核配權。而所謂一年期轉讓係指廠商將其持有的計畫性配額，以使用年度爲準，將其配額轉讓給受讓者，使受讓者得在該年度內使用。但此情況下，出口實績仍有百分之九十歸屬於轉讓者，使轉讓者得享受次年度之核配，而其餘百分之十的出口實績歸屬，則由出讓人以及受讓人雙方協議決定。

原則上，長期轉讓時，受讓人取得出口實績；而一年期轉讓時，轉讓人保留出口實績。但是如果受讓人因違規而受撤銷出進口廠商登記或不予計列出口實績處分者，則配額的轉讓人及受讓人雙方均不計列出口實績，以示懲罰。此外，廠商於辦理轉讓登記時，應一併申報轉讓種類究竟係長期轉讓或一年期轉讓，而在辦理一年期計畫性配額轉讓時，亦應說明上述百分之十的出口實績究竟係歸出讓人或受讓人所有，以使受讓人知悉，且其申報種類不得變更，須照申報轉讓。

依本條第三項規定,轉讓的一年期計畫性配額若受讓人不需要時,得予以撤銷。第四項則規定,臨時配額的轉讓與計畫性配額的長期轉讓性質相同,其出口實績均歸受讓人所有。

㈤配額的轉讓　第十二條規定,「廠商所持之配額,得予轉讓。但具有下列情形之一者,不得轉讓:

1.二次核配臨時性配額。

2.輸美通籃類別配額已獲核發出口證明書者。

3.讓入之一年期計畫性配額。

4.讓入之臨時性配額。

5.在協定(或協議)所規定之範圍內辦理預借之配額。

6.依第十條規定申請換類所獲得之配額。

7.受配第一款臨時性配額者,其當年度原受配之同類計畫性配額。

廠商將其受配之計畫性配額讓出者,當年度不得申請前項第一款同類臨時性配額。但其已就原讓出數,讓入長期或撤銷原一年期讓出之計畫性配額抵沖者,不在此限。

配額轉讓應向紡拓會辦理登記。

紡拓會得依公開方式辦理配額轉讓,其作業要點另訂之。」

紡織品出口配額無論是計畫性配額或臨時性配額,原則上均可轉讓。受配廠商得將其年度受配的剩餘配額轉讓給其他需要的廠商,使配額能充分利用。但是二次核配臨時性配額,或是讓入、預借、申請換類配額等,由於均係廠商於需要時才申請核配的配額,故應由申請者自用。爲避免廠商申請浮濫,故限制其轉讓。

配額係由紡拓會統一辦理。因此,有意轉讓的廠商應向紡拓會先辦配額轉讓的登記。而爲了使配額能充分而有效地利用,紡拓會對於配額的轉讓應採公開方式,使需要配額的廠商均有機會取得配額。

㈤二次核配臨時性配額的轉讓　第十三條規定,「廠商受配二次核配臨時性配額後，其當年度原受配之同類比例核配臨時性配額不得轉讓。

廠商將其受配之比例核配臨時性配額讓出後，當年度不得申請同類二次核配臨時性配額。但其已就原讓出數，讓入同類比例核配臨時性配額抵沖者，不在此限。」

廠商之所以會提出申請二次核配臨時性配額，即表示其在當年度原受配的同類比例核配的臨時性配額不敷使用,因此不得轉讓；反之,廠商若尚有多餘配額可供轉讓，則表示其當年度原受配的同類比例核配的臨時性配額需求量不大，因此規定不得申請同類二次核配臨時性配額。但是廠商若已就其所讓出的配額數，自其他廠商受讓相同數量同類比例核配臨時性配額者，則不受上述限制，而仍得申請同類二次核配臨時性配額。

㈥出口實績的計算　第十四條規定,「廠商利用計畫性配額出口後，計列計畫性配額出口實績。

廠商利用臨時性配額出口後，計列臨時性配額出口實績。但利用獎勵拓銷非設限地區臨時性配額及獎勵出口高價品臨時性配額出口者，不適用之。

臨時性配額出口實績不得參與計畫性配額之核配。但貿易局得於年中視各類別利用狀況指定若干類別予以核計一定比率之計畫性配額出口實績，並於事前公告之。」

廠商利用計畫性配額或臨時性配額出口後，分別計列該廠商的計畫性配額出口實績或臨時性配額出口實績。不過如果廠商是利用國際貿易局爲獎勵拓銷非設限地區以及出口高價品所特別提撥的臨時性配額出口時，則不予計列出口實績。此外，原則上只有計畫性配額出口

實績才能夠參與次一年度計畫性配額的核配，除非國際貿易局在年中事前公告部分類別的臨時性配額出口實績可以核計一定比率的計畫性配額出口實績，否則臨時性配額出口實績是無法參與計畫性配額的核配。

㈦配額的繳回　第十五條規定，「廠商無法利用之配額（包括讓入或換入配額）得向紡拓會辦理繳回，其計列實績規定如下：

1.熱門類計畫性配額或熱門類比例核配臨時性配額於當年度四月三十日前繳回者，計其繳回數百分之八十出口實績；五月三十一日前繳回者，計其繳回數百分之七十出口實績；六月三十日前繳回者，計其繳回數百分之六十出口實績；七月三十一日前繳回者，計其繳回數百分之五十出口實績；八月三十一日前繳回者，計其繳回數百分之四十出口實績；九月三十日前繳回者,計其繳回數百分之三十出口實績；十月一日至十二月三十一日間繳回者，不計實績。

2.冷門類計畫性配額或冷門類比例核配臨時性配額於當年度六月三十日前繳回者，計其繳回數百分之五十出口實績，七月一日至十二月三十一日間繳回者，不計實績。

前項規定之百分比，貿易局得視市場狀況及利用率檢討後調整之。」

廠商因業務關係無法於當年度全部使用其配額時，除了可將其所獲配額申報轉讓之外，尚可向紡拓會辦理繳回的方式，使其配額能被充分利用。由於配額分配係以年度為期限，是故廠商繳回配額亦須受時間的限制，對於愈早繳回者，給予承認的出口實績也愈多，而對於熱門類計畫性配額或熱門類比例核配臨時性配額在當年度十月一日以後始繳回者，以及冷門類計畫性配額或冷門類比例核配臨時性配額在當年度七月一日以後始繳回者，均不得計列出口實績，以示懲罰，並

促使廠商願意儘早辦理繳回配額手續。惟廠商繳回的配額與出口實績計算的比例，國際貿易局得就市場狀況及利用率檢討後加以調整。例如，市場狀況轉佳或變差的配額，其利用率也會有相對的變化，故可將其承認計算的比率適度地提高或減低，以配合實際需要。

㈥不可抗力事故的處理　第十六條規定，「廠商獲配之配額，因天災或其他不可抗力之原因，致不能於規定期限內利用出口或貨物無法在進口國通關進口者，得檢附證明文件報請紡拓會查明屬實，轉經貿易局核准後，計列出口實績、沖回原扣配額或延長出口期限。

前項配額屬二次核配臨時性配額者，因類別不符被進口國擋關或出口前確知相關產品已有擋關情事致無法於規定期限內利用出口者，得檢附證明文件報請紡拓會查明屬實且無不當利用配額情事後，延長出口期限。」

依本條規定，凡是配額，均可適用不可抗力事故之免責。廠商應檢附不可抗力事由的證明文件，報請紡拓會查證並經國際貿易局核准後，依其配額性質分別處理：若配額年度已屆滿者，承認其配額出口實績；若有扣減配額情事，可辦理沖回；若尚有出口可能者，則延長其出口期限。

若廠商使用的二次核配臨時性配額因配額類別不符，被進口國拒絕進口通關，或是廠商在出口前已確知進口國對相關產品會拒絕通關，而無法於規定期限內出口者，如果廠商並無故意或不當利用情事，則可檢附不可抗力事由的證明文件，報請紡拓會查證屬實後，國際貿易局亦得將之視為不可抗力事故，得延長其出口期限。

三、計畫性配額

㈠配額核配總數及其分配　第十七條規定，「紡織品配額協定(或

協議）第一協定（或協議）年度各類計畫性配額核配總數應不超過該類限額數百分之八十。各廠商各類計畫性配額，按各廠商在設限前二年輸往該設限地區之平均出口數量核配，如各廠商各類平均出口數量總和大於核配總數時，按比例核配之。

　　紡織品配額協定（或協議）第二協定（或協議）年度以後各年度（包括紡織品配額協定或協議期滿與進口國家簽訂新協定或協議之延續年度）各廠商之各類計畫性配額，以各類限額數按各廠商前一年度之各類計畫性配額出口實績比例核配之。但廠商獲配數不得超過其前一年度該類計畫性配額出口實績。

　　前項限額數如有因分類定義變更調整，致額數不足，或有其他特殊情況時，貿易局得視實際需要依與進口國協議之相關額數調整之。」

　　依本條規定，在紡織品出口配額第一協定（或協議）年度內，全體紡織品出口廠商所能受核配的各類計畫性配額數量，以總數不超過協定或協約各該類總配額的百分之八十為限，而各廠商則依協定或協議前二年的平均出口實績或按比例分配個別的配額。而在第二協定（或協議）年度以後各年度的計畫性配額，則以各廠商前一年度各類計畫性配額的出口實績為準，按申請數量比例核配，但各廠商所獲配的計畫性配額數量最高不得超過各該廠商前一年度各該類計畫性配額的出口實績。

　　廠商的計畫性配額出口實績，係指利用計畫性配額出口所得的實績，包括廠商利用其本身所持有的計畫性配額以及因長期或一年期轉讓而受核配的計畫性配額（第十一條）兩種。

　　㈡重新核配　第十八條規定，「貿易局得按公平合理之方式重新核配廠商之計畫性配額。

　　前項受配之配額，五年內不再重新核配。」

　　計畫性配額經核配之後,將成爲其後廠商各年度配額核配的基礎,
但事實上, 廠商的經營會受市場情況及對外貿易的變化而發生變動,
故其所需要的配額亦將隨之而產生變化。雖然配額的重新核配, 可能
會影響原有的廠商的旣得權利, 但是由於新成立的廠商也需要使用配
額, 若維持原有配額之核配, 反而會產生不公平、不合理的現象。因
此, 國際貿易局應視實際情況, 按照廠商的現況及實際需要做重新核
配配額。不過, 國際貿易局重新核配配額之後, 若年年改變其核配基
礎者, 對業者也不甚方便, 因此本條規定自重新核配後五年內不得再
重新核配, 以求廠商能確保較穩定的權益, 並維持經營上的正常性。

四、臨時性配額

　　㈠臨時性配額的範圍　第十九條規定,「各年度可供核配之各類臨
時性配額, 包括下列各款:

　　1.該年度紡織品出口配額減除計畫性配額之餘額。

　　2.廠商繳回之配額。

　　3.依協定 (或協議) 規定移用、換類所增加之配額。

　　4.依本辦法規定收回之配額。」

依本條規定, 凡是計畫性配額出口以外的配額, 或是廠商繳回、
或被沒收、或新增的配額均可列入臨時性配額。

　　㈡核放方式　第二十條規定,「各類臨時性配額得一次或分次核
放, 其核放次數及每次可供核配數量, 由紡拓會參酌各類配額之季節
性、市場需求狀況及配額額度大小決定之。

　　前項配額, 貿易局得視實際情形將特殊類別劃分子目, 分別訂定
可供核配額度後實施。」

　　臨時性配額係國際貿易局保留而依廠商需要所核配的配額, 由於

廠商所申請的數量及種類不一定，而每類配額所能核配的數量也不一定，故國際貿易局對於廠商申請臨時配額的核放，其次數及每次的數量，應考慮有關因素，實屬必要。而屬於特殊類別的配額，由於使用的廠商較爲特殊，故國際貿易局可考慮其特殊性而做更詳細的配額分類，以便於管理及核配。

㈢核配方法　第二十一條規定，「各類臨時性配額之核配得採用比例核配、統一比價、有價申配或其他公平合理之方式辦理，由貿易局參酌各類配額之需求狀況選定核配方式實施。」

由於臨時性配額通常會發生廠商需求配額超過或少於可供核配數量的情況，因此國際貿易局應視情況決定核配方式。若臨時性配額數量較少而需求數量較多時，當得依廠商申請的比例核配，可使需求廠商均能獲得一定比例的配額分配，原則上此方式應爲無償核配。若配額數量較少或較熱門時，爲使配額能充分利用於出口單價較高的紡織品，可以統一比價方式核配。不過，廠商爲取得配額，往往在比價時故意提高售價，以利比價而獲得核配。若臨時性配額稀少而較爲特殊者，則以有價申配方式，由廠商申請付費取得配額。

㈣熱門類臨時性配額的核配　第二十二條規定，「各熱門類臨時性配額之額度，提撥百分之十五作爲獎勵出口高價品之用，提撥百分之十五作爲獎勵拓銷非設限地區之用，提撥百分之六十作爲比例核配臨時性配額之用，其餘百分之十由貿易局保留供指定用途或作爲二次核配臨時性配額之用。

各冷門類臨時性配額之額度，提撥百分之八十作爲比例核配臨時性配額之用，其餘百分之二十由貿易局保留供指定用途或作爲二次核配臨時性配額之用。

前二項比例核配臨時性配額，廠商獲配數不得超過其前一年度該

類臨時性配額出口實績。

第一項及第二項規定之百分比，貿易局得視經濟、貿易發展及配額利用狀況調整之。

第一項及第二項二次核配臨時性配額之申請核配如發生異常狀況時，貿易局得暫停核配，並變更核配方式。」

國際貿易局除了保留百分之四十的各熱門類臨時性配額作爲指定用途，例如獎勵出口高價品、獎勵拓展非設限地區或作爲二次核配臨時性配額之用外，其餘百分之六十則作爲比例核配臨時性配額之用。而各冷門類臨時性配額的額度，國際貿易局除了保留百分之二十供指定用途或作爲二次核配臨時性配額之用外，其餘百分之八十則均作爲比例核配臨時性配額之用。惟各廠商依比例核配方式所獲的各類配額數，不得超過其前一年各該類臨時性配額的出口實績。上述各種比例，國際貿易局應依經濟、貿易發展及配額利用狀況等，做適當調整，以期配額最有效的利用，並符合實際需要。若有關二次核配臨時性配額的申請發生異常時，則國際貿易局也可以暫停核配作業，並改變核配方式，以期公平。

依「紡織品出口配額處理辦法實施要點」，有關熱門類臨時性配額的規定，主要內容如下：

1.各熱門類臨時性配額額度中作爲獎勵出口高價品之配額，核配予各該類前一年度全年平均出口單價高於該類全年總平均出口單價的廠商，其核配公式如下：

受獎廠商獲配數＝該熱門類臨時性配額可供核配總數×15%×

$$\frac{該受獎廠商該類前一年度出口金額}{各受獎廠商該類前一年度出口總金額}$$

2.各熱門類臨時性配額額度中作爲獎勵拓銷非設限地區的配額，依下列規定核配：

(1)廠商前一年度內拓銷非設限地區相關組別紡織品出口金額達十萬美元（或等值外幣）以上者，得就其選定的同組類別提出申請，按下列公式核配臨時性配額：

$$廠商獲配數＝該熱門類臨時性配額可供核配總數×15\%×$$
$$\frac{該廠商所申報其選定核配類別紡織品前一年度拓銷非設限地區的出口金額}{各廠商所申報其選定核配類別紡織品前一年度拓銷非設限地區的出口總金額}$$

(2)前款申請資格中相關組別依產品相關屬性分爲三十組，而各廠商在該組中申請核配各類的出口金額，由廠商依紡拓會規定的期間分段申報，逾期申報者，不予受理，個別廠商的最高獲配數不得超過該廠商該類以拓銷非設限地區出口金額換算數的百分之二十五。

依前項規定核配如有餘額，得撥入下述第4點予以核配。

第一項規定的金額及百分比，貿易局得視經濟、貿易發展及配額核配狀況調整之。

3.各熱門類臨時性配額額度中作爲比例核配臨時性配額者，其核配公式如下：

$$廠商獲配數＝該熱門類臨時性配額可供核配總數×60\%×$$
$$\frac{該廠商前一年度該類臨時性配額出口實績}{各廠商前一年度該類臨時性配額出口實績總數}$$

前項廠商獲配數不得超過其前一年度該類臨時性配額出口實績，如有餘額得撥入下述第4點予以核配。

4.各熱門類臨時性配額額度中作爲二次核配臨時性配額者，由紡拓會於適當時間公告受理廠商申請，各廠商各該次該類申請數不得超過可供核配數。如廠商申請數量的總和小於或等於可供核配數時，按申請數量核配；如申請數量的總和大於可供核配數時，按下列方式辦理核配：

(1)按各該廠商經核定可參與核配的數量比例核配之。其經核定可參與核配的數量，係以其申請數量與其前一年度該類臨時性配額出口實績及讓入的一年期計畫性配額歸出讓人所有出口實績數扣除其已獲配的當年度該類臨時性配額數量所得餘額相比較小者爲準。但各廠商獲配數不得超過其經核定可參與核配數。

(2)按前述方式核配後，如仍有餘額，得再按各廠商申請未獲核配數量，比例核配之。

第一款已獲配的當年度該類臨時性配額數量不包括第1點及第2點規定的配額。

前項核配後，如仍有餘額的類別，得改列爲冷門類。

依「紡織品出口配額處理辦法實施要點」，有關冷門類臨時性配額的規定，主要內容如下：

1.各冷門類臨時性配額額度中作爲比例核配臨時性配額者，其核配公式如下：

廠商獲配數＝該類臨時性配額可供核配總數×80%×

$$\frac{\text{該廠商前一年度該類臨時性配額出口實績}}{\text{各廠商前一年度該類臨時性配額出口實績總數}}$$

前項廠商獲配數不得超過其前一年度該類臨時性配額出口實績，如有餘額得撥下入述第 2 點予以核配。

2. 各冷門類臨時性配額額度中作爲二次核配臨時性配額者，由紡拓會於適當時間公告受理廠商申請，各廠商各該次該類當日申請數不得超過可供核配數。如廠商申請數量的總和小於或等於可供核配數時，按申請數量核配；如申請數量的總和大於可供核配數時，按下列方式辦理核配：

(1)按各該廠商經核定可參與核配的數量比例核配之。其經核定可參與核配的數量，係以其當日申請數量與其前一年度該類臨時性配額出口實績及讓入的一年期計畫性配額歸出讓人所有出口實績數扣除其已獲配的當年度該類臨時性配額數量所得餘額相比較小者爲準。但各廠商獲配數不得超過其經核定可參與核配數。

(2)按前述方式核配後，如仍有餘額，得再按各廠商當日申請未獲核配數量，比例核配之。

前項配額如係於年度中由熱門類改列爲冷門類者，第一款已獲配的當年度該類臨時性配額數量不包括上述有關熱門類臨時性配額第 1 點及第 2 點規定的配額。

㈤逾期未繳交配額管理費的處分　第二十三條規定，「廠商獲配之二次核配臨時性配額，於獲配後逾期未繳交配額管理費之次數各該類達二次者，停止其當年度各該類二次核配臨時性配額之申請。但廠商獲配數較小致無法利用出口，撤回其申請者，經貿易局核准後，得免計列未繳配額管理費之紀錄。」

㈥出口簽證期限　第二十四條規定，「廠商獲配之二次核配臨時性配額，應於獲配之日起五個月內申請出口簽證，其有展延出口簽證期限必要者，應於期限屆滿前向紡拓會申請，延期以一個月爲限。

未能依前項規定申請出口簽證，或簽證後未於輸出許可證有效期限內利用出口之配額，由紡拓會收回之。」

依本條規定，廠商取得二次核配臨時性配額應於獲配日起五個月內申請出口，若無法於規定期限內申請出口者，得向紡拓會申請延長一個月。而未能在輸出許可證有效期限內利用出口的二次核配臨時性配額，則將由紡拓會收回。

五、海外加工

㈠配額的申請　第二十五條規定，「廠商從事紡織品海外加工作業者，應經申請核准後，始得辦理。

前項申請案件，由貿易局委託紡拓會受理核辦。」

廠商從事紡織品海外加工業，包括廠商在海外從事於紡織品加工業（例如在海外設廠加工）以及委託海外工廠加工（例如我國廠商提供原料或半成品委託海外工廠加工）兩種。如果從事海外加工的業者輸出其製品到設限地區，而利用我國配額出口時，應向紡拓會申請核配使用。

依「紡織品出口配額處理辦法實施要點」，有關海外加工的規定，主要內容如下：

1.廠商從事海外加工前，應檢附下列文件，經由加工產品所屬公會核轉紡拓會申請登記海外加工資格：

⑴申請書及出進口廠商登記卡。

⑵工廠登記證。

⑶有關設備、員工、產品項目等資料。

未具備工廠登記證的廠商欲申請海外加工資格時，應聯合具工廠登記證的指定承製廠商共同辦理登記，並應符合「紡織品出口配額處

理辦法」第二十八條的規定。

2.已依上述第1點規定辦妥資格登記的廠商於每批原料或半成品運往海外加工前，應填具海外加工申請書，經由所屬公會核轉紡拓會辦理。

海外加工申請書的內容包括下列項目：

(1)原料或半成品的品名、數量。

(2)加工地。

(3)委託加工製程。

(4)原料或半成品、加工完成後半成品或成品及最終出口產品的彩色照片，必要時貿易局並得視產品實際狀況要求檢附貨樣。

(5)加工後欲將貨品復運進口，或由加工地輸銷設限地區。

紡拓會應於核准案件的申請書及照片簽署。

廠商辦理出口通關手續時，應依現行出口有關規定辦理，並檢附已簽署的申請書及照片等送請海關查驗無誤並簽署後准予出口。

3.廠商將海外加工完成的半成品或成品復運進口時，除應依現行進口有關規定辦理通關外，並應檢附原簽署的海外加工申請書及照片等送請海關查驗無誤並簽署後准予進口。

4.廠商將海外加工產品復運進口後再輸往設限地區時,除應依「紡織品出口配額處理辦法」相關規定辦理外，並應檢附下列文件向紡拓會申辦再出口手續及申請核發所需配額文件：

(1)核發配額文件申請書。

(2)經海關簽署的海外加工申請書及照片。

5.由海外加工地輸銷設限地區者，應事先依上述第2點規定申報核准後，始得進行。經核准的廠商須檢附下列文件，並依「紡織品出口配額處理辦法」有關規定，向紡拓會申請核發所需配額文件：

⑴經海關核章的原出口至加工國之輸出許可證或出口報單。

⑵加工地輸往設限地區計扣配額申請書。

⑶經海關簽署的海外加工申請書及照片。

6.廠商利用配額出口海外加工紡織品後，依相關規定計列其出口實績。但經紡拓會依進口國通關或進口許可核發資料比對不符者，得規定廠商於期限內檢附相關文件證明其貨品確於進口國通關；逾期未辦或經查不實者，應扣回已計列的出口實績。

第二十六條刪除。

第二十七條刪除。

㈡符合工廠登記證所列項目　第二十八條規定，「廠商委託海外加工之產品應以其工廠登記證主要產品欄所列項目爲限。」

依本條規定，廠商委託海外加工的紡織品必須屬於該廠商所取得的工廠登記證內所記載的生產品範圍，而不得經營許可範圍以外的產品。

六、稽查與處分

㈠稽查的目的及廠商應提供的文件或資料　第二十九條規定，「爲加強紡織品配額之稽核及違規案件之查處，貿易局得會同有關單位對獲配配額廠商進行稽查，廠商應予配合，並提供下列必要之文件或資料：

1.交易文件：進口商訂單、信用狀或其他交易文件。

2.生產資料：進料證明、裁剪紀錄、車縫紀錄、品檢紀錄、包裝紀錄、出貨紀錄。

3.出口文件：商業發票、裝箱單、提單。

4.其他因稽查需要所應提供之文件。

獲配配額廠商出口非其自行產製之紡織品，除應負責並協助其承製者保存前項第二款生產資料之義務外，並應保存符合第六條之二規定之相關資料或文件。」

㈡海外加工廠商應保存資料　第三十條規定，「從事海外加工業務之廠商，應保存下列有關資料及貨樣供貿易局稽查：

1.主副料進貨憑證。

2.生產報表。

3.製成品銷售與存貨記錄簿。

4.外發加工收發紀錄（含加工工資）。

5.經紡拓會驗封之貨樣。

6.其他有關資料。」

由於從事海外加工業務的廠商所生產的貨物係在海外加工，而成品亦由海外加工廠出品，是故國際貿易局需要稽查的文件及資料亦與前條所規定者不同。

㈢文件資料的保存期限　第三十一條規定，「前二條之文件、資料或貨樣，應自廠商計扣配額後出口日起保存二年。」

㈣檢舉違規者的獎勵　第三十二條規定，「廠商所持配額違規轉運或違反第六條之二規定，經人檢舉查明屬實者，由貿易局按檢舉案件離岸價格(FOB)總價（不包括佣金）之五分之一核給檢舉人獎金或與獎金相當之配額。但核給之獎金或配額價值以不超過新臺幣三十萬元為限。

前項核獎規定，不適用於貿易局、海關、紡拓會執行與配額管理職務有關之檢舉人。

核給之獎金或配額由貿易局編列年度預算支應或自所收回之配額中提撥。」

　　第三十三條規定，「數人共同檢舉而應核獎時，其獎金或配額平均分配。

　　數人先後檢舉而應核獎時，由貿易局依其所提事證之程度分配核獎。」

　　第三十四條規定，「受檢舉之案件於處分確定後，由貿易局通知檢舉人領受獎金或配額。

　　檢舉人自前項通知到達翌日起，逾三個月未請領者，視同放棄。」

　　依「紡織品出口配額處理辦法實施要點」，有關檢舉紡織品違規案件核獎作業的規定，主要內容如下：

　　1.檢舉紡織品違規轉運或違反「紡織品出口配額處理辦法」第六條之二規定的案件，應向貿易局爲之，貿易局並依「紡織品出口配額處理辦法」核給檢舉人獎金或配額。

　　2.紡織品違規轉運或違反「紡織品出口配額處理辦法」第六條之二規定的案件，以書面檢舉者，應記載下列事項，由檢舉人簽名並蓋章或捺指印：

　　⑴檢舉人的姓名、年齡、身分證號碼、住居所、聯絡電話或廠商名稱、營利事業統一編號、營業地址、聯絡電話。

　　⑵被檢舉的廠商名稱、營業地址。

　　⑶違規事實及相關資料或線索。

　　3.紡織品違規轉運或違反「紡織品出口配額處理辦法」第六條之二規定的案件，以言詞（含電話）檢舉者，檢舉人應到場，由貿易局製作紀錄，交檢舉人閱覽後簽名並蓋章或捺指印。

　　4.匿名或不以眞實姓名檢舉者，不予核獎。

　　5.貿易局對於檢舉人的姓名、年齡、身分證號碼、住居所、聯絡電話或廠商名稱、營利事業統一編號、營業地址、聯絡電話，應嚴予

保密。

　　6.檢舉人持偽、變造的資料檢舉者，由貿易局移送法辦。

　　第三十五條刪除。

　　第三十六條刪除。

　　(五)追溯處分　第三十七條規定，「廠商因案受處分、擋關改類或其他特定原因而不予計列出口實績，於逾配額年度後始發生或發現者，雖其出口實績已計列並核配者，仍應追溯扣回。」

七、附則

　　(一)對特殊情形另訂處理要點　第三十八條規定，「各類紡織品配額，或紡織品輸往設限地區，其情形如有特殊者，貿易局得另訂處理要點辦理之。」

　　(二)未規定事項的準用　第三十九條規定，「本辦法未規定事項，依一般出口有關規定辦理。」

　　(三)履約保證金的處理　第四十條規定，「八十七年一月一日以前廠商獲配冷門類臨時性配額繳交之履約保證金，依修正前之規定辦理。」

　　有關冷門類臨時性配額履約保證金的處理，本辦法原規定，「廠商獲配之冷門類臨時性配額（以核配時各該次該類為準）未依規定利用出口者，不予退還履約保證金；有下列情形之一者，退還其全部或部分履約保證金：

　　1.在冷門類臨時性配額的出口期限內（即其屬成衣及雜項各類別應於獲配之日起五個月內，其餘各類別應於獲配之日起三個月內）申請簽證且經利用出口達百分之九十以上者，退還全部履約保證金。

　　2.在上述規定期限內申請簽證且經利用出口未達百分之九十者：

　　(1)未申請延期簽證者，就其利用出口部分，退還履約保證金。

⑵已申請延期簽證者，其利用出口部分，按下列公式計退履約保
證金（以各該筆為準）：

原繳保證金×（出口數／獲配數）×（30－延期簽證天數）／30」

依上述條款規定，如果廠商在八十七年一月一日以前所獲配的冷
門類臨時性配額能於規定期限內出口達百分之九十以上者，則可退還
全部的履約保證金；反之，若出口未達百分之九十且未申請延期簽證
者，則未利用出口的部分不予退還履約保證金，並由紡拓會收回其未
能利用出口部分的配額；若經延期簽證者，則依延長日數比例核計應
予退還的履約保證金。

㈣實施要點　第四十一條規定，「本辦法之實施要點由貿易局另訂
之。」國際貿易局已依本條規定於八十二年五月三日公告實施「紡織品
出口配額處理辦法實施要點」，其後並經十餘次的修正以配合實際作業
需要，現行辦法係於八十九年四月十四日公告。

㈤實施日　第四十二條規定，「本辦法自中華民國八十二年七月一
日施行。

本辦法中華民國八十六年十二月十七日修正條文自中華民國八十
七年一月一日施行。但第十三條規定，自中華民國八十八年一月一日
施行。

本辦法中華民國八十八年十二月十五日修正條文自中華民國八十
九年一月一日施行。

本辦法修正條文自發布日施行。」

習題

壹、填充題

1.出口人輸出貨品,應於出口報單上正確載明或黏貼其所標示的商標,未標示商標者應載明_____。

2.輸出貨品,應於貨品本身或內外包裝上標示產地,其標示方式應具_____與_____。

3.輸出貨品係在中華民國製造者,應標示_____或_____,以其他文字標示者,應以同義之外文標示之。但輸往美國以外之無邦交地區者,得標示臺灣製造或其同義的外文。

4.輸出許可證自簽證日起_____內有效。但貿易局另有規定者從其規定。

5.輸出許可證,於報關出口前遺失者,應申請_____,於報關出口後遺失而有申請補發需要者,得向_____申請辦理之。

6.廠商輸出之貨品,屬應施出口檢驗品目,且其國外客戶指定採購規範低於國家標準者,基於貿易上的特殊需要,得向貿易局申請核轉_____准予_____出口。但以使用上無安全顧慮,或不致使消費者發生誤認或有任何欺騙行為者為限。

7.各廠商輸往進口設限國家或地區的紡織品，其出口配額的管理，由經濟部國際貿易局委託＿＿＿＿＿＿辦理之。

8.紡織品出口配額係指與進口國家訂有紡織品配額協定（或協議）或須作出口管理的各種紡織品的出口限額，分爲＿＿＿＿＿＿及＿＿＿＿＿。

9.計畫性配額係指爲供應廠商實施＿＿＿＿＿＿需要,於每一年度開始，依規定核配之配額。

10.廠商獲配熱門類配額，應於規定期限內按獲配數量及前一年度該類全年總平均出口單價計算總金額之＿＿＿＿＿＿繳交配額管理費，逾期未繳者，由紡拓會收回其配額。

11.紡拓會得於協定（或協議）規定範圍內受理廠商申請換類，各類可供核換數量得一次或分次核放，其核放次數及每次可供核換數量，參酌各類配額的＿＿＿＿＿＿、＿＿＿＿＿＿及＿＿＿＿＿＿決定之。

12.紡織品配額協定（或協議）第一協定（或協議）年度各類計畫性配額配核總數應不超過該類限額數＿＿＿＿＿＿。各廠商各類計畫性配額，按各廠商在設限＿＿＿＿＿＿輸往該設限地區之平均出口數量核配，如各廠商各類平均出口數量總和大於核配總數時，按＿＿＿＿＿＿核配之。

13.各類臨時性配額之核配得採用 _____、_____、_____ 或其他公平合理之方式辦理，由貿易局參酌各類配額之需求狀況選定核配方式實施。

14.各熱門類臨時性配額之額度，提撥百分之十五作爲 _____ 之用，提撥百分之十五作爲 _____ 之用，提撥百分之六十作爲比例核配臨時性配額之用。

15.廠商獲配冷門類臨時性配額，應於規定期限內按獲配數量及前一年度該類全年總平均出口單價計算總金額之 _____ 繳交配額管理費，逾期未繳交部分，由紡拓會收回該部分配額。

16.廠商獲配之二次核配臨時性配額，應於獲配之日起 _____ 內申請出口簽證，其有展延出口簽證期限必要者，應於期限屆滿前向紡拓會申請，延期以 _____ 爲限。

17.貿易局得按公平合理之方式重新核配廠商之計畫性配額，且受配之配額，_____ 內不再重新核配。

18.輸美紡織品各類配額中，個別限額類別以外之類別，稱爲 _____。

貳、問答題

1.試述限制輸出貨品表的範圍？

2.試述可免證輸出的情況？

3.試述出口人報關輸出貨品商標經海關查核與商標出口監視系統登錄的商標相同或近似時的處理方式?

4.試述在中華民國製造的輸出貨品，可以標示其他國家或地區製造的字樣或加標外國地名國名的例外情況?

5.依「貨品輸出管理辦法」，試述有關輸出許可證修改的相關規定?

6.試述紡織品冷門類及熱門類臨時性配額的區分標準?

7.依「紡織品出口配額處理辦法」，試述有關紡織品配額轉讓的相關規定?

8.試述紡織品出口配額中可供核配的各類臨時性配額範圍爲何?

9.爲加強紡織品配額的稽核及違規案件的查處，試述廠商應提供何種文件或資料以供貿易局的稽查? 上述資料應保存多久?

第三章　輸入法規

第一節　貨品輸入管理辦法

八十二年七月十四日經濟部經⑻貿○八六七八一號

八十四年三月二十二日經濟部經⑻貿八四四六○四九六號令修正

八十六年七月三十日經濟部經⑻貿八六四六一二二四號令修正

一、前言

「貨品輸入管理辦法」是依據「貿易法」第十五條的規定，由經濟部於民國八十二年七月十四日公布實施，並於八十四年三月及八十六年七月修正。在未制定「貿易法」之前，經濟部依行政院所制定之「貨品進口審核準則」於民國七十年三月公布了「廠商申請輸入貨品辦法」，以作爲國際貿易局處理廠商申請貨物輸入的依據，其後並經過多次的修正，不過，該辦法已隨「貨品輸入管理辦法」的公布實施，而於同日由經濟部公布廢止。因此，今後出進口廠商有關貨品的輸入，應依據「貨品輸入管理辦法」辦理。

爲了因應世界貿易自由化的趨勢以及多變的國際貿易環境，政府頒訂的「貿易法」揭示自由貿易及平等、互惠爲立法原則，確立貨品以自由輸入爲原則，以限制輸入爲例外。然而，「貿易法」對於貨品輸入的管理，已從總體面作原則性規範，而「貨品輸入管理辦法」內容主要在結合以貨品爲規範對象的「限制輸入貨品表」，以進口人資格爲規範對象的進口管理規定，以及輸入簽證、免證程序等，構成一

完整的貨品輸入管理體系。由於本辦法係依據「貿易法」制定，故不但具有充分的法律基礎，且其規定內容亦較爲單純而明瞭，·其修改亦較愼重，不致產生類似過去修訂過度頻繁的現象。

　　本辦法全文共二十七條條文，共分爲四章。第一章總則（第一條～第六條）、第二章輸入規定（第七條～第十四條）、第三章簽證規定（第十五條～第二十四條）、第四章附則（第二十五條～第二十七條）。

二、總則

　　㈠制定依據　第一條規定，「本辦法依貿易法（以下簡稱本法）第十五條規定訂定之。」

　　「貿易法」第十五條第二項規定，「貨品輸出入許可證之核發、更改及有效期限、產地標示、商標申報及其他輸出入管理應遵行事項之管理辦法，由主管機關（經濟部）定之。」因此，經濟部依該條規定制定公布本辦法。

　　㈡適用範圍　第二條規定，「本辦法之適用範圍，包括貨品及附屬於貨品之智慧財產權之輸入。」

　　本辦法對於輸入貿易的適用範圍與「貿易法」規定相同。依「貿易法」第二條第一項規定，「本法所稱貿易，係指貨品或附屬於貨品之智慧財產權之輸出入行爲及有關事項。」而本條所規定附屬於貨品之特定智慧財產權包括商標專用權、專利權、著作權及其他已立法保護之智慧財產權在內。不過，如果這些權利成爲獨立之交易標的者，其輸出入並不適用本辦法之規定。

　　㈢簽證與免證的定義　第三條規定，「本辦法所稱簽證，係指經濟部國際貿易局（以下簡稱貿易局）或其委託之單位簽發輸入許可證；所稱免證，係指免除輸入許可證。」

我國貨品輸入採取許可證制定，除特定貨品之外，原則上需由主管機關核發輸入許可證，進口人取得輸入許可證之後始得辦理貨品輸入。然而爲配合貿易自由化，簡化貨品進口手續，主管機關亦得公布部分貨品輸入時，業者得免除辦理輸入許可證。

　　㈣廠商的範圍　第四條規定，「本辦法所稱廠商，係指依出進口廠商登記管理辦法辦妥登記之民營出進口廠商。」

　　本條規定與「貨品輸出管理辦法」類似，依「貿易法」第三條第一項規定，「本法所稱出進口人，係指依本法經登記經營貿易業務之出進口廠商，或非以輸出入爲常業辦理特定項目貨品之輸出入者。」本辦法所規範的輸入業者僅限於依「出進口廠商登記管理辦法」規定，向國際貿易局辦妥出進口廠商登記的廠商始得辦理貨品的進出口。經登記的出進口廠商，依其出資者性質可分爲公營與民營兩類。本辦法所指的廠商限於民營的出進口廠商，不包括公營業者。

　　㈤智慧財產權輸入管理規定的公告　第五條規定，「輸入附屬於貨品之智慧財產權，其管理規定及貨品範圍，由貿易局會商有關機關後公告之。」

　　智慧財產權包括商標權、專利權、著作權等，除著作權屬於內政部著作權委員會所管轄者外，商標權及專利權兩者均屬於經濟部中央標準局所管轄的範圍。因此，有關附屬於貨品的智慧財產權輸入管理辦法，應由國際貿易局會商該兩機關後公告，以示慎重。

　　㈥輸入貨品的範圍　第六條規定，「輸入貨品，應爲新品。但因其他法令規定或經貿易局准許輸入之舊品，不在此限。

　　前項准許輸入舊品之範圍及規定，由貿易局公告之。」

　　由國外輸入的貨品，原則須爲新品。所謂新品，係指生產後尚未經使用的貨品。如果輸入舊品則必須以在法令所規定或國際貿易局所

准許者爲限。一般舊品的輸入以廠商輸入提供國內各種工程所使用的作業機具或供其他特殊用途的生產器材較爲普遍，而進口人將其在國外自用的汽車、電氣製品運回國內也相當常見。有關可輸入舊品的範圍及其規定應由貿易局公告，以利廠商事前作業。

三、輸入規定

㈠限制輸入貨品表　第七條規定，「依本法規定限制輸入之下列貨品，貿易局應就其貨品名稱及輸入規定，彙編限制輸入貨品表，公告辦理之：

1.本法第五條所指特定國家或地區產製之貨品。

2.本法第六條採取必要措施限制輸入之貨品。

3.本法第十一條第一項但書規定限制輸入之貨品。

4.本法第十六條採取輸入配額之貨品。

5.本法第十八條因進口救濟採取限制輸入之貨品。

輸入限制輸入貨品表內之貨品，除其他法令另有規定外，應依該表所列規定申請辦理簽證。表列規定屬管制進口者，非經貿易局專案核准，不得輸入。」

除了依「貿易法」第五、六、十一、十六、十八條之規定，對於輸入加以限制者外，由於我國實施貿易自由化政策，我國的貨品輸入管理係採取原則准許，例外限制的方式，亦即原則上准許自由輸入，至於因各種理由而限制輸入者，則採行負面列表制度。依本條規定，國際貿易局對於法令限制輸入的貨品，應彙編「限制輸入貨品表」並公布，據以執行。貨品經列入「限制輸入貨品表」者，其輸入手續均應依該表所規定的事項申請簽證，於取得輸入許可證後始得輸入。因此，限制輸入的貨品是採取許可制度，以取得輸入許可證爲條件，辦

理其輸入。如果貨品被列入管制進口類者，則須向國際貿易局辦理專案申請，經專案核准後，始得輸入。

依「貿易法」的規定而列入「限制輸入貨品表」的貨品範圍如下：

1.輸入特定國家或地區的貨品：「貿易法」第五條前段規定，「基於國家安全之目的，主管機關得會同有關機關報請行政院核定禁止或管制與特定國家或地區之貿易。」

2.暫停輸入或採取必要措施的貨品：「貿易法」第六條第一項規定，「有下列各款情形之一者，主管機關得暫停特定國家或地區或特定貨品之輸出入或採取其他必要措施：(1)天災、事變或戰爭發生時。(2)危害國家安全或對公共安全之保障有妨害時。(3)國內或國際市場特定物資有嚴重匱乏或其價格有劇烈波動時。(4)與貿易對手國之貿易收支呈現長期及鉅大之不平衡時。(5)國際條約、協定或國際合作需要時。(6)外國以違反國際協定或違反公平互惠原則的措施，妨礙我國對該國輸入，或輸出貨品至我國致使我國直接競爭產業增加負擔並遭受重大損失時。」

3.特殊理由限制的貨品：「貿易法」第十一條第一項但書規定，「因國際條約、貿易協定或基於國防、治安、文化、衛生、環境與生態保護或政策需要，得予限制。」

4.輸入配額的貨品：「貿易法」第十六條第一項規定，「輸出入貨品因貿易談判之需要或履行協定、協議，經濟部國際貿易局得對該項貨品之輸出入，採取無償或有償配額或其他因應措施。」

5.因進口救濟限制輸入的貨品：「貿易法」第十八條第一項規定，「貨品輸入急遽或大量增加，使國內生產相同或直接競爭產品之產業，遭受嚴重損害或有嚴重損害之虞者，有關主管機關、該產業或

其所屬公會或相關團體，得向主管機關申請產業受害之調查及進口救濟。」

民國八十三年六月二十八日經濟部國際貿易局公布「限制輸入貨品表」，並自八十三年七月一日起實施。「限制輸入貨品表」的架構如下：

1.第一表：為管制輸入貨品（表內輸入規定代號「一一一」或「一一二」者），列入此表的貨品非經經濟部國際貿易局專案核准發給輸入許可證，不得輸入。

2.第二表：為有條件准許輸入貨品（表內輸入規定代號有「一二一」或「一二二」者），列入此表的貨品均有其一定的核准條件，進口人應依表內所載輸入規定辦理（例如檢附主管機關同意文件等），經貿易局或貿易局委託的進口簽證銀行核發輸入許可證後，始得憑證報關進口。

㈡免證輸入　本辦法有關免證輸入，分別規定在第八條、第十條第一項及第十一條中。

第八條規定，「廠商輸入限制輸入貨品表外之貨品，免證輸入。

政府機關及公營事業輸入限制輸入貨品表外之貨品，其價值在貿易局規定限額以內者，免證輸入。」

未被列入限制輸入貨品表的貨品，非屬限制輸入，由於不受特別管制，出進口廠商申請輸入時，可免除輸入許可證，逕向海關申請報關進口。而政府機關及公營事業輸入的貨品無論是否屬於限制輸入貨品表內，均須要辦理簽證，但如果其價值在國際貿易局所規定的範圍內者，由於係屬於小額輸入，故可免證輸入。

第十條第一項後半段但書規定，「但有下列情形之一者，得免證輸入：

1.入境旅客及船舶、航空器服務人員攜帶行李物品，量值在海關規定範圍以內者。

2.各國駐華使領館、各國際組織及駐華外交機構持憑外交部簽發之在華外交等機構與人員免稅申請書辦理免稅公、自用物品進口者。

3.其他進口人以海運、空運或郵包寄遞進口限制輸入貨品表外之貨品，其離岸價格(FOB)為美幣一萬元以下或等值者。

4.其他經貿易局核定者。

前項免證輸入之貨品，其屬本辦法第七條或第九條表列貨品者，報關時仍應依表列規定辦理。但有其他特別規定者，應從其規定。」

上述三種對特定人士的免證進口貨物，非屬進口廠商因交易所生的輸入或是進口貨品金額、數量不大，故得免簽證進口，是依據實際需要所給予之方便。

第十一條規定，「進口人輸入限制輸入貨品表內之貨品，其屬少量自用或餽贈者，海關得視情形依表內規定酌量免證稅放。但有其他特別規定者，應從其規定。」

依本條規定，除非有特別規定，原則上進口人如果輸入屬於「限制輸入貨品表」內的貨品，只要數量不多，而且為自用或餽贈者，海關得依實際情形不驗輸入許可證或僅予課稅放行。此規定可適用於從國外攜帶回國或寄來的自用物品或各種樣品等，其數量不多而且價值亦較低。

㈢委託查核輸入貨品表　第九條規定，「免證輸入之貨品，其他法令另有管理規定者，貿易局得就海關能予配合辦理部分之相關貨品名稱及輸入規定，彙編委託查核輸入貨品表，公告辦理之。

輸入前項委託查核輸入貨品表內之貨品，報關時應依該表所列規定辦理。」

若屬於免證的輸入貨品依其他相關法令需要特別管理者，例如藥

物管理、農產品管理及其他特殊貨品之管理法令，爲了便利海關協助配合管理，以作爲貨品通關的依據，國際貿易局應將上述貨品名稱及管理規定彙編「委託查核輸入貨品表」並公告，使廠商、關務及其他有關人員得隨時查證。貨品經公告列入「委託查核輸入貨品表」者，廠商輸入該類貨品時，其報關手續須依表中所列規定辦理。

　　經濟部國際貿易局於民國八十三年六月二十八日公告「委託查核輸入貨品表」，並自八十三年七月一日起實施。凡法令另有管理規定，須由有關主管機關核發許可文件或證照始得輸入者，得委託海關於貨品通關時查核。列入「委託查核輸入貨品表」內的貨品，進口人應依表內所載輸入規定辦理，由海關查核相符後，始准通關放行。

　　㈣簽證輸入　第八條第一項規定，「廠商輸入限制輸入貨品表外之貨品，免證輸入。」換言之，廠商若輸入貨品表內所列的貨品，由於應受管制，原則上均須辦理簽證。

　　第十條第一項前段規定，「廠商、政府機關及公營事業以外非以輸入爲常業之進口人依本法第十條之規定輸入貨品，應辦理簽證。」依「貿易法」第十條規定，「非以輸出入爲常業之法人、團體或個人，得依經濟部國際貿易局規定辦理特定項目貨品之輸出入。」而本項即是針對非出進口廠商輸入貨品時的規定，原則上均須要辦理輸入許可證，但若有本辦法第十條第一項後段規定的特殊情形者，則不在此限。

　　第十條第三項規定，「第一項之進口人，申請簽證輸入之特定項目貨品，除經貿易局專案核准者外，以供自用者爲限。」廠商、政府機關及公營事業以外非以輸入爲常業的進口人，由於並非經營業者，是故向國際貿易局辦理特定項目貨品的輸入，除依專案核准外，應以自用爲限。

㈤未辦工廠登記前的輸入　第十二條規定，「製造業未辦妥工廠登記前，得憑公司執照及省（市）建設廳（局）或縣（市）政府核發之工廠設立許可文件，申請簽證輸入相關自用機器設備或原料。」

依本條規定，在工廠未辦妥工廠登記之前，如果需要輸入自用貨品者，例如機器設備或（及）原材料等，得憑公司執照及工廠設立許可文件申請輸入該等貨品。但是不得輸入出售物資，以限制未辦妥工廠登記製造廠商的營業活動。

第十三條刪除。

㈥原產地的標示及證明　第十四條規定，「爲貿易管理需要，貿易局得公告指定進口貨品項目，應標示原產地，或應於報關時繳驗產地證明書。」

爲避免僞標產地或由限制國家輸入，原則上輸入貨品除無法直接在貨品上標示原產國或地區名稱者外，例如農產品、畜牧品等，均應在貨品上標示。不過，依本條規定，輸入貨品應標示原產地或應於報關時繳驗產地證明書，應由國際貿易局公告其貨品項目，俾使進口業者遵循。

四、簽證規定

㈠輸入簽證應具備的文件　第十五條規定，「進口人申請簽證輸入貨品時，應具備下列書件：

　1.輸入許可證申請書全份。

　2.依其他相關規定應附繳的文件。

　輸入許可證及其申請書格式由貿易局定之。」

輸入許可證申請書全份一套共五聯，其格式由國際貿易局訂定，廠商於申請輸入許可證之前，可向國際貿易局指定場所購買。進口人

因輸入貨物不同，依規定應附繳的文件也不一樣。例如輸入藥物者，需要附繳衛生署的許可文件；輸入農產畜牧品者，需要附繳農業委員會的許可文件等。惟除有特別規定者外，不需檢附賣方報價單。

㈡輸入許可證申請書　第十六條規定，「輸入許可證申請書應依式逐項填載一次套打，並應符合下列事項：

1.貨品名稱應繕打英文。但有其他規定者，從其規定。

2.申請的貨品，非同一發貨人者，應分別填具輸入許可證申請書。

3.其他經主管機關指定之事項。」

輸入許可證申請書一套五聯應一次套打，以使全套內容一致。申請書中的進口貨品名稱除非另有規定，應以英文表示，以利通關時核對。每份輸入許可證係以一個發貨人為準，不同的發貨人應使用不同申請書。如果進口貨品的主管機關對於輸入許可證應記載事項有特別規定者，應記載其規定事項。

為符合進口簽證的限制規定，第十六條之一規定，「進口人應依輸入許可證核准內容辦理輸入。」

㈢輸入許可證的領取期限　第十七條規定，「輸入許可證應於簽證日起十四日內領取，逾期由簽證單位予以註銷。」因此，如果申請人未於簽證日起十四日內向簽證機關領取者，其申請的輸入許可證即由簽證單位註銷。

㈣輸入許可證的特性　第十八條規定，「輸入許可證不得轉讓或質押，但提供承辦結匯銀行擔保者，不在此限。」

輸入許可證係主管機關核准廠商在特定條件下可輸入特定貨物的文件，因此若不具備所規定的條件，輸入許可證不發生效力。雖然輸入許可證具有權利文書的性質，但只是行政上的權利而非法律上的權

利，故不具有轉讓性與質押性。但是如果結匯銀行爲控制輸入貨物，於辦理貨物輸入結匯手續時，請求進口人提供輸入許可證作爲擔保者，此種情形係起因於手續上或管理上的需要，故應無禁止或限制的必要。

　　(五)輸入許可證的有效期限　第十九條規定，「輸入許可證有效期限爲自簽證之日起六個月。

　　對特定貨品之輸入或自特定地區輸入貨品，貿易局或其委託單位得核發有效期限較短之輸入許可證。

　　申請進口貨品不能於有效期限內交運者，申請人應於申請時敍明理由並檢附證件，向貿易局申請核發有效期限較長之輸入許可證。」

　　原則上輸入許可證是自核發日起六個月有效，亦即輸入業者應自輸入許可證核發日起六個月內自出口國將貨物裝運出口。但是對特定貨物或自特定地區輸入的貨物，國際貿易局如果認爲有必要發行有效期限較短的輸入許可證，得核發期限較六個月爲短的輸入許可證，以限制其裝運出口的期限。例如有配額限制的貨品應在配額期限內出口，而由國際貿易局核發符合其期限較短的輸入許可證。反之，若輸入業者認爲貨物無法於輸入許可證核發後六個月內裝運者，例如超過六個月的分批交貨，則得提出證明文件請求核發有效期限超過六個月的輸入許可證。

　　(六)輸入貨品的裝運期限　第二十條規定，「輸入貨品應於輸入許可證有效期限屆滿前，自原起運口岸裝運，其裝運日期以提單所載日期爲準；提單所載日期有疑問時，得由海關另行查證核定之。

　　輸入許可證逾期而未經核准延期者，不得憑以輸入貨品。」

　　輸入貨品應於輸入許可證有效期限內自輸入許可證所記載的裝運港口裝運，而輸入許可證於有效期限屆滿時，便喪失其效力。因此除

非申請延期，否則廠商不得使用已過期的輸入許可證輸入貨物。

貨品的裝運日期是以表示運送貨物的提單所載的日期為準。不過，提單有裝運提單與備運提單的不同。如果是裝運提單，則提單係於貨物裝載後發行，其發行日可表示貨物的裝載日；但如果是備運提單，則其發行時貨物尚未裝載，應等貨物裝載後，由運送人以備註方式於提單上記載船名、裝運港、卸貨港及裝載日期，而以備註日期為裝載日。若提單所記載的日期有疑問時，則由海關負責查證。例如出口業者請求運送人於提單上記載比實際裝運較早的裝運日期，而使載貨船舶到達裝運港的日期與提單所顯示的裝運日發生矛盾（船未進港而貨卻已先裝船）。

㈦輸入許可證的延期　第二十一條規定，「輸入貨品不能於輸入許可證有效期限內自國外起運者，除經貿易局公告指定之貨品應於期限內輸入不得延期外，申請人得於期限屆滿前一個月內向原簽證單位申請延期，其每次延期不得超過六個月，延期次數不得超過二次。

前項以外申請展延輸入許可證有效期限者，均須向貿易局申請專案核准。」

輸入許可證的有效期限雖為六個月，但是如果進口廠商無法如期於六個月內自國外裝運港起運時，可於輸入許可證期限屆滿前一個月內向原簽證單位申請。申請輸入許可證有效期限的延期以二次為限，而且每次延期以六個月為限。因此，原則上同一張輸入許可證經延期後，有效期限最長可達一年六個月。不過，國際貿易局為限制自國外輸入貨物的期限，除依本辦法第十九條規定得將輸入許可證的有效期限縮短之外，如果認為必要，亦可限制特定貨品的輸入許可證不得延期。是故經國際貿易局公告特定貨品的輸入許可證不得延期者，均不得申請延長有效期限。

輸入許可證若不在上述範圍而屬於特定輸入許可證者，則其延期手續應向國際貿易局申請，並由國際貿易局專案核准後，始得延期。

㈧輸入許可證的更改 第二十二條規定，「輸入許可證所載各項內容之更改，除貨品業經貿易局收回簽證者，應改向貿易局申辦外，申請人得於有效期限屆滿前繕打輸入許可證更改申請書，連同原輸入許可證正本聯及有關證件，向原簽證單位申請更改。

申請人於有效期限屆滿後始申請更改內容者，應向貿易局申請專案核准。

輸入許可證申請人名稱不得更改。但經貿易局核准變更登記者，不在此限。」

原則上申請輸入許可證更改者，均應於輸入許可證有效期間內向原簽證單位申請修改。但是如果原貨物的輸入許可證已由國際貿易局收回自行簽證者，或是輸入許可證有效期限屆滿之後始申請更改者，則應向國際貿易局申請專案修改。

輸入許可證申請修改時，申請人除應提出輸入許可證更改申請書之外，尚須附原輸入許可證正本聯及有關證件，例如為證明申請更改理由所需要的證件等。依本條規定，輸入許可證的申請人名稱原則上不可更改，若要變更則須先經貿易局核准變更其出進口廠商的名稱登記，以免兩者發生不一致的問題。

㈨輸入許可證延期或更改的法規依據 第二十三條規定，「輸入許可證之延期或更改內容，應依申請延期或更改時之有關輸入規定辦理。」

由於申請輸入許可證的延期或更改內容，均會變更原輸入許可證的效力，因此若申請延期或更改時輸入法規已經修改者，當依修改後的法規為準。

㈩輸入許可證的補發　第二十四條規定，「輸入許可證遺失時，得申請補發。但以原證遺失時貨品尚未報運進口者爲限。申請補發輸入許可證，應繕具補發申請書及輸入許可證申請書向原簽證單位申請。但原申請輸入之貨品於申請補發時，其輸入規定已變更者，應向貿易局申請核准。」

依本條規定，雖然輸入許可證於遺失時可申請補發，但申請補發必須以原證遺失時貨品尚未報運進口爲條件，如果原證遺失時，貨品已報運進口者，則不得申請補發。

原則上申請補發時，申請人應提出補發申請書及輸入許可證申請書向原簽證單位提出申請，但是如果輸入貨品於申請補發時輸入規定已有變更時，則應向國際貿易局申請補發。

五、附則

㈠應施檢驗或檢疫的品目　第二十五條規定，「輸入貨品其屬應檢驗或檢疫之品目，應依有關檢驗、檢疫之規定辦理。」

輸入貨品若屬於檢驗品目或係動植物病蟲害的檢疫項目者，應依「商品檢驗法」及其有關規定，實施貨品檢驗或檢疫，而經檢驗合格後始得進口。進口貨品之檢驗或檢疫係屬經濟部商品檢驗局的職權範圍，除由該局實施檢驗者外，亦可由該局委託相關機關或機構代施檢驗。

㈡其他有關輸入規定　第二十六條規定，「基於輸入貿易管理需要，貿易局得依本法或本辦法公告其他有關輸入規定事項。」

依「經濟部國際貿易局組織條例」第一條規定，經濟部爲辦理國際貿易業務，設國際貿易局；而該條例第二條第七款規定國際貿易局掌理出進口廠商及有關貿易之管理事項，故國際貿易局爲管理需要得

依「貿易法」或本辦法公告各種有關輸入規定事項，以使輸入法令更為週詳完整。

　㈢施行日　第二十七條規定，「本辦法自發布日施行。」

第二節　貨品進口救濟案件處理辦法

經濟部經⒅貿○八五三八○號

民國八十三年六月一日財政部臺財關第八三一六五九二三八號令會銜訂定發布

行政院農委會⒅農企字第三○一○一七一A號

經濟部經⒆貿委第八七四六二五五一號

民國八十七年十二月三十日財政部臺財關第八七二○五○五七四號令會銜修正

行政院農委會⒆農合字第八七○七五○九一號

經濟部經⒆貿委字第八九○一六三○二號

民國八十九年六月二十一日財政部臺財關第○八九○五五○二九一號令會銜修正

行政院農委會⒆農合字第八九○○六○一九五號

一、前言

在關稅暨貿易總協定(General Agreement on Tariffs and Trade, GATT)自由開放的經濟體制下，各國產業未來的發展是蓬勃興旺或衰退沒落，應依比較利益原則，由市場機能來決定是最理想的調整方式。但是關稅暨貿易總協定為了避免各締約國在執行關稅減讓及消除數量限制等貿易自由化措施時，由於進口貨品大量增加而導致國內產業受嚴重損害或有嚴重損害之虞，因此特別在GATT第十九條規定對特定產品輸入的緊急措施，使各國政府能藉著進口救濟措施的採行，能適度地保護國內產業，並使該產業暫時地免受進口壓力，而能有較充裕的時間來改善產業體質，從而能在保護措施解除後，擁有與國外廠商同等或較佳的競爭能力。

由於進口大量或急遽增加而對國內產業造成嚴重損害或有嚴重損害之虞，經調查成立者，政府得提供的適當救濟措施包括提高關稅、

設定配額、與外國諮商採取自動出口設限協定或有秩序行銷協定，乃至於對國內產業提供協助轉業、職業訓練等的調整協助，而依美國貿易法的規定，甚至還提供工人失業救濟金。因此，關稅暨貿易總協定第十九條的規定又稱為「逃避條款」(Escape Clause)或「防衛條款」(Safeguard Provision)，亦即當發生上述特殊狀況時，得以免除一定義務的履行。不過，此類救濟措施應對全部國家一視同仁，而不能對特定國家做選擇性的防衛，以求公平。此種進口救濟制度由於係國際規範所容許，因此美國、澳洲、韓國以及歐洲共同體諸國均分別制定其進口救濟規範，以處理因貨品進口增加所帶來的產業衝擊，並促進產業結構的調整。

　　過去，由於我國產業受高關稅及其他行政措施的保護，並未面臨國外產品的太大競爭壓力，因此也並未參照關稅暨貿易總協定第十九條的規範建立我國的進口救濟制度。但是近年來我國關稅稅率已大幅度調低，國外進口產品充斥市面，已經使我國若干產業遭受強烈的競爭與威脅，其中尤以農產品所受的壓力最為明顯。因此，為了使國內產業在市場開放與本身產銷間獲致適當的調適，以避免國外產品大量進口導致產業嚴重的損害，在「貿易法」第十八條中規定，由經濟部會同財政部關政司、行政院農業委員會等有關機關制定「貨品進口救濟案件處理辦法」，並成立經濟部貿易調查委員會專責處理進口救濟案件。此一進口救濟制度的建立不但可以減少我國在貿易自由化過程中，因產業發展受損害而產生的阻礙，另一方面也可以根據貿易調查委員會的調查報告，在採取進口救濟措施前與外國諮商談判時，提出客觀有力的主張與說詞。

　　「貨品進口救濟案件處理辦法」的主管機關為經濟部，其業務則由經濟部設置貿易調查委員會處理。依「貿易法」第十八條第二項規

定，「經濟部為受理受害產業之調查，應組織貿易調查委員會，其組織規程由經濟部另訂之。」我國基於政策及對貨品進口救濟申請案件業務量的考量，乃將貿易調查委員會隸屬於經濟部，而世界各國對於處理進口救濟案件的單位則有各種不同的安排，例如美國係由具有獨立性的「國際貿易委員會」(International Trade Commission, ITC)負責，澳洲於財政部設立「產業輔導委員會」(Industries Assistance Commission, IAC)，而韓國則於商工部設立「韓國貿易委員會」(Korean Trade Commission, KTC)負責綜理貨品進口救濟申請案件。

世界各國在執行貨品進口救濟措施時，基於社會與政治因素的考量，保護措施常有長期化的傾向，因而阻礙了貿易自由化的進行。因此，採取此類緊急救濟措施應有適當年限的規定，美國及歐體均制定有所謂的「落日條款」(Sunset Clause)，規定各項進口救濟保護措施於期限屆滿時，效力自動消滅。依美國一九八八年「綜合貿易暨競爭力法」(Omnibus Trade and Competitiveness Act of 1988)規定為五年，另可再延長一次三年，最長保護年限為八年；而依歐洲共同體於一九八二年所發布的第二八八號規章則為五年。我國在「貨品進口救濟案件處理辦法」中規定為四年，並得延長一次四年，共為八年。

為了因應我國申請加盟世界貿易組織 (WTO)，及進行法制再造計畫，經濟部參考世界貿易組織防衛協定 (Agreement on Safeguards, 有關防衛措施的定義及範圍係以GATT 1994第十九條為準)，檢討原於八十三年六月一日發布施行的「貨品進口救濟案件處理辦法」，期使我國進口救濟法規符合國際規範，俾以履行成為世界貿易組織會員的基本義務，並達到法制再造、降低管制及健全進口救濟制

度的目的。經由經濟部貿易調查委員會的委員、顧問、學者、專家、業界代表及相關機關代表召開七次會議研商，擬具部分條文修正草案，業於八十七年十二月十七日提報行政院院會審議並獲通過。該次修正辦法爰即配合母法「貿易法」修正條文第十八條的實施日期（八十八年一月一日），由經濟部、財政部及行政院農業委員會於八十七年十二月三十一日會銜發布施行。本辦法該次修正條文重點如下：

1. 放寬產業提出進口救濟案件的條件：增訂產業調整計畫得於申請時或申請日起九十日內提出的規定。（修正條文第八條第三項）

2. 明定處理進口救濟案件各階段的期限：增訂貿易調查委員會審議是否進行調查的期限及修正調查期間的規定，以促使主管機關掌握時效。（修正條文第九條、第十八條及第十九條）

3. 配合防衛協定的規定而作的修正：

⑴修正對受害產業申請進口救濟案件所設的限制，將「貨品輸入急遽或大量增加」修正為「貨品因輸入增加」。（修正條文第二條）

⑵修正認定產業損害時，所應考量的國內受害產業的相關因素。（修正條文第三條）

⑶刪除與出口國簽訂行銷協議的規定；明定調整關稅及設定輸入配額兩種救濟措施僅能擇一採行。（修正條文第四條）

⑷參考防衛協定修定對進口貨品採行進口救濟措施者之一事不再理的規定。（修正條文第二十七條）

其後，為了改變產業受害調查中有關聽證（原為公聽會）的程序，經濟部再次會同財政部、行政院農業委員會於八十九年六月二十一日發布修正條文。本辦法全文計二十九條條文，共分為五章。第一章總則（第一條～第七條）、第二章申請（第八條及第九條）、第三章產業受害之調查（第十條～第二十一條）、第四章進口救濟（第二十二條～

第二十六條)、第五章附則（第二十七條～第二十九條）。

二、總則

(一)制定依據　第一條規定，「本辦法依貿易法（以下簡稱本法）第十八條第三項規定訂定之。」

「貿易法」第十八條第三項規定，「第一項進口救濟案件之處理辦法，由經濟部會同有關機關擬定，報請行政院核定後發布之。」因此，爲處理因貨品輸入急遽或大量增加，使國內生產相同或直接競爭產品之產業，遭受嚴重損害或有嚴重損害之虞的「貨品進口救濟案件處理辦法」，即由經濟部會同財政部關政司、行政院農業委員會、勞工委員會共同制定的。

(二)貨品進口救濟案件的定義　第二條第一項規定，「本辦法所稱貨品進口救濟案件，指依本法第十八條第一項申請產業受害之調查及進口救濟之案件。」

「貿易法」第十八條第一項規定，「貨品輸入急遽或大量增加，使國內生產相同或直接競爭產品之產業，遭受嚴重損害或有嚴重損害之虞者，有關主管機關、該產業或其所屬公會或相關團體，得向主管機關申請產業受害之調查及進口救濟。」由此可知，本辦法所稱貨品進口救濟案件係指就特定貨品輸入，認爲有急遽或是大量增加，致使國內生產相同或直接競爭產品的產業遭受嚴重損害或有嚴重損害之虞，而申請或請求救濟或由主管機關主動進行救濟程序救濟的案件。而所謂嚴重損害乃指損害事實的發生，若不予以救濟，即可確定該產業將遭受特定情況的傷害。至於嚴重損害之虞，則係指目前雖然無損害事實發生，但是若不予以救濟，即可確定預期該產業將遭受嚴重的損害。

有關相同產品及直接競爭產品的定義，依本辦法第五條規定，「本辦法所稱國內產業，指國內相同或直接競爭產品之生產者，其總生產量經經濟部貿易調查委員會（以下簡稱委員會）認定占相同或直接競爭產品主要部分者。

本辦法所稱相同產品，指具有相同特性且由相同物質所構成之貨品；所稱直接競爭產品，指該貨品特性或構成物質雖有差異，其在使用目的及商業競爭上具有直接替代性之貨品。」

而本辦法所謂的國內產業，即係指相同或直接競爭產品的所有生產者，或其總生產量佔同類產品主要部分的生產者。而美國貿易法則對產業有如下的定義：

1.相同或同類產品或直接競爭產品的生產商為同一產業。

2.由許多生產者以集體生產方式生產相同或類似產品而佔該產品相當生產比重的各生產者得歸為同一產業。

3.某項特殊產品可能被劃分為兩個以上的市場，如果生產者在某一市場內生產並銷售其全部或幾乎全部的產品，而且該市場內的需求幾乎不由國內其他地區供給者，則該生產者得歸為區域性產業。

有關相同或直接競爭產品定義的釐清，將有助於貿易調查委員會在處理貨品進口救濟案件時，對於進口增加與產業損害間因果關係的認定參考，俾有利於調查的進行。

㈢貨品進口救濟案件成立的要件　第二條第二及第三項規定，「前項案件產業受害之成立，指該案件貨品輸入數量增加，或相對於國內生產量為增加，導致國內生產相同或直接競爭產品之產業，受嚴重損害或有嚴重損害之虞。

前項所稱嚴重損害，指國內產業所受之顯著全面性損害；所稱嚴重損害之虞，指嚴重損害尚未發生，但明顯即將發生。」

依本條內容規定，貨品進口救濟案件成立的條件相當嚴格，必須有下列三個要件同時具備才能成立，以防止進口救濟的濫用。三要件分述如下：

1.輸入數量增加：進口貨品急遽或大量的增加，其在數量上應同時考慮進口增加的絕對數量以及該進口量與國內生產量比較的相對數量。

2.國內產業受嚴重損害或有嚴重損害之虞：國內生產與進口貨品相同或直接競爭產品的產業應有受嚴重損害或有嚴重損害之虞的事實。有關國內產業有無受嚴重損害的認定標準，請詳見本辦法第三條。

3.前兩者有因果關係：亦即除了前述兩項事實均應存在外，尚需國內產業受嚴重損害或有嚴重損害之虞乃導因於進口貨品數量增加的結果，否則貨品進口救濟案件仍不得成立。

㈣國內產業受嚴重損害的認定條件　第三條規定,「國內產業有無受嚴重損害之認定，應綜合考量該案件進口貨品之絕對增加數量及比率，及其與國內生產量比較之相對增加數量及比率，並考量國內受害產業之下列因素及其變動情況：

1.市場占有率。

2.銷售情況。

3.生產量。

4.生產力。

5.產能利用率。

6.利潤及損失。

7.就業情況。

8.其他相關因素。

　　國內產業有無受嚴重損害之虞之認定，除考慮前項因素之變動趨勢外，應同時考慮主要出口國之產能及出口能力，衡量該產業是否將因不採取救濟措施而將受嚴重之損害。

　　經濟部於進行前二項之認定時，對於調查所得之證據或資料均應予以考量，如發現與進口無關之因素所造成之損害，應予排除。」

　　依本條規定，認定國內產業是否受嚴重損害或有嚴重損害之虞的時候，均應同時考慮進口數量及比率與影響國內產業因素的變動趨勢兩大因素；而認定國內產業是否受嚴重損害之虞時，則尚需考慮該進口貨品的主要出口國產能及出口能力，俾以評估該產業若因不採取救濟措施而可能發生的損害程度。

　　㈤貨品進口救濟措施的種類　　第四條規定，「經經濟部依本辦法認定產業受害成立之貨品進口救濟案件，得採下列救濟措施：

　　1.調整關稅。

　　2.設定輸入配額。

　　3.提供融資保證、技術研發補助、輔導轉業、職業訓練或其他調整措施或協助。

　　前項第一款、第二款措施，不得同時採行。

　　前項第一款措施，經濟部應通知財政部依關稅法有關規定辦理；第二款措施，經濟部得就相關事宜與出口國訂定執行協定；第三款有關農產品之救濟措施，由行政院農業委員會辦理，其他救濟措施，由經濟部會同有關機關辦理。」

　　貿易調查委員會經調查認定損害成立時，可向經濟部建議採行適當的救濟措施。在消極方面，包括提高關稅與設定輸入配額措施，以減少進口貨品的數量與衝擊，保護國內產業，但是本條明定調整關稅及設定輸入配額兩者救濟措施僅能擇一採行；在積極方面，則包括提

供受害產業及其受僱人融資保證、技術研發補助、輔導轉業、職業訓練或其他調整措施或協助等措施，以提高國內產業的競爭力。

依關稅暨貿易總協定(General Agreement on Tariffs and Trade, GATT)第十一條的規定，原則上禁止各國利用配額或輸出許可證或其他措施來執行任何貿易數量上的限制，但是許多國家則利用自動出口設限(Voluntary Export Restraint, VER)的巧妙運作規避關稅暨貿易總協定的禁止規定，例如美國的「有秩序行銷協定」(Orderly Marketing Agreement, OMA)便是一例。此外，許多國際商品協定以及多種纖維協定(Multi-Fiber Arrangement, MFA)等，均有對出口國輸出的限制。所謂自動設限協定(Voluntary Restraint Agreement, VRA)或有秩序行銷協定(OMA)係指出口國的政府或製造業者與進口國的政府或製造業者之間所達成的協議，由出口國自行訂定配額，或以課徵出口稅或出口簽證等方式，限制那些使進口國產業受嚴重損害或有嚴重損害之虞的產品在某一期間內外銷到進口國的數量，以避免進口國國內某些產業或勞動者因為貿易開放的結果，形成進口產品的強大競爭而遭遇經濟上的困境。事實上，此種設限協定的產生並非出於出口國的自願，而是由進口國以明示或暗示的方式警告出口國若不自我設限，則將遭受其他方式的報復，例如由進口國對其產品設定配額等。不過自動出口設限、有秩序行銷協定等措施雖為國際間所常用，但是卻實質上違反 GATT 的規定，因此本辦法原有「與出口國簽訂行銷協議」的救濟措施，在修正本辦法時已遭刪除。

經濟部對於涉及提高關稅的救濟措施，應通知財政部依「關稅法」有關規定辦理；對於設定輸入配額的救濟措施，則應由經濟部與出口國訂立相關事宜的執行協定；而有關農產品的救濟措施，則由行政院

農業委員會負責執行。至於其他進口救濟措施，則由經濟部會同有關機關共同辦理。

　　爲實施產業受害成立的貨品進口救濟案件產業調整措施，經濟部於八十九年四月二十五日核定「經濟部實施貨品進口救濟產業調整措施執行要點」，並自八十九年五月六日發函貿易調查委員會實施。其主要內容如下：

　　1.本要點所實施的產業調整措施爲「貨品進口救濟案件處理辦法」第四條第一項第三款所定的提供融資保證、技術研發補助、輔導轉業、職業訓練或其他調整措施或協助等救濟措施。

　　2.經濟部實施的產業調整措施，得會同行政院農業委員會、行政院勞工委員會辦理，並得交由所屬技術處、工業局、中小企業處等有關機關執行。有關產業調整措施的建議由經濟部貿易調查委員會提出。

　　3.貿易調查委員會於進行貨品進口救濟案件調查期間，得由負責辦理的委員邀集有關機關派員共同組成產業調整措施專案小組，審查申請人提出的調整計畫及採取進口救濟措施的建議，並會商可採行的產業調整措施。

　　4.貿易調查委員會依「貨品進口救濟案件處理辦法」第十七條規定審議貨品進口救濟案件產業受害成立或不成立時，得於作成產業受害成立的同次會議就擬採行產業調整措施聽證事宜，續行召開貿易調查委員會審議，並得邀請有關機關派員列席。

　　5.貿易調查委員會依「貨品進口救濟案件處理辦法」第二十條第二項規定就擬採行產業調整措施舉行聽證時，得邀請有關機關派員列席聽取申請人及利害關係人的意見。

　　6.貿易調查委員會依「貨品進口救濟案件處理辦法」第二十一條規定審議是否採行產業調整措施及擬採行種類與項目的建議時，得邀

請有關機關派員列席。

　7.經濟部同意貿易調查委員會提出採行產業調整措施種類、項目及其執行機關（如附表）的建議，應依「貨品進口救濟案件處理辦法」第二十二條第一項規定公告實施並報請行政院備查。

　8.經濟部依上述第7點序告實施的產業調整措施,有關執行機關應依其相關行政程序辦理，並將辦理情形副知貿易調查委員會。

附表　貨品進口救濟案件產業調整措施種類、項目及執行機關一覽表

產業調整措施種類	產業調整措施項目	產業調整措施執行機關
融資保證	中小企業發展基金各項專案貸款	經濟部中小企業處
技術研發補助	產業升級輔導	經濟部工業局
	產業技術發展	經濟部技術處
	農產品救助措施	行政院農業委員會
輔導轉業／ 職業訓練	公共訓練 企業訓練 就業服務	行政院勞工委員會
	農產品救助措施	行政院農業委員會
其他調整措施或協助	中小企業投(增)資案協助 中小企業輔導	經濟部中小企業處
	農產品救助措施	行政院農業委員會

　㈥申請人的資格　第六條規定,「貨品進口救濟案件,經濟部得依有關主管機關、受害國內產業、受害國內產業所屬公會或相關團體之申請,交由委員會進行調查。」

　對於貨品進口救濟案件，經濟部貿易調查委員會除得依職權調查

外，並可於申請人向其提出申請時進行調查。本條明訂經濟部、行政院農業委員會、勞工委員會等有關主管機關，受害產業的主要生產者、產業公會，或是與受害產業有直接相關的工業、商業、勞工、農業團體（含農、林、漁、牧）等，均可向貿易調查委員會提出進口救濟的申請。

㈦貿易調查委員會的決議方式　第七條規定，「委員會會議之決議，除本辦法有特別規定者外，應有全體委員過半數之出席及出席委員過半數之同意。」

貿易調查委員會對於處理貨品進口救濟案件的各項表決事項，除了本辦法第十七及二十一條特別規定採取全體委員三分之二以上之出席，出席委員三分之二以上之同意的決議方式以外，原則上均以二分之一以上委員出席，出席委員二分之一以上同意的方式決議。

三、申請

㈠申請文件　第八條規定，「申請人提出貨品進口救濟案件，應檢具申請書，載明下列事項，並檢附相關資料，向經濟部為之。

1.符合第六條規定資格情形。

2.輸入貨品說明：

(1)貨品名稱、商品標準分類號列、稅則號別、品質、規格、用途及其他特徵。

(2)貨品輸出國、原產地、生產者、出口商、進口商。

3.產業受影響之事實：

(1)產業申請日前最近三年之生產量、銷售量、存貨量、價格、利潤及損失、產能利用率、員工僱用情形及其變動狀況。

(2)該貨品申請日前最近三年之進口數量、價格及國內市場占有

率。

⑶該貨品申請日前最近三年自主要輸出國進口數量、價格。

⑷其他得以主張受影響事實之資料。

4.該產業恢復競爭力或產業移轉之調整計畫及採取進口救濟措施之建議。

前項第二款、第三款應載明事項及所需資料，申請人有正當理由無法提供，經委員會同意者，得免提供。

第一項第四款之調整計畫，得於申請日起九十日內提出。」

經濟部對於申請人所提出的貨品進口救濟案件應先進行程序審查，申請文件中應確認申請人的資格符合本辦法第六條的規定，係由有關主管機關、受害國內產業、受害國內產業所屬公會或相關團體所提出者，資料中並應對輸入貨品作詳細的描述，同時提供產業最近三年受影響的事實。此外，由於進口救濟措施均是暫時性的，並非長期性的保護，因此亦要求申請人應提出產業未來恢復競爭力或產業移轉的調整計畫，俾使貿易調查委員會得以評估該產業受保護的價值；同時申請人也可提出採取進口救濟措施的建議，以供委員會決議時的參考。

㈡駁回　第九條第一項規定，「經濟部對於貨品進口救濟案件之申請，除認有下列情形之一者，應予駁回外，應於收到申請書之翌日起三十日內提交委員會審議是否進行調查。但申請人補正所需時間，不計入三十日期限：

1.申請人不具備第六條規定資格者。

2.不符合前條第一項規定，經通知限期補正而不補正或補正不完備者。」

如果貨品進口救濟案件的申請人不是有關主管機關、受害國內產

業、受害國內產業所屬公會或相關團體者，或是申請人所提出的申請文件及資料不完備，或經通知限期補正而不補正或補正後依然不完備者，則經濟部可駁回該申請案件。除此之外，經濟部則應該在收到貨品進口救濟案件申請書次日起三十天內送交貿易調查委員會以決定是否進行該案件的調查。

　　㈢公告　第九條第二項規定，「經濟部決定進行或不進行調查之案件，應即以書面通知申請人及已知之利害關係人，並刊登經濟部公報。」

　　經濟部應該將申請成立的貨品進口救濟案件，無論是否將進行調查，在經濟部公報中刊登申請內容摘要，以告知社會大眾，並得通知本案件的利害關係人。

四、產業受害之調查

　　㈠成立專案調查小組　第十條規定，「委員會為調查貨品進口救濟案件，應由主任委員指定委員一人或二人負責辦理，並得視調查案件之需要，邀集有關機關派員或由主任委員專案遴聘業務相關之學者、專家協助調查。」

　　㈡調查程序　第十一條規定，「委員會對貨品進口救濟案件進行調查時，應依下列規定辦理：

　　1.審查申請人及利害關係人所提之資料，並得派員實地調查訪問，必要時得要求另提供相關資料。

　　2.舉行聽證。

　　申請人或利害關係人應依委員會之要求提供資料，其未提供資料者，委員會得就既有資料逕行審議。」

　　貿易調查委員會在決定受理進行調查進口救濟案件之後，除審查申請人及利害關係人所提供的書面資料外，必須舉辦公聽會讓利害關

係人及社會大眾有機會參加發表意見，並蒐集分析有關受害情形的各項資料。

㈢資料的公開與保密　第十二條規定，「委員會對申請人或利害關係人所提資料，應准予閱覽。但經請求保密而有正當理由者，不在此限。

委員會對前項保密之請求，得要求其提出可公開之摘要；無正當理由而拒不提出摘要者，得不採用該資料。」

為確保申請人或利害關係人所提供資料的可信度，除了當事人要求保密且有正當理由者外，資料均應公開；而對於有理由保密的資料，也應提出摘要以供查閱，否則貿易調查委員會將可不採用該項資料。

㈣聽證的舉行　第十三條規定，「委員會應於舉行聽證前預先公告，並刊登新聞報紙。委員會應同時通知申請人及已知利害關係人出席聽證。」

舉辦聽證係為確保調查的公開性並提供涉案的國內外廠商有提出意見與諮商的機會。因此本條規定，貿易調查委員會舉辦聽證應通知申請人以及利害關係人出席，並於聽證前預先公告及刊登報紙公告，使相關當事人得以參加並表達其意見。

㈤聽證陳述意見的方法　第十四條規定，「出席聽證陳述意見者，得於聽證前向委員會提出其出席意願，並得於聽證前，將其對案件之實體意見，以書面提交委員會。」

㈥聽證前的程序會議及主持　第十五條規定，「委員會於正式舉行聽證之前得先召開程序會議，決定發言順序、發言時間及其他相關事項。

聽證由主任委員依第十條指定之委員主持。」

為了使聽證得以順利進行，貿易調查委員會主任委員應指定負責

承辦該案的委員主持聽證，並在聽證舉行之前先行召開程序會議，以決定各項議程。

㈦聽證後的補充意見　第十六條規定，「申請人或利害關係人於聽證後仍有補充意見，應於七日內以書面向委員會提出。」

申請人及利害關係人參加聽證，除口頭陳述外，依本辦法第十四條規定，亦得於聽證前提供書面給貿易調查委員會。而聽證舉行後，依本條規定申請人或利害關係人如有補充意見，則應於七日內向委員會提出。此外，申請人或利害關係人未出席聽證時，委員會依本辦法第十一條規定，得就既有資料逕行審議。

㈧產業受害的決議　第十七條規定，「委員會於貨品進口救濟案件調查完成時，應召開委員會會議為產業受害成立或不成立之決議。

前項決議，應有全體委員三分之二以上之出席，出席委員三分之二以上同意。」

㈨決議期限　第十八條規定，「除第十九條第一項規定外，委員會應自經濟部通知申請人進行調查之翌日起一百二十日內對產業受害成立或不成立作成決議。

前項期限，必要時得延長六十日；延長期限，應通知申請人並公告之。」

第十九條規定，「易腐性農產品進口救濟案件，不即時予以救濟將遭受難以回復之嚴重損害者，經濟部除應於收到申請書之翌日起二十日內提交委員會審議是否進行調查外，有關補正、駁回、通知及公告事項，準用第九條之規定辦理。

前項案件經經濟部決定進行調查者，委員會應自經濟部通知申請人進行調查之翌日起七十日內對產業受害成立或不成立作成決議。

第一項所稱易腐性農產品，由中央農業主管機關就個案認定之。」

　　經濟部收到一般貨品進口救濟案件申請書應於三十天內提交貿易
調查委員會審議是否進行調查，但是若屬於易腐性的農產品（其項目
由行政院農業委員會依個案分別認定）進口救濟案件申請書，則為了
爭取救濟時效，經濟部應於收到申請書隔日起二十天內提交貿易調查
委員會審議是否進行調查。此外，貿易調查委員會承辦一般貨品進口
救濟申請案件的期限，應自經濟部通知申請人進行調查的隔日起一百
二十天內，作成產業是否受害的決議；不過如果因為調查案件複雜，
不克於限期內完成者，必要時可再延長六十天；但是如果申請進口救
濟的產品屬於易腐性的農產品，由於若不即時予以救濟，該產業將發
生難以恢復的嚴重損害，因此縮短貿易調查委員會處理進口救濟案件
的時限，即由一百二十天縮短為七十天。

　　㈩決議書及調查報告的通知　第二十條第一項規定，「委員會對於
貨品進口救濟案件為產業受害成立或不成立之決議，應製作決議書，
於決議後十五日內將調查報告及決議書提報經濟部，由經濟部以書面
通知申請人，並刊登經濟部公報。」

　　㈠採行進口救濟措施的建議　第二十條第二、三、四項規定，「其
為產業受害成立之決議，委員會應於決議之日起三十日內就擬採行之
進口救濟措施舉行聽證，並將擬採行或不採行進口救濟措施之建議提
報經濟部。

　　委員會提出不採行救濟措施建議時，經濟部認其建議可採，應即
公告不予實施救濟措施；如認其建議不可採，應即命委員會於三十日
內就擬採行之進口救濟措施舉行聽證後，將建議提報經濟部。

　　前項聽證之程序，準用第十三條至第十六條規定辦理。」

　　㈡採行救濟措施建議的決議　第二十一條規定，「委員會為建議經
濟部採行或不採行救濟措施之決議，應有全體委員三分之二以上之出

席，出席委員三分之二以上之同意。」

五、進口救濟

　㈠採行進口救濟的期限及程序　第二十二條規定，「經濟部同意委員會提出採行救濟措施建議後，除採行第四條第一項第一款救濟措施應依關稅法有關規定辦理外，應於六十日內依職權或與有關機關協商決定應採行救濟措施後公告實施，並報請行政院備查。

　　經濟部作成前項決定前，必要時得事先通知利害關係國進行諮商。」

　　經濟部於收受貿易調查委員會的調查報告、決議書及建議後，應於六十天內依職權得根據貿易調查委員會所提呈的建議，決定實施適當的進口救濟措施。如果該救濟措施涉及其他主管機關者，例如關稅措施的主管機關爲財政部，則宜與有關機關協商後再報請行政院核定公告實施。

　　根據關稅暨貿易總協定第十九條的規定，採取進口救濟措施的國家，對於出口產品且具有利害關係的國家，應給予諮商的機會。有鑒於我國目前在國際經濟社會的困境，例如我國尚未加入關稅暨貿易總協定，本條文規定在實施進口救濟措施之前，經濟部於必要時得通知利害關係國進行諮商，以免形成我國實行進口救濟制度的障礙。

　㈡實施進口救濟措施的考慮因素及期限　第二十三條規定，「實施進口救濟措施，應斟酌各該貨品進口救濟案件對國家經濟利益、消費者權益及相關產業所造成之影響，並以彌補或防止產業因進口所受損害之範圍爲限。其實施期間，不得逾四年。」

　　貿易調查委員會在提出救濟措施建議時，應斟酌救濟措施對國家經濟利益、消費者權益和相關產業所造成的影響，然後再建議經濟部

採行或不採行救濟措施及施行救濟措施的實施期間。而爲了避免救濟措施變質成爲過度的長期保護，本條文特別規定實施進口救濟措施以彌補產業因進口所受損害的範圍爲限。進口救濟措施的實施期限不得超過四年，必要時得依本辦法第三十五條規定延長一次，延長期限則不得超過四年，且其延長措施的救濟程度，不得逾越原措施。

㈢原因消滅或情事變更的處理　第二十四條規定，「進口救濟措施實施後，如原因消滅或情事變更，申請人或利害關係人得列舉具體理由並檢附證據，向經濟部申請停止或變更原救濟措施。

前項申請，至遲應於原措施實施期滿九十日前提出。

對於第一項之申請，委員會應依第三章規定之程序調查後，經決議作成是否停止或變更原救濟措施之建議，提報經濟部。經濟部認其建議可採，應即公告停止或變更原措施。」

㈣實施救濟期限延長的申請　第二十五條規定，「進口救濟措施實施期滿前，申請人認爲有延長實施期間之必要者，得列舉有延長實施期間之必要之具體理由、該產業調整之成效與計畫說明，並檢附證據，至遲應於原措施實施期滿一百二十日前向經濟部申請延長救濟措施。

經濟部應自收受申請延長書之次日起九十日內對是否延長救濟作成決定，公告延長實施之措施及期間。其處理程序，準用第二章至第四章之規定。

第一項延長措施之救濟程度，不得逾越原措施。延長期間不得逾四年，並以延長一次爲限。」

㈤實施救濟成效與影響的檢討、報告及建議　第二十六條規定，「委員會應就所採行救濟措施之實施成效與影響，作成年度檢討報告，如認爲實施該措施之原因已消滅或情事變更者，應建議經濟部停

止或變更原措施。經濟部認其建議可採，應即公告停止或變更原措施。

委員會作成年度檢討報告前，應舉行聽證。有關聽證之程序，準用第十三條至第十六條之規定。」

六、附則

㈠案件再處理的規定　第二十七條規定，「經濟部對貨品進口救濟案件為產業受害不成立或產業受害成立且不予救濟之決定後一年內，不得就該案件輸入貨品再受理申請。但有正當理由者，不在此限。

經濟部對貨品進口救濟案件實施進口救濟措施者，期滿後二年內不得再實施進口救濟措施。但救濟措施期間超過二年者，從其期間。

符合下列規定之情形，經濟部必要時得對同一貨品再實施一百八十日以內之進口救濟措施，不受前項之限制：

1.原救濟措施在一百八十日以內者。

2.原救濟措施自實施之日起已逾一年。

3.再實施進口救濟措施之日前五年內，未對同一貨品採行超過二次之進口救濟措施。」

㈡補貼及傾銷情事的處理　第二十八條規定，「經濟部於產業受害之調查過程中，發現涉有關稅法第四十六條或第四十六條之一規定之補貼、傾銷情事者，應即通知財政部及原申請人。」

依「經濟部貿易調查委員會組織規程」第二條規定，貿易調查委員會的職權除了調查處理貨品進口救濟案件，提供與貨品進口救濟有關的諮詢以及從事與貨品進口救濟有關事務的研究以外，尚可辦理課徵平衡稅及反傾銷稅案件的損害調查，亦即公平及不公平行為的損害調查均由貿易調查委員會負責。不過由於補貼或傾銷等不公平貿易行

爲的救濟並非貿易調查委員會的權限，因此本條規定，如果貿易調查
委員會認定所調查產業的損害係肇因於補貼或傾銷，則應立即將該案
通知財政部及原申請人，以便因應處理。

　　事實上，英美法系國家大多以反補貼及反傾銷爲貿易政策工具的
一環，而成爲其貿易法的一部分，例如美國一九七九年「貿易協定
法」(Trade Agreements Act of 1979)及一九八四年「貿易暨關稅
法」(Trade and Tariff Act of 1984)均對補貼及傾銷案件的認定
標準有所規定，而大陸法系國家則著重課徵特別關稅，包括平衡稅、
反傾銷稅及報復關稅等，而將其納入關稅法。我國「關稅法」第四十
六條及第四十六條之一對於課徵平衡稅及反傾銷稅有所規定，並依據
「關稅法」的立法授權，於七十三年訂定「平衡稅及反傾銷稅課徵實
施辦法」施行迄今。而我國「貿易法」第十九條規定，將原來由財政
部關稅稅率委員會對反補貼或反傾銷案件所執行的損害調查部分，轉
移由經濟部貿易調查委員會處理。此項規定並無意塑造兩套不同反補
貼或反傾銷的構成標準，而係因經濟部爲產業的主管機關，對於外國
貨品的補貼或傾銷行爲是否對國內產業造成實質損害、實質損害之虞
或對產業建立造成實質阻礙知之甚詳，因此由經濟部直接受理調查產
業損害成立與否，可加速此類案件的進行，俾能及時有效反制外國的
不公平貿易競爭，而達到合理保護本國產業的目的。

　　㈢施行日　第二十九條規定，「本辦法自發布日施行。」

第三節　公營事業申請輸入貨品辦法

民國六十年十二月二十三日行政院臺⑹經一二四一八號令准備查

民國六十一年一月六日經濟部經⑹貿○○四五四號公布

民國六十二年三月七日經濟部經⑹貿○五八七八號修正

民國六十二年六月十四日經濟部經⑹貿一七一六四號修正

民國六十二年七月四日行政院臺⑹貿五六八一號准予備查

民國六十二年十一月二十三日經濟部經⑹貿三七三○號修正

民國六十三年四月二十六日經濟部經⑹貿一○六八二號修正

民國七十年八月二十六日經濟部經⑺貿三五六五○號修正

民國七十一年八月十六日經濟部經⑺貿秘七一二八三號修正

民國七十二年十一月十六日經濟部經⑺貿四五九五五號修正

民國七十七年八月一日經濟部⑺貿二二二五○號修正

一、前言

所謂公營事業，又稱政府企業或國營企業，係指政府爲了充裕財政收入，或是因爲該項事業具有公用性質，政府爲了維護消費者的利益，而由中央政府或地方政府直接出資經營的企業，例如菸酒公賣、銀行、郵政、水電等。公營事業依其成立方式，可分爲四類：⑴政府獨資經營的事業；⑵各級政府合營的事業；⑶依事業組織特別法的規定，由政府與人民合資經營的事業；⑷依公司法規定，由政府與人民合資經營，而政府資本超過百分之五十以上的事業。由於公營事業不同於一般的民間企業，其輸入方式與規定自應特別立法以適用。

「公營事業申請輸入貨品辦法」係經濟部依行政院命令於民國六

十一年一月六日爲審核公營事業機構申請輸入貨品案件而制定公布的，以作爲管理公營事業辦理輸入貨品事宜的依據。本辦法自公布後，歷年來經多次修正，以配合實際作業需要。辦法全文共計十三條條文，分爲一般性規定、公營事業之採購、國貨國運之規定、綜合輸入許可證及其他規定等五部分。

二、一般性規定

(一)制定目的及依據　第一條規定，「爲審核公營事業機構申請輸入貨品案件，依貨品進口審核準則第五條規定，訂定本辦法。」

依原「貨品進口審核準則」第五條規定，「公營事業申請輸入貨品，應以國際標，向全球自由地區公開採購。但經國貿局核定向指定地區或廠商採購者，不在此限。」

(二)進口貨品的原則　第二條規定，「公營事業所需進口貨品，除有因偶發事件，臨時急需或零星採購，其金額在審計機關稽察一定金額以下者外，非經專案核定，不得向國內市場採購進口貨品。」

原則上公營事業所需要的進口貨品均應直接自國外採購，而不得向國內進口廠商間接採購，以期有效節省採購成本。但是如果屬於緊急採購或金額較小的零星採購者，則可例外，以求時效與成本控制。

(三)施行日　第十三條規定，「本辦法自發布日施行。」

三、公營事業的採購

(一)向國外採購的情況　第三條規定，「公營事業採購貨品，應儘先採用國內產品，非因下列事由，不得申請向國外採購：

1.國內無法產製或無代用品者。

2.國內雖能生產或有代用品，但產量不敷供應，或品質、性能、

規格不適合使用者。

3.同一種類貨品，國內產品售價超過進口貨成本（按進口 CIF 價格並加一切捐稅）百分之五者。

4.爲充裕國內物資，需向國外採購儲備者。」

在「愛用國貨」的前提下，公營事業所需要採購的貨品理當儘量採用國內產品，但是如果所需貨品係國內無法產製，或無代用品，或產量不足，或不適合使用，或價格過高，或需儲備者，則可向國外採購。

⑵外購設備的計畫及預算　第四條規定，「公營事業新建、更新或擴充計畫外購設備，應敍明計畫及預算，檢同主管機關核准文件逕向經濟部國際貿易局（以下簡稱國貿局）申請，俟核准後，依本辦法第六條辦理外購。

爲培植國內機械工業發展，公營事業外購整廠設備中，至少應以總值百分之四十向國內採購爲原則，逐案由工業主管機關核實之。」

如果公營事業計畫新建、更新或擴充設備而擬向國外採購時，應先行提出計畫及預算，並附上其主管機關（例如國營事業管理委員會）的核准文件，向國際貿易局申請，待核准後，始得進口。不過，政府爲了培植國內機械工業發展，依本條規定，公營事業在全部外購整廠設備總值中，至少應有百分之四十向國內採購，且應由經濟部工業局逐案審核。

依本辦法第六條規定，公營事業向國外採購設備，除非係因機器設備的配件必須向原製造廠或其代理商採購；或因局部擴增設備必須比照舊有設備採購；或因重要特殊的機器設備須向信譽卓著的各國名廠採購者等原因，而可向指定地區或指定廠商採購以外，均應探向全球自由地區公開標購方式辦理。

㈢得自行採購的情況　第五條規定，「公營事業外購貨品，應委託公營貿易機構，或行政院駐美採購服務團代辦採購，但有下列情形之一者，得自行辦理採購：

1.經主管機關核准與外國技術合作案內，須由外國合作工廠供應之零件、配件。

2.加工外銷所需進口原料或器材，報經國貿局核准者。

3.採購貨品，其金額在審計機關稽察一定金額以下者。

4.國際貨源供應失調時需緊急採購原料及器材。

5.經陳奉行政院特准自辦者。」

依本條規定，公營事業向國外採購貨品，除非因與國外有技術合作關係，或因加工外銷之需要，或因採購金額不大，或因緊急採購，或經行政院特准等特殊情況外，均應委託中央信託局、臺灣省物資局及中華貿易開發公司等公營貿易機構，或行政院駐美採購服務團代辦採購，以收集中採購之效。

㈣外購貨品的方式　第六條規定，「公營事業外購貨品，應以國際採購（向全球自由地區公開標構）方式辦理，但有下列特殊情形之一者，得向指定地區或指定廠商採購：

1.基於貿易政策，經國貿局指定地區採購者。

2.訂有標售合約，經國貿局核定有案者。

3.屬於某地區特產者。

4.機器設備之配件，必須向原製造廠或其代理商採購者。

5.局部擴增之設備，必須比照舊有設備採購者。

6.重要特殊之機器設備，須向信譽卓著之各國名廠採購者。

7.採購貨品，其金額在審計機關稽察一定金額以下者。

8.其他經國貿局專案核定者。」

　　在自由貿易的原則下，公營事業自國外採購時，原則上應採用國際標方式，以使全世界自由地區的任何供應商均得參與競標，一方面可使國際間供應者均有公平機會競爭，另一方面也有利於採購成本的降低。但是公營事業得基於貿易政策，或購售合約，或地區特產，或因係機器設備的採購或擴增而需向原有著名廠商採購，或因金額不大，或其他經國際貿易局專案核定等原因，而得向指定地區或指定廠商採購，而不採用自由國際標購買。

　　㈤採購應檢附的文件　第七條規定，「採購機構於辦妥標購或採購手續後，檢附輸入許可證申請書、託購單位委託書、決標記錄、合約副本及有關文件送國貿局審核簽證。」

　　公營事業無論是自行採購或委託採購，於辦妥招標或採購手續後，均應檢附相關文件向國際貿易局申請輸入許可證後，始得進口。

　　註：第八條刪除。

四、國貨國運的規定

　　第九條規定，「公營事業進口大宗物料或一般器材，應依照『公營機構進口大宗物料實施國貨國運作業要點』及『公營機構進口一般器材實施國貨國運作業要點』辦理。」

　　所謂大宗物料係指原料或糧食等散裝貨物，因其數量龐大，通常以傭船方式洽訂不定期船裝運，而一般器材則係指一般包件貨物以及其他適合定期船裝運的貨物。為扶植國內航運業發展，在「國貨國運」的政策下，公營事業進口上述貨品時應依於七十年一月十日由行政院公布的「公營機構進口大宗物料實施國貨國運作業要點」以及「公營機構進口一般器材實施國貨國運作業要點」的規定辦理。該兩辦法均規定，公營機構進口大宗物料（包括自辦及委辦採購）或一般

器材均應以 FOB 或 FAS 條件採購，以便交由國輪承運，其屬於委託中央信託局辦理採購者，並應交由該局儲運處統籌辦理託運。

五、綜合輸入許可證

第十條規定，「公營事業外購整廠設備或自用原料，得向國貿局申請核發綜合輸入許可證。」

依原「廠商申請輸入貨品辦法」之規定，生產事業或公營事業爲方便輸入大量多次繼續性進口的整廠機器設備或原料，得向國際貿易局一次申請綜合輸入許可證後，即可供多次輸入使用。但是綜合輸入許可證不能用於向海關報關提貨，而需在每一批貨物輸入時，另向授權簽證銀行申請辦理綜合分批輸入許可證，只要在綜合輸入許可證有效期限內（通常爲一年，期滿可申請延長），均可不受影響。

六、其他規定

㈠兼有營業性質的政府機關的適用　第十一條規定，「兼有營業性質之政府機關，申請輸入貨品準用本辦法之規定。」

兼有營業性質的政府機關，例如臺灣省菸酒公賣局，行政院輔導會榮工處，交通部郵政總局等，其申請貨品輸入時均準用本辦法各相關規定。

㈡其他進口規定的適用　第十二條規定，「本辦法未規定事項，適用一般進口有關規定辦理。」

原則上本辦法未規定事項，公營事業申請輸入貨品時尚可依「貨品輸入管理辦法」的規定辦理，例如依該辦法第八條第二項規定，「政府機關及公營事業輸入限制輸入貨品外之貨品，其價值在貿易局規定限額以內者，免證輸入。」

第四節　教育研究用品進口辦法

六十年八月十六日財政部(60)臺財關第一六九五二號令發布
六十七年十二月六日財政部(67)臺財關第二二九〇三號函修正
七十七年九月三十日行政院臺(77)教二六五八一號修正
八十二年六月十一日行政院臺(82)教一九〇一二號修正

一、前言

　　爲發展教育事業，獎勵學術研究，提昇體育訓練水準，行政院特就公私立各級學校、教育或研究機構，進口用於教育、研究、實驗或訓練的必需品，有關申請免稅、結匯等事項，於六十年八月公布「教育研究用品進口辦法」，其後並於六十七年十二月、七十七年九月及八十二年六月三次修正。依該辦法的規定，公私立各級學校、教育或研究機關，依其設立性質，得申請免稅進口用於教育、研究或實驗的必需品。

　　本辦法全文共十五條，分總則、申請免稅、用途限制與查核、申請輸入許可及結匯、申請報關提貨等五部分。

二、總則

　　㈠適用範圍　第一條規定，「公私立各級學校、教育或研究機關依其設立性質，進口用於教育、研究或實驗之必需品（以下簡稱教育研究用品），申請免稅、結匯，除法令另有規定者外，依本辦法之規定辦理。」

㈡教育或研究機關的範圍　第二條規定,「本辦法所稱教育或研究機關, 範圍如下:

1.公私立幼稚園。但私立者以完成財團法人登記者爲限。

2.公立學術研究、社會教育及職業訓練機構。

3.完成財團法人登記, 並經其主管機關核轉財政部認定之學術研究、社會教育及職業訓練機構。

4.經教育部核准參加國際比賽之體育團體。」

㈢免稅範圍　依第三條規定,「公私立各級學校、教育或研究機關依其設立性質, 進口下列教育研究用品得申請免稅:

1.教育需用之圖書、視聽器材、標本模型、資訊及電腦媒體及其相關之必需品。

2.研究及實驗需用之儀器設備、材料、試藥及相關之必需品。

3.實習及訓練需用之機具、器材。

4.收藏品及用於保存、整理或複製收藏品所必需之用具。

5.參加國際比賽之訓練及比賽用必需體育器材。

6.醫學院附設教學醫院用於臨床醫學實習之醫療儀器設備。

前項教育研究用品以所使用最後成品爲限。」

㈣施行日　第十五條規定,「本辦法自發布日施行。」

三、申請免稅

㈠申請程序　第四條規定,「公私立各級學校、教育或研究機關進口教育研究用品申請免稅, 依下列規定程序辦理:

1.國立各級學校、教育或研究機關逕向進口地海關申請。

2.前款規定以外之公私立各級學校、教育或研究機關, 應分別報請中央、省 (市)、縣 (市) 主管機關核轉進口地海關申請。」

㈡申請文件 第五條規定,「申請免稅進口教育研究用品,應具備下列文件,並依前條規定辦理。

　1.進口教育研究用品免稅申請書。

　2.進口教育研究用品明細表。」

㈢申請方式 第六條規定,「公私立各級學校、教育或研究機關辦理進口教育研究用品免稅案件,以自行申請為原則。其因特殊原因需委託國內廠商代為進口者,應敍明理由函請主管機關核准。

　依前項規定委託國內廠商代為進口教育研究用品者,其代辦進口廠商應於進口報單上註明原申請學校、教育或研究機關名稱;用品進口後並應直接交與原申請學校、教育或研究機關。」

㈣進口有效期限 第七條規定,「免稅進口教育研究用品,應於核定免稅之日起六個月內進口,逾期失其效力。但因故未能於核定免稅之有效期限內進口者,得於該免稅有效期限屆滿前逕向原核定免稅之海關申請延期六個月。」

四、用途限制與查核

㈠用途的限制 第八條規定,「公私立各級學校、教育或研究機關所有免稅進口之教育研究用品,必須確供各該學校或機關本身在教育、研究、實驗、實習或國際比賽、訓練等目的使用;非經補稅不得轉讓或變更用途。違反者,除依法補繳關稅外,並依有關法令予以處分。」

㈡主管機關及海關的查核 第九條規定,「主管機關應定期派員檢查所屬公私立各級學校、教育或研究機關辦理教育研究用品免稅進口業務。海關對於已進口免稅教育研究用品之用途與數量有疑問時,得函請公私立各級學校、教育或研究機關提出說明,必要時並得派員前往實地查核。」

㈢免稅進口用品的記錄　第十條規定,「公私立各級學校、教育或研究機關應按年設置免稅進口教育研究用品專簿,於免稅進口之教育研究用品放行一週內詳細記載。

前項專簿應保存十年,供主管機關及海關隨時查核。」

五、申請輸入許可及結匯

㈠申請輸入許可的規定　第十一條規定,「公私立各級學校、教育或研究機關進口教育研究用品申請輸入許可,應依經濟部國際貿易局有關進口規定辦理。」

㈡結匯辦理程序　第十二條第一項規定,「公立各級學校、教育或研究機關進口教育研究用品申請結匯,依下列規定程序辦理:

1.國立各級學校、教育或研究機關應報請教育部核轉財政部申請。

2.省 (市)、縣 (市) 立各級學校、教育或研究機關應報請省 (市) 政府財政廳 (局) 核轉財政部申請。」

同條第二項規定,「前項申請結匯金額在美金一百萬元以下者,得由各單位逕向財政部指定辦理軍政機關結匯之銀行辦理結匯。私立各級學校、教育或研究機關進口教育研究用品申請結匯,應向政府指定辦理外匯業務之銀行辦理結匯。」

六、申請報關提貨

㈠報關期限　第十三條規定,「公私立各級學校、教育或研究機關免稅進口教育研究用品申請報關提貨,應依財政部有關進口通關規定辦理。」

㈡電信管制器材的進口　第十四條規定,「進口電信管制器材,應依交通部有關規定申請核准使用,並請領進口護照,始得辦理。」依「電

信法」第三十條規定,「電信器材須有交通部之護照或憑證, 方得進口、出口或轉口。」

習題

壹、填充題

1. 輸入貨品, 應爲_____。但因其他法令規定或經貿易局准許輸入的舊品, 不在此限。

2. 限制輸入貨品表內規定屬管制進口之貨品, 非經_____專案核准, 不得輸入。

3. 進口人輸入限制輸入貨品表內之貨品, 其屬少量_____或_____者, 海關得視情形依表內規定酌量免證稅放。

4. 製造業未辦妥工廠登記前, 得憑_____及省 (市) 建設廳 (局) 或縣 (市) 政府核發的_____, 申請簽證輸入相關自用機器設備或原料。

5. 輸入許可證應於簽證日起_____內領取, 逾期由簽證單位予以註銷。

6. 輸入許可證不得_____或_____。但提供承辦結匯銀行擔保者, 不在此限。

7.輸入許可證有效期限為自簽證之日起＿＿＿＿＿＿＿。

8.輸入貨品應於輸入許可證有效期限屆滿前，自原＿＿＿＿＿＿裝運，
其裝運日期以＿＿＿＿＿＿所載日期為準。

9.輸入貨品不能於輸入許可證有效期限內自國外起運者，除經貿易局
公告指定的貨品應於期限內輸入不得延期外，申請人得於期限屆滿
前一個月內向原簽證單位申請延期，其每次延期不得超過＿＿＿＿＿
＿，延期次數不得超過＿＿＿＿＿＿。

10.調整關稅措施，經濟部應通知財政部依＿＿＿＿＿＿有關規定辦理；
有關農產品之救濟措施，由＿＿＿＿＿＿辦理。

11.「貨品進口救濟案件處理辦法」所稱直接競爭產品，指該貨品特性
或構成物質雖有差異，其在＿＿＿＿＿＿及＿＿＿＿＿＿上具有直接替
代性的貨品。

12.貿易調查委員會於貨品進口救濟案件調查完成時，應召開委員會會
議為產業受害成立或不成立之決議。應有全體委員＿＿＿＿＿＿以上
的出席，出席委員＿＿＿＿＿＿以上的同意。

13.易腐性之農產品進口救濟案件，不即時予以救濟將遭受難以回復的
嚴重損害者，貿易調查委員會應自＿＿＿＿＿＿通知申請人進行調查
的翌日起＿＿＿＿＿＿內對產業受害成立或不成立作成決議。

14. 實施進口救濟措施，應斟酌各該貨品進口救濟案件對＿＿＿＿＿、
＿＿＿＿＿及相關產業所造成之影響，並以＿＿＿＿＿或＿＿＿＿
＿產業因進口所受損害的範圍為限。其實施期間，不得逾＿＿＿＿
＿。

15. 公營事業所需進口貨品，除有因＿＿＿＿＿，＿＿＿＿＿或＿＿＿
＿＿＿，其金額在審計機關稽察一定金額以下者外，非經專案核定，
不得向國內市場採購進口貨品。

16. 為培植國內機械工業發展，公營事業外購整廠設備中，至少應以總
值＿＿＿＿＿向國內採購為原則，逐案由工業主管機關核實之。

17. 公私立各級學校、教育或研究機關辦理進口教育研究用品免稅案件，
以＿＿＿＿＿為原則。其因特殊原因需委託國內廠商代為進口者，
應敘明理由函請主管機關核准。

18. 免稅進口教育研究用品，應於核定免稅之日起＿＿＿＿＿內進口，
逾期失其效力。但因故未能於核定免稅的有效期限內進口者，得於
該免稅有效期限屆滿前逕向原核定免稅的海關申請延期＿＿＿＿＿
＿。

19. 公私立各級學校、教育或研究機關進口教育研究用品申請輸入許可，
應依＿＿＿＿＿有關進口規定辦理。

20.公私立各級學校、教育或研究機關應按年設置_____， 於免稅
進口的教育研究用品放行後一周內詳細記載,並應保存_____，
供主管機關及海關隨時查核。

貳、問答題

1.試述限制輸入貨品表的範圍?

2.試述得免證輸入的情況?

3.試述貨品進口救濟案件產業受害成立的要件?

4.試述國內產業有無受嚴重損害或嚴重損害之虞的認定標準?

5.試述產業受害成立的貨品進口救濟案件的救濟措施為何?

6.試述申請人提出貨品進口救濟案件應檢具的申請文件內容為何?

7.試述貿易調查委員會對貨品進口救濟案件進行調查的方式為何?

8.試述公營事業得申請向國外採購的事由?

9.試述公營事業外購貨品得自行辦理的情形?

10.試述公營事業外購貨品得向指定地區或指定廠商採購的情形?

11.依「教育研究用品進口辦法」的規定, 教育或研究機關範圍為何?
得申請免稅的教育研究用品範圍為何?

12.試述公私立各級學校、教育或研究機關進口教育研究用品申請免稅
的辦理程序為何?

第四章　貿易推廣法規

第一節　推廣貿易基金收支保管及運用辦法

八十二年十一月八日行政院臺(82)忠授字第一一八二七號令發布

八十七年九月七日行政院臺(87)孝授二字第〇七五〇四號令修正發布

八十九年四月一日行政院臺(89)孝授二字第〇六五六一號令修正發布

一、前言

　　行政院基於我國屬海島經濟，資源貧乏，市場狹小，再加上我國從事進出口貿易的業者，多屬中小型進出口商，規模不大，爲拓展對外貿易，開拓國外市場，乃採取高度的出口導向政策，而於民國六十四年十二月二十四日發布「推廣外銷基金收支保管及運用辦法」，以加強推展外銷。該辦法曾分別於六十八年十一月、七十二年十月、七十四年六月、七十九年十月經過四次修正，以適應實際作業需要。但自民國八十二年「貿易法」通過之後，我國貿易政策已從過去的出口導向改爲進出口貿易平衡策略，是故行政院廢止該辦法，而另行訂定「推廣貿易基金收支保管及運用辦法」。

　　本辦法所訂的推廣貿易基金是屬於特種基金，而本辦法則係依據「貿易法」第二十一條及「預算法」第十九條的規定訂定。因此，推廣貿易基金的收支、保管及運用，均有法律的基礎及依據。

　　本辦法係行政院於民國八十二年十一月八日發布，但追溯自八十二年七月一日起施行，其後並於八十七年九月及八十九年四月經兩次修正。辦法全文共十六條，分總則、基金的來源與用途、推廣貿易基金管理委員會、其他規定等四部分。

二、總則

　　㈠制定依據　第一條規定，「政府依據貿易法第二十一條第一項規定，設置推廣貿易基金(以下簡稱本基金)，並依貿易法第二十一條第四項及預算法第十九條規定，訂定本辦法。」

　　依「貿易法」第二十一條第一項規定，「爲拓展貿易，因應貿易情勢，支援貿易活動，主管機關得設立推廣貿易基金，就出進口人輸出入之貨品，由海關統一收取最高不超過輸出入貨品價格萬分之四‧二五之推廣貿易服務費。但因國際條約、協定、慣例或其他特定原因者，得予免收。」又依「貿易法」第二十一條第四項規定，「推廣貿易基金之收支、保管及運用辦法，由行政院定之。」依「預算法」第十九條規定，「特種基金，應以歲入、歲出之一部編入總預算者，其預算均爲附屬單位預算。特種基金之適用附屬單位預算者，除法律另有規定外，依本法之規定。」根據上述三項條文規定，成爲「推廣貿易基金收支保管及運用辦法」制定的法源依據。

　　㈡其他法規的適用　第二條規定，「本基金之收支、保管及運用，除法令另有規定外，悉依本辦法之規定辦理。」由於本辦法係屬於特別規定的辦法，故除了本辦法中部分規定須依「預算法」、「會計法」、「決算法」、「審計法」等相關法令規定辦理外，本基金的各項作業均依本辦法的規定辦理。

　　㈢基金種類及主管機關　第三條規定，「本基金爲預算法第四條第

一項第二款所定之特種基金，以經濟部爲主管機關。」依「預算法」第四條的規定，推廣貿易基金係屬於歲入供特殊用途的特種基金。本基金的主管機關依本條規定爲經濟部。

三、基金的來源與用途

㈠基金的來源　第四條規定，「本基金之來源如下：

1.推廣貿易服務費。

2.本基金之孳息收入。

3.臺北世貿中心展覽大樓及國際會議中心之收入。

4.臺北世貿中心國際貿易大樓及國際觀光旅館繳交之租金及福利金收入。

5.其他有關收入。」

推廣貿易服務費爲本基金最主要的來源，依「貿易法」第二十一條的規定，推廣貿易服務費係就出進口人輸出入貨品價格以最高不超過萬分之四‧二五的比率由海關統一收取，惟其實際收取比率須由經濟部報請行政院核定，且爲了減輕業者的負擔，經濟部每年應定期檢查並調整推廣貿易服務費率。此外，除了推廣貿易基金的利息收入，由臺北世界貿易中心的展覽大樓、國際會議中心的營運收入以及國際貿易大樓、國際觀光旅館所繳交的租金與福利金收入，也可以作爲推廣貿易基金的主要來源。

另依本辦法第六條的規定，「海關收取推廣貿易服務費，應於每月十五日後五日內及月底後五日內彙齊逐繳本基金國庫存款戶，並於次月五日前造具收入月報表二份送本部國際貿易局，該局得視需要派員稽核。」

㈡基金的用途　第五條規定，「本基金之用途如下：

1.駐外單位有關商務活動之支出。

2.委託中華民國對外貿易發展協會或其他相關機構、法人或同業公會辦理有關外貿業務所需費用之支出。

3.參與國際經貿組織活動及公關之支出。

4.國際經貿會議談判及考察訪問之支出。

5.國際經貿人才培訓之支出。

6.因應國際貿易保護措施之支出。

7.開拓貿易市場，平衡貿易發展計畫之支出。

8.輔導廠商拓展貿易或與外國經貿合作計畫之支出。

9.拓展貿易宣傳及展覽之支出。

10.蒐集、調查、研究、編印國內外經貿資料之支出。

11.其他有助於輸出入貿易發展之支出。

12.管理及總務支出。

13.其他有關支出。」

四、推廣貿易基金管理委員會

㈠組織　第七條第一項規定，「本基金之收支、保管及運用，應設置推廣貿易基金管理委員會(以下簡稱本會)。置主任委員一人，由本部部長派員兼任之；委員十九人，由下列人員組成之：

1.行政院秘書處一人。

2.行政院主計處一人。

3.外交部一人。

4.本部三人。

5.財政部一人。

6.本部工業局一人。

7.本部中小企業處一人。

8.中華民國全國商業總會一人。

9.中華民國全國工業總會一人。

10.臺灣省進出口商業同業公會聯合會一人。

11.臺北市進出口商業同業公會一人。

12.高雄市進出口商業同業公會一人。

13.中華民國對外貿易發展協會一人。

14.經濟部國際貿易局有關業務主管四人。」

依貿易法第二十一條第三項的規定，推廣貿易基金的運用應設置推廣貿易基金管理委員會，其委員應包括出進口人代表，且不得少於四分之一。因此本辦法規定的委員會十九位委員中，共計有中華民國全國商業總會、中華民國全國工業總會、臺灣省進出口商業同業公會聯合會、臺北市進出口商業同業公會、高雄市進出口商業同業公會等五位出進口人代表。

另依本辦法第九條的規定，「本會置執行秘書一人、副執行秘書一人、組長三人、組員十人至十二人，均由本部就本部國際貿易局人員派兼之。」

㈡委員會議 第七條第二項規定，「本會每兩個星期開會一次，必要時得召開臨時會議，由主任委員召集之；主任委員因故不能出席時，由主任委員指定委員一人或委員互推一人代理。」

㈢任務 第八條規定，「本會之任務如下：

1.本基金收支、保管及運用之審議事項。

2.本基金年度預算、決算之審議事項。

3.本基金運用執行情形之考核事項。

4.其他有關事項。」

㈣職給　第十條規定,「本會委員及兼任人員均爲無給職。但非由本部人員兼任者, 得依規定支領交通費。」因此委員會中除了由經濟部人員兼任之委員及工作人員以外, 由行政院、外交部、財政部、中華民國全國商業總會、中華民國全國工業總會、臺灣省進出口商業同業公會聯合會、臺北市進出口商業同業公會、高雄市進出口商業同業工會、中華民國對外貿易發展協會等單位所派任的委員, 均得依規定支領交通費。

㈤基金的存儲　第十一條規定,「本基金應存儲於財政部在中央銀行設置之國庫存款戶。但應業務需要, 經財政部同意者, 得存入國庫代理機構或其他公營銀行, 或購買政府債券。」

依「公庫法」第二條規定, 「爲政府經管現金、票據、證券及其他財務之機關稱公庫。中央政府之公庫稱國庫, 以財政部爲主管機關。」而依「公庫法」第三條規定, 國庫應指定由中央銀行代理。惟推廣貿易基金除了依規定應存儲於國庫之外, 亦可在得到財政部的同意下, 將基金存入國庫代理機構或其他公營銀行, 或購買政府債券, 以因應業務上的需要。

五、其他規定

㈠預算的編製、執行及決算編造　第十二條規定,「本基金有關預算編製及執行、決算編造, 應依預算法、會計法、決算法、審計法及相關法令規定辦理。」

㈡會計事務的處理　第十三條規定,「本基金會計事務之處理, 應依規定訂定會計制度。」

㈢基金賸餘的處理　第十四條規定,「本基金年度決算如有賸餘, 得循預算程序撥充基金或以未分配賸餘處理。」

㈣基金的結算　第十五條規定,「本基金結束時,應予結算,其餘存權益應解繳國庫。」

㈤施行日　第十六條規定,「本辦法自發布日施行。」本辦法雖於八十二年十一月八日才首次公布,但當時規定本辦法追溯自八十二年七月一日起施行。

第二節　臺北世界貿易中心管理基金收支保管及運用辦法

七十五年九月十五日行政院臺(75)經字第一九三一六號令訂定

一、前言

臺北世界貿易中心係我國政府於民國七十三年投資興建，而於民國七十五年初正式落成啓用的貿易推展中心，位於臺北市信義路與基隆路的交叉口。其設立宗旨在加速我國貿易升級，藉著現代化的各種貿易服務設施與其商情網路系統，協助國內外銷廠商拓展國際貿易，使我國成爲遠東地區的展覽及會議中心。該中心由展覽大樓、國際會議中心、國際貿易大樓、觀光旅館等四幢大樓構成。其中展覽大樓設有千餘間展售間供廠商展售之用；國際會議中心設有大、小型各種會議廳多個，供會議之用；國際貿易大樓專供貿易有關機構及服務業租用，包括銀行、郵局、電信局、航空、轉運、保險、報關等公司，買主及廠商可就近在同一大樓內完成全部貿易及商務手續；而觀光旅館則備有千餘個房間，供房客租用。爲管理臺北世界貿易中心各項業務與活動的推行，並促進對外貿易的發展與國際會議的集會，行政院特別設置了臺北世界貿易中心管理基金。

「臺北世界貿易中心管理基金收支保管及運用辦法」係行政院於民國七十五年九月十五日制定公布的，以作爲保管及運用臺北世界貿易中心管理基金的依據。本辦法所規範的臺北世界貿易中心管理基金屬於特種基金，並以經濟部爲主管機關。本辦法係依據「預算法」第十九條的規定訂定，因此，臺北世界貿易中心管理基金的收支、保管及運用，均有法律的基礎及依據。本辦法全文共計十一條條文，分爲

一般性規定、臺北世界貿易中心管理基金委員會、基金之來源與用途、基金之管理等四部分。

二、一般性規定

㈠制定宗旨及依據　第一條規定，「為促進對外貿易之發展與國際會議之集會，特設置臺北世界貿易中心管理基金（以下簡稱本基金），並依預算法第十九條之規定，訂定本辦法。」依「預算法」第十九條規定，「政府設立之特種基金，除其預算編審程序依本法規定辦理外，其收支保管辦法，由行政院定之，並送立法院。」

㈡適用範圍　第二條規定，「本基金之收支、保管及運用，除法令另有規定外，悉依本辦法之規定辦理。」

㈢基金之性質及主管機關　第三條規定，「本基金為預算法第四條第二款第四目所定之非營業循環基金，並以經濟部為主管機關。」

依「預算法」第四條的規定，臺北世界貿易中心管理基金係屬於歲入之供特殊用途的特種基金，而其性質則又屬於特種基金中的非營業循環基金，蓋依該條第二項第四款規定，本基金係經付出仍可收回，而非用於營業者。另本基金的主管機關是經濟部。

㈣相關法規之適用　第八條規定，「本基金年度預算之編製、執行及年度決算之編製，悉依預算法、決算法、審計法暨相關法令規定辦理。」

㈤施行日　第十一條規定，「本辦法自發布日施行。」

三、臺北世界貿易中心管理基金管理委員會

第四條規定，「本基金為常設基金，其收支、保管、運用，設臺北世界貿易中心管理基金管理委員會（以下簡稱基金會）辦理之；其

設置辦法由經濟部定之。臺北世界貿易中心建造期間，本基金之收支、保管、運用，暫由行政院臺北世界貿易中心策劃推行小組兼辦。」

四、基金來源與用途

㈠基金來源　第五條規定，「本基金之來源如下：

1.由政府循預算程序之撥款。

2.地租及租金收入。

3.權利金收入。

4.委託經營收入。

5.捐贈收入。

6.其他收入。」

㈡基金用途　第六條規定，「本基金之用途如下：

1.設施及整體環境維護支出。

2.營運管理作業支出。

3.稅捐支出。

4.基金會管理及總務支出。

5.其他經行政院核定之支出。」

五、基金管理

㈠基金的保管　第七條規定，「本基金之保管，應在代理國庫銀行或經財政部同意之銀行，開立專戶存儲。」

㈡基金會計事務的處理　第九條規定，「本基金會計事務之處理，應依規定制定會計制度，其收支憑證、會計簿籍及會計報告之編送，悉依會計法、審計法暨相關法令規定辦理。」

　㈢基金賸餘的處理　第十條規定，「本基金年度決算如有賸餘，得在基金額度內循預算程序撥充基金或以未分配賸餘處理，超過額度部分，應悉數解繳國庫。」

第三節 海外經濟合作發展基金收支保管及運用辦法

七十七年十月五日行政院臺(77)經字第二七一一一號令訂定
八十年二月十一日行政院臺(80)經字第五四九二號令修正

一、前言

隨著我國經貿實力的日益強大，我國早已擺脫過去需要美援及國際協助的時代，而邁向已開發國家之列。爲加強海外經濟合作，共謀經濟發展，以善盡國際責任，政府於民國七十七年設置海外經濟合作發展基金，並採取提供貸款、技術協助或參與投資等方式，協助友好國家或開發中國家經貿發展。

「海外經濟合作發展基金收支保管及運用辦法」係行政院於民國七十七年十月五日制定公布的，以作爲保管及運用海外經濟合作發展基金的依據。本辦法所規範的海外經濟合作發展基金屬於特種基金，並以經濟部爲主管機關。本辦法全文共計十七條條文，分爲一般性規定、基金之來源與用途、海外經濟合作發展基金管理委員會、基金之管理等四部分。

二、一般性規定

㈠制定宗旨及依據　第一條規定，「爲加強海外經濟合作，共謀經濟發展，特設置海外經濟合作發展基金（以下簡稱本基金），並依預算法第十九條之規定，訂定本辦法。」

依「預算法」第十九條規定，「政府設立之特種基金，除其預算編審程序依本法規定辦理外，其收支保管辦法，由行政院定之，並送立法院。」因此，行政院依本條的規定制定本辦法。

㈡適用範圍　第二條規定，「本基金之收支、保管及運用，除法令另有規定外，悉依本辦法之規定辦理。」

㈢基金性質及主管機關　第三條規定，「本基金爲預算法第四條第二款第四目所定之非營業循環基金，並以經濟部爲主管機關。」

依「預算法」第四條第二款第四目的規定，海外經濟合作發展基金係屬於凡經付出仍可收回，而非用於營業的非營業循環基金，也是特種基金的一種，應依規定將其歲入、歲出總額列入政府總預算中。本基金的主管機關爲經濟部。

㈣相關法規的適用　第十四條規定，「本基金年度預算之編製及執行，悉依政府預算有關規定辦理。」本條相關法規包括預算法、決算法、審計法等。

㈤施行日　第十七條規定，「本辦法自發布日施行。」

三、基金來源與用途

㈠基金來源　第四條規定，「本基金之來源如下：

1.政府預算撥入。

2.基金收益。

3.一般捐贈收入。

4.其他收入。」

㈡基金收入的處理　第五條規定，「本基金收入應在國庫開立專戶存儲，或存入公營行庫，或購買政府債券。」

㈢基金用途　第六條規定，「本基金之運用範圍如下：

1.協助友好國家及開發中國家經濟發展。

2.增進與友好國家及開發中國家雙邊貿易。

3.其他有助於海外經濟合作發展者。

4.本基金之管理費用及其他有關之支出。」

㈣基金運用方式　第七條規定，「本基金運用方式如下：

1.直接或間接貸款。

2.直接或間接參與投資。

3.投資與貸款之保證。

4.技術協助。

5.透過國際金融組織運用。

6.其他可行方式。」

政府可運用海外經濟合作發展基金直接或間接對友好國家或開發中國家提供貸款或參與投資，或提供貸款或投資的保證，或提供技術上的協助，也可以透過國際金融組織，例如亞洲開發銀行(Asian Development Bank, ADB)，而提供貸款或技術協助等活動。

四、海外經濟合作發展基金管理委員會

㈠委員　第八條規定，「本基金之收支、保管及運用應設海外經濟合作發展基金管理委員會（以下簡稱基金會），置委員七人，由下列人員組成，並以經濟部部長為主任委員：

1.經濟部部長。

2.外交部部長。

3.財政部部長。

4.交通部部長。

5.中央銀行總裁。

6.行政院經濟建設委員會主任委員。

7.行政院秘書長。」

由本條規定可知，海外經濟合作發展基金管理委員會的層次極

高，係由各相關部會首長擔任委員，並由經濟部部長擔任主任委員，負責統籌辦理各項事務。

㈡組織　第九條規定，「基金會置執行秘書一人，副執行秘書一人至二人，及其他因業務需要之辦事人員若干人，分組辦事，均由有關機關就其現職人員調兼，在原服務機關支薪，必要時得聘用五人至二十人。」

㈢顧問的聘任　第十條規定，「基金會為應研究、諮詢或審查等業務需要，得聘顧問若干人。」

㈣基金的運作與執行　第十一條規定，「本基金之運作與執行，得由基金會委請國內外金融機構、財團法人或其他專業性機構辦理。」

㈤基金會的任務　第十二條規定，「基金會之任務如下：

1.關於基金收支及保管事項。

2.關於基金運用之審議及核定事項。

3.其他有關事項。」

㈥基金會的會議　第十三條規定，「基金會每兩個月開會一次，必要時得召開臨時會，由主任委員召集之。主任委員因故不克出席時，由委員互推一人召集之。」

五、基金管理

㈠基金賸餘與短絀的處理　第十五條規定，「本基金年度決算如有賸餘時，得循預算程序撥充基金，或以未分配賸餘處理。如有短絀時，依有關法令規定程序辦理填補。」

㈡基金會計事務的處理　第十六條規定，「本基金會計事務之處

理，應依規定制定會計制度，其收支憑證、會計報告及年度決算之編
送，依會計法、決算法、審計法有關規定辦理。」

第四節　在中華民國舉辦商展辦法

八十一年一月十五日經濟部經⑻商字第二三四六二三號令修正發布
八十五年八月二十八日經濟部經⑻商字第八五〇二四八〇〇號令修正發布

一、前言

「在中華民國舉辦商展辦法」係經濟部合併修正原「國內廠商舉辦商展辦法」及「外國政府或廠商在中華民國舉辦商展辦法」，而於民國八十一年一月十五日爲規範商品的展覽而制定公布的，其後並於八十五年八月修正，以作爲國內外廠商、機構或政府單位在我國境內舉辦商展的管理依據。本辦法全文共計十四條條文，分爲一般性規定、商展主辦單位之條件、商展申請與審核、商展之限制規定、其他規定等五部分。

二、一般性規定

㈠宗旨　第一條規定，「爲規範商品之展覽，特訂定本辦法。」

㈡適用範圍　第二條規定，「凡在中華民國舉辦商展者，應依本辦法之規定辦理，本辦法未規定者，依其他法令之規定。」

本辦法屬於特別法，只要是展出場地位於中華民國者，除非本辦法未規定的事項，例如進出口、稅捐等，否則均適用本辦法的規定。

㈢主管機關　第三條規定，「本辦法之主管機關，在中央爲經濟部；在省（市）爲建設廳（局）；在縣（市）爲縣（市）政府。」各類商展依其舉辦地點及性質分別由中央或地方政府主管。

㈣商展的定義　第四條規定，「本辦法所稱商展，係指有關農、

礦、工、商各項商品或其資料之展覽。」依本條規定，本辦法所規範的商展包括製造業與服務業等各項商品或資料的展覽，範圍十分廣泛。

㈤施行日　第十四條規定，「本辦法自發布日施行。」

三、商展主辦單位的條件

第五條規定，「商展之主辦單位，除我國政府機關外，以合於下列規定之一者爲限：

1. 實收資本額合計達新台幣三千萬元以上之營利事業。
2. 依工業團體法、商業團體法成立之法人。
3. 依農會法、漁會法、合作社法成立之農民團體。
4. 經政府許可設立，以商品之展覽與推廣爲目的之公益法人。
5. 外國政府機關、外國駐華領使館或代表處，依據外國法令成立之法人。」

由於展覽的種類甚爲廣泛，是故舉辦商展的主辦單位也可能是我國政府機關、營利事業、法人、團體、公益法人或外國政府機關、法人等。依本條規定，除政府單位外，其他商展主辦單位均應依相關法規成立者才准辦理，其中若屬於營利事業者，尙需要實收資本額達三千萬元以上。

四、商展申請與審核

㈠申請商展應提出之文件　第六條規定，「商展之主辦單位，應於展覽開始籌備前備具申請書及下列書件向展出地之直轄市或縣（市）主管機關申請核准：

1. 以前條第一款之營利事業爲主辦單位者，應檢附公司執照。營

利事業登記證及最近一年之營業稅繳納收據影本或其他業績證明文件。

2.以前條第二款之工商業團體或第三款之農民團體為主辦單位者，應檢附許可設立文件之影本。

3.以前條第五款之外國法人為主辦單位者，應檢附其設立及業務證明文件影本，並經我駐外使領館或政府駐外代表機關驗證。

4.科學工業園區或加工出口區廠商，在區外舉辦商展者，應檢附各該管理局（處）同意文件。

5.使用他人土地或建築物為展場者，應檢附使用同意書。

第一項第三款所附之證明文件如為外文者，應附中文譯本。

展出係委託代理人辦理，應加具代理之委託書，代理人並須符合前條第一款規定。

商展經核准舉辦後，主辦單位如欲變更展出計畫，應報請原核准機關同意。

前條第四款之公益法人，其章程訂明經常舉辦商展者，得經展出地主管機關專案核准後，免依第一項規定提出申請，但應檢附許可設立文件影本並將年度展出計畫報請展出地主管機關核備。

申請書格式由中央主管機關定之。」

依本條規定，商展的主辦單位在商展籌備之前應提出由經濟部所制定的申請書以及相關的證明文件向展出地點的地方主管機關提出申請，核准後始得舉辦。申請主辦商展的單位若係屬於免稅的科學工業園區或加工出口區的廠商，應先取得科學工業園區管理局或加工出口區管理處的同意文件後，才能提出申請。若主辦單位係經政府許可設立且以商品展覽與推廣為目的的公益法人者，由於該類法人經常舉辦商展，是故只要經過展出地的主管機關專案核准即可，而不用每次提

出申請，但是仍應檢附政府許可設立的文件影本以及年度展出計畫提交展出地主管機關核備。

此外，如果展出場地並非主辦單位所有者，則申請時，主辦單位尚應檢附場地所有人的同意使用文件。若主辦單位為外國法人而提出外文的證明文件者，則應附上中文譯本。如果主辦單位委託代理人辦理商展者，則除了上述文件外，尚需提出代理委託書，而代理人也必須是實收資本額合計達新台幣三千萬以上的營利事業。

如果商展經展出地主管機關核准後，主辦單位要變更原展出計畫時，則應報請原核准機關同意後始得變更。

㈡申請商展之審核　第七條規定，「主管機關對於商展之申請，得邀集有關機關共同審核；除認為不符合國家經濟發展效益及公共政策者外，應予核准。

前項核准文件副本應抄送各有關警政、交通、建設、環保、衛生、稅捐、關務、工務、社政、農政等機關及展出場地所有權人或管理人。」

依商展性質的不同，主管機關在審核各項商展申請案時，得邀集警政、交通、建設、環保、衛生、稅捐、關務、工務、社政、農政等相關機關共同審核。商展審核採自由開放原則，除非屬於不符合國家經濟發展效益或違反公共政策的商展，否則均應予以核准。而商展核准文件除應由主管機關將正本送交商展主辦單位外，應將副本送交相關政府機構及展出場地的所有權人或管理人。

五、商展的限制規定

㈠大陸地區物品的限制　第八條規定，「大陸地區物品除得於臺灣地區舉辦之國際商展中展覽外，不得在一般商展場所展售，違者得隨

時勒令中止商展之進行，並依法處理該項展品。」

由於我國對大陸貿易政策的限制，除非經特別專案許可，而得在國內所舉辦的國際性商展場所中展覽，否則大陸地區物品不可以在一般商展會場中展出或出售。如果主辦單位違反此一規定，主管機關得隨時中止商展的展出活動並依相關法規處理違規展出的大陸地區物品。

㈡零售區的限制　第九條規定，「商展應以商品之展示為主，設有零售攤位者，其零售區應與展示區分開，且不得大於展覽總面積之三分之一。

商展之場地應設置緊急出入口及疏散路線圖，並標示疏散方向。」

為維持商展的品質，本條規定商展應以商品展示為主，不宜在商展現場零售，若商展設有零售區者，亦不得大於總展覽面積的三分之一，且應與展示區明顯分開。此外，為維護展覽人員的安全，商展場地應有清楚的安全標示，並設置緊急出入口及疏散路線圖。

六、其他規定

㈠相關法規的適用　第十條規定，「展覽物品之進（出）口，應依進（出）口相關規定辦理。」

依本條規定，商展展品的進出口與一般貨物應無不同，仍依「貨品輸入管理辦法」及「貨品輸出管理辦法」辦理。

㈡參展相關規定的遵守　第十一條規定，「主辦單位及參展廠商，應遵守公共安全、交通、建設、環保、衛生、稅捐、農政等有關規定，並由有關機關監督之。」

商展的舉辦涉及甚多事務，包括公共安全、交通、建設、環保、衛生、稅捐、農政等，無論是主辦單位或參展廠商均應遵守相關規

定，並由當地的相關政府機關負責監督。

㈢工作報告及收支決算　第十二條規定，「主辦單位或展出代理人應於商展結束之日起三十日內，檢具工作報告及經費收支決算書，報請展出地主管機關備查。

以第五條第二款及第四款爲主辦單位者，前項書表並應副知各該法人之主管機關。」

依本條規定，商展主辦單位或其代理人應該在商展結束後三十天內，將本次商展工作報告及其經費決算書送交展出地主管機關備查。如果主辦單位屬於依工業團體法、商業團體法成立的法人，或是經政府許可設立且以商品展覽與推廣爲目的的公益法人，則除了應將上述工作報告及經費決算書送交展出地主管機關外，尚需將副本送交其主管機關（例如內政部等）。

㈣違規的處理　第十三條規定，「未經核准而舉辦商展，或未經報准而變更展出者，展出地主管機關應會同相關單位依各該主管法令處理。」

第五節　參加國外商展處理辦法

六十八年十月三日經濟部經⑹貿三二七九〇號發布

六十九年十二月四日經濟部經⑹貿四二一〇二號修正

七十一年十月五日經濟部經⑺貿秘七一三六二號修正

七十二年六月三十日經濟部經⑺貿二五四六二號修正

八十三年八月十七日經濟部經⑻貿〇八八六三二號修正

八十五年十月二日經濟部修正

一、前言

　　廠商參加國外商展，並在商展會場與潛在買主進行業務洽談，推銷貨物，係有效而積極的方法之一。但是由於我國業者大多屬中小企業，不容易單獨辦理參加國外商展，而可能需要透過公會或其他機構、團體，以組團方式參與國外商展之各種活動。此外，參加國外商展時，業者也需要主管機關給予各種方便、指導及協助，期使參加國外商展能得到預期效果。

　　「參加國外商展處理辦法」是於民國六十八年十月，由經濟部制定公布，以作爲鼓勵及處理廠商參加國外商展各項作業之依據。本辦法自公布後，經五次修正，以配合實際作業需要。辦法全文共十一條，分爲一般性規定、商展之展示品、人員之參加、展覽後的展品處理、使領館或商務機構將展品轉贈僑商貿易機構的限制、其他規定等六部份。

二、一般性規定

　　㈠宗旨　第一條規定，「經濟部爲鼓勵參加國外商展及處理展後之展品（包括會場裝璜設施），特訂定本辦法。」

㈡國外商展的範圍　第二條規定，「本辦法所稱國外商展，係指參加國外公私機構舉辦之國際商展及我國在國外自辦之商展。」

㈢參加方式及協助　第三條規定，「經濟部得指定委辦機構或輔導廠商參加國外商展，並視事實需要予以協助。」依「推廣貿易基金收支保管及運用辦法」第五條第九款規定，拓展貿易宣傳及展覽之支出，係推廣貿易基金用途之一，得向該基金管理委員會申請補助。

三、商展的展示品

㈠展品的限制　第四條規定，「參加國外商展之展品，以符合品質管制規定，足以彰顯我國產品形象並具有拓展貿易之效益為限。

前項參展之展品不得涉及商品仿冒或侵害智慧財產權。」

因此，參展商品不但其品質要達到相當標準，且應具有相當的國際市場銷售潛力，當然更不宜發生仿冒或有侵害智慧財產權等情事發生，以增加參展的效益及水準。

㈡展品的提供　第五條第一項規定，「經濟部或其委辦機構參加國外商展時，應公開甄選優良廠商，或邀請特定對象參展。另為充實展出內容，得由政府或其委辦機構價購或征集其他優良產品參展。」如果由經濟部或其委辦機構辦理國外商展時，應選擇優良廠商，由政府或其委辦機構向廠商購買或征集展品參展。

㈢展品的出進口手續　第六條規定，「廠商參加國外商展展品之輸出及輸入，依貨品輸出管理辦法及貨品輸入管理辦法有關之規定辦理。」參加國外商展與一般貨品出進口辦理之手續無異，均依「貨品輸出管理辦法」及「貨品輸入管理辦法」相關規定辦理。但是依「貨品輸出管理辦法」第七條第六款規定，中華民國對外貿易發展協會及中華民國紡織業外銷拓展會若輸出商展用品時，可免除申請輸出許可證。

四、人員的參加

第五條第二項規定，「前項提供展品參展之廠商，必要時應負擔部分參展費用，並得指派專人參加，當場洽談交易。但非經主辦商展單位之同意，不得現場辦理零售。」依此規定，由經濟部或其指定委辦機構所選擇參加國外商展的優良廠商，得派員參加，在參展現場從事業務推廣活動。但是爲了維持商展品質與秩序，零售交易除非獲得主辦單位同意，否則不得辦理。

五、展覽後的展品處理

依第七條規定，「經濟部或其委辦機構參加國外商展，展覽完畢後，參展廠商應自行處理其展品。價購或征集之展品除經濟部核定自行處理及必須運回國內者外，應依下列方式就地處理：

㈠移撥駐當地使領館或商務機構保管處理：全部或部分展品得移撥駐當地使領館或商務機構保管處理，由該等機構在展品清單上簽收；其後另行作處理者，應將處理情形專案報請各該主管機關洽轉經濟部備案。

㈡捐贈或餽贈：

1.展品部份贈與當地政府機構、工商貿易團體、文化、教育、宗教或慈善組織、僑團、政府首長、外交使節、展覽會官員、僑領及其他有關機關團體或個人者，除取據確有困難者外，應向受贈者取據以資憑證，由參加商展主辦人會同駐當地使領館或商務機構辦理並在處理清單上證明之。但當地無使領館或商務機構者，得由參加商展主辦人自行酌辦。其捐贈或餽贈之數量較多者，應先報請經濟部核備。

2.展品之全部或展覽館（不含展品）捐贈當地政府、團體或餽贈

私人時，除依前目之規定辦理外，應先報請經濟部核備。

㈢撥供陳列室使用：全部或部分展品得專案移撥當地或鄰近地區使領館或商務機構，設立產品陳列室使用，該專案應由經濟部與有關機構事先洽定辦理，所需費用由有關單位商定撥支。

㈣出售：全部或部分展品或展覽館（不含展品），得於展後在當地作價出售。大件展品情況良好整潔無損者，其售價應為原報台灣交貨價格酌加海陸運費；因情況特殊需減價出售者，應於事後報銷時說明理由。零星小件展品不易售出者，得整批酌定一總價出售。展覽館售價，應參照材料成本酌予折舊後作價，事後應在展品處理清單上詳予說明，並由參加商展主辦人會同駐當地使領館或商務機構辦理，所得價款全數繳庫。

㈤報廢：展品有破損、拆毀或被竊者，得予報廢。在展品處理清單上，由參加商展主辦人與當地使領館或商務機構負責人共同簽證，當地未設有使領館或商務機構者，應洽由附近該等機構會同辦理。但因情形特殊有困難者，得專案報經濟部後辦理。」

六、使領館或商務機構將展品轉贈僑商貿易機構的限制

㈠原則　第八條規定，「駐當地使領館或商務機構依前條第一款規定，將展品轉贈僑商貿易機構時，該僑商貿易機構以符合下列條件者為限：

1.須為公司組織，並經向當地政府合法登記有案者。

2.應於當地商業中心地區備有適當陳列或展出場所者。

3.辦理陳列或展覽，應有計畫書，並經當地使領館或商務機構同意轉報經濟部核准有案者。計畫書內容應包括目的、範圍、展出時間、場地佈置（附圖）、展品管理及展品處理等。

前項轉贈展品之當地包裝、搬運及應付稅捐等費用，均由受贈之
僑商貿易機構負擔。」

㈡向經濟部備查　第九條規定，「前條駐當地使領館或商務機構
將展品撥交僑商貿易機構時，應使用原有裝箱清單逐項註明，送請參
加商展承辦單位轉報經濟部備查。」

七、其他規定

㈠督導及處分　第十條規定,「主辦參展單位或駐外單位對參加國
外商展之廠商，應加督導。

廠商如有違反第四條第二項規定或其他損及我國商譽或信譽行為
者，主辦參展單位或駐外單位應報由經濟部國際貿易局議處。

廠商如有違反第五條第二項但書規定者，主辦參展單位或駐外單
位應予糾正，其情節重大者，準用前項規定處理。」因此主辦參展單位
或駐外單位對參加國外商展的廠商負有督導之責，如果廠商有違反商
業道德損及我國信譽行為，或未經主辦商展單位的同意而辦理現場零
售者，應予以糾正，若情節重大者，主辦單位或駐外單位應報請由國
際貿易局議處。

㈡施行日　第十一條規定,「本辦法自發布日施行。」

第六節　鼓勵農礦工商事業組團出國開拓市場暨發掘外銷新產品及新技術處理要點

六十七年二月二十日經濟部經⑹貿○四九○七號發布
七十三年二月八日經濟部經⑺貿○四七二○號修正

一、前言

「鼓勵農礦工商事業組團出國開拓市場暨發掘外銷新產品及新技術處理要點」係經濟部國際貿易局為鼓勵廠商出國考察、掌握市場產品需求並吸收國外新技術，以拓展對外貿易及提高產品競爭力，而於民國六十七年二月制定公布的。本辦法自公布後，曾於七十三年二月修正，內容適用迄今。要點全文共十一條，分為宗旨及制定依據、組團範圍及審核、國際貿易局之協助、其他規定等四部份。

二、宗旨及制定依據

本要點第一條規定，「經濟部國際貿易局（以下簡稱貿易局）為有計劃鼓勵農礦工商事業組團出國開拓市場暨發掘外銷新產品及新技術，達成促進外銷之目的，特依據行政院頒布之『改善投資環境實施要點』第六項規定，訂定本要點。」說明本要點之宗旨及制定依據。

「改善投資環境實施要點」係由財政部、經濟部及經行政院經濟建設委員會等相關主管機關會同擬訂，而由行政院於民國六十六年八月二十一日公布實施。該實施要點包括下列十項：

1.簡化行政手續、加強投資服務。

2.改善稅制結構。

3.加強融資及投資。

4.政府擴大興建國民住宅，並鼓勵民間投資公共住宅暨公共設

施。

　　5.擴大承包海外工程。

　　6.促進工商企業經營合理化，並加強輔導同業公會組織。

　　7.改進貿易行政並輔導成立大貿易商，推廣輸出入貿易。

　　8.提高人力素質促進工業升級。

　　9.照顧勞工利益，促進勞資合作。

　　10.提高工礦檢查效率，改進工礦安全與衛生。

　　其中該實施要點第六項「促進工商企業經營合理化，並加強輔導同業公會組織」之第六點規定，「有計劃地鼓勵工商企業派員出國拓展主要外銷市場，發掘新的外銷產品。」而本處理要點即是依此規定，由經濟部制定公布的。

三、組團範圍及審核

　　㈠組團範圍　第二條規定，「本要點鼓勵組團範圍暫定為下列五類：

　　1.一般性推銷考察團。

　　2.一般性國際商展推銷團。

　　3.國際專業商展推銷團。

　　4.出國自辦商展推銷團。

　　5.國際性技術考察團。」

　　㈡計劃書審核　第三條規定，「農礦工商事業籌組本要點第二條各項出國團體應擬具組團計劃書，送經貿易局審核後實施。」

　　㈢出國手續　第四條規定，「經貿易局審核之出國團體，可憑貿易局之同意通知，依組團性質分向內政部或經濟部依規定辦理出國手續。」

四、國際貿易局的協助

(一)計劃及人員的協助　第五條規定，「貿易局得權衡國際經濟情勢，國內產銷狀況，修改組團出國計劃內容，調整出國日期及團數，並針對全部組團情況，主動邀集農礦工商人士、學者、專家籌組團體出國推銷、考察，以彌補民間組團之不足，達成有計劃組團推銷之目的。」

(二)團務費用的支助　第六條規定，「貿易局得視各出國團體推銷產品之種類、前往之地區及組團之性質，在推廣外銷基金項下酌予支助團務費用。」各出國團體得依「推廣貿易基金收支保管及運用辦法」向貿易局申請團務費用之支助。

(三)商務活動安排的協助　第七條規定，「經核准之出國團體，應於出國前一個月將出國人員名冊、行程及擬請駐外商務單位協辦事項等送交貿易局，俾由貿易局函請駐外單位優先協助安排商務活動。」

(四)新產品、新式樣及商情資料蒐集費用的支助　第九條規定，「各出國團體應隨時注意新產品、新式樣及商情資料之蒐集，凡為蒐集上述資料所需費用，經團長暨隨團秘書長簽署，返國後得檢據向貿易局申請支助。」各出國團體得依「推廣貿易基金收支保管及運用辦法」，向貿易局申請新產品、新式樣及商情資料蒐集費用之支助。

五、其他規定

(一)樣品的限制　第八條規定，「各出國團體攜帶之樣品，應為工廠之合格產品；其列屬出口配額者，並應以經商品檢驗局查驗品管乙等以上工廠之產品為限。」

(二)檢討報告及資料的送審　第十條規定，「各出國團體應於返國

一個月內召開檢討會，並擬具詳細報告書連同蒐集之新產品等資料送貿易局審查。」

　　㈢施行日　第十一條規定，「本要點自發布日施行。」

習題

壹、填充題

1. 推廣貿易基金為預算法第四條第一項第二款所定的＿＿＿＿＿，以＿＿＿＿＿為主管機關。

2. 推廣貿易基金之收支、保管及運用，應設置＿＿＿＿＿負責辦理之。

3. 推廣貿易基金管理委員會置主任委員一人，由＿＿＿＿＿派員兼任之，委員＿＿＿＿＿人。

4. 推廣貿易基金有關預算編製及執行、決算編造，應依＿＿＿＿＿、＿＿＿＿＿、＿＿＿＿＿、＿＿＿＿＿及相關法令規定辦理。

5. 推廣貿易基金應存儲於財政部在＿＿＿＿＿設置之國庫存款戶。

6. 臺北世界貿易中心管理基金為預算法第四條第二款第四目所定的＿＿＿＿＿，並以＿＿＿＿＿為主管機關。

7. 海外經濟合作發展基金為預算法第四條第二款第四目所定的＿＿＿＿＿，並以＿＿＿＿＿為主管機關。

8. 海外經濟合作發展基金的運作與執行，得由海外經濟合作發展基金管理委員會請國內外＿＿＿＿＿＿、＿＿＿＿＿＿或其他專業性機構辦理。

9. 「在中華民國舉辦商展辦法」的主管機關，在中央為＿＿＿＿＿＿；在省（市）為＿＿＿＿＿＿；在縣（市）為＿＿＿＿＿＿。

10. 主管機關對於商展之申請，得邀集有關機關共同審核；除認為不符合＿＿＿＿＿＿及＿＿＿＿＿＿者外，應予核准。

11. 商展應以＿＿＿＿＿＿為主，設有零售攤位者，其零售區應與展示區分開，且不得大於展覽總面積之＿＿＿＿＿＿。

12. 主辦單位或展出代理人應於商展結束之日起＿＿＿＿＿＿內，檢具＿＿＿＿＿＿及＿＿＿＿＿＿，報請展出地主管機關備查。

13. 參加國外商展之展品，以符合＿＿＿＿＿＿規定，足以彰顯我國產品形象並具有＿＿＿＿＿＿之效益，且不得涉及商品＿＿＿＿＿＿或侵害＿＿＿＿＿＿。

14. 各出國團體攜帶的樣品，應為工廠的合格產品；其列屬出口配額者，並應以經＿＿＿＿＿＿查驗品管＿＿＿＿＿＿以上工廠的產品為限。

貳、問答題：

1. 試述推廣貿易基金的來源與用途？

2. 試述臺北世界貿易中心管理基金的來源與用途？

3. 試述海外經濟合作發展基金的來源、運用範圍及其運用方式為何？

4. 試述海外經濟合作發展基金管理委員會委員的組成為何？基金會的任務為何？

5. 試述在中華民國舉辦商展主辦單位的資格？

6. 試述參加國外商展商品展覽完畢就地處理的方式？

7. 參加國外商展商品展覽完畢後移撥駐當地使領館或商務機構保管處理者，若駐當地使領館或商務機構將展品轉贈僑商貿易機構時，試述該僑商貿易機構的條件為何？

8. 試述「鼓勵農礦工商事業組團出國開拓市場暨發掘外銷新產品及新技術處理要點」的制定依據及其鼓勵組團的範圍？

第五章　其他貿易管理法規

第一節　出進口廠商登記管理辦理

八十二年七月九日經濟部經(82)貿字第○八六七四二號令發布

八十三年元月七日經濟部經(83)貿字第○九三一四三號令修正

八十六年九月十日經濟部經(86)貿字第八六四六一五二二號令修正

八十八年八月十八日經濟部經(88)貿字第八八二一六九一四號令修正

一、前言

　　「出進口廠商登記管理辦法」是依據「貿易法」第九條第二項的規定，由經濟部於民國八十二年七月九日公布實施的，並於民國八十三年元月、八十六年九月以及八十八年八月經三次修正。在「貿易法」未制定之前，有關出進口廠商取得資格及違規處分的依據，乃端賴經濟部於六十九年三月二十五日發布的「出進口廠商輔導管理辦法」，其後並經多次修正。但由於該管理辦法屬行政命令性質，難以充分因應國內外貿易活動的多元化及自由化的趨勢，故在立法條件上亟待充實提升。不過，該辦法已隨「出進口廠商登記管理辦法」的公布實施，而於同日由經濟部公布廢止。

　　新實施的「出進口廠商登記管理辦法」由於配合貿易自由化政策，儘量減少干預，簡化登記手續，刪除有關輔導及許可證的特殊規定，因此比原來之「出進口廠商輔導管理辦法」簡化許多。本辦法全文共計十六條條文，分為一般性規定、出進口廠商的申請及變更登記、出

進口實績、績優廠商、糾紛的申復、罰則等六部分。

二、一般性規定

(一)制定依據　第一條規定，「本辦法依貿易法第九條第二項規定訂定之。」

「貿易法」第九條第二項規定，「出進口廠商登記管理辦法，由經濟部定之。」

(二)施行日　第十六條規定，「本辦法自發布日施行。」

三、出進口廠商的申請及變更登記

(一)申請登記的條件　第二條規定，「公司、行號其營利事業登記證上載明經營出進口或買賣業務者，得依本辦法申請登記為出進口廠商。」

出進口廠商屬於營利事業，而可分為公司與行號兩類。若為公司組織者，應依「公司法」規定辦理設立公司的許可，而行號包括獨資及合夥則依「營利事業登記法」之規定辦理登記，取得營利事業登記證。營利事業原則上不得經營登記項目以外的事業，出進口廠商係屬於買賣業，故限於營利事業登記證上載明經營出進口或買賣業務者。本辦法原本對出進口廠商有最小規模的限制，規定出進口廠商最低資本額為新臺幣五百萬元，惟該項規定已經刪除。

過去「出進口廠商輔導管理辦法」中，對於出進口廠商有所謂貿易商與生產事業之分，但是本辦法為落實廠商一元化，顯示工商並重，管理平等化的原則，出進口廠商不再作貿易商與生產事業之分。

(二)英文名稱的預查　第二條之一規定，「公司、行號申請登記為出進口廠商前，應先向經濟部國際貿易局（以下簡稱貿易局）申請預查

英文名稱；預查之英文名稱經核准者，保留期間爲六個月。」

　　㈢英文名稱　第二條之二規定，「出進口廠商英文名稱由特取部分及組織種類組成，其組織種類應與中文名稱標示相符。

　　前項特取部分係指：

　　1.廠商主體名稱。

　　2.表示產業之專業名詞。

　　3.依據中文名稱所標示之地名。

　　前項第二款特取部分表示產業之專有名詞，不得逾其營業項目範圍。

　　英文名稱不得與政府機關或公益團體有混同誤認之虞。」

　　此外，第四條規定，「出進口廠商英文名稱特取部分不得與現有或解散、歇業、註銷或撤銷登記未滿二年之出進口廠商英文名稱相同或類似。但有正當理由經貿易局專案核准者，不在此限。」

　　由於出進口廠商係經營國際貿易業務，故特別重視其公司英文名稱。原則上廠商的英文名稱的特取部分不得重複。所謂特取部分係指代表廠商本身的部分，包括廠商的主體名稱、表示該產業的專業名詞（例如電子electronic、紡織textile等，但必須限制在該公司的營業項目範圍內）或是依據中文名稱所標示的地名（例如臺灣Taiwan、臺北Taipei等）；而組織種類，即一般通稱部分如「股份有限公司」（Co., Ltd.）、「企業公司」（Enterprise Ltd.）等則不在此限，但應與該公司之中文名稱標示相符。同時，出進口廠商的英文名稱特取部分也不得與目前尚在經營中的廠商名稱相同或類似，或是與已解散、歇業、註銷或撤銷登記但尚在兩年以內的廠商名稱相同或類似。不過，如果出進口廠商是外國公司在臺的分支機構，其名稱可能會與國內廠商發生相同或類似的情形，此時若經國際貿易局專案核准者，則得維持其與

國內公司或國外母公司相同的名稱。此外，出進口廠商屬於民營的營利事業，當然其英文名稱也不應該使他人有誤認爲政府機關或是公益團體的可能。

㈣申請應檢送的文件　第三條規定，「申請登記出進口廠商者，應檢送下列文件：

1.申請書及出進口廠商登記卡。

2.營利事業登記證影本。」

辦理出進口廠商登記的申請書及出進口廠商登記卡，國際貿易局均有固定格式，而爲確認廠商的資本額及其營業項目，申請人應另備妥營利事業登記證影本。

㈤變更登記　第五條規定，「出進口廠商依法合併或變更中文或英文名稱、組織、代表人或營業處所，應檢具有關文件向貿易局辦理變更登記。

出進口廠商應於辦妥前項變更登記後，始得繼續經營出進口業務。」

營利事業登記證的登記事項若有變更時，應依法申請登記事項的變更登記手續。而出進口廠商若有合併情事或變更中英文公司名稱、組織、代表人或營業場所，應向國際貿易局辦理變更登記手續。而出進口廠商於變更事項未辦妥變更登記手續前，應暫停經營出進口業務。

第六條刪除。

第七條刪除。

四、出進口實績

第八條規定，「出進口廠商之出進口實績，以海關通關及第九條所核計之實績爲準。」

　　所謂出進口實績，係指出進口廠商於每年度的出進口營業金額。而實績係以日曆年度為準，為使公平起見，無論出進口廠商於何時申請登記其資格，實績的計算均自核准登記的次年一月一日起算至年底十二個月整為準。如果出進口廠商經登記而取得資格之後，在年度內無任何實績者，表示該出進口廠商並無任何出進口業務。原辦法規定，國際貿易局對於此類實績的出進口廠商應註銷其資格，以避免廠商浮濫登記，而且受註銷登記的廠商負責人在一年內不能再申請出進口廠商的登記，惟此項規定已於本辦法修正時刪除。

　　依本條規定，出進口係以海關通關金額以及第九條所核計的實績為準。本辦法第九條規定，「出進口廠商所接信用狀轉讓或轉開予其他出進口廠商出口者，得檢附信用狀及經海關簽署證明之輸出許可證或出口報單與其所開立之統一發票等證明文件之影本，向貿易局申請核計出口實績。其辦理上述信用狀之轉讓實績以一次為限。

　　代理出進口佣金或辦理三角貿易之收入，其已向稅捐稽徵機關申報並取得有關證明文件者及海外售魚之貨款經行政院農業委員會或各級縣市政府所屬漁業管理單位出具之證明文件者，得併計實績。

　　前二項出進口實績之核計，貿易局得委託臺灣省進出口商業同業公會聯合會、臺北市進出口商業同業公會、高雄市進出口商業同業公會辦理。」

　　第八條所規定的出進口實績係出進口廠商實際以本身名義辦理出進口通關的金額為準，而第九條對出進口實績的認定基礎則有下列四種特殊情形：

　　1.使用轉讓或轉開信用狀的出口金額：在使用信用狀付款且出口廠商將全部或部分金額以製造廠名義出口貨物的情況下，通常出口商會以國外開出的信用狀為基礎，另申請銀行開出國內信用狀(Local

L/C)給製造廠，或者由出口商將可轉讓信用狀轉讓給製造廠，而使製造廠得以信用狀付款的方式辦理出口手續。在這種情形下，原出口商可能保留一部分信用狀金額，取得其差額外匯。因此，出口實績應依出口商與製造廠實際出口金額的證明文件核計。這些證明文件包括信用狀、經海關簽署證明的輸出許可證、出口報單及出口廠商所開立的統一發票等。由於信用狀的轉讓係以一次為限，受讓人不得再予轉讓，其出進口實績的核計當然亦僅限於一次。

2.佣金收入：出進口廠商若以代理方式協助交易當事人完成交易時，其取得的外匯收入僅有佣金額而非貨款部分，故應憑其已向稅捐稽徵機關申報所取得的證明文件核計。

3.三角貿易收入：三角貿易原則上貨物係由製造國或供應國直接運至輸入國，而中間商僅獲得差價的外匯收入，與佣金收入相似。因此，其實績之核計方法與佣金收入相同，應憑其已報繳稅款所取得的證明文件核計。

4.海外售魚貨款：若經營遠洋漁業者，在國外出售所捕獲的魚貨時，其實績的核計係以行政院農業委員會或各級縣市政府所屬漁業管理單位所出具的證明文件為準。

有關出進口實績的核計工作，國際貿易局得委託臺灣省、臺北市及高雄市出進口廠商所屬的各相關公會辦理，以期核計工作的迅速性與正確性。

五、績優廠商

第十條規定，「出進口廠商前一年（曆年）之出進口實績達一定金額標準者，經濟部得予表揚為績優廠商並列入績優廠商名錄。

前項出進口實績金額由經濟部公告之。」

　　出進口廠商年度出進口實績達到五百萬美元以上者，將由經濟部認定為績優廠商，列入績優廠商名錄。除此之外，經濟部每年也都舉辦績優廠商的表揚大會，以表揚績優廠商。有關出進口廠商實績的核計係由國際貿易局委託進出口商業同業公會辦理。各公會於年度結束後，將其核計的廠商實績轉報國際貿易局，再由國際貿易局報請經濟部公告，以示慎重。

　　第十一條刪除。

六、糾紛的申復

　　第十二條規定，「出進口廠商如與國外客戶發生糾紛，經貿易局通知者，應於限期內申復。」

　　如果出進口廠商與國外客戶之間發生貿易糾紛時，除當事人間可自行處理之外，國際貿易局第五組設有專責單位，從事於貿易調解工作。若國外客戶向國際貿易局申請貿易糾紛調解時，國際貿易局將介入其中，進行調解。因此，出進口廠商應針對國際貿易局所通知內容，就其所詢問事項，提出說明、證據、證明文件或其他有關糾紛案件的解說與答覆，使國際貿易局得居間進行其調解工作或答覆國外客戶對糾紛案件的詢問。

七、罰則

　　㈠暫緩受理出進口業務　第十三條規定，「出進口廠商擅自停業或他遷不明者，貿易局得於其原因消失前，暫緩受理該廠商出進口業務。」

　　出進口廠商經登記後，若營業處所變更，應依本辦法第五條規定，於辦妥營利事業登記證變更登記後三十日內向國際貿易局辦理變

更登記。因此，出進口廠商若違反此規定，國際貿易局將暫緩受理其出進口業務，至到其原因消失爲止。

㈡撤銷登記　第十四條規定，「出進口廠商歇業經查明屬實或經命令解散或撤銷登記者，貿易局應撤銷其登記。」

「貿易法」第二十八條及第二十九條規定，若出進口人違反規定情節重大者，國際貿易局得撤銷其出進口廠商登記。除經撤銷登記處分之外，國際貿易局對於歇業或經命令解散之出進口廠商，亦應撤銷其登記。

㈢經撤銷登記者重新申請登記之限制　第十五條規定，「出進口廠商經撤銷登記者，自撤銷日起或於撤銷前已受暫停處分者自受暫停處分之日起，二年內不得重新申請登記。」

由於撤銷登記處分屬於重大違規，是故經撤銷處分後，應予以相當期間限制其重新申請登記。此期間長達二年，比本辦法第八條規定因爲無實績而被註銷登記者可重新申請的時間要長一年。

第二節　高科技貨品輸出入管理辦法

八十三年三月三十一日經(83)貿字第〇八三二七四號令發布

八十四年七月十九日經(84)貿字第八四二六一五七一號令發布修正

八十六年十二月十日經(86)貿字第八六三三六一三四號令發布修正

一、前言

　　高科技貨品輸出入管理制度的建立，旨在配合「多邊出口管制聯合委員會」(Coordinating Committee for Export Controls, COCOM)所建立的國際規範，限制將貨品銷往前蘇聯(現為俄羅斯)、東歐國家及中國大陸等社會主義國家或地區。現今，東西方冷戰雖然已經結束，但此一集團仍然維持，不過管制清單項目中，如商業電腦等無關軍事用途者，已自清單中消除。我國為引進先進國家高科技貨品的需要，目前已與美國簽訂高科技輸出雙邊管制協定，雖然間接也需要遵守此一國際規範，但是美方將監管高科技進口流向的工作移交給我國政府之後，高科技產品的引進將不僅限於少數科學園區廠商，更多的廠商都可受惠，引進產品的層面與數量也增加了。

　　主管機關經濟部依據「貿易法」第十三條的授權，訂定「高科技貨品輸出入管理辦法」，並公告管制出口清單。辦法宗旨在於管制高科技貨品銷往社會主義國家，而非限制高科技貨品的輸入。而在管制流程上，是藉由輸入前先核發進口證明書及到達後發給抵達證明書，藉以相互勾稽，並追蹤有無變更用途及將來再出口時所銷往的國家。

　　「高科技貨品輸出入管理辦法」係經濟部於八十三年三月三十一

日爲加強管制高科技貨品輸出入而制定公布的，其後並於八十四年七月及八十六年十二月進行兩次修正。本辦法全文計二十二條條文，共分爲四章。第一章總則（第一條～第五條）、第二章輸入管理（第六條～第十四條）、第三章輸出管理（第十五條～第二十條）、第四章附則（第二十一條及第二十二條）。

二、總則

(一)制定依據　第一條規定，「本辦法依貿易法第十三條規定訂定之。」

「貿易法」第十三條規定，「爲確保國家安全，履行國際合作及協定，加強管理戰略性高科技貨品之輸出入及流向，以利引進高科技貨品之需要，其輸出入應符合下列規定：

1.非經許可不得輸出。

2.經核發輸入證明文件者，非經許可不得變更進口人或轉往第三國家、地區。

3.應據實申報用途，非經核准不得擅自變更。

輸往管制地區之特定戰略性高科技貨品，非經許可不得經由我國通商口岸過境、轉運或進儲保稅倉庫。

前二項貨品之種類、管制地區，由主管機關會商有關機關後公告之。

第一項及第二項許可之申請條件與程序、輸出入、過境、轉運或進儲保稅倉庫之管理、輸出入用途之申報、變更與限制及其他應遵行事項，由主管機關會商有關機關訂定辦法管理之。」

因此，經濟部依本條規定制定了本辦法。

(二)適用範圍　第二條規定，「高科技貨品輸出入依本辦法之規定，

本辦法未規定者，適用其他有關法令規定。」

　　除了「貿易法」以外，本辦法的相關法規尚包括：

　　1.貿易法施行細則。

　　2.貨品輸出管理辦法。

　　3.出進口廠商登記管理辦法。

　　4.軍事機關輸出入貨品管理辦法。

　　5.臺灣地區與大陸地區貿易許可辦法。

　　6.科學工業園區貿易業務處理辦法。

　　7.加工出口區貿易管理辦法。

　　㈢高科技貨品種類之範圍　　第三條規定，「適用本辦法之高科技貨品種類如下：

　　1.經經濟部會商有關主管機關公告之指定輸出貨品。

　　2.非屬前款高科技貨品種類，其最終用途或最終使用者有可能涉及生產或發展核子、生化、飛彈或其他大規模破壞性武器者。

　　3.依出口國政府規定須取得我國核發國際進口證明書或其他相關保證文件之輸入貨品。」

　　依本條第一款規定輸出高科技貨品種類，依經濟部八十四年六月一日經(84)貿八四二六一二八一號公告的指定輸出貨品，包括下列三項清單：

　　1.工業產品清單：由經濟部工業局訂定。共包括尖端材料、材料加工程序、電子、電腦、電信、感測器與雷射、導航及航空電子、海洋技術、推進系統等共九類。

　　2.原子能產品清單：由行政院原子能委員會訂定。共包括核物料、核設施、核子相關設備、軟體等共四類。

　　3.軍品清單：由國防部訂定。共包括小型武器、大口徑兵器或武

器、彈藥、炸彈魚雷火箭及飛彈、射控設備、車輛、毒劑催淚瓦斯彈等、軍用爆藥、戰艦、戰機、電子裝備、裝甲裝備及結構、軍事訓練設備、影像或反制裝備、鍛件鑄件及半成品、雜項設備材料及圖書資料、設備及技術、低溫及「超導」設備、導能武器系統、軟體、動能武器系統等共二十六類。

高科技貨品輸出管制清單將視國內外情勢變動與實際需要予以檢討修正，並由原訂定機關（例如工業局、原委會、國防部等）將修正資料函送經濟部國際貿易局彙總後，再由經濟部公告。

㈣高科技貨品輸出管制區域　第四條規定，「為維護國家安全，履行多邊、雙邊協定之規範，由經濟部會商相關主管機關訂定高科技貨品輸出管制區域。」

目前我國執行高科技貨品輸出入管理制度，主要係配合「多邊出口管制聯合委員會」(COCOM)的多邊協定，以及我國與美國所簽訂的高科技輸出雙邊管制協定。依經濟部國際貿易局所公告的「高科技貨品輸出管理作業須知」規定，高科技貨品輸出管制區域依國家地區分為下列四類，分別訂定輸出審核準則，其中第一類及第二類列為輸出管制區域。

第一類區域：伊拉克、伊朗、北韓、利比亞(Libya)、塞爾維亞(Serbia)、蒙地納哥羅(Montenegro)。須先經簽證機構專案許可，始得核發高科技貨品輸出許可證。

第二類區域：大陸地區。經濟部公告輸往大陸地區的敏感項目，即管制清單上加註＊（屬純軍事用途）或＊＊（屬軍用程度較高者），其輸出規定比照第一類區域規定辦理，必須先經簽證機構專案許可，始得核發高科技貨品輸出許可證。而經濟部公告輸往大陸地區的放寬項目，其輸出規定比照第三或第四類區域規定辦理，且須符合「間接

貿易」原則，亦即須依「高科技貨品輸出入管理辦法」規定申請核發高科技貨品輸出許可證憑以出口。

第三類區域：澳大利亞、比利時、加拿大、丹麥、法國、德國、希臘、義大利、日本、盧森堡、荷蘭、挪威、葡萄牙、西班牙、土耳其、英國、美國、奧地利、芬蘭、香港、愛爾蘭、南韓、紐西蘭、瑞士、瑞典、新加坡、巴基斯坦、列支敦斯登(Liechtenstein)等已實施高科技貨品國際進口證明書／抵達證明書(IC/DV)制度的國家地區，應依「高科技貨品輸出入管理辦法」的規定，申請核發高科技貨品輸出許可證憑以出口。

第四類區域：前三類以外的其他國家地區，雖尚未實施高科技貨品國際進口證明書／抵達證明書(IC/DV)制度，但仍須依「高科技貨品輸出入管理辦法」規定申請核發高科技貨品輸出許可證憑以出口。

㈤高科技貨品輸出用途的限制　第四條之一規定，「輸出之高科技貨品不得作為生產、發展核子、生化、飛彈等大規模破壞性武器之用。」

㈥成立專責小組　第五條規定，「為因應高科技貨品輸出入管理之需要，由經濟部會同有關機關（構）成立專責小組辦理下列事項：

1.鑑定存疑之輸出入高科技貨品。

2.稽查輸出入高科技貨品之流向及用途。」

與高科技貨品輸出入有關的政府機關，除了經濟部以外，尚包括財政部、國防部、交通部等。

三、輸入管理

㈠申請國際進口證明書應檢附的文件　第六條規定，「進口人申請核發國際進口證明書，應檢附下列文件向經濟部國際貿易局（以下簡稱貿易局）或經濟部委託之機關（構）申辦：

1.國際進口證明書申請書全份。

2.用途證明書。

3.其他依規定應檢附之文件。

前項國際進口證明書及其申請書及用途說明書格式由貿易局定之。

國際進口證明書有效期限六個月，進口人應通知外國出口人，於有效期限內向出口國政府申請輸出許可，逾期失效。」

依本條規定，廠商擬進口高科技貨品前，應提出國際貿易局所規定的申請書及相關文件，向國際貿易局或經濟部委託的機關或機構申請，取得國際適用的進口證明書(Import Certificate, I/C)後，始得辦理進口手續。

㈡申請保證文件應檢附的文件　第七條規定,「進口人申請簽署核發保證文件，應檢附下列文件向貿易局或經濟部委託之機關（構）申辦:

1.保證文件乙式三份。

2.用途說明書（應申報國內最終使用人）。

3.其他依規定應檢附之文件。

前項第一款之保證文件格式，得由進口人自行提供。但經貿易局指定者，應使用其制定之格式。

進口人如為政府機關（構），由各該主管機關（構）簽署核發保證文件；核發時，應副知貿易局。

保證文件核發後，一份由核發機關（構）留存，其餘兩份發還進口人。」

為確保進口的高科技貨品不致銷往社會主義國家，進口廠商依本條規定，提出相關文件向國際貿易局或經濟部委託的機關或機構辦理

申請核發保證文件(Written Assurance Certificate)，乃表示進口的高科技貨品確實為該進口人所購買使用的最終使用者證明文件(End User Certificate)。

(三)國際進口證明書的變更　第八條規定，「國際進口證明書或保證文件所載內容如需變更，應向原發證機關（構）另行申請。」

(四)國際進口證明書的有效期限　第九條規定，「國際進口證明書或保證文件核發一年內，貨品未進口者，進口人應檢附原國際進口證明書或保證文件並敍明理由向原發證機關（構）報備；原發證機關（構）應副知貿易局。」

(五)進口後的報備　第十條規定，「進口人輸入已領有國際進口證明書或保證文件之貨品，除需申請抵達證明書者外，應於報關進口放行後三個月內，檢具國際進口證明書或保證文件影本及經海關核章之進口報單副本（進口證明用聯）向原發證機關（構）報備；原發證機關（構）應副知貿易局。」

為確認進口廠商已輸入高科技貨品，故本條規定除需申請抵達證明書(Delivery Verification, D/V)者外，進口人應於進口報關後三個月內檢具相關文件向原核發進口證明書的單位報備，而發證單位亦應通知國際貿易局以利管理。

(六)申請抵達證明書應檢附之文件　第十一條規定，「進口人申請核發抵達證明書，應檢附下列文件向貿易局或經濟部委託之機關（構）申辦：

1.經海關核章確認進口之抵達證明書申請書全份。

2.國際進口證明書或保證文件影本乙份。

3.其他依規定應檢附之文件。

前項抵達證明書及其申請書格式由貿易局定之。」

　　國際間為確實掌握高科技貨品的進出口流向及為了確認進出口國政府的責任，係採取國際進口證明書及抵達證明書制度(IC/DV)來進行管制。國際貿易局或經濟部委託的機關或機構核發抵達證明書之後，即表示把高科技貨品流向的監管責任自出口國政府移轉至我國政府。

　　㈦海關核章確認進口的處理方式　第十二條規定，「進口人向海關申請在抵達證明書申請書各聯上核章確認進口時，應於進口報關時檢具已繕妥之抵達證明書申請書全份、國際進口證明書或保證文件正影本各乙份申辦，海關在抵達證明書申請書各聯核章確認進口後，連同國際進口證明書或保證文件正本發還進口人。

　　貨品通關進口後，始向海關申請核章確認進口者，除應檢附前項文件外，另檢附海關進口報單副本（進口證明用聯影本）。

　　依前兩項申請核章確認進口之貨品，如屬抽中免驗者，海關以書面審核方式核章確認進口。」

　　㈧遺失與補發　第十三條規定，「國際進口證明書、保證文件或抵達證明書遺失時，進口人得敘明遺失原因、原國際進口證明書、保證文件或抵達證明書證號及發證日期，並檢具國際進口證明書申請書、保證文件或抵達證明書申請書全份向原發證機關（構）辦理補發。」

　　㈨變更及運轉的限制　第十四條第一項規定，「輸入高科技貨品，進口人應依國際進口證明書或保證文件所載內容辦理輸入，未經原發證機關（構）核准，於通關進口前不得變更進口人或轉往第三國家或地區。」

　　㈩國內的轉讓或出售　第十四條第二項規定，「前項貨品進口後，於國內之轉讓或出售等交易行為時，應確實履行採購該貨品交易行為之約定；進口人或讓售人應將原進口交易行為之約定及文件保存年限以書面告知買受人或受讓人。」

依本辦法第二十一條規定，出進口人輸出入高科技貨品應將有關文件或資料保存五年。

四、輸出管理

㈠輸出許可證的申請　第十五條規定，「出口人輸出高科技貨品，應先向貿易局或經濟部委託之機關（構）申請輸出許可證。

高科技貨品輸出許可證之種類、格式及有效期限等由貿易局訂之。」

由於高科技貨品係屬於管制貨物，故應先向國際貿易局或經濟部委託單位申請輸出許可證後，始得辦理出口手續。依「高科技貨品輸出管理作業須知」規定，出口人輸出高科技貨品應申請高科技貨品輸出許可證後始得辦理輸出。出口人輸出之高科技貨品如亦屬於「限制輸出貨品表」或「委託查核輸出貨品表」內之貨品者，應另依該兩表所列輸出規定辦理，惟無須依「限制輸出貨品表」規定另行申請一般貨物輸出許可證。

出口人輸出的高科技貨品，如屬於國際貿易局八十二年六月十六日貿(82)二發字第〇九八七一號公告的十四項電腦程式相關產品範圍內者，應先向「高科技貨品輸出管理作業須知」規定的高科技貨品簽證機構申請核發高科技貨品輸出許可證後，憑該證向財團法人資訊工業策進會依原規定申辦出口事宜，由該會在輸出許可證上「簽證機構加註意見欄」內加註檢驗情形，憑以報關出口。而軍事機關輸出高科技貨品時，則除應遵守「高科技貨品輸出管理作業須知」之規定外，並應另檢附國防部同意文件，向高科技貨品簽證機構申請核發高科技貨品輸出許可證後辦理輸出。

有關高科技貨品輸出許可證的簽證機構主要有三：

1.經濟部國際貿易局(第二組及高雄辦事處)：受理全國課稅區出口人申請高科技貨品輸出許可證。

2.經濟部加工出口區管理處及所屬分處：受理區內外銷事業申請高科技貨品輸出許可證。

3.國科會新竹科學工業園區管理局：受理園區事業申請高科技貨品輸出許可證。

㈡申請輸出應檢附的文件及申請有效期限　第十六條規定,「出口人申請輸出高科技貨品，應檢附進口國政府核發之國際進口證明書或最終用途證明書或保證文件；進口國政府不予核發前述文件者，應檢附外國進口人或最終使用者出具之最終用途保證書替代之，並據實申報用途。

除前項文件外，貿易局認有必要，出口人並應檢附其他相關文件。

出口人應在國際進口證明書、最終用途證明書或保證文件有效期限內申請輸出許可證。但未記載有效期限者，應自所載核發日或出具保證書日期起一年內申請輸出許可。」

擬申請出口受管制的高科技貨品的出口廠商，應請進口廠商向其政府主管機關要求核發國際進口證明書，而進口國未實施國際進口證明書制度者，則由進口廠商自行發出最終使用者證明書(End User Certificate)，表示進口貨品確實為該進口人購買使用。我國出口廠商收到相關證明文件後方可向國際貿易局申請輸出許可證。

㈢再出口的處理　第十七條規定,「自國外進口之高科技貨品再出口時，如原出口國政府規定須先經其同意者，出口人除依前條規定辦理外，應再檢附原出口國政府核准再出口證明文件辦理。

前項再出口之高科技貨品，如屬原貨復運出口者，出口人應另提供進口時我國核發國際進口證明書之號碼或其他足資證明進口之文

件。」

㈣輸往非管制區域的輸出申請　第十八條規定,「輸往非管制區域之高科技貨品具有下列情形之一者，出口人得檢具足資證明之文件申請輸出許可證：

1.同一出口管制貨品輸出金額低於五、〇〇〇美元者。

2.展覽品、維修品、測試品及退換品等暫時性輸出且將再輸入者。

3.政府機關、大學、學術研究機構為進口人，並為最終使用者。

4.其他經專案核准者。

第一項第二款所列貨品，出口人應依原核准期限內，檢附進口證明文件向貿易局辦理銷案；展覽品如於展示期間內出售，出口人仍依前二條規定補繳應檢附文件。但不得銷往管制區域。」

㈤輸出許可證的修改　第十九條規定,「出口人輸出高科技貨品，應依照輸出許可證原核准之內容辦理輸出。通關時，如有不符事項，除輸出口岸、輸出數量未逾證上所列者及金額得事後修改外，均須先辦理輸出許可證修改後，始得通關。通關出口後應依規定向原發證機關（構）辦理核銷。

前項修改內容涉及數量者，應先經海關簽署證明始可申請修改。」

㈥輸往管制區域的銷案　第二十條規定,「高科技貨品經核准輸往管制地區者，出口人應於貨品運抵目的地一個月內檢附運抵文件向原發證機關（構）辦理銷案。」

我國政府為將高科技貨品流向的監管責任轉移給進口國政府，故透過我國出口商要求進口商提供抵達證明書。

五、附則

㈠相關文件的保管與提供　第二十一條規定,「出進口人輸出入高

科技貨品應將有關文件或資料保存五年。

　　發證機關(構)，或第五條之專責小組因管理需要，得要求出進口人提供其出進口高科技貨品以及其日後流向之有關文件資料，出進口人不得拒絕。」

　　㈡施行日　第二十二條規定，「本辦法自發布日起施行。」

第三節　軍事機關輸出入貨品管理辦法

八十二年十一月二十九日　經濟部經(82)貿字第〇九〇九四二號
國防部(82)伸信字第七八五七號

一、前言

　　過去我國軍事機關對於有關向國外輸出或採購軍事物品時，除採取公開招標方式採購之外，均採相當程度的保密程序辦理。由於軍事機關的採購程序及軍用物資的出口一向都對外保密，而且交易金額通常都非常龐大，軍品輸出入統計亦未公開，在立法院要求軍品進出口「透明化」、「公開化」的情況下，立法規定經濟部應會同國防部訂定軍事機關輸出入貨品管理辦法，並使軍品進出口統計在不妨害國家安全的情況下加以公開。

　　依「貿易法」第十二條規定，軍事機關輸出入貨品，由經濟部會同國防部訂定辦法管理，並列入輸出入統計。按軍事機關輸出入貨品，如屬軍事武器或涉及國家機密，其輸出入程序與廠商輸出入貨品的程序不同。在出口方面，係由國防部後勤參謀次長室作業，說明軍品出口時間、裝運船名及軍品清單等資料，於出口當日由軍方派專人持憑聯勤物資署的報關單辦理出口報關，由海關依「出口貨品報關驗放辦法」第十八條第四款規定，予以免驗放行。至於進口方面，則由國防部依據「國軍軍品採購作業規定」辦理，並由財政部依據「軍政機關外匯審核準則」的規定，發給「核准結匯通知書」，憑以結購外匯，由海關憑軍事機關提出的報關單、提貨單等進口文件查驗放行。

且因軍事機關輸出入貨品不適用「貿易法」的處罰規定，故宜由相關機關另定管理辦法。然而，軍品輸出入畢竟屬對外貿易的一環，爲免影響貿易統計的正確性，且爲免被指爲軍品採購有「黑箱作業」疑慮，所以規定應列入輸出入統計。但如屬軍火部分，依照國際慣例，並不載列貨品細目，因此應該不會影響國防機密。

　　「軍事機關輸出入貨品管理辦法」係經濟部與國防部於民國八十二年十一月二十九日共同制定公布的，以作爲軍事機關辦理軍事用品輸出入的管理依據。本辦法全文共七條條文，分爲一般性規定、輸出入的憑證、一般輸出入規定的適用及輸出入的統計等四部分。

二、一般性規定

　　㈠制定依據　第一條規定，「本辦法依貿易法第十二條規定訂定之。」

　　「貿易法」第十二條規定，「軍事機關輸出入貨品，由經濟部會同國防部訂定辦法管理之，並列入輸出入統計。」

　　㈡軍事機關的範圍　第二條規定，「本辦法所稱軍事機關係指國防部及其所屬單位。」

　　㈢施行日　第七條規定，「本辦法自發布日施行。」

三、輸出入的憑證

　　第三條規定，「軍事機關輸出入貨品，免辦輸出入許可證，憑國防部或其授權機關核准文件逕向海關辦理通關手續。但輸出入高科技貨品，應依高科技貨品輸出入管理辦法辦理。」

　　因軍事機關輸出入貨品係屬特殊的輸出入，不須依一般法令向貿易主管機關或其指定機關或機構辦理一般的輸出入許可證。雖然軍事

機關輸出入貨品時，不必辦理輸出入許可證，但應憑國防部或國防部所授權的核准文件向海關辦理通關手續。因此，軍事貨品的輸出入係由國防部控制。

依「貿易法」第十三條規定，若屬於高科技貨品的輸出入，應依經濟部所訂定的「高科技貨品輸出入管理辦法」辦理。由於一般軍事用品大多屬於高科技貨品，故其輸出入也大多適用該辦法的相關規定。

四、一般輸出入規定的適用

第四條規定，「軍事機關輸出入貨品，除依前條規定免辦輸出入許可證外，應依一般輸出入規定辦理。

前項一般輸出入規定經國防部洽商相關主管機關同意者，不適用之。」

依本條規定，原則上軍事機關輸出入貨品時，雖然可免辦輸出入許可證，但仍適用一般輸出入的規定。因此，若屬於應依特別規定辦理輸出入手續者，仍須依其規定辦理。例如有關農林產品應經農業委員會的許可，而有關藥品及醫療器材應經衛生署的許可等。

不過，若由國防部洽商輸出入貨品的有關主管機關同意免予適用一般規定者，則可不適用一般輸出入規定。在通常情形下，國防部為簡化其輸出入手續，將儘量與有關主管洽商，採用此例外措施。同時，依本辦法第六條規定，基於國防需要，無法報關，而逕於軍事基地交付者，當亦適用此例外處理方式。

五、輸出入的統計

依「貿易法」第十二條規定，軍事機關輸出入貨品應列入輸出入

統計。本辦法有關輸出入之統計規定於第五條及第六條兩條條文中。

第五條規定，「軍事機關輸出入貨品應列入輸出入統計。但涉及國家安全或機密者，得不以明細品目列計。」

第六條規定，「軍事機關輸出入貨品，基於國防需要，無法報關，逕於軍事基地交付者，應於事後向海關提供資料，並適用前條規定，列入輸出入統計。」

原則上，軍事機關輸出入的貨品無論是否由海關辦理輸出入手續，均屬於國家的輸出入，故應依各種明細品目列入國家的輸出入統計，以求輸出入統計的正確性與完整性。但是如果軍事機關輸出入的貨品，屬於與國家安全有關或有關軍事機密者，為確保國家安全及軍事機密，則可不必列入明細品目統計。

第四節　貿易處分案件聲明異議處理辦法

民國八十二年七月十六日經濟部經(82)貿○八七○七八號令發布

一、前言

　　為使不服國際貿易局行為貿易處分的業者能有適當的救濟管道，「貿易法」第三十二條第一項規定，「依第二十八條至第三十條規定受處分者，得向經濟部國際貿易局聲明異議，要求重審，經濟部國際貿易局應於收到異議書之次日起二十日內決定之；其異議處理程序及辦法，由經濟部定之。」因此，經濟部於民國八十二年七月十六日公布實施「貿易處分案件聲明異議處理辦法」，以作為業者與國際貿易局提出異議及審定的處理依據。

　　本辦法全文共計十九條條文（含兩附件），分為一般性規定、聲明期限及異議書、貿易處分案件聲明異議審議委員會、審議程序、審委會之召集及決議、審定及通知期限、逾期審定及其效力、審定書、送達證書、異議審定經撤銷之處理等十部分。

二、一般性規定

　　㈠制定依據　第一條規定，「本辦法依貿易法（以下簡稱本法）第三十二條第一項規定訂定之。」

　　㈡適用範圍　第二條規定，「本辦法聲明異議之案件，以不服經濟部國際貿易局（以下簡稱貿易局）依本法第二十八條至第三十條規定之處分為限。」

　　本辦法所適用的範圍，以出進口廠商違反下列事項而不服國際貿

易局處分者爲限:

1.違反貿易法第二十八條的規定: 貿易法第二十八條規定, 「出進口人有下列情形之一者, 處新台幣三萬元以上三十萬元以下罰鍰; 其情節重大者, 經濟部國際貿易局並得停止其一個月以上一年以下輸出入貨品或撤銷其出進口廠商登記:

(1)違反第五條規定與禁止或管制國家或地區爲貿易行爲者。

(2)違反第六條第一項規定之暫停貨品輸出入行爲或其他必要措施者。

(3)違反第十一條第二項規定限制輸出入貨品之規定者。

(4)違反第十五條貨品及附屬於貨品之智慧財產權之輸出或輸入管理辦法者。

(5)違反第十七條規定之禁止行爲者。

(6)違反第二十四條規定, 拒絕提供文件、資料或檢查者。

(7)違反第二十五條規定, 妨害商業利益者。

出進口人有前項情形之一, 情節輕微者, 經濟部國際貿易局得予警告。」

2.違反貿易法第二十九條的規定: 貿易法第二十九條規定, 「違反第十六條第三項輸出入配額處理辦法者, 經濟部國際貿易局得視情節輕重處新台幣三萬元以上三十萬元以下罰鍰、凍結配額、收回配額或停止該項貨品六個月以下輸出入並得取銷實績、停止申請配額資格, 或撤銷其出進口廠商登記。」

3.違反貿易法第三十條的規定: 貿易法第三十條規定, 「出進口人有下列情形之一者, 經濟部國際貿易局得暫停其輸出入貨品。但暫停原因消失時, 應即回復之:

(1)輸出入貨品仿冒侵害本國或外國之智慧財產權, 經查證屬實

者。

(2)未依第二十一條規定繳納推廣貿易服務費者。

前項暫停輸出入貨品之期間，不得超過一年。」

㈢施行日　第十九條規定，「本辦法自發布日施行。」

三、聲明期限及異議書

第三條規定，「出進口人不服前條規定處分者，得於接到處分書之次日起三十日以內書面向貿易局聲明異議。

前項異議書應載明下列事項，由異議人署名：

1.異議人之姓名、住所，如係法人或其他設有管理人或代表人之團體，其名稱、事務所或營業所，及管理人或代表人之姓名、住所。

2.原處分案號。

3.異議之事實及理由。

4.有關證件或證據。

5.年、月、日。」

進出口廠商如果不服國際貿易局所為之貿易處分，應於收到該處分書之次日起三十日內向國際貿易局提出，以避免提出時間過度拖延，同時亦可使依法處分能早日確定。此外，異議須以書面提出，以示慎重與確定，而且由於提出異議所涉及事項甚多，故須在異議書內載明其內容，否則受理機關將無法處理。

四、貿易處分案件聲明異議審議委員會

㈠設置目的　第四條規定，「貿易局為處理出進口人聲明異議案件，應設貿易處分案件聲明異議審議委員會（以下簡稱審委會）予以審議。」

　　設置審委會的目的在於審議出進口廠商所提出之異議是否有理由、國際貿易局之處分是否有違法或不當之處等，使廠商得有救濟之機會並使國際貿易局的處分更能使受罰者信服。而審委會爲一臨時性機構，係因出進口廠商對於國際貿易局處分案件的異議並非經常發生的事項，且其法涉及主管機關可能不只一個，故不宜設置常設單位。

　　㈡委員成員及任期　第五條規定，「審委會置委員十一人至十三人，其中一人爲主任委員，由貿易局局長或副局長兼任，其他委員由主任委員就相關機關代表、專家及貿易局有關業務主管之適當人員遴聘，任期一年，並得連聘之。」

　　審委會包括主任委員在內，以十三人爲限，除主任委員由國際貿易局局長或副局長擔任外，其餘委員由主任委員就相關機關代表（包括有關智慧財產權之主管機關中央標準局、有關農產品之主管機關農業委員會等），專家及貿易局有關業務主管等三種不同性質之人員聘請之。委員任期爲一年，但得連聘連任。

　　㈢組織　第六條規定，「審委會置執行秘書一人，承主任委員之命，執行審委會決議事項及處理會務，並得視業務需要配置工作人員。」

　　審委會雖非常設機構，但設有執行秘書一人處理經常性會務，並依業務實際需要配置工作人員，以協助執行秘書處理經常性工作或執行審委會決議事項。

五、審議程序

　　第七條規定，「審委會對於異議案件，應先爲程序審查，其無第十二條予以駁回之情形者，再進而爲實體審查。如遇法規變更，除法規另有規定外，以程序從新實體從舊爲審查之基準。

前項程序審查，發現程序不合而可補正者，應通知異議人於一定期限內補正。」

㈠程序審查 所謂「程序審查」係指審委會就提出異議之申請人其資格是否符合規定、申請期限是否逾期、異議書記載事項是否明確、其異議是否屬於本法適用範圍等，係就適用上之形式性基本要件加以審查。若不符合者當予以駁回其異議之申請。依本法第十二條第一項規定，「異議案件之程序，有下列各款情形之一者，予以駁回：

1.異議書不合第三條第二項規定，或經通知限期補正而不爲補正者。異議人應依第三條第二項規定提出異議書，並記載規定事項，但異議書所記載事項不符合規定者，將被駁回。倘若審委會通過於限期內補正但未於期限內補正者亦然。

2.非因不可抗力因素逾越規定期間聲明異議者。依本法第三條第一項規定，異議須於接到處分書之次日起三十日內，以書面向國際貿易局提出。因此，若逾期提出者，將遭駁回。但若其逾期係不可抗力所致者，異議人得提出其證明，請求審議。

3.異議人不適格者。異議人須以異議案件具有利害關係之出進口廠商爲限，亦即第三條所規定之不服國際貿易局處分之出進口人。

4.不屬本辦法第二條異議範圍者。依本法第二條規定，異議範圍僅限於不服國際貿易局依「貿易法」第二十八條至第三十條規定之處分者。若異議之事項非屬於此範圍者，當非審委會所管轄之業務。

5.異議標的已不存在者。如果國際貿易局取消其處分或變更其處分而已無異議者，則已無異議之必要。

6.對於已經合法撤回異議之事件復對同一事件聲明異議者。異議人對於同一案件限於提出異議一次。若異議案件已經駁回或經決議者，應不得再提出異議，但可依「貿易法」第三十二條第二項之規

定, 提起訴願、再訴願及行政訴訟, 以求救濟。

7.其他不應受理之事由者。除前述所規定事項以外, 若有其他不應受理之理由者, 亦應予駁回。所謂其他不應受理之理由, 如異議人已解散而不復存在等。

㈡實體審查　如果審委會對於異議案件的程序審查無駁回的情形者, 則可進行實體審查。所謂「實體審查」係就異議內容是否有理由、國際貿易局的處分是否符合法令, 而就實際情形加以審查, 以確定異議是否成立而言。此外, 實體審查包括本法第八條規定之答辯及調查或勘驗等工作在內。

第八條規定, 「審委會對於合於程序之異議案件, 應送請原承辦單位限期答辯。異議案件如有必要, 得實施調查或勘驗。」答辯應由國際貿易局處分廠商的主管單位對於廠商所提異議事項作抗辯說明, 並應於期限內提出。而為了對於書面說明事項之查證, 以決定其眞實性, 審委會應指派人員實地調查或勘驗實際情形, 以確定廠商所提異議或主管單位的答辯內容是否符合。

㈢法規變更的處理　如果在程序審查過程中, 法規發生變更時, 原則上程序審查部分以新規定爲準, 而實體審查部分仍以舊規定爲準。不過, 如果修訂的法規有特別規定者, 以其規定爲準。

㈣程序不合的補正　在程序審查過程中, 如果發現程序不合 (如異議書內容不完備或異議書所塡事項不周詳、不明確或證件不足等) 而可補正者, 審委會應通知異議人於一定期限內補正。

㈤提出異議的日期　第十二條第二項規定, 「聲明異議誤向非主管轄機關提起者, 以該非管轄機關收受異議書之日期爲準。」異議應向國際貿易局提出, 故提出異議之日期當以國際貿易局收受異議書之日期爲準。但若異議人不熟悉規定而誤向國際貿易局以外之機關提出

者，則以該機關收受異議書之日期爲準，以保障異議人之權益。」

六、審委會的召集及決議

㈠審委會的召集　第九條規定，「審委會會議由主任委員召集並擔任主席，因故不能召集或缺席時，得指定委員一人代行職務。」

㈡審委會的決議方式　第十條規定，「審委會會議之決議，以委員過半數之出席，出席委員過半數之同意行之，並得將不同意見載入記錄，以備查考。

出席委員之同意與不同意意見人數相等時，取決於主席。

貿易局承辦單位之委員，遇有該單位之案件，不得參與決議。」

審委會會議的決議係以過半數委員的出席並以出席委員過半數的同意方式決定，但若正反人數相同時，則以主席的意見決定之。在決議時，若有不同意的意見者，得將其不同意見記載於表決中，以示尊重其意見。但出席委員若屬於主辦異議案件的單位者，於表決時，應迴避之，以求其決議之合理性、公平性。

㈢當事人的說明　第十一條規定，「審委會得依職權或異議人之聲請，通知異議人或其代表人、代理人、原承辦單位或其他有關機關人員於開會時到場說明。依前項聽取說明後，主席應告知異議人或其代表人、代理人、原承辦單位或其他有關機關人員退席，並即進行審議作成決議。」

雖然異議人（或其代表人、代理人）、原承辦單位或其他有關機關人員得以書面表示其見解或意見，但審委會得依職權通知當事人到場以口頭說明，且異議人認有必要者亦得請求審委會准予到場說明，俾使對全面案情得更進一步瞭解。而當審委會委員於審議時，爲使各委員能自由充分表示其見解，案件當事人應以不在現場較妥。因此，

主席認為當事人之說明已達到其目的，不須再說明時，應告知當事人
退席。審委會對於全部案情審查完成後，應以表決方式決定其異議是
否成立。

㈣審委會的決議　第十三條規定，「異議案件經審委會會議審查
結果，認異議無理由者，應予駁回。

前項異議案件經審查結果，認異議有理由者，應於異議人聲明不
服之範圍內撤銷或變更原處分。

異議理由雖非可取，而依其他理由認為原處分確屬違法或不當
者，仍應以異議為有理由。」

異議經審委會的審查認定其異議無理由者，當由審委會決議予以
駁回。但是異議經審委會審議認為其異議有理由者，則審委會應依異
議人聲明不服的範圍內撤銷或變更國際貿易局所做的原處分。

依本條第三項規定，「雖然異議人所提異議理由並不充分，但是
如果審委會認為國際貿易局之原處分有違法或不當者，則仍將被認為
其異議有理由而由審委會決定在異議人聲明不服之範圍內撤銷或變更
國際貿易局之原處分。」

七、審定及通知期限

第十四條規定，「貿易局自收受異議書之次日起，應於二十日內
由審委會審定之，並應於七日內將審定結果通知異議人。

前項審定期間之計算，其異議書須待補正者，自補正之次日起
算。」

為提高貿易案件的審議效率，審委會對異議的審查及決議須自收
受異議書的次日起二十日內為之；若異議書須加以補正者，則自經補
正的次日起二十日內審定之。而審委會於審定後，須於七日內將審定

結果通知異議人，使異議人得以早日知悉其異議結果。

八、逾期審定及其效力

第十五條規定，「異議逾前條期限不為審定者，異議人得逕依訴願法規定向經濟部提起訴願。

貿易局對異議案件雖逾前條期限而為審定者，其審定仍屬有效。」

訴願係指受處分者因不服中央或地方機關之行政處分，認為有違法或不當致損害其權利或利益，而依「訴願法」之規定，向處分機關之上級機關提出救濟的手續。在貿易異議案件的處理過程中，除異議人因不服審委會對異議案件的審定結果而向經濟部提起訴願之外，若審委會逾期不為審定者，異議人亦得向經濟部提起訴願，以求異議案件之早日解決。另一方面，審委會雖然須於收受異議書之次日起二十日內審定，但若超過此期限後始審定者，則該審定仍屬有效。因此，若異議人同意審委會逾期之審定結果，則可不必提起訴願，而已提起訴願者，得撤回其訴願。

九、審定書

第十六條規定，「審委會應按其決議製作審定書原本，送請機關長官依其權責判行後作成正本送達異議人。

審定書正本內容與原本不符者，得更正之。」

審委會審議異議案件之後，應將其決議事項作成審定書的原本，然後經國際貿易局局長判行後始製作審定書正本。此種規定充分表示審委會的職權受限制，而其性質係協助國際貿易局審議異議案件的臨時性機構，而經機關長官判行的審定書正本，則由國際貿易局送達異

議人。如果審定書正本內容與原本內容不符合時，國際貿易局得更正。

十、送達證書

第十七條規定，「審委會派員或囑託其他有關機關送達異議文書者，應由執行送達人作成送達證書（格式如附件一），採用郵務送達者，應使用異議文書郵務送達證書（格式如附件二）。

異議文書之送達，除前項規定外，準用民事訴訟法關於送達之規定。」

如果審委會與異議人之間的各種往來係由審委會直接派人或委託他人代送者，由審委會作成送達證書，與應送文書一併送達異議人簽收，以為證明。如果審委會係經郵局寄送各種文書給異議人時，則由審委會作成郵務送達證書，由異議人簽收，以示慎重。

「民事訴訟法」第四章第二節（自第一二三條至第一五三條）中有關送達事項的規定，可作為本條的補充規定。

十一、異議審定經撤銷之處理

第十八條規定，「異議審定經上級機關決定及行政法院判決撤銷者，原承辦單位應分析檢討供業務改進參考。」

如果異議人不服審委會的審定結果而向經濟部及行政院提出訴願及再訴願，或向行政法院提起行政訴訟，而經上級機關決定審委會審定的結果有誤失或經行政法院判決撤銷者，原承辦單位應依據上級機關的決定或行政法院的判決，做深入的分析與檢討，以作為將來處理類似案件的參考，以避免處理不當的情形重複發生。

附件一

送達證書				年 字 第 號
送達處所	受送達人	送達文件		一案
收受送達之年月時	收受送達	其事實	送達人之非交付受記其事由	受送達人署名蓋印
			若不能或拒絕署名蓋印時則記其事由	
中華民國　年　　　月　　　日　時送達人				

此證書由送達人帶回繳銷

一、本證規格：長二十七公分五公厘，寬二十公分五公厘，使用白色低磅紙以黑色套印。

二、本證由各機關自行製用。

三、本證之案號、送達文件、受送達人及送達處所欄，由使用機關填寫。收受送達之年月日時及受送達人署名蓋印欄由受送達人填寫，並簽名或蓋章。其餘由執行送達之人員填寫並在送達人欄簽名或蓋章。

附件二：訴願文書郵務送達證書格式及其印製使用說明

（正面）

戳郵寄交

（收局寄原由）
（戳蓋時當寄）

（退於局寄原由）
（戳蓋日當證）

此面抹漿粘貼於郵件上

（反面）

訴願文書郵務送達證書		
郵局掛號號碼 ＿＿＿＿＿＿＿＿＿		年訴字第　　號一案
送達文件	應受送達人	送達處所
應受送達人簽收	送達時間	郵局送達人
（簽名或蓋章。由非應受送達人代收時，請填明與應受送達人之關係）	中華民國　年　月　日	

印製及使用說明：

一、本證規格：長十四公分八公厘，寬十公分五公厘，使用白色高磅紙以紅色套印。

二、本證除用以證明異議文書業已送達外，並用以替代雙掛號收件回執。

三、本證正面之寄件機關及其地址，反面之案號、送達文件、應受送達人及送達處所欄，由使用機關填寫。應受送達人簽收欄由收件人簽名或蓋章。送達時間及郵局送達人欄，由執行送達之郵務人員填寫及簽名或蓋章。

第五節　臺灣地區與大陸地區貿易許可辦法

八十二年四月二十六日經⒇貿字第〇八三六五一號令公布
八十三年七月四日經⒀貿字第〇一八六六四號令修正
八十四年五月五日經⒆貿字第八四〇一四〇一六號令修正
八十五年十月二日經⒂貿字第八五〇二七〇一九號令修正

一、前言

　　自從政府開放海峽兩岸交流以來，兩地區之間的貿易往來日益頻繁，但是政府對臺灣地區與大陸地區間的貿易政策卻一直採取間接貿易的原則，而且在未制定「臺灣地區與大陸地區人民關係條例」以前，僅由經濟部以行政命令之方式，分別在七十八年六月及七十九年八月公布了「大陸地區物品管理辦法」及「對大陸地區間接輸出貨品管理辦法」兩種辦法，以作爲處理輸入及輸出大陸物品的依據。

　　自從八十一年七月三十一日公布「臺灣地區與大陸地區人民關係條例」，並自同年九月十八日施行之後，臺灣地區與大陸地區之間的貿易就有了法律基礎。因此，經濟部依據「臺灣地區與大陸地區人民關係條例」第三十五條第二項的規定，於民國八十二年四月二十六日公布「臺灣地區與大陸地區貿易許可辦法」，同時公布廢止「大陸地區物品管理辦法」及「對大陸地區間接輸出貨品管理辦法」，此後並於八十三年七月、八十四年五月及八十五年十月三度修正。今後在臺灣地區業者與大陸地區業者之間的貿易行爲完全依據「臺灣地區與大陸地區貿易許可辦法」辦理，不過，由於仍屬於兩地區間的貿易關係，是故仍須受到「貿易法」及其他相關法令所規定事項的限制。

　　「臺灣地區與大陸地區貿易許可辦法」全文共計十五條，分爲一般性規定、兩地區貿易之管理、大陸地區物品之輸入、輸入許可之申

請、進口文件之標示、對大陸地區之輸出、兩岸人民關係條例實施前
之貿易行為等七部分。

二、一般性規定

(一)制定依據　第一條規定，「本辦法依臺灣地區與大陸地區人民
關係條例 (以下簡稱本條例) 第三十五條第二項規定訂定之。」依
「臺灣地區與大陸地區人民關係條例」第三十五條第一項規定「臺灣
地區人民、法人、團體或其他機構，非經主管機關許可，不得在大陸
地區從事投資或技術合作，或與大陸地區人民、法人、團體或其他機
構從事貿易或其他商業行為。」同條第二項規定，「前項許可辦法，
由有關主管機關擬訂，報請行政院核定後發布之。」

(二)適用的範圍　第二條規定，「臺灣地區人民、法人、團體或其
他機構從事臺灣地區與大陸地區間貿易，依本辦法之規定；本辦法未
規定者，適用其他有關法令之規定。」

依「貿易法」第三條規定，出進口人包括依「出進口廠商登記管
理辦法」經登記經營貿易業務的進出口廠商以及非以輸出入為常業而
辦理特定項目貨品之輸出入者，例如個人、法人、團體或慈善機構
等。無論其資格如何，凡是從事於臺灣地區與大陸地區之間的貿易
者，均須依本辦法之規定辦理。

此外，由於本辦法係屬於特別規定的辦法，故從事兩岸貿易行為
者，除本辦法所規定者外，尚須依據其他相關法令辦理。因其他相關
法令係屬於一般性規定，亦必須遵守其規定。而所謂其他有關法令，
主要係指「貿易法」及「臺灣地區與大陸地區人民關係條例」，以及
依此兩法規所公布實施的各種辦法及規章，例如「出進口廠商登記管
理辦法」、「貨品輸出管理辦法」、「貨品輸入管理辦法」、「貿易

處分案件聲明異議處理辦法」等。

㈢**主管機關** 第三條規定,「本辦法之主管機關爲經濟部,其業務由經濟部國際貿易局(以下簡稱貿易局)辦理之。」依「貿易法」第四條規定,經濟部係我國對外貿易之行政主管機關,而依據「經濟部國際貿易局組織條例」第一條規定,「經濟部爲辦理國際貿易業務,設國際貿易局。」雖然目前大陸地區地位特殊,但是海峽兩岸貿易事務的主管機關仍爲經濟部,而由國際貿易局辦理其業務。

㈣**施行日** 第十五條規定,「本辦法自發布日施行。」

三、兩地區貿易的管理

㈠**兩地區貿易的定義** 第四條第一項規定,「臺灣地區與大陸地區貿易,指兩地區間貨品或附屬於貨品之智慧財產權之輸出入行爲及有關事項。」本辦法有關「貿易」的定義,係依據「貿易法」的規定。「貿易法」第二條規定,「本法所稱貿易,係指貨品或附屬於貨品之智慧財產權之輸出入行爲及有關事項。前項智慧財產權之範圍,包括商標專用權、專利權、著作權及其他已立法保護之智慧財產權在內。」

㈡**兩地區貿易的許可** 第四條第二項規定,「從事前項之貿易行爲,應依本辦法及有關法令取得許可或免辦許可之規定辦理。」雖然目前海峽兩岸的關係已較過去開放許多,但是就政府及主管機關的立場而言,對於臺灣地區與大陸地區間的貿易仍採取相當高度的管制,因此業者辦理輸出入貨物時,仍須依本辦法及其他相關法令的規定,例如「貨品輸入管理辦法」、「貨品輸出管理辦法」等,辦理簽證手續,取得輸出許可證或輸入許可證後始得爲之。不過,若屬於免證(不必簽證)貨品的輸出或輸入,則可免辦輸出許可證或輸入許可

證。

　　㈢兩地區貿易的方式　第五條規定，「臺灣地區與大陸地區貿易，除本辦法另有規定外，應以間接方式爲之，其買方或賣方應爲大陸地區以外得直接貿易之第三地區業者，其貨品之運輸應經由第三地區爲之。」

　　除了依本辦法第七條第三項所規定的三項物品，包括以郵遞方式輸入行政院新聞局許可的出版品、電影片、錄影帶節目及廣播電視節目，或是輸入財政部核定並經海關公告准許入境旅客攜帶入境的物品、船員及航空器服務人員依規定攜帶入境的物品，可以直接運入臺灣地區外，目前由於政府尚未開放臺灣與大陸直接通商，是故對於大陸貿易只能採取間接方式進行，亦即係透過第三地區的中間人而完成交易。實務上則通常多由香港業者或由日本業者介入，出口時是由我國業者出售給香港或日本業者，然後再由香港或日本業者出售給大陸業者，而進口時則是由大陸業者出售給香港或日本業者，然後由香港或日本業者再出售給我國進口商。

　　其實間接貿易的交易當事人雖然在三個不同國家或地區，但是貨物的運送卻並不一定要經過第三國或地區，而得直接由供應國運至進口國，以節省貨物的運送費用。但由於目前政府尚未開放臺灣與大陸直接通航，因此貨物不得直接由大陸地區運抵台灣地區，亦不得由臺灣地區運往大陸地區，而須經過第三地區。

　　㈣貿易監測系統　第六條規定，「主管機關爲管理臺灣地區與大陸地區貿易，得建立相關之貿易監測系統。」

　　原「大陸地區物品管理辦法」第七條規定，國際貿易局爲管理大陸物品的輸入，應建立預警制度，因此該局曾於民國七十七年八月二十五日公布「大陸產品間接輸入預警措施作業要點」。雖然該辦法及

實施要點日前均已經公布廢止,但是因爲臺灣地區與大陸地區間的貿易日益密切,如果臺灣地區對外貿易太過分依賴大陸地區,則將會受到大陸對外貿易或對臺灣政策變更的影響甚大,是故爲因應當前國際經貿情勢,維護國家安全及兼顧國內產業調適能力,建立兩地貿易監測系統實有必要,以隨時瞭解並掌握兩地區貿易的情形及可能發生的變化,進而採取必要的措施,以減少發生問題時可能受到的損失。

四、大陸地區物品的輸入

㈠准許輸入的大陸地區物品　第七條第一項規定,「大陸地區物品,除下列各款規定外,不得輸入臺灣地區:

1.主管機關公告准許輸入之物品。

2.古物、宗教文物、民族藝術品、民俗文物、藝術品、文化資產維修材料及文教活動所需之少量物品。

3.自用之研究或開發用樣品。

4.依大陸地區產業技術引進許可辦法規定准許輸入之物品。

5.供學校、研究機構及動物園用之動物。

6.保稅工廠輸入供加工外銷之原料及零組件。

7.加工出口區及科學工業園區廠商輸入供加工外銷之原物料及零組件。

8.醫療用中藥材。

9.行政院新聞局許可之出版品、電影片、錄影節目及廣播電視節目。

10.財政部核定並經海關公告准許入境旅客攜帶入境之物品。

11.船員及航空器服務人員依規定攜帶入境之物品。

12.兩岸海上漁事糾紛和解賠償之漁獲物。

13.其他經主管機關專案核准之物品。」

經濟部於八十三年七月四日將本辦法第七條第一項原規定「禁止輸入」修正爲「不得輸入」，係因依現行進出口貨品分類已無「禁止進口」的類別，此類未開放准許間接進口不得輸入的大陸地區物品係屬「管制進口」類貨品。

政府對於得輸入臺灣的大陸地區貨品，係採正面表列方式規範，除了上述十三類貨品項目以外，原則上不得輸入，但若由主管機關公告准許輸入或經主管機關專案許可的物品，則不在此限。經濟部曾於八十三年七月四日公布「公告臺灣地區與大陸地區貿易許可辦法第七條第一項主管機關專案許可間接輸入大陸地區物品之處理原則」，其主要內容如下：

1.爲應貿易特殊需要，科學工業園區管理局及經濟部加工出口區管理處得專案許可區內廠商申請間接輸入供自行加工外銷用之大陸地區產製之原物料、零組件，其產品並限全數外銷。惟其中 CCC 號列第六十一及六十二章大陸地區紡織品，應依相關規定向紡拓會專案申請核准在大陸加工者爲限。

2.其他因特殊需要或少量輸入大陸地區物品，申請人應敍明理由向國際貿易局專案申請辦理。

而依「大陸地區產業技術引進許可辦法」第九點規定，技術引進計畫所需之儀器、設備、原料、零組件或產品雛型經於技術引進計畫書中載明品名、規格及進口數量並經許可者，得依臺灣地區與大陸地區貿易許可辦法第七條第一項規定專案申請進口。

此外，經濟部國際貿易局亦於八十三年七月四日同時公布「公告間接輸入大陸物品爲自用研究用樣品之處理原則」，並自即日起實施。其主要內容如下：

1.經國際貿易局核准登記為出進口廠商者，得申請供推廣外銷用或研究用之樣品，但應以少量且與其所營事業項目或其主要產品及研究開發目的相符者。

2.未登記為出進口廠商者，申請自用之研究用樣品，應與申請人身分及研究目的之特定項目相符，並以少量進口為限。

3.申請供推廣外銷或研究用樣品，需填具輸入許可證申請書，經國際貿易局核准後，准予發證。

㈡得輸入大陸地區物品的範圍　第七條第二項規定，「前項第二款、第三款、第六款及第十三款物品之輸入條件，由貿易局公告之；第七款物品之輸入條件，由加工出口區管理處或科學工業園區管理局公告之。」

由於古物、宗教文物、民族藝術品、民俗文物、藝術品、文化資產維修材料及文教活動所需物品等係屬特殊物品，其供給來源有限，開放進口實有必要，經濟部國際貿易局於八十五年十月廿八日公告修正「臺灣地區與大陸地區貿易許可辦法」第七條第一項第二款所列「古物、宗教文物、民族藝術品、民俗文物、藝術品、文化資產維修材料及文教活動所需之少量物品」之輸入條件，並自即日起實施。其主要內容如下：

准許間接輸入大陸地區古物、宗教文物、民族藝術品、民俗文物、藝術品、文化資產維修材料及文教活動所需之少量物品，除依「臺灣地區與大陸地區貿易許可辦法」第七條第一項第一款經經濟部公告准許間接輸入之物品外，其輸入條件為：

1.古物：經教育部認定者。

2.宗教文物：法衣、法器、經書、廟史碑、石塔、限寺廟申請自用之佛神像與宗教石雕，或其他經內政部同意者。

　3.民族藝術品: 經教育部認定者。

　4.民俗文物: 經內政部認定者。

　5.藝術品: 經教育部認定者。

　6.文化資產維修材料: 經文化資產主管機關同意者。

　7.文教活動所需之少量物品:

　⑴經教育部審查同意來臺從事文化、體育交流等演藝團體或訪問團體所使用之服裝、道具或器材並限期復運出口者。

　⑵經主管機關核准來臺舉辦文教展覽之展示品並限期復運出口者。

　⑶前述兩項活動所需無商銷性之贈品。

　⑷學校教學用之自用器材。

　⑸政府立案體育團體或財團法人進口自用之訓練器材。

　⑹博物館或學術研究機構進口展示或自用之物品。

　⑺經行政院新聞局審查同意來臺採訪、拍片、製作節目所需之攝影製片器材、服裝、道具，並限期復運出口者。

　⑻經行政院新聞局核准報備之我方影視團體赴大陸拍片、製作節目所使用之攝影製片器材、服裝、道具。

　有關自用的研究或開發用樣品，經濟部於八十三年七月四日公告「間接輸入大陸物品為自用研究用樣品之處理原則」，並自即日起實施。其主要內容如下:

　1.經經濟部國際貿易局核准登記為出進口廠商者，得申請供推廣外銷用或研究用之樣品，但應以少量且與其所營事業項目或其主要產品及研究開發目的相符者。

　2.未登記為出進口廠商者，申請自用之研究用樣品，應與申請人身分及研究目的之特定項目相符，並以少量進口為限。

3.申請供推廣外銷或研究用樣品，需填具輸入許可證申請書，經經濟部國際貿易局核准後，准予發證。

有關保稅工廠輸入供加工外銷的原料及零組件，國際貿易局於八十六年四月廿四日公告「保稅工廠申請輸入大陸地區原物料、零組件作業要點」，全文共計十六條，主要內容如下：

1.本要點所稱大陸地區原物料、零組件係指經濟部未公告准許間接進口之大陸地區原物料、零組件。

2.保稅工廠得依本要點申請輸入大陸地區原物料、零組件，限自行加工外銷，或以原型態或加工後轉售其他保稅工廠、加工出口區外銷事業或科學園區事業加工外銷。

3.保稅工廠輸入大陸地區原物料、零組件，仍應符合「貨品輸入管理辦法」及「限制輸入貨品、委託查核輸入貨品彙總表」之規定。

4.保稅工廠申請輸入大陸地區原物料，其中農產品暫不列入許可範圍；惟如確有必要，且國內無生產者，可敘明理由，檢具有關文件，向國際貿易局另行專案申請辦理。

5.保稅工廠輸入大陸地區原物料、零組件，如屬海關公告不得保稅之項目，仍不准輸入。

6.保稅工廠申請輸入大陸地區原物料、零組件，應檢附保稅工廠登記證影本並填具申請書及「保稅工廠輸入經濟部未公告准許間接進口之大陸地區原物料、零組件明細表」向貿易局（第一組或高雄辦事處）申請同意文件。前項同意文件有效期限二年。

7.保稅工廠申請輸入大陸地區紡織品，其加工後之成品或半成品輸往設限地區者，應依「紡織品出口配額處理辦法」之相關規定辦理。

8.保稅工廠輸入大陸地區原物料、零組件，應依「海關管理保稅工廠辦法」辦理；有關監管事宜，由海關另訂。

9.保稅工廠依本要點輸入大陸地區原物料、零組件，擬以原型態或加工後轉售其他保稅工廠、加工出口區外銷事業或科學園區事業加工外銷者，應由買賣雙方聯名繕具申請書及「保稅工廠輸入經濟部未公告准許間接進口之大陸地區原物料、零組件轉售明細表」，並檢附保稅工廠登記證、外銷事業營利登記證或園區事業登記證之影本，向貿易局申請辦理。

10.保稅工廠經核准輸入之大陸地區原物料、零組件，於進口後如經經濟部公告開放准許間接進口，即不受本要點第二點加工外銷或轉售之限制。

11.保稅工廠依本要點輸入之大陸地區原物料、零組件及其產製之成品、次品及呆料等之處理，非經貿易局核准，不得課稅內銷。

12.保稅工廠如經撤銷登記，其依本要點許可輸入之大陸地區原物料、零組件之庫存品或其產製之成品、次品及呆料等應予退運出口、銷燬或轉售予加工出口區、科學工業園區或其他保稅工廠，非經貿易局核准，不得課稅內銷。

13.保稅工廠得輸入經濟部未公告准許間接進口之相關產品辦理檢驗、測試、修理、維護業務後全數外銷。保稅工廠辦理前項業務應檢附監管海關核准提供維修服務之文件影本並填具申請書向貿易局申請同意文件，其輸入準用本要點有關規定，並依財政部「保稅工廠提供維修服務監管要點」辦理。

而有關其他經主管機關專案核准的物品，國際貿易局則於八十五年十二月廿日公告「臺灣地區與大陸地區貿易許可辦法」第七條第一項第十三款所列「其他經主管機關專案核准之物品」之輸入條件，規定因國內無產製、特殊需要或少量輸入大陸地區物品，申請人得敘明理由向國際貿易局專案申請辦理。

　　此外，有關加工出口區及科學工業園區廠商輸入供加工外銷的原物料、零組件的輸入條件，則分別由加工出口區管理處或科學工業園區管理局制定管理辦法並公告。

　　㈢得直接輸入的物品項目　第七條第三項規定,「第一項第九款物品以郵遞方式輸入者、第十款至第十二款物品之輸入，不受第五條之限制。」

　　由於經行政院新聞局許可的出版品、電影片、錄影節目及廣播電視節目等物品，不屬於一般國際貿易的物品，此類物品若以郵遞方式輸入者，得直接自大陸地區寄達，而可不受第五條規定臺灣地區與大陸地區貿易應以間接方式爲之的限制。而入境旅客攜帶經財政部核定且經海關公告准許入境的物品，船員及航空器服務人員自大陸地區返國依規定所攜帶入境的物品，或兩岸海上漁事糾紛和解賠償的漁獲物，也非屬一般廠商的經營範圍，故當另依海關所公告的規定辦理，亦得直接由大陸地區進口，而不受第五條規定之限制。

　　㈣輸入貨品的再輸出　第七條第四及第五項規定,「第一項第一款及第八款以外之大陸地區物品，不得利用臺灣地區通商口岸報運銷售至第三地區。但經由境外航運中心轉運者，不在此限。

　　違反前項規定之物品，應退運原發貨地。」

　　依上述兩項規定，除了主管機關公告准許輸入的物品及醫療用中藥材得利用臺灣地區通商口岸報運銷售至第三地區以外，其餘各類得輸入的大陸地區物品在進口後均應在臺灣地區使用或銷售，而不得再轉運至第三國。若輸入的大陸地區物品要再輸出，則應先退還至原發貨地後，再行輸出。但是爲了配合我國成立境外航運中心，本條文第四項後段但書作了例外規定，貨物可不受上述轉運的限制。

　　㈤准許輸入的條件　第八條第一項規定，主管機關依前條第一項

第一款公告准許輸入之大陸地區物品項目，以符合下列條件者為限：

　　1.不危害國家安全。

　　政府制定或執行政策時首重國家安全，「貿易法」第五條前段規定，「基於國家安全之目的，主管機關得會同有關機關報請行政院核定禁止或管制與特定國家或地區之貿易。」尤其對大陸地區的貿易更需要注意不可危害國家的安全。

　　2.對相關產業無不良影響。

　　依「貿易法」第六條第六款後段規定，外國輸出貨品至我國致使我國直接競爭產業增加負擔並遭受重大損失時，主管機關得暫停特定國家或地區或特定貨品的輸出入或採取其他必要措施，當然與大陸地區的貿易亦不應該對臺灣地區相關產業有不良的影響。

　　㈥情事變更的處理　第八條第二項規定，「因情事變更，前條第一項第一款之物品項目，有未符前項各款規定之一者，主管機關得停止輸入。」公告得輸入臺灣地區的大陸地區物品項目若於公告後因發生未能預期的情事，致使危害國家安全或對相關產業有不良影響者，主管機關得停止輸入。

　　㈦建議開放輸入大陸地區物品項目的程序　第八條第三項規定，「出進口廠商、工業團體或相關機關（構）得建議開放輸入大陸地區物品之項目，其程序由主管機關公告之。」依上項規定，經濟部已於八十二年四月二十六日公布「公告有關臺灣地區業者及相關機關（構）建議開放輸入大陸地區物品項目之程序」，其後並於八十五年十一月一日「公告修正建議開放間接輸入大陸地區物品項目之程序」，主要內容如下：

　　1.凡未經經濟部公告准許間接輸入之大陸地區物品項目，出進口廠商或工商團體如認其確已符合「臺灣地區與大陸地區貿易許可辦法」

第八條第一項規定「不危害國家安全，對相關產業無不良影響」之條件者，得填具「建議開放間接輸入大陸地區物品申請表」，並檢附相關資料，逕向經濟部國際貿易局提出開放進口之建議。建議項目經徵詢有關主管機關及工商團體意見，並召開審查會議通過者，由經濟部核定後公告准許自大陸地區以外之第三國家或地區間接輸入。

2.相關機關（構）亦得依其主管機關業務立場，依據前述開放條件或特殊情況詳加評估後，向經濟部國際貿易局提出建議開放間接輸入大陸地區物品項目，其經提審查會議通過者，由經濟部核定後公告實施。

五、輸入許可之申請

㈠一般輸入許可　第九條規定,「輸入第七條第一項第一款至第七款、第十二款及第十三款之物品，應向貿易局申請許可。但下列情形不在此限:

1.經主管機關另予公告委託簽證或免辦簽證之項目。

2.加工出口區或科學工業園區之廠商輸入第七條第一項第一款須簽證物品、第三款、第四款、第七款及第十三款之物品。

加工出口區或科學工業園區之廠商輸入前項第二款之物品，應向各該管理處（局）申請。

輸入第七條第一項第八款至第十一款之物品，應依有關法令向相關機關（構）申請許可或免辦許可之規定辦理。」

除非是經主管機關公告委託簽證或是免辦簽證的項目，凡所輸入的大陸地區物品係屬於主管機關公告准許輸入的物品，古物、宗教文物、民族藝術品、民俗文物、藝術品、文化資產維修材料及文教活動所需的少量物品，自用的研究或開發用樣品，依「大陸地區產業技術

引進許可辦法」規定准許輸入的物品，供學校、研究機構及動物園用的動物，保稅工廠輸入供加工外銷的原料及零組件，兩岸海上漁事糾紛和解賠償的漁獲物，或是其他經主管機關專案核准的物品，均應以向國際貿易局辦理簽證，取得輸入許可證爲原則；但若廠商在加工出口區或科學工業園區內者，而輸入的大陸地區物品係屬於主管機關公告准許輸入且須簽證的物品，自用的研究或開發用樣品，依「大陸地區產業技術引進許可辦法」規定准許輸入的物品，加工出口區及科學工業園區廠商輸入供加工外銷的原物料及零組件，或是其他經主管機關專案核准的物品，則應依規定向各該廠商所屬的加工出口區管理處或科學工業園區管理局申請輸入許可證。

輸入的大陸地區物品若屬於醫療用中藥材，行政院新聞局許可的出版品、電影片、錄影節目及廣播電視節目，財政部核定並經海關公告准許入境旅客攜帶入境的物品，船員及航空器服務人員依規定攜帶入境的物品，則應依其貨品性質，向其主管機關申請。例如醫療用中藥材應向行政院衛生署辦理，而出版品、電影片、錄影節目、廣播電視節目等則應向行政院新聞局辦理。上述物品若屬於免辦簽證貨品項目，輸入廠商則可不必辦理簽證，得免證輸入。

㈡專案輸入許可　第十一條規定，「政府機關申請輸入第七條第一項第一款及第十三款之物品，應經主管機關專案許可。」政府機關雖然申請輸入經經濟部公告准許輸入及專案核准之物品項目，仍須經主管機關辦理專案許可手續，取得輸入許可證後方得輸入。

六、進口文件的標示

第十條規定，「准許輸入之大陸地區物品，其進口文件上應列明『中國大陸(CHINESE MAINLAND)產製』字樣。其物品本身或內

外包裝有中共當局標誌（文字或圖樣）者，應於通關放行前予以塗銷。但有下列情形之一者，得免予塗銷：

1.中共當局標誌爲鑄刻而無統戰意味者。

2.第七條第一項第二款之物品。

3.第七條第一項第九款之物品經行政院新聞局同意者。

4.第七條第一項第十款至第十二款之物品。

輸入前項應於通關放行前塗銷中共當局標誌（文字或圖樣）之物品，其屬第七條第一項第一款、第三款、第六款、第七款及第十三款之物品，並經進口人向海關具結自行塗銷者，不受前項應於通關放行前塗銷規定之限制。」

自大陸地區輸入的文件上須記載「中國大陸（CHINESE MAIN-LAND）產製」字樣，以表示該文件係申請由中國大陸進口的文件，以便於識別。而凡是在貨品本身或內外包裝上有中共當局的標誌者，包括記載中華人民共和國、中共的國旗、中共的黨徽等，無論是文字或圖樣，均須於貨品通關前，在海關予以塗銷，不得附帶該標誌進口。

不過，如果有下列情形之一者，進口大陸物品本身或其內外包裝上的中共當局標誌得免予塗銷：

1.經鑄刻而無特別政治意義者，因其塗銷困難且無特別必要，故得予保留。

2.古物、宗教文物、民族藝術品、民俗文物、藝術品、文化資產維修材料及文教活動所需的少量物品，由於需保留其原始狀況，故不宜加以破壞。

3.經行政院新聞局許可的出版品、電影片、錄影節目及廣播電視節目，亦宜維持其實況，不應加以改變。

4.入境旅客攜帶經財政部核定且經海關公告准許入境的物品，船

員及航空器服務人員自大陸地區返國依規定所攜帶入境的物品，或是兩岸海上漁事糾紛和解賠償的漁獲物，由於數量均不大且均係屬自用，或性質特殊，故可免予塗銷。

除了上述免予塗銷的規定外，如果進口大陸地區的物品係屬於主管機關公告准許輸入的物品，自用的研究或開發用樣品，保稅工廠輸入供加工外銷的原料及零組件，加工出口區及科學工業園區廠商輸入供加工外銷的原物料及零組件，或是其他經主管機關專案核准的物品，而進口人在通關放行前向海關提出具結保證，將自行塗銷其所進口大陸物品本身或其內外包裝上的中共當局標誌，則可不受通關放行前應予塗銷的規定限制。

七、對大陸地區的輸出

㈠輸出許可的申請 第十二條第一項規定，「對大陸地區間接輸出貨品，應依有關輸出法令申請許可或免辦許可之規定辦理。」

依本辦法第五條規定，臺灣地區對大陸地區之貿易，原則採取間接方式，因此，對大陸地區的輸出亦採取間接輸出方式。除免辦許可的貨品外，應依「貨品輸出管理辦法」申請許可，取得輸出許可證後，始得輸出。

㈡特殊輸出文件的標示 第十二條第二項規定，「前項貨品係輸往大陸地區供委託加工或補償貿易者，應於輸出相關文件上載明該輸出目的。」

所謂「委託加工」係指利用大陸的人工及生產設備，由臺灣地區出口原料或半成品，委託大陸加工業者加工成為成品，然後回銷臺灣地區或轉售到第三國家地區。而所謂「補償貿易」指係由交易之一方當事人出售原料、機器、設備、生產技術、專利權、商標專用權或其

他智慧財產權，同時承諾向對方購買以其所售貨品或勞務所生產出來的相關產品作為抵付。因此，廠商若基於委託加工或補償貿易而對大陸輸出貨品時，須在文件上表示其輸出的目的。

㈢輸出貨品的投資　第十二條第三項規定，「前項出口人轉換其行為為投資時，應依在大陸地區從事投資或技術合作許可辦法規定，向主管機關申請許可。」

依「對外投資及技術合作審核處理辦法」第三條之規定，對外投資除以外匯（現金）方式外，亦得以機器設備、零配件、原料、半成品及可供出售的貨品等作為投資的資本。因此，如果廠商對大陸輸出貨品之後，若將輸出貨品轉換作為投資資金之用者，其行為由輸出轉為投資，故應依「在大陸地區從事投資或技術合作許可辦法」的規定，向經濟部投資審議委員會申請許可。

㈣出口文件的標示　第十三條規定，「對大陸地區間接輸出，其出口文件所載之目的地應明列『中國大陸(CHINESE MAIN-LAND)』字樣。」此規定是配合第十條由大陸地區輸入貨品時，於進口文件上應記載「中國大陸(CHINESE MAINLAND)」字樣，使出口與進口兩者均明確顯示對大陸之貿易，在管理上較為方便。

八、兩岸人民關係條例實施前之貿易行為

第十四條規定，「本條例施行前從事輸出入行為，未經取得許可且尚未完成通關放行者，應依據本條例第三十五條第三項及本辦法，申請許可。」

依「臺灣地區與大陸地區人民關係條例」第三十五條第三項規定，「本條例施行前，未經核准已從事第一項之投資、技術合作、貿易或其他商業行為者，應自前項許可辦法施行之日起三個月內向主管

機關申請許可，逾期未申請或申請未核准者，以未經許可論。」因此，臺灣地區之人民、法人或機構在尚未施行「臺灣地區與大陸地區人民關係條例」之前，若與大陸人民、法人或機構之間已有貨品輸出入行為者，原則上應自本辦法施行之日起三個月內向主管申請許可；但若已通關放行者，表示已完成一切手續，則可不必補辦許可手續。

倘若未依兩岸人民關係條例第三十五條第三項規定申請許可或雖申請但未經主管機關核准者，即等於違反該條例第三十五條第一項之規定，「臺灣地區人民、法人、團體或其他機構，非經主管機關許可，不得在大陸地區從事投資或技術合作，或與大陸地區人民、法人、團體或其他機構從事貿易或其他商業行為。」此種違法行為，依該條例第八十六條之規定，「違反第三十五條第一項規定從事投資、技術合作、貿易或其他商業行為者，處新臺幣三百萬元以上一千五百萬元以下罰鍰，並限期命其停止投資、技術合作、貿易或其他商業行為；逾期不停止者，得連續處罰。」

習題

壹、填充題

1.公司、行號其營利事業登記證上載明經營＿＿＿＿＿＿業務者，得依
「出進口廠商登記管理辦法」申請登記為出進口廠商。

2.出進口廠商英文名稱＿＿＿＿＿＿不得與現有或解散、歇業、註銷或
撤銷登記未滿＿＿＿＿＿＿的出進口廠商英文名稱相同或類似。但有
正當理由經＿＿＿＿＿＿專案核准者，不在此限。

3.出進口廠商依法合併或變更中文或英文名稱、組織、代表人或營業
處所，應檢具有關文件向＿＿＿＿＿＿辦理變更登記。

4.出進口廠商前一年（曆年）的出進口實績達一定金額標準者，經濟
部得予表揚為＿＿＿＿＿＿並列入＿＿＿＿＿＿。

5.出進口廠商經撤銷登記者，自撤銷日起或於撤銷前已受暫停處分
者，自受暫停處分之日起，＿＿＿＿＿＿內不得重新申請登記。

6.為維護國家安全，履行多邊、雙邊協定之規範，由＿＿＿＿＿＿會商
有關主管機關訂定高科技貨品輸出管制區域。

7. 國際進口證明書有效期限_____，進口人應通知外國出口人，於有效期限內向出口國政府申請輸出許可，逾期失效。國際進口證明書核發_____內，貨品未進口者，進口人應檢附原國際進口證明書並敘明理由向原發證機關（構）報備；原發證機關（構）應副知_____。

8. 進口人輸入已領有國際進口證明書或保證文件之貨品，除需申請_____者外，應於報關進口放行後_____內，檢具國際進口證明書或保證文件影本及經海關核章的進口報單副本（進口證明用聯）向原發證機關（構）報備；原發證機關（構）應副知經濟部。

9. 出口人申請輸出高科技貨品，應檢附進口國政府核發的_____，或檢附外國進口人出具的_____。

10. 出口人應在國際進口證明書或最終使用者證明書有效期限內申請_____。但各證明書未記載有效期限者，應自該證明書所載核發日或出具日起_____內申請。

11. 出口人輸出高科技貨品，應依照輸出許可證原核准的內容辦理輸出。通關時，如有不符事項，除_____、_____未逾證上所列者及_____得事後修改外，均須先辦理輸出許可證修改後，始得通關。

12. 出進口人輸出入高科技貨品應將有關文件或資料保存_____。

13. 軍事機關輸出入貨品, 免辦輸出入許可證, 憑 _____ 或其授權機關核准文件逕向海關辦理通關手續。但輸出入高科技貨品, 應依 _____ 辦理。

14. 軍事機關輸出入貨品應列入輸出入統計。但涉及 _____ 或 _____ 者, 得不以明細品目列計。

15. 「貿易處分案件聲明異議處理辦法」聲明異議的案件, 以不服 _____ 依「貿易法」第 _____ 條至第 _____ 條規定的處分者為限。

16. 貿易局為處理出進口人聲明異議案件, 應設 _____ 予以審議。

17. 貿易處分案件聲明異議審議委員會對於異議案件, 應先為程序審查, 其無「貿易處分案件聲明異議處理辦法」第十二條予以駁回的情形者, 再進而為 _____。如遇法規變更, 除法規另有規定外, 以程序從 _____ 實體從 _____ 為審查的基準。

18. 貿易局自收受異議書的次日起, 應於 _____ 內由貿易處分案件聲明異議審議委員會審定之, 並應於 _____ 內將審定結果通知異議人。

19. 貿易處分案件聲明異議審議委員會對於異議逾期不為審定者, 異議人得逕依訴願法規定向 _____ 提起訴願。

20.貿易處分案件聲明異議審議委員會派員或囑託其他有關機關送達異
　議文書者，應由執行送達人作成＿＿＿＿＿，採用郵務送達者，應
　使用異議文書＿＿＿＿＿。

21.「臺灣地區與大陸地區貿易許可辦法」依＿＿＿＿＿第三十五條第
　二項規定訂定之。

22.「臺灣地區與大陸地區貿易許可辦法」的主管機關為＿＿＿＿＿，
　其業務由＿＿＿＿＿辦理之。

23.臺灣地區與大陸地區貿易，除「臺灣地區與大陸地區貿易許可辦
　法」另有規定外，應以＿＿＿＿＿方式為之，其買方或賣方應為大
　陸地區以外得＿＿＿＿＿之第三地區業者，其貨品之運輸應經由＿
　＿＿＿＿＿為之。

24.准許輸入之大陸地區物品，其進口文件上應列明＿＿＿＿＿字樣。
　其物品本身或內外包裝有＿＿＿＿＿者，應於通關放行前予以塗
　銷。

貳、問答題：

1.試述申請登記為出進口廠商的條件？辦理登記時應檢送何種文件？

2.試述出進口實績的計算方式為何？

3.試述高科技貨品的範圍？為因應高科技貨品輸出入管理需要而成立
　的專責小組任務為何？

4. 試述進口人申請核發國際進口證明書、保證文件及抵達證明書時，各應檢附何種文件向何種單位申請辦理？

5. 試述進口人輸入高科技貨品向海關辦理確認進口的相關規定？

6. 試述出口人輸往非管制區域的高科技貨品得檢具足資證明的文件申請輸出許可證的情況？

7. 試述在何種情況下，貿易處分案件聲明異議審議委員會應駁回異議案件？

8. 試述得輸入臺灣地區的大陸地區物品項目？

9. 試述大陸地區物品得採直接方式輸入臺灣地區的情況？

10. 試述經濟部得公告准許輸入的大陸地區物品項目的條件？

11. 試述在何種情況下，准許輸入的大陸地區物品本身或內外包裝有中共當局標誌（文字或圖樣）者，得免於塗銷？

第六章　關稅法規

第一節　關稅法

五十六年八月八日總統令公布施行

五十七年七月十七日總統令修正公布

六十年八月二十四日總統令修正公布

六十三年七月二十七日總統令修正公布

六十五年七月十六日總統令修正公布

六十七年十二月八日總統令修正公布

六十八年七月十八日總統令修正公布

六十九年二月六日總統令修正公布

六十九年八月三十日總統令修正公布

七十二年五月六日總統令修正公布

七十四年一月四日總統令修正公布

七十五年一月三十日總統令修正公布

七十五年六月二十九日總統令修正公布

八十年七月二十二日總統令修正公布

八十六年五月七日總統令修正公布

一、前言

關稅法是關稅稽徵的主要法令依據，世界各國對於關稅的立法方式主要有下列三種：

1.綜合立法：將海關辦理各項業務的所有事項，均納入同一法典內，例如：韓國的關稅法，共分十一章二百四十三條，內容包括一般規定、估價與徵稅、國際關務合作、運輸工具、保稅區域、貨物運送、貨物通關、關員職權、罰則、調查及處理、補充規定等，係於一九六七年十二月二十九日公布實施，其後，並作多次修正。

2.關稅行政業務與關稅課徵分別立法：有的國家將關稅行政事項彙集於一法律內，稱為關稅法或關稅行政法；另將關稅的課徵、減免、優惠或排除適用等規定特別列舉，並附海關稅則，則稱關稅稅則法或關稅定率法。例如日本將執行關稅業務有關的關稅核定、繳納、徵收及退還、船舶飛機的進出口手續、保稅、沒入及暫時留置、異議、罰則……等，納入關稅法；另將稅則、稅率、課稅標準、關稅減免等納入關稅定率法；此外，尚有關稅臨時措施法，乃為謀求國計民生的健全發展，對必要的進口貨物調整其關稅稅率及其有關事項予以特別規定。

3.個別單獨立法：對於海關辦理的各項業務，就不同事項分別立法，例如我國分為：關稅法、海關緝私條例、懲治走私條例及中華民國稅則等。而美國除了一九三〇年所制定的關稅法外，其後又訂定了關稅法特別條款與行政條款、貿易法（Trade Act of 1974）、貿易協定法（Trade Agreements Act of 1979）、貿易暨關稅法（Trade and Tariff Act of 1984）、綜合貿易暨競爭力法（Omnibus Trade and Competitiveness Act of 1988）及一九九四年的烏拉圭回合協定法。

　　我國自清朝咸豐八年（西元一八五八年）聘英人李泰國爲海關總稅務司，建立新制海關之後，迄至一九四九年政府撤出大陸，歷任總稅務司及各關稅務司，大多數均由英籍人士擔任，而海關的制度也大多仿效英國。由於英國係海洋法國家，因此我國海關業務的執行亦依英國不成文法（判例法）傳統，且行政法的法源在十八世紀以前，亦以習慣法爲主要法源，因此我國過去一直無關稅法等成文法的訂頒。舉凡關務執行的各項辦法、規定、解釋等，均由財政部或關務署訂定，通知海關總稅務司，再轉頒各關，或由海關總稅務司署自行規定轉知各關遵行，海關通稱「關章」，均未經過立法程序制定。

　　最早由我國政府訂定的關稅法規，應屬民國十七年十二月七日由國民政府所制定公布的「國定稅則」，並於民國十八年二月一日施行。迄至民國二十三年六月十九日國民政府始公布「海關緝私條例」，三十七年三月十一日公布「懲治走私條例」，但海關最主要辦理進口貨物關稅稽徵依據的「關稅法」，乃於民國五十六年八月八日始由總統公布實施。其後，關稅法依國家財經政策及關務行政需要，歷經多次修訂，最近一次修訂爲民國八十六年五月七日。

　　「關稅法」雖然以規定課徵關稅爲其宗旨，但其涉及的事項相當廣泛，全文共計五十九條條文，分爲七章，第一章總則（第一條～第四條之四）；第二章稽徵程序（第五條～第二十五條之一），其中又分爲三節，第一節報關與查驗（第五條～第十一條之一），第二節完稅價格（第十二條～第二十一條），第三節納稅期限與行政救濟（第二十二條～第二十五條之一）；第三章稅款之優待（第二十六條～第四十四條之一），其中又分爲三節，第一節免稅（第二十六條～第三十三條），第二節緩繳及保稅（第三十五條～第三十五條之一），第三節退稅（第三十六條～第四十四條之一）；第四章違禁品（第四十五條）；第五章

特別關稅（第四十六條～第四十七條之二）；第六章罰則（第四十八條～第五十六條）；第七章附則（第五十七條之一～第五十九條）。

「關稅法」經公布實施之後，依本法規定，財政部及相關機關應制定的相關法令規則如下：

1.海關進口稅則。（第三條第一項）

2.財政部關稅稅率委員會組織規程。（第三條第二項）

3.關稅配額實施辦法。（第三條之一第二項）

4.採與海關電腦連線或電子資料傳輸方式辦理文件的實施辦法。（第四條之三第一項）

5.經營與海關電腦連線傳輸通關資料業務許可及管理辦法。（第四條之三第二項）

6.進口貨物預行報關處理準則。（第五條第二項）

7.運輸工具進出口通關管理辦法。（第五條之二第三項）

8.應繳關稅及保證金提供擔保實施辦法。（第五條之三）

9.報關行設置及管理辦法。（第六條第二項）

10.免驗品目範圍。（第九條第三項）

11.原產地認定標準。（第十一條之一第二項）

12.稅則分類估價評議會組織規程。（第二十四條第二項）

13.保稅倉庫設立及管理辦法。（第三十五條第三項）

14.保稅工廠設置及管理辦法。（第三十五條之一第三項）

15.外銷品沖退原料稅捐辦法。（第三十六條第三項）

16.平衡稅及反傾銷稅課徵實施辦法。（第四十六條之二第四項）

17.海關徵收規費規則。（第五十七條之一）

18.關稅法施行細則。（第五十八條）

19.其他辦法。除上述者外，由財政部公布與「關稅法」相關的辦

法，包括：

  (1)取締匿偽物品辦法。

  (2)免稅或從低徵稅之進口貨物補稅辦法。

  (3)貨物樣品進口通關辦法。

  (4)出口貨物報關驗放辦法。

二、總則

  ㈠關稅的課徵依據　第一條規定，「關稅之課徵，依本法之規定。」

  ㈡關稅的定義　第二條規定，「本法所稱關稅，指對國外進口貨物所課徵之進口稅。」所謂關稅，係指一個國家對於通過其國境的貨物所課徵的租稅。依本條規定，我國對關稅的課徵僅限於進口關稅，而不課徵出口關稅或通過關稅等其他種類的關稅。

  ㈢進口稅則　第三條第一項規定，「關稅依海關進口稅則由海關從價或從量徵收。海關進口稅則之稅率分為兩欄，分別適用於與中華民國有互惠待遇及無互惠待遇之國家或地區之進口貨物。其適用對象，由財政部會商有關機關後報請行政院核定，並由行政院函請立法院查照。海關進口稅則，另經立法程序制定公布之。」

  進口稅則係指經由立法程序制定並由海關彙總編製成冊的各類貨物進口稅率表，亦即係一國對應稅商品、免稅商品加以系統分類的一覽表。其內容包括稅則號列、商品名稱、徵稅標準、計稅單位、稅率等。進口稅則中的商品分類主要有兩種，一種係按商品的加工程度劃分，如原料、半製品、製成品；而另一種則係按商品的性質劃分，如農產品、畜產品、水產品、礦產品、紡織品、機器等。我國進口稅則的稅率分為兩欄，分別適用於與中華民國有互惠待遇及無互惠待遇的國家或地區的進口貨物，由海關依進口貨物價值（即從價）或依進口

貨物重量（即從量）徵收進口關稅。至於是否具有互惠待遇的國家或地區，其適用對象由財政部會商有關機關後，報請行政院核定，並函請立法院查照。

我國現行進口稅則的稅率分為：

1.第一欄稅率：第一欄的稅率較高，適用於與中華民國無互惠待遇之國家或地區，亦即不適用第二欄稅率的一般國家或地區的進口貨品，例如古巴、北韓等國家。

2.第二欄稅率：第二欄的稅率較低，適用於與我國有互惠待遇國家或地區的進口貨品。目前適用第二欄稅率的國家或地區為：澳大利亞、加拿大、美國、烏拉圭、日本、韓國、法國、香港、菲律賓、敘利亞、伊拉克、德國等數十餘國家。產品國別的認定標準一律以生產地為準，由海關就申報貨物及有關文件查明確定，但海關如認為有必要或查驗認定不易者，可以要求納稅義務人提供產地證明書以供參考。又第二欄未列稅率者，適用第一欄的稅率。

關稅法或海關進口稅則遇有修正時，其條文或稅率的適用依「關稅法施行細則」第二條規定如下：

1.進口貨物以其運輸工具進口日為準。但依關稅法第三十一條規定補稅之貨物，以其報關日為準；依關稅法第三十五條規定存儲保稅倉庫之貨物，以其申請出倉進口日為準；依關稅法第三十五條之一第二項規定核准內銷之貨物，以其報關日為準。

2.出口貨物以海關放行日為準。

㈣關稅稅率委員會　第三條第二項規定，「財政部為研議進口稅則之修正及特別關稅之課徵等事項，得設關稅稅率委員會，其組織及委員人選由財政部擬定，報請行政院核定。所需工作人員由財政部法定員額內調用之。」

㈤關稅配額的實施 第三條之一規定,「海關進口稅則得針對特定進口貨物, 就不同數量訂定其應適用之關稅稅率, 實施關稅配額。

前項關稅配額之實施辦法, 由財政部會同有關機關擬訂, 報請行政院核定後發布之。」

所謂關稅配額(tariff quota)係一種限制進口貨物數量的措施, 對於凡是在某一限額內進口的貨物可以適用較低的稅率或是免稅, 但是對於超過限額後所進口的貨物則適用較高或一般的稅率。嚴格來說, 關稅配額由於其對進口的總量並不作明確的規定, 並非屬於配額的一種, 但因其高額的進口關稅在無形中也對進口貨物發生了限制的作用。

㈥納稅義務人 第四條規定,「關稅納稅義務人為收貨人、提貨單或貨物之持有人。」

依「關稅法施行細則」第三條規定, 本條所稱收貨人係指提貨單或進口艙單記載之收貨人; 所稱提貨單持有人, 指因向上述收貨人受讓提貨單所載貨物而持有貨物提貨單, 或因受收貨人或受讓人委託而以自己名義向海關申報進口之人; 而所稱貨物持有人, 則係指持有應稅未稅貨物之人, 如「關稅法」第三十一條所稱之貨物持有人或受讓人等。

㈦清算人的義務 第四條之一規定,「納稅義務人為法人、合夥或非法人團體者, 於解散清算時, 清算人於分配賸餘財產前, 應依法分別按關稅、滯納金及罰鍰應受清償之順序繳清。

清算人違反前項規定者, 應就未清償之款項負繳納義務。」

因此, 依本條規定, 納稅義務人在解散清算時, 若尚有關稅、滯納金及罰鍰未繳時, 清算人應將納稅義務人的財產先行繳清關稅、滯納金及罰鍰後, 始得分配納稅義務人的賸餘財產。

㈧徵收期間 第四條之二規定,「依本法規定應徵之關稅、滯納金

或罰鍰，自確定之日起，五年內未經徵起者，不再徵收。但於五年期間屆滿前，已移送法院強制執行尚未結案者，不在此限。

前項期間之計算，於應徵之款項確定後，經准予分期或延期繳納者，自各該期間屆滿之翌日起算。

前二項規定，於依本法規定應徵之費用準用之。」

本條所稱的「確定」，依「關稅法施行細則」第三條之一規定，係指下列各種情形：

1.經海關核定或處分之案件，納稅義務人或受處分人未依法請求複查者。

2.經複查評定之案件，納稅義務人或受處分人未依法提起訴願者。

3.經訴願決定之案件，納稅義務人或受處分人未依法提起再訴願者。

4.經再訴願決定之案件，納稅義務人或受處分人未依法提起行政訴訟者。

5.經行政訴訟判決者。

㈨採與海關電腦連線或電子資料傳輸的處理方式　第四條之三規定，「依本法應辦理之事項及應提出之報單、發票及其他有關文件，採與海關電腦連線或電子資料傳輸方式辦理，其經海關電腦記錄有案者，視為已依本法規定辦理或提出；其實施辦法，由財政部定之。

經營前項與海關電腦連線傳輸通關資料業務者，應經財政部許可；其許可及管理辦法，由財政部定之。」

㈩洩漏秘密的處分　第四條之四規定，「關稅人員對於納稅義務人、貨物輸出人向海關所提供之各項報關資料，除對下列人員及機關外，應保守秘密，違者應予處分。其涉有觸犯刑法規定者，並應移送偵查：

1.納稅義務人、貨物輸出人本人或其繼承人。

2.納稅義務人、貨物輸出人授權之代理人或辯護人。

3.海關或稅捐稽徵機關。

4.監察機關。

5.受理有關關務訴願、訴訟機關。

6.依法從事調查關務案件之機關。

7.其他依法得向海關要求提供報關資料之機關或人員。

8.經財政部核定之機關人員。

海關對其他政府機關為統計目的而供應資料，並不洩漏納稅義務人、貨物輸出人之姓名或名稱者，不受前項限制。

第一項第三款至第八款之機關人員，對海關所提供第一項之資料，如有洩漏情事，準用同項對關務人員洩漏秘密之規定。」

三、報關與查驗

㈠進口貨物的申報期限及預報　第五條規定，「進口貨物之申報，由納稅義務人自裝載貨物之運輸工具進口日起十五日內，向海關辦理；納稅義務人並得在貨物進口前，預先申報。

前項進口貨物預行報關處理準則，由財政部定之。」

有關辦理報關納稅手續的依據，依「關稅法施行細則」第四條規定，「進口貨物之報關納稅手續，依海關所訂報關程序辦理。入境旅客攜帶行李物品之報關、查驗、估價、納稅、放行，依海關所訂報驗稅放辦法辦理。」

本條所稱的運輸工具進口日，依「關稅法施行細則」第五條規定，係指下列之日：

1.船運進口者：指船隻抵達本國口岸，向海關報到遞送進口艙單

之日。

2.空運進口者：指航空機抵達本國機場，關員登機收取進口艙單之日。

3.郵運進口者：指郵局寄發招領包裹通知之日；或郵局加蓋郵戳於包裹發遞單上之日。

4.轉運進口者：指裝載貨物之運輸工具最初抵達本國卸載口岸，向當地海關報到遞送進口艙單之日。

其中轉運進口貨物報關期限的起算日，以原貨轉運至其目的地向海關遞送轉運報單之日為準。

為了規範納稅義務人辦理預先申報貨物進口事宜,財政部制定「進出口貨物預行報關處理準則」，俾供遵循。

(二)進口貨物先放後核　第五條之一規定，「為加速進口貨物通關,海關得按納稅義務人申報之稅則號別及完稅價格，先行徵稅驗放，事後再加審查；如有應退應補稅款者，應於貨物放行後六個月內通知納稅義務人，逾期視為業經核定。

進口貨物未經海關依前項規定先行徵稅驗放，且海關無法即時核定其應納關稅者，海關得依納稅義務人之申請，准其檢具審查所需文件資料，並繳納相當金額之保證金，先行驗放，事後由海關審查，並於貨物放行之翌日起六個月內核定其應納稅額，逾期視為依納稅義務人之申報核定應納稅額。

進口貨物有下列情事之一者，不得依第一項規定先行徵稅驗放。但海關得依納稅義務人之申請，准其繳納相當金額之保證金，先行驗放，並限期由納稅義務人補辦手續，逾期未補辦者，沒入其保證金：

1.納稅義務人未即時檢具減、免關稅有關證明文件而能補正者。

2.納稅義務人未及申請簽發輸入許可文件，而有即時報關提貨之

需要者。但以進口貨物屬准許進口類貨物者爲限。

　3.其他經海關認爲有繳納保證金，先行驗放之必要者。」

　辦理進口貨物先放後核的手續，依本條規定有兩種方式，一是由海關主動辦理(第一項規定)；二是由業者提出申請並繳納相當保證金後辦理(第二項及第三項規定)。但是如果進口貨物具有本條第三項第一款至第三款所列情形者，海關不得主動辦理先放後核的手續。

　本條第一項所定逾期視爲業經核定及第二項所定逾期視爲依納稅義務人的申報核定應納稅額的規定，亦即進口貨物先放後核的退補稅期限，於關稅記帳的進口原料，不適用。

　依「關稅法施行細則」第五條之二規定，本條第二項所稱「相當金額」，指按海關擬適用的稅則號別或海關暫行核估的價格，核計相當於該貨物應繳稅款的數額。而本條第三項所稱「相當金額」，則係依下列規定計算：

　1.納稅義務人未即時檢具減、免關稅有關證明文件而能補正者，指相當於全部應繳稅款之數額。

　2.進口貨物屬准許進口類，納稅義務人未及申請簽發輸入許可文件，而有即時報關提貨之需要者，指相當於海關核定進口貨物完稅價格之數額。

　3.其他經海關認爲有繳納保證金，先行驗放之必要者，指由海關視案情需要所核定之數額。

　此外，依「關稅法施行細則」第五條之三規定，本條第三項規定限期由納稅義務人補辦手續之案件，因逾期未補辦經沒入其保證金者，納稅義務人得免再補辦該項手續結案。

　㈢運輸工具進出口通關　第五條之二規定，「裝載客貨之運輸工具進出口通關，由其負責人向海關申報。

前項所指負責人：船舶爲船長；飛機爲機長；火車爲列車長；其他機動車輛爲車輛管領人。

運輸工具進出口通關管理辦法，由財政部定之。」

㈣應繳關稅及保證金的擔保　第五條之三規定,「納稅義務人依第五條之一規定應繳之關稅及保證金,得經海關核准提供適當擔保爲之；其實施辦法,由財政部定之。」

㈤報關行　第六條規定,「進口貨物應辦之報關、納稅等手續,得委託報關行辦理。

前項報關行之設置及管理辦法,由財政部定之。」

㈥報關文件　第七條規定,「報關時應填送貨物進口報單,並檢附提貨單、發票、裝箱單及其他進口必須具備之有關文件。」

進口貨物報關應具備的文件,除了進口報單、提貨單、商業發票、裝箱單等基本必要文件以外,其他進口必須具備的有關文件,依「關稅法施行細則」第六條規定,係指下列各款文件：

1.按其他法令規定必須繳驗之輸入許可證、產地證明書。

2.驗估所需之型錄、說明書、仿單或圖像；如按租賃費或使用費課稅者其申請書。

3.海關受其他機關委託查驗放行時所憑之有關證件。

4.其他經海關指定檢送之證件。

其中第三款海關接受有關主管機關委託於報關時代查者,其種類包括如下：

文件名稱	核發機關	應繳驗文件之貨品	備　　　　註
1.輸入動物檢疫證明書	商品檢驗局	見「應施檢疫動植物品目表」	

2.輸入植物檢 　疫證明書	商品檢驗局	見「應施檢疫動植 物品目表」	
3.輸入檢驗合 　格證	商品檢驗局	見「應施檢驗商品 品目表」	
4.燻蒸消毒證 　明	衛生署檢疫所	獸類、羽毛、舊蔴 袋、衣服	
5.除鼠證明書	衛生署檢疫所	解體船隻(國輪)	
6.燻蒸消毒證 　明或免予消 　毒證明書	衛生署檢疫所	塑膠廢料、廢紙	
7.水產品輸入 　檢疫合格證 　書	衛生署檢疫所	見「應施霍亂檢疫 品目表」	
8.藥物贈(樣) 　品輸入審核 　通知書	衛生署藥政處	西藥樣品或贈品	無輸入許可證 (I/P)進口者 (有 I/P 者免 驗)
9.電信器材進 　口護照	交通部	無線電收信機、發 射機或具有電波發 射性能之電信器材	
10.船圖及噸 　位證明書	交通部		
11.書刊審查 　通知書	新聞局	新聞紙、雜誌、圖 書	
12.錄音帶審 　查通知書	新聞局	錄音帶	
13.電影片核 　准證明書	新聞局	電影片、電視影片、 錄影帶	

14.電信器材 進口護照 核准同意 函	交通部	直播衛星電視接收 器材	
15.入境許可 證	原子能委員會	高單位放射性物資 (核子原料、放射性 物質及可產生游離 輻射設備)	一般核子原 料、放射性物 質及產生游離 輻射設備憑 I/P放行
16.麵粉平價 基金免(收) 繳證明	麵粉平價基金 會	小麥	
17.註銷船籍 證明書	港務局	解體船隻(國輪)	
18.運輸護照	省政府建設廳	工業(程)用打釘槍 (器)	
19.度量衡器、 計量器准 運進口證	中央標準局	無I/P進口之度 量衡、計量器	
20.動物用藥 品贈(用) 品輸入核 准書	省(市)政府、 建設廳(局)	動物用藥品贈(樣) 品	
23.收購存油 證明書	中油公司	解體船隻(國輪)	

㈦發票內容　第八條規定,「依前條規定提出之發票, 應詳細載明收貨人名稱、地址、貨物名稱、牌名、數量、品質、規格、型式、號碼、單價、運費、保險費及其他各費, 暨輸出口岸減免之稅款等。如

貨物於未報關進口前售出者，應將原始契約一併送驗。」

依本條規定，如果進口商在貨物尚未報關進口前便已先行出售者，例如進口商將貨物預售給工廠，在報關時，除了商業發票以外，尙須將原始買賣契約一併送交海關查驗。

㈧查驗申請期限　第九條第一項規定，「進口貨物應自報關日起十日內申請海關查驗，逾期海關得會同倉庫管理人逕行查驗。」

本項內容所規定的查驗，依「關稅法施行細則」第七條規定，係以抽驗爲原則，抽驗件數，由海關視貨物的性質、種類、包裝件數的多寡等情形決定，必要時得全部開驗。

㈨查驗費用　第九條第二項規定，「前項貨物查驗時，其搬移、拆包或開箱暨恢復原狀等事項及所需費用，統由納稅義務人負擔。」

㈩免驗　第九條第三項規定，「進口貨物得視事實需要予以免驗；其免驗品目範圍，由財政部定之。」

進口貨物免驗品目的範圍，包括正副總統、外交官用品等法定免驗品目。此外，大宗物資、笨重的機器及器材、信譽良好廠商的進口貨物等，海關均得免驗。

(十一)查驗地點及時間　第十條規定，「進口貨物應在海關規定之時間及地點起卸、查驗。

進口貨物屬於易腐或危險物品，或具有特殊理由，經海關核准者，其起卸與查驗，不受前項規定之時間及地點限制。」

依「關稅法施行細則」第八條規定，海關依本條規定指定進口貨物起卸、查驗的時間及地點，應核發卸貨准單，其指定的起卸時間，應在海關辦公時間以內。如必須於辦公時間以外起卸者，得依申請核發特別准單，憑以起卸。而特別准單費的徵收，依海關徵收規費規則的規定。

此外，「關稅法施行細則」第九條亦規定，進口貨物於辦公時間內未能驗畢者，得由海關按實際情形酌予延長查驗時間。而經特准延長其查驗時間的貨物，應繳的特別驗貨費，依海關徵收規費規則的規定。

㈩取樣鑑定　第十一條規定，「爲鑑定進口貨物之品質、等級，供稅則分類或估價之參考，海關得提取貨樣，但以在鑑定技術上認爲必要之數量爲限。」依本條規定提取貨樣，應按財政部所訂定的「進出口貨物查驗及取樣準則」辦理。

㈡原產地認定標準的訂定　第十一條之一規定，「海關對進口貨物原產地之認定，應依原產地認定標準辦理，必要時得請納稅義務人提供產地證明文件。

前項原產地之認定標準，由財政部會同經濟部定之。」

有關「進口貨品原產地認定標準」，已由財政部與經濟部根據「臺灣地區產地證明書管理辦法」於民國八十三年九月十三日制定，並自八十四年元月一日起施行。其認定標準的相關規定，請參閱本書第七章第五節。

四、完稅價格

所謂完稅價格(Duty-Paying Value; DPV)，係指海關對於進口貨物，依照關稅法的規定計算，以作爲從價課徵該進口貨物關稅或其他稅捐的基準價格，其乘以法定關稅稅率便得出應課徵的關稅稅額。而海關爲了徵收正確、公平的關稅，對於從價課稅的進口貨物所應課徵關稅價格的核估，亦即對完稅價格的估定及核定，便稱爲關稅估價。

由於海關與進口商處於徵納雙方不同的立場，而且市場貨物的價格又是動態的，再加上影響價格的因素也很多，海關如何正確、迅速而公正的核定進口貨物的完稅價格，實在不易；此外，各國課徵關稅

的目的不同，對於關稅估價的規定也不一樣，甚至形成另一種貿易障礙。有鑑於此，世界各主要貿易國乃希望制定一套客觀、公平、統一的關稅估價制度，以促進國際貿易的正常發展。目前世界各國關稅估價的原則，主要是依據「布魯塞爾價格定義」或「交易價格」兩種，分別說明如下：

1.布魯塞爾價格定義（Brussels Definition of Value; BDV）

係一九五〇年十二月十五日關稅合作理事會（Customs Cooperation Council）成立時，依據與會國家代表在比利時首都布魯塞爾所共同簽署的「關稅估價公約」（Convention on the Valuation of Goods for Customs Purpose），而制定的一套關稅估價制度，並自一九五三年七月二十八日起生效，約有三十餘國參加，其中大部分為歐洲國家。其目的在便利國際貿易的拓展，簡化關稅談判及貿易統計的比較，以達成國際間核估進口貨物完稅價格的統一。

布魯塞爾價格定義為「關稅估價公約」的附錄一，共有三條條文，第一條規定完稅價格的基本概念，第二、三條則為完稅價格的補充規定。此外，公約的附錄二為價格定義解釋附註，係對價格定義的正當解釋及適用情況訂定原則。布魯塞爾價格定義規定，從價課稅進口貨物的估價，應採用正常價格(normal price)。正常價格係指關稅即行支付時(可為申報或登記貨物輸入時、或關稅支付時、或為結關時等，視各國的立法而定)，在買賣雙方各自獨立的公開市場中所形成的價格而言。由於此項估價制度所謂的公開市場正常價格，出於抽象理論，難以揣摩，廠商所報價格是否偏低，係由估價關員自由裁量，缺乏執行標準，致徵納雙方時起爭議。

布魯塞爾價格定義係主張以輸入國起岸價格（CIF price）作為估價依據，但關稅合作理事會中有美國、加拿大、澳大利亞、南非聯邦

等國卻以 FOB、輸出國國內市價或類似的價格爲依據，故未簽署加入關稅估價公約。爲了要建立一套更廣泛的關稅估價制度，關稅暨貿易總協定 (GATT) 遂於東京回合談判 (Tokyo Round) 中，制定了「關稅估價協定」(Customs Valuation Code) 以資適用。

2.交易價格 (Transaction Value)

由於關稅暨貿易總協定 (GATT) 第七條對關稅估價僅作原則性的規範，因此國際間希望建立一套合理、公平、統一與超然的關稅估價制度，以排除國際間盛行的任意估價風氣，並避免使用武斷式推測的價格作爲關稅估價的依據，而在東京回合 (Tokyo Round) 多邊貿易談判依據 GATT 第七條的精神達成協議，獲致較爲具體的新關稅估價制度，即「關稅暨貿易總協定第七條施行協定」(Agreement on Implementation of Article Ⅶ of the General Agreement on Tariffs and Trade)，或稱「關稅估價協定」(Customs Valuation Code)，並於一九八一年一月一日起開始實施。此項關稅估價協定全文共計三十一條條文，並附三個附錄，內容詳盡而極具技術性，故在附錄二內特別設立一個國際性的關稅估價委員會 (Committee on Customs Valuation)，藉以推動此一協定。該協定第一條規定，關稅估價應以銷售至輸入國的進口貨物實付或應付之交易價格爲基礎。故此種制度，一般稱爲「交易價格」制度。而在烏拉圭回合談判的最終協議中也制定了新的關稅估價協定，對於關稅估價之決定(Decision)，賦予海關有機會要求進口業者提供較多進口報價正確性之有關資料。進口貨物之關稅估價不能完全以填報價格爲準，海關有權維持一合理懷疑(reasonable doubt)，並且依關稅估價協定之規定，藉以認定其正確價格。

交易價格估價制度已爲世界各主要貿易國所採用，僅有海地、肯

亞、以色列等國家仍實施布魯塞爾價格定義關稅估價制度。雖然我國非關稅暨貿易總協定的會員國，亦非該施行協定的簽字國，原無遵行的義務，但我國於一九七八年十二月二十九日在東京回合尚未結束之前與美國所簽訂的中美雙邊貿易協定中，我國對美國承諾履行在東京回合所締結的非關稅措施協定，包括補貼及平衡稅、關稅估價、輸入簽證、政府採購、仿冒商標及技術性貿易障礙等規定，適用於開發中國家者，我國願意遵守同樣的義務，亦不採取有違關稅暨貿易總協定以及上述各類協定所規定的行為，我國乃於民國七十五年六月二十九日明令公布修正關稅法，全面修正關稅估價制度，改採「交易價格」估價制度，並於同年七月一日起正式實施。

我國依「關稅法」的規定，計算完稅價格的估價依據大致可歸納為下列十種：

1.交易價格（第十二條第一項前段）。

2.同樣貨物的交易價格（第十二條之二）。

3.類似貨物的交易價格（第十二條之三）。

4.國內銷售價格（第十二條之四第一項及第三項）。

5.推定價格（第十二條之四第四項及第五項）。

6.計算價格（第十二條之五）。

7.合理方法核定（第十二條之六）。

8.機械器具復運進口的修理裝配費用（第十六條第一款）。

9.加工貨物復運進口與出口時的差額（第十六條第二款）。

10.租賃費或使用費（第十七條）。

依我國「關稅法」的規定，海關辦理完稅價格估價時，主要係以進口貨物的交易價格為主，除非進口貨物的交易價格不適用，否則並不採用其他估價依據。

㈠完稅價格的核估　第十二條規定，「從價課徵關稅之進口貨物，其完稅價格以該進口貨物之交易價格作為計算根據。

前項交易價格，係指進口貨物由輸出國銷售至中華民國實付或應付之價格。

進口貨物之實付或應付價格，如未計入下列費用者，應將其計入完稅價格：

1.由買方負擔之佣金、手續費、容器及包裝費用。

2.由買方無償或減價提供賣方用於生產或銷售該貨之下列物品及勞務，經合理攤計之金額或減價金額：

　　⑴組成該進口貨物之原材料、零組件及其類似品。

　　⑵生產該進口貨物所需之工具、鑄模、模型及其類似品。

　　⑶生產該進口貨物所消耗之材料。

　　⑷生產該進口貨物在國外之工程、開發、工藝、設計或其類似勞務。

3.依交易條件由買方支付之權利金及報酬。

4.買方使用或處分進口貨物，實付或應付賣方之金額。

5.運至輸入口岸之運費、裝卸費及搬運費。

6.保險費。

依前項規定應計入完稅價格者，應根據客觀及可計量之資料。無客觀及可計量之資料者，視為無法按本條規定核估其完稅價格。

海關對納稅義務人提出之交易文件或其內容之眞實性或正確性存疑，納稅義務人未提出說明或提出說明後，海關仍有合理懷疑者，視為無法按本條規定核估其完稅價格。」

我國基於一九七八年及一九七九年兩次中美貿易諮商談判的承諾，於民國七十五年六月完成修正「關稅法」，將原本「實際價格」的

估價制度改變爲「交易價格」方式，雖然海關曾依關稅法第十二條第一、二項規定，在行政院所定實施交易價格課稅的過渡期間，爲簡化關稅課徵，對於進口稅率在百分之三十以上的貨物，訂定完稅價格表，報經財政部核准以表列價格爲課徵根據。惟在多次中美貿易談判中，因美國嚴重抗議完稅價格表違反交易價格制度，爲一不公平制度，是故，於民國七十五年十月一日起全面停止適用，取消了完稅價格表制度。

本條第二項所稱進口貨物由輸出國銷售至中華民國實付或應付之價格，依「關稅法施行細則第十一條之一規定，並不包括該貨物可單獨認定之下列費用、關稅及稅捐在內：

1.廠房、機械及設備等貨物進口後，從事之建築、設置、裝配、維護或技術協助等之費用。

2.進口後之運輸費用。

3.進口貨物應繳之關稅及稅捐。

而買方爲自己之利益支付之費用，除本法第十二條第四項所定之費用外，即使有利賣方，仍不得視爲對賣方之付款。」

依本條規定，交易價格是計算進口貨物完稅價格的依據及基礎，而所謂「實付或應付價格」係指由我國買方就進口貨物，已付或應付賣方或買方代賣方清償對第三者所負債的全部款項，亦即買方爲賣方的利益所支付或應付的全部款項，不論已否支付，或以任何方式支付，均應包括在內。又買方爲自己利益所從事的活動，即使對賣方有益，仍不得視爲對賣方的間接付款，故不得計列完稅價格而核課關稅。例如買方負擔的廣告、推廣或保證等業務所發生的費用，不得加入進口貨物的完稅價格內。

本條第三項第一款所稱佣金，不包括買方支付其代理商在國外採

購該進口貨物的報酬。而本條第三項第三款所稱權利金及報酬（例如專利權、特許權等），應以與該進口貨物有關者為限。

　　(二)不得作為計算完稅價格根據的交易價格　第十二條之一規定，「進口貨物之交易價格，有下列情事之一者，不得作為計算完稅價格之根據：

　　1.買方對該進口貨物之使用或處分受有限制者。但因中華民國法令之限制，或對該進口貨物轉售地區之限制，或其限制對價格無重大影響者，不在此限。

　　2.進口貨物之交易附有條件，致其價格無法核定者。

　　3.依交易條件買方使用或處分之部分收益應歸賣方，而其金額不明確者。

　　4.買賣雙方具有特殊關係，致影響交易價格者。

　　前項第四款所稱特殊關係，係指有下列各款情形之一者：

　　1.買賣雙方之一方為他方之經理人、董事或監察人者。

　　2.買賣雙方為同一事業之合夥人者。

　　3.買賣雙方具有僱傭關係者。

　　4.買賣之一方直接或間接持有或控制他方百分之五以上之表決權股份者。

　　5.買賣之一方直接或間接控制他方者。

　　6.買賣雙方由第三人直接或間接控制者。

　　7.買賣雙方共同直接或間接控制第三人者。

　　8.買賣雙方具有配偶或三親等以內之親屬關係者。」

　　依「關稅法施行細則」第十二條規定，「具有關稅法第十二條之一所定之特殊關係，經海關審查認為有影響交易價格者，應將書面連同稅款繳納證併送納稅義務人。但與下列價格之一相接近者，視為其特

殊關係不影響交易價格:

　　1.經海關核定買賣雙方無特殊關係之同樣或類似貨物之交易價格。

　　2.經海關核定之同樣或類似貨物之國內銷售價格。

　　3.經海關核定之同樣或類似貨物之計算價格。

　　前項相接近之標準，由財政部定之。

　　第一項第一款及第三款所稱同樣或類似貨物，以進口貨物在輸出國之出口日或出口日前後三十日內出口者爲限；第二款所稱同樣或類似貨物，以進口日或進口日前後三十日內進口者爲限。」

　　㈢同樣貨物的交易價格　第十二條之二規定，「進口貨物之完稅價格，不合於第十二條之規定核定者，海關得按該貨物出口時或出口前、後銷售至中華民國之同樣貨物之交易價格核定之。核定時應就交易型態、數量及運費等影響價格之因素作合理調整。

　　前項所稱同樣貨物，係指其生產國別、物理特性、品質及商譽等均與該進口貨物相同者。」

　　本條所稱同樣貨物交易價格有二種以上時，依「關稅法施行細則」第十三條第一項的規定，其交易價格，可依下列順序認定:

　　1.同一廠商生產之同樣貨物之交易價格，應較其他廠商生產之同樣貨物之交易價格優先適用。

　　2.同樣貨物與進口貨物交易型態相同及交易數量相當者，其交易價格應優先適用。

　　3.同樣貨物之交易價格有二種以上時，以最低者爲準。

　　此外，本條所稱出口前後，係指出口日前後三十日內。

　　㈣類似貨物的交易價格　第十二條之三規定，「進口貨物之完稅價格，不合於第十二條、第十二條之二之規定核定者，海關得按該貨物

出口時或出口前、後銷售至中華民國類似貨物之交易價格核定之。核定時應就交易型態、數量及運費等影響價格之因素作合理調整。

前項所稱類似貨物，係指與該進口貨物雖非完全相同，但其生產國別及功能相同，特性及組成之原材料相似，且在交易上可應為替代者。」

本條所稱類似貨物交易價格有二種以上時，其交易價格的認定順序可以準用「關稅法施行細則」第十三條第一項的規定，亦即

1.同一廠商生產之類似貨物之交易價格，應較其他廠商生產之類似貨物之交易價格優先適用。

2.類似貨物與進口貨物交易型態相同及交易數量相當者，其交易價格應優先適用。

3.類似貨物之交易價格有二種以上時，以最低者為準。

此外，本條所稱出口前後，係指出口日前後三十日內。

㈤國內銷售價格　第十二條之四第一項、第二項及第三項規定，「進口貨物之完稅價格，不合於第十二條、第十二條之二、第十二條之三之規定核定者，海關得按國內銷售價格核定之。

海關得依納稅義務人請求，變更本條及第十二條之五核估之適用順序。

第一項所稱國內銷售價格，係指該進口貨物、同樣或類似貨物，於該進口貨物進口時或進口前、後，在國內按其輸入原狀，於第一手交易階段，售予無特殊關係者最大銷售數量之單位價格核計後，扣減下列費用：

1.該進口貨物、同級或同類別進口貨物，在國內銷售之一般利潤、費用或通常支付之佣金。

2.貨物進口繳納之關稅及其他稅捐。

3.貨物進口後所發生之運費、保險費及其相關費用。」

本條第二項所稱進口前後，係指進口日前後三十日內。

依「關稅法施行細則」第十四條規定，本條所稱國內銷售價格，不包括國內第一手交易階段最大銷售數量的買方與該進口貨物的國外生產或銷售者，有關稅法第十二條第四項第二款所列情形之一者在內，亦即由買方無償或減價提供賣方用於生產或銷售該貨的物品及勞務，經合理攤計的金額或減價金額。

㈥推定價格　第十二條之四第四項及第五項規定，「按國內銷售價格核估之進口貨物，在其進口時或進口前、後，無該進口貨物、同樣或類似貨物在國內銷售者，應以該進口貨物進口後九十日內，按該進口貨物、同樣或類似貨物輸入原狀首批售予無特殊關係者相當數量之單位價格核計後，扣減前項所列各款費用計算之。

進口貨物非按輸入原狀銷售者，海關依納稅義務人之申請，按該進口貨物經加工後售予無特殊關係者最大銷售數量之單位價格，核定其完稅價格，該單位價格應扣除加工後之增值及第三項所列之扣減費用。」

㈦計算價格　第十二條之五規定，「進口貨物之完稅價格，不合於第十二條、第十二條之二、第十二條之三及第十二條之四之規定核定者，海關得按計算價格核定之。

前項所稱計算價格，係指下列各項費用之總和：

1.生產該進口貨物之成本及費用。

2.由輸出國生產銷售至中華民國該進口貨物、同級或同類別貨物之正常利潤與一般費用。

3.運至輸入口岸之運費、裝卸費、搬運費及保險費。」

本條第二項第一款的成本及費用，依「關稅法施行細則」第十五

條的規定,應依據該進口貨物生產廠商所提供與該進口貨物生產有關,且符合生產國一般公認會計原則的帳載資料核定。

㈧合理方法核定　第十二條之六規定,「進口貨物之完稅價格,不合於第十二條、第十二條之二、第十二條之三、第十二條之四及第十二條之五之規定核定者,海關得依據查得之資料,以合理方法核定之。

依前項規定核定完稅價格者,經納稅義務人請求,海關應以書面告知其核估方法。」

依「關稅法施行細則」第十五條之一規定,本條所稱合理方法,係指參酌關稅法第十二條至第十二條之五所定核估完稅價格的原則,採用的核估方法。

原「關稅法」第十三、十四、十五條刪除。

㈨復運進口貨物的完稅價格　第十六條規定,「運往國外修理、裝配之機械、器具或加工貨物,復運進口者,依下列規定,核估完稅價格:

1.修理、裝配之機械、器具,以其修理、裝配所需費用,作為計算根據。

2.加工貨物,以該貨復運進口時之完稅價格與原貨出口時同類貨物進口之完稅價格之差額,作為計算根據。」

有關復運進口貨物的完稅價格,依「關稅法施行細則」第十六條規定,「依關稅法第十六條第一款規定課稅之進口貨物,以其修理裝配所需費用(不包括運費及保險費)作為完稅價格課徵關稅。但運往國外免費修理之貨物,如其原訂購該貨之合約或發票載明保證免費修理,或雙方來往函電足資證明免費修理者,復運進口免稅。

依前項規定課稅或免稅之進口貨物,不能提供修理裝配費或免費修理之有關證件者,海關得按貨物本身完稅價格十分之一,作為修理

裝配費之完稅價格計課。

依關稅法第十六條第二款規定課稅之進口貨物，如原貨出口時，無同類貨物進口之完稅價格，得參照接近原貨出口日期之同類貨物進口之完稅價格核估，無同類貨物進口之完稅價格時，得就加工復運進口貨物之完稅價格與原出口貨物離岸價格之差額課徵之。

依關稅法第十六條規定課稅或免稅之貨物，其出口及復運進口時，均應於出口或進口報單詳列品名、數量及規格等，並聲明係運往國外修理、裝配或加工者。同時將應修理或裝配之損毀缺失情形或加工後之物品名稱、規格與數量等於出口報單載明。」

㈩租賃費或使用費　第十七條規定，「進口貨物係租賃或負擔使用費而所有權未經轉讓者，其完稅價格，根據租賃費或使用費估定之。

前項貨物以基於專利或製造上之秘密不能轉讓，或因特殊原因經財政部專案核准者為限。

第一項租賃或使用期限，由財政部核定之。」

有關進口人申請按租賃費或使用費課稅所應具備的文件，依「關稅法施行細則」第十七條的規定，申請海關按租賃費或使用費課稅之進口貨物，除應將貨物本身之完稅價格及其租賃費或使用費分別報明外，並應檢附合約書及下列各款有關文件：

1.基於專利權不能轉讓者，應檢附出口國政府主管專利業務機關簽發之專利證書或證明文件副本。

2.基於製造上之秘密不能轉讓者，應檢附該項貨物在功效上特點之詳細說明書或有關文件。

3.基於特殊原因經專案核准者，應檢附財政部專案核准文件。

進口人在辦理申報時，並應載明下列各款金額：

1.貨物價值之息金。

2.折舊費。

3.研究費攤分金額。

4.其他費用。

「關稅法施行細則」第十八條規定，依關稅法第十七條規定申請海關按租賃費或使用費課稅之進口貨物，以其租賃費或使用費（包括運費及保險費）作爲完稅價格。但其累積之租賃費或使用費高於最近進口之同類貨物之完稅價格者，得經納稅義務人於進口時申請按該等同類貨物之完稅價格核定完稅價格。租賃費或使用費如納稅義務人申報偏低時，海關得根據調查所得資料核實估定之。但每年租賃費或使用費不得低於貨物本身完稅價格之十分之一。

依規定按租賃費或使用費課稅之進口貨物，除按租賃費或使用費繳納關稅外，應就其與總值應繳全額關稅之差額提供保證金，或由授信機構擔保，俟其租賃或使用期限屆滿報運出口或經財政部核准銷毀時發還或解除授信機構保證責任。如果進口貨物發生部分毀損，由納稅義務人付出之賠償費，應併入租賃費或使用費內計算；若全部毀損者，則按進口時之完稅價格計徵全額關稅。

此外，依規定按租賃費或使用費課稅之進口貨物未依規定期限復運出口或在租賃期間內出售者，按逾限或出售當時折舊補徵關稅，以其所繳保證金抵繳或由授信機構代爲繳納。

(土)外幣價格的折算　第十八條規定，「從價課徵關稅之進口貨物，其外幣價格之折算，以當時外匯管理機關公告或認可之外國貨幣價格爲準；其適用由財政部以命令定之。」

(圭)拆裝機器設備的稅則號別　第十九條規定，「整套機器及其在產製物品過程中直接用於該項機器之必須設備，因體積過大或其他原因，須拆散、分裝報運進口者，除事前檢同有關文件申報，海關核明屬實，

按整套機器設備應列之稅則號別徵稅外，各按其應列之稅則號別徵稅。」

　　本條所稱的整套機器設備的適用範圍，「依關稅法施行細則」第二十一條規定，以供組成該項機器運轉產製物品所需之各種機件，在操作過程中直接用於該項機器之設備及正常使用情形下供其備用或週轉用之必需機件或設備為限。隨整套機器設備進口之超量機件或設備，各按其應列之稅則號別徵稅。而上述供備用或週轉用機件或設備之數量，由海關依主管機關證明認定。

　　有關申請按整套機器設備徵稅的時限和文件，「關稅法施行細則」第二十二條規定，「整套機器設備拆散分裝報運進口，申請按整套機器設備應列之稅則號別徵稅者，應於該項機器設備進口放行前；如係分批進口者，應於第一批進口放行前，檢附下列各款文件，向其進口地海關申請之：

　　1.機器設備型錄及其設計藍圖。

　　2.機器設備產製之物品名稱及其生產能量等有關說明文件。

　　3.向國外廠商訂購該項機器設備之詳細合約。

　　4.進口機器設備表一份，分別填列機器設備名稱、規格、單位、數量、單價、總價及詳細用途。

　　申請修正前項第四款進口機器設備表，追加進口機器設備者，以在整套機器設備第一批進口放行前申請者為限。」

　　有關「機器設備進口清表」的格式，規定於「關稅法施行細則」的附件中，格式如下：

機器設備進口清表　　　年　月　日編製

機器設備名稱		規格	單位	數量	單價	總價	詳細用途
中　文	英　文						

　　　　　　　　　　　　○○○公司（公司負責人簽章）具

附註：1.本表應填一式三份由生產事業逐頁加蓋公司圖記及負責人私章後, 連同

　　　　　申請書逐送財政部。

　　　2.本表應按政府規定長二十六公分、寬十九公分之紙張裝訂成冊。

　　　3.不依本表格式填列, 不予受理。

　　㈬拆裝貨物的稅則號別　　第二十條規定,「由數種物品組合而成之貨物, 拆散、分裝報運進口者, 除機器依前條規定辦理外, 按整體貨物應列之稅則號別徵稅。」

　　「關稅法施行細則」第二十三條規定,「依關稅法第二十條規定, 整體貨物拆散、分裝報運進口, 按下列情形之一認定之:

　　1.組合物品之名稱與數量, 載入同一輸入許可證或同一提貨單者。

　　2.組合物品之數量, 適合整體貨物所需之數量者。

　　3.組合物品之種類、名稱均爲整體貨物之組件, 雖其數量不足以裝配成整體貨物, 但其每套價值超過整體貨物價值百分之五十者。

　　依經濟部核准分期自製整體貨物計畫之廠商, 照核定之分期自製百分比, 直接進口該項自製整體貨物之零件、配件或附件, 於進口報

關時，檢附經濟部核准自製該項整體貨物之證明文件，由海關核明屬實者，按該項自製整體貨物之零件、配件或附件應行歸屬之稅則號別徵稅。」

㈤正確完稅價格的查明措施　第二十一條規定，「為查明進口貨物之正確完稅價格，除參考第七條及第八條規定之證件外，得採取下列措施：

1.檢查該貨物買、賣雙方有關售價之其他文件。

2.調查該貨物及同樣或類似貨物之交易價格或國內銷售價格，暨查閱其以往進口時之完稅價格紀錄。

3.調查其他廠商出售該貨物及同樣或類似貨物之有關帳簿及單證。

4.調查其他與核定完稅價格有關資料。」

依「關稅法施行細則」第二十四條規定，海關依關稅法第二十一條規定執行查價時，受調查人無正當理由拒絕調查或拒不提供有關帳冊、單據等證件時，海關按關稅法第四十九條之一規定處以罰鍰，並命補送有關帳冊、單據等證件，逾十五日仍不照辦者，海關得續行調查。

五、納稅期限與行政救濟

㈠納稅期限　第二十二條規定，「關稅之繳納，自海關填發稅款繳納證之日起十四日內為之。」

依本條規定，納稅義務人若逾期未繳納關稅者，根據本法第四十九條規定，將自第十五日起加收滯納金至六十日，其後未繳納關稅的貨物則由海關拍賣。

㈡應稅貨物的放行　第二十二條之一規定，「應徵關稅之進口貨

物, 應於繳納關稅後, 予以放行。但本法另有規定或經海關核准已提供擔保者, 應先予放行。」

㈢聲明異議　第二十三條規定,「納稅義務人如不服海關對其進口貨物核定之稅則號別、完稅價格或應補繳稅款或特別關稅者, 得於收到海關填發稅款繳納證之日起十四日內, 依規定格式, 以書面向海關聲明異議, 請求複查。海關在行政救濟未確定前, 經納稅義務人繳納全部稅款或提供相當擔保後, 應將貨物放行。」

依「關稅法施行細則」第二十四條之二規定, 本條但書所稱相當擔保, 指相當於海關核定應納稅款之下列擔保:

1.政府發行之公債券。

2.銀行定期存款單。

3.信用合作社定期存款單。

4.信託投資公司一年以上普通信託憑證。

5.授信機構之保證。

上述第一款至第四款之擔保應設定質權於海關。

㈣異議案件的處理　第二十四條規定,「海關應於接到異議書後十二日內, 將該案重行審核, 認為有理由者, 應變更原核之稅則號別或完稅價格; 認為無理由者, 應加具意見, 報請財政部關稅總局評定之, 評定期間以二個月為限。

財政部關稅總局為受理前項案件, 應設稅則分類估價評議會; 其組織規程, 由財政部定之。」

㈤訴願及行政訴訟　第二十五條第一項規定,「納稅義務人不服前條財政部關稅總局之評定者, 得依法提起訴願及行政訴訟。

經評定、訴願或行政訴訟確定應退還稅款者, 海關應於評定或接到訴願決定書或行政法院判決書正本後十日內, 予以退回; 並自納稅

義務人繳納該項稅款之翌日起,至填發收入退還書或國庫支票之日止,按退稅額依繳納關稅之日郵政儲金匯業局之一年期定期存款利率,按日加計利息,一併退還。

　　經評定、訴願或行政訴訟確定應補繳稅款者,海關應於評定或接到訴願決定書或行政法院判決書正本後十日內,填發補繳稅款繳納通知書,通知納稅義務人繳納,並自該項補繳稅款原應繳納期間屆滿之翌日起,至填發補繳稅款繳納通知書之日止,按補繳稅額,依原應繳納關稅之日郵政儲金匯業局之一年期定期存款利率,按日加計利息,一併徵收。」

　　納稅義務人依本條提起訴願時,應依訴願法的規定向財政部提起,最後可向行政院提起;若提起行政訴訟時,則應依行政訴訟法處理,向行政法院提出。

　　海關依關稅法的規定應為文書的送達者,依「關稅法施行細則」第七十三條的規定,準用「民事訴訟法」有關送達的規定(第二節送達,第一百二十三～一百五十三條)。

　　有關納稅義務人不服海關對其進口貨物核定的稅則號別、完稅價格或應補繳稅款或特別關稅時,其行政救濟流程如下:

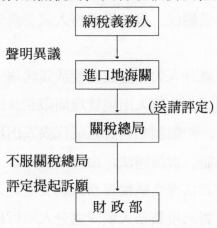

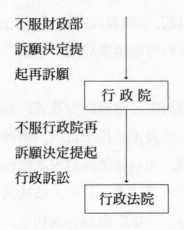

不服財政部
訴願決定提
起再訴願

行 政 院

不服行政院再
訴願決定提起
行政訴訟

行政法院

圖 6-1　海關行政救濟流程圖

資料來源: 財政部關政司

㈥關稅的保全　第二十五條之一規定,「納稅義務人或受處分人欠繳應繳關稅、滯納金或罰鍰者，海關得就納稅義務人或受處分人相當於應繳金額之財產，通知有關機關不得為移轉或設定他項權利; 其為營利事業者，並得通知主管機關限制其減資或註銷之登記。

欠繳依本法規定應繳關稅、滯納金或罰鍰之納稅義務人或受處分人，有隱匿或移轉財產逃避執行之跡象者，海關得聲請法院就其財產實施假扣押，並免提供擔保。但納稅義務人或受處分人已提供相當擔保者，不在此限。

納稅義務人或受處分人欠繳應繳關稅或罰鍰達一定金額者，得由司法機關或財政部函請內政部入出境管理局限制其出境; 其為法人、合夥或非法人團體者，得限制其負責人或代表人出境。但已提供相當擔保者，應解除其限制。實施辦法，由行政院定之。」

依本條規定，海關為保全納稅義務人或受處分人欠繳應繳關稅、滯納金或罰鍰者，可對納稅義務人或受處分人執行以下四種措施:

1.停止財產的移轉或設定他項權利。

2.限制減資或註銷登記。

3.假扣押。

4.限制出境。

六、免稅

㈠免稅項目　第二十六條規定，「下列各款進口貨物免稅：

1.總統、副總統應用物品。

2.駐在中華民國之各國使領館外交官、領事官與其他享有外交待遇之機關及人員進口之公用或自用物品。但以各該國對中華民國給予同樣待遇者為限。

3.外交機關進口之外交郵袋、政府派駐國外機構人員任滿調回攜帶自用物品；其範圍及品目，由財政部定之。

4.軍事機關、部隊進口之軍用武器、裝備、車輛、艦艇、航空器與其附屬品，及專供軍用之物資。

5.辦理救濟事業之政府機構、公益、慈善團體進口或受贈之救濟物資。

6.公私立各級學校、教育或研究機關，依其設立性質，進口用於教育、研究或實驗之必需品與參加國際比賽之體育團體訓練及比賽用之必需體育器材。但以成品為限。

7.專賣機關進口供專賣之專賣品。

8.外國政府或機關、團體贈送之勳章、徽章及其類似之獎品。

9.公私文件及其類似物品。

10.廣告及貨樣，無商業價值或其價值在財政部規定之限額以下者。

11.中華民國漁船在海外捕獲之水產品。或經政府核准由中華民國人前往國外投資國外公司，以其所屬原爲中華民國漁船在海外捕獲之水產品運回數量合於財政部規定者。

12.打撈沈沒之船舶、航空器及其器材。

13.經營貿易屆滿二年之中華民國船隻，因逾齡或其他原因，核准解體者。但不屬船身固定設備之各種船用物品、工具、備用之洋貨、存煤、存油等除外。

14.經營國際貿易之船舶、航空器或其他運輸工具專用之燃料、物料。但外國籍者，以各該國對中華民國給予同樣待遇者爲限。

15.旅客攜帶之自用行李、物品；其品目範圍，由財政部定之。

16.私人餽贈之進口物品郵包數量零星者；其限度由財政部定之。

17.政府機關進口防疫用之藥品或醫療器材。

18.政府機關爲緊急救難進口之器材及物品。」

依本條規定，具有特殊理由、特殊機關或特殊身分所進口的貨物，免繳進口關稅。

有關本條免稅項目的說明，依「關稅法施行細則」第二十五條～三十四條之一的規定如下：

1.本條第一款規定之免稅貨物，由海關驗憑總統府有關單位之證明文件或根據財政部命令辦理之。

2.本條第六款所稱研究機關，包括公私設立之研究機構。所稱進口用於教育、研究或實驗之必需品，包括公私立醫學院校爲其附設教學醫院進口用於臨床醫學實習之醫療儀器在內。

3.本條第二款及第四款至第六款所定各種用品物資之免稅規則，由財政部分別會商外交部、國防部、內政部、教育部等有關機關另行定之。

4.本條第七款所稱專賣品，以直接供專賣者爲限，不包括製造專賣品之原料。專賣品之進口，專賣機關應將其品名、數量、規格及價值列表函洽進口地海關辦理免稅手續。

5.本條第十款所稱廣告品，指印有或刻有廣告主體牌號或廣告之宣傳品。所稱貨樣，指印有或刻有樣品或非賣品字樣，供交易或製造上參考之物品。所稱無商業價值，指不具交易價值及已經塗損、破壞，不能再供正常使用者而言。具有價值之廣告品及貨樣，其免稅限額依財政部所定「貨物樣品進口通關辦法」之規定。

6.依本條第十一款後段規定，在海外捕獲運回之免稅水產品，其數量應先經財政部會商農業主管機關同意後核定之。進口時並應向海關檢具我國駐當地使領館或代表機構核明數量出具之證明文件。

7.本條第十二款所稱打撈沈沒之船舶、航空器及其器材，以下列各款爲限：

　　⑴在我國領海以內觸礁擱淺或因其他海難不能修復之船舶，或因飛行失事沈沒之航空器，經交通主管機關核准打撈者。

　　⑵在領海以外觸礁擱淺或其他海難不能修復之船舶，或因飛行失事沈沒之航空器，屬於本國籍經參加營運有進口紀錄可查，其拆解材料或拖曳進口解體者。

　　上述打撈之船舶或航空器內不屬船身或機身固定設備之各種船用或機用物品、工具、器皿等，仍依進口稅則規定徵稅。

8.本條第十三款所稱核准解體船舶，以經交通部核准解體並有航運紀錄之有關文件者爲限。其營運屆滿二年之計算，自該輪取得我國國籍之日起至向交通部申請解體之日止爲準。

9.本條第十四款所稱船舶專用之物料，於船舶進口時由船長按規定格式繕具清單一份，交由檢查之關員查核，除該船舶港內需用數量

外，其餘封存船上，其因故必須動用已加封物料時，應事先報經海關核准。

10.進口船舶就地採購專用物料者,船長應出具申請書交由輪船公司或代理行繕具出口報單一份，報明增添之物料名稱、數量，送經海關審核，其申請數量合理者，准在船邊驗放。前上述規定程序採購專用燃油者，應加繕出口報單副本一份，桶裝燃油，憑裝貨單船邊驗放；散裝燃油申請人應繳驗有關證件，送由海關核發裝油准單，持憑准單裝油。

11.本條第十七款所稱防疫用之藥品或醫療器材,以經行政院衛生署證明者為限。

12.本條第十八款規定之免稅器材及物品,由海關根據財政部核准文件辦理之。

原「關稅法」第二十七條及第二十七條之一刪除。

㈡壞失貨物的免稅　第二十八條規定,「進口貨物有下列情形之一者，免徵關稅:

1.在國外運輸途中或起卸時，因損失、變質、損壞致無價值，於進口時，向海關聲明者。

2.起卸以後，驗放以前，因水火或不可抗力之禍變，而遭受損失或損壞致無價值者。

3.在海關查驗時業已破漏、損壞或腐爛致無價值，非因倉庫管理人員或貨物關係人保管不慎所致者。

4.於海關放行前，納稅義務人申請退運出口經海關核准者。」

依「關稅法施行細則」第四十一條規定，進口貨物依關稅法第二十八條第一款規定免徵關稅者，應按下列規定辦理:

1.載運該貨物進口之運輸工具，應將其直接卸入港口碼頭或航空

站內經海關核准登記之進口貨棧存儲。

　　2.進口貨棧經營人或其僱用之管理人，應立即繕具損失、變質或損壞貨物清單兩份，送由載運該貨物進口之運輸工具管理貨物人員副署後逐送海關駐貨棧人員初步檢查，將其損失、變質或損壞情形，分別詳細註明並簽章，一份存查；一份轉送海關報關業務主管單位附入該運輸工具進口艙單內備查。

　　3.納稅義務人應在進口報單內將該貨物損失、變質或損壞情形聲明，以憑核對。

　　此外，「關稅法施行細則」第四十一條之一也規定，進口貨物遇有下列情事之一者，不得依關稅法第二十八條之規定申請免徵關稅或發還已繳稅款：

　　1.已經納稅義務人報關繳稅並經海關放行之進口貨物，在存倉尚未提取期間遭受損失或損壞致無價值者。

　　2.進口貨物在查驗時，如有失竊、整理包裝不善、因開箱或拆包不慎，或係鮮貨因延不報關存倉日久，發生破漏、損壞或腐爛致無價值者。

　　3.免驗貨物於放行提領後，發現有破漏、損壞或腐爛致無價值者。

　　㈢賠償或掉換貨物的免稅　第二十九條規定，「課徵關稅之進口貨物，發現損壞或規格、品質與原訂合約規定不符，由國外廠商賠償或掉換者，該項賠償或掉換進口之貨物，免徵關稅。但以在原貨物進口後一個月內申請核辦，並提供有關證件，經查明屬實者為限。

　　前項貨物如係機器設備，得於安裝就緒試車後三個月內申請核辦。」

　　有關賠償或掉換貨物的免稅，「關稅法施行細則」第四十二～四十六條規定如下：

1.本條規定賠償或掉換進口之貨物之免稅，應於原貨進口後一個月內向海關申請，其起算日期以進口報單所載之海關放行日期為準。

2.依本條第二項規定，於安裝就緒試車後三個月內申請核辦者，應檢具生產主管機關證明試車日期之文件，如未能檢具者，仍應依前項規定辦理。

3.依本條規定申請海關核辦時，應備申請書一份，敘明：

　　⑴原進口貨名、品質、數量、價值、進口日期、進口船名及進口報單號碼。

　　⑵原貨進口放行後，發現損壞或規格、品質與原訂合約規定不符之詳細情形，如係機器設備，應敘明試車日期。

　　⑶擬賠償或掉換進口之貨品名稱、品質、數量及價值。

　　上述申請案件，應檢附原訂合約及有關來往文件，其於申請時因故不及檢附者，得於賠償或掉換貨物進口時補送之。

4.依本條退回國外掉換之貨物報運出口時，海關應就納稅義務人依前條規定提供之申請書核對相符及查驗屬實後放行。

5.應退回國外掉換之貨物經國外廠商聲明放棄無須復運出口者，應將原貨送關查驗；其因體積或數量巨大笨重或其他特殊原因，運送確有困難者，得申請海關派員至該貨存儲地點查驗。如其全部或一部分尚有利用價值者，應重行估價徵稅。

6.賠償或掉換進口之貨物，自海關通知核准之日起六個月內報運進口，如因事實需要，於期限屆滿前，得申請海關延長之，但以延長六個月為限。

7.復運出口之原貨及賠償或掉換進口之貨物，除因特殊情形報經原進口海關核准者外，其起運或到達地點，均以報運原貨進口之口岸為限。

㈣原貨復運出口的免稅　第三十條規定,「應徵關稅之貨樣、科學研究用品、試驗用品、展覽物品、遊藝團體服裝、道具、攝製電影電視之攝影製片器材、安裝修理機器必需之儀器、工具、盛裝貨物用之容器、進口整修、保養之成品及其他經財政部核定之物品, 在進口後六個月內或於財政部核定之日期前, 原貨復運出口者, 免徵關稅。」

有關原貨復運出口的免稅,「關稅法施行細則」第四十七～四十八條規定如下:

1.本條規定免稅進口之貨物, 以非消耗性物品為限。進口時應將品名、牌名、規格及數量詳列進口報單, 並附申請書及證件, 聲明進口後六個月內或於財政部核定之日期前復運出口, 繳納稅款保證金或由授信機構擔保驗放。其依限出口者, 退還保證金或解除授信機構保證責任; 逾限時, 將保證金抵繳或由授信機構代為繳納進口關稅。上述貨物如係基於政府機關或財政部核定之單位邀請來臺之人員所攜帶, 或由政府機關主辦或協辦進口或經財政部專案核准進口者, 得由政府有關機關或公營事業單位提供書面保證。

2.本條所稱貨樣, 指超過關稅法第二十六條第十款規定之限額者而言, 其數量以經海關審核認屬合理者為限。

3.所稱科學研究用品、試驗用品, 指具有研究、試驗設備之個人、工廠或研究機構所進口供研究、試驗之用品, 且經提供有關文件由海關審核相符者而言。

4.所稱展覽物品, 指為舉辦展覽會供公開展示用之物品, 且經提供展覽具體說明者而言。

5.所稱遊藝團體服裝道具, 指由國外入境之遊藝、音樂或體育團體及個人為表演或比賽所需之裝備及用具且數量合理者而言。

6.所稱攝製電影電視之攝影製片器材, 指由國外入境之個人或團

體爲拍攝或製作電影或電視所需之攝影器具或製片器材而言。

7.所稱安裝修理機器必需之儀器工具，指供應商依約安裝或修理
特定之機器所必需之儀器或工具而言。所稱盛裝貨物用之容器，指依
一般交易習慣，不隨所盛裝之貨物一併出售而能循環使用之容器或類
似物品而言。

8.依本條規定進口之貨物，因事實需要，須延長復運出口期限者，
應於出口期限屆滿前，以書面敍明理由，檢附有關證件，向原進口地
海關申請核辦，其復運出口期限如原係經財政部核定者，應向財政部
申請核辦。

㈤原貨復運進口的免稅　第三十條之一規定，「貨樣、科學研究用
品、工程機械、攝製電影、電視人員攜帶之攝影製片器材、安裝修理
機器必需之儀器、工具、展覽物品、藝術品、盛裝貨物用之容器、遊
藝團體服裝、道具、政府機關寄往國外之電影片與錄影帶及其他經財
政部核定之類似物品，在出口後一年內或於財政部核定之日期前原貨
復運進口者，免徵關稅。」

「關稅法施行細則」第四十八條之一規定，在出口後一年內或財
政部核定之日期前原貨復運進口之免稅貨物，於出口報關時，應在出
口報單上詳列品名、牌名、規格及數量，並聲明在規定限期內原貨復
運進口；進口報關時，應在進口報單上詳列品名、牌名規格及數量，
並敍明原出口口岸、日期、運輸工具名稱、出口報單號碼，以憑核對。
上述貨物，如因事實需要，須延長復運進口期限者，應於復運進口期
限屆滿前，以書面敍明理由檢附有關證件，向原出口地海關申請核辦，
其復運進口期限，如原係經財政部核定者，應向財政部申請核辦。

㈥因轉讓或變更用途的補稅　第三十一條規定，「減免關稅之進口
貨物，因轉讓或變更用途，致與減免關稅之條件或用途不符者，原進

口時之納稅義務人或現貨物持有人應自轉讓或變更用途之翌日起三十日內，向原進口地海關按轉讓或變更用途時之價格與稅率補繳關稅。但逾財政部規定年限者，免予補稅。

分期繳稅或稅款記帳之進口貨物，於關稅未繳清前，除強制執行或經海關專案核准者外，不得轉讓。

依前項規定經強制執行或專案核准者，准由受讓人繼續分期繳稅或記帳。」

有關減免關稅的進口貨物因轉讓或變更用途的補稅，依「關稅法施行細則」第四十九～五十二條規定如下：

1.本條第一項所稱按轉讓或變更用途時之價格與稅率補繳關稅之貨物，指該貨之新品，或進口經使用後仍具利用價值之舊品或廢品。

2.製造物品所需之器材，經依減免關稅之條件或用途而減免關稅進口者，如其全部或部分因以其他器材代替而未使用時，除另有規定者外，該項未經使用之器材，應依關稅法第三十一條第一項之規定補繳關稅。

3.依本條規定應補繳關稅之貨物，其原進口時之納稅義務人、現貨物持有人、轉讓人或受讓人應自變更用途或轉讓之日起三十日內，檢同下列證件，向原進口地海關或經指定之海關申請補繳進口關稅：

(1)貨物之國外發票。

(2)減徵關稅之進口貨物，檢附已繳進口稅收據。

(3)核准減免關稅之有關證件。

上述申請補稅之貨物，未檢附證件或證件不全者，其應補繳之稅額，由海關逕行核定。

4.本條第二項所稱分期繳稅之進口貨物，指依獎勵投資條例第二十一條第一項規定分期繳稅輸入之自用機器設備；所稱稅款記帳之進

口貨物，指依本法第二十七條及第三十七條規定稅款記帳輸入之自用機械設備及原料。

　　5.本條第三項規定由受讓人繼續分期繳稅或記帳，以該受讓人符合分期繳稅或稅款記帳之條件者爲限；其未符合分期繳稅或稅款記帳之條件者，受讓人應先將所欠稅款一次繳清。依上述規定准予繼續分期繳稅之期限，指海關原核定未到期部分之期限，其已到期應納稅款部分，受讓人應先予一次繳清。

　　6.依本條規定應繳之關稅，該貨原進口時之納稅義務人、現貨物持有人、轉讓人或受讓人應自海關填發稅款繳納證之日起十四日內繳納，逾期依關稅法第四十九條第一項規定辦理，滯納滿三十日仍不繳納者，依關稅法第五十五條規定移送法院強制執行。

　　7.不依規定期限（自變更用途或轉讓之日起三十日內）申請補繳進口關稅者，經人舉發始行補稅之案件，對該貨原進口時之納稅義務人或現貨物持有人依關稅法第五十條規定辦理。上述應補關稅及罰鍰之繳納，該貨原進口時之納稅義務人、現貨物持有人、轉讓人或受讓人應自海關填發稅款繳納證之日起十四日內繳納，逾期依關稅法第四十九條第一項規定辦理，滯納滿三十日仍不繳納者，依關稅法第五十五條規定移送法院強制執行。

　　㈦復運出口原料的免稅　第三十二條規定，「進口供加工外銷之原料，於該原料進口之翌日起一年內，經財政部核准復運出口者免稅；其依第三十六條第一項但書課稅進口者，依其原課稅比例退還之。」

　　有關原料復運出口免稅的申請期限，依「關稅法施行細則」第五十三條規定，本條規定復運出口之原料，其免稅手續，應在出口日之翌日起六個月內，檢附有關出口證件申請沖退，逾期不予受理。

　　㈧外銷退貨的免稅　第三十三條規定，「外銷品在出口放行後五年

內，因故退貨申請復運進口者，免徵成品關稅。但出口時已退還之原料關稅，應仍按原稅額補徵。

前項復運進口之外銷品，經提供擔保，於進口後六個月內整修或保養完畢並復運出口者，免予補徵已退還之原料關稅。」

有關復運進口貨的查驗，依「關稅法施行細則」第五十四條規定，依本條第二項規定復運進口整修或保養之外銷品，於申報復運出口時，納稅義務人應繕具申請書載明復運出口原因，向海關申請查驗。

原「關稅法」第三十四條刪除。

七、緩繳及保稅

㈠保稅倉庫　第三十五條規定，「運達中華民國口岸之貨物，在報關進口前，得申請海關存入保稅倉庫。在規定存倉期間內，原貨退運出口者免稅。

前項貨物，在規定存倉期間內，貨物所有人或倉單持有人得申請海關核准，於倉庫範圍內整理、分類、分割、裝配或重裝。

保稅倉庫之設立及管理辦法，由財政部定之。」

有關退運或轉口貨物的處置，「關稅法施行細則」第五十五條規定，「進口貨物在報關前，如因誤裝、溢卸或其他特殊原因須退運或轉口者，應於裝載該貨之運輸工具進口日起十五日內向海關申請核准，九十日內原貨退運或轉運出口。其因故不及辦理者，應於限期屆滿前，依關稅法第三十五條規定，向海關申請存儲保稅倉庫。

不依前項規定辦理者，依關稅法第四十八條第二項後段規定將其貨物變賣處理。」

「保稅倉庫設立及管理辦法」由財政部於民國五十八年一月二十八日訂定發布，其後並經多次修正。

(二)保稅工廠　第三十五條之一規定,「外銷品製造廠商得經海關核准登記爲海關管理保稅工廠, 其進口原料存入保稅工廠製造或加工產品外銷者, 得免徵關稅。但經財政部會同經濟部公告不得保稅之原料, 不在此限。

保稅工廠所製造或加工之產品及依前項規定免徵關稅之原料, 非經海關核准並按貨品出廠形態報關繳稅, 不得出廠內銷。

保稅工廠之設置及管理辦法, 由財政部定之。」

有關保稅工廠進口非保稅物品,「關稅法施行細則」第五十五條之一規定如下:

海關管理保稅工廠進口下列貨物, 應繳納進口稅, 始得存入保稅工廠備用。但法令另有規定者, 從其規定:

1.不屬於原料範圍之機器設備、零件、消耗性材料或其他物品。

2.屬於財政部會同經濟部公告不得保稅之原料。

上述所稱原料, 指構成外銷品之成分, 或雖非構成外銷品之成分而爲確保外銷品品質所必需之直接用料, 且於產製過程中一經使用即行耗盡, 不能連續或重複使用者而言。

八、退稅

(一)外銷品進口原料沖退稅　第三十六條規定,「外銷品進口原料關稅, 得於成品出口後退還之。但進口原料係以供加工外銷爲主要用途, 經依財政部之規定, 按內銷所占比率課徵關稅者, 不予退稅。

外銷品使用之進口原料, 國內已可生產而其品質合乎需要者, 得按使用國產原料之標準, 辦理退稅。

外銷品沖退關稅, 應以定額、定率或其他簡明便利方法爲之; 其辦法由財政部擬訂, 報請行政院核定之。」

依本條規定，財政部為辦理外銷品進口原料的沖退稅，於民國四十三年頒訂「外銷品退還原料進口稅辦法」，該辦法並於民國四十四年七月奉行政院核定為「外銷品退還稅捐辦法」，規定所有外銷品均准予退還其所課徵之原料進口稅捐。民國五十七年十二月，行政院再將該辦法修訂為「外銷品沖退稅捐辦法」，自民國五十八年起開始實施定額及定率的沖退稅制度。而目前實施的「外銷品沖退原料稅捐辦法」則係將原有的辦法修正更名，而於民國六十六年七月二十六日由行政院公布施行，迄今已經過六次修正，最近一次修正日期為八十年九月二十日。

有關本條所稱的定額及定率的涵義，依「關稅法施行細則」第五十六條規定如下：

1.定額退稅係指根據經濟部所訂原料核退標準核計單位用料量，以平均進口完稅價格求得固定退稅額。

2.定率退稅係指根據經濟部所訂原料核退標準計算平均應退稅額，按每單位成品平均離岸價格，訂定從價退稅率。

㈡辦理沖退稅的委託　第三十六條之一規定，「前條外銷品沖退原料關稅案件，海關於必要時，得委託有關公會或團體辦理；其施行另以法律定之。」

㈢外銷品進口原料關稅的緩繳或記帳　第三十七條規定，「外銷品進口原料關稅，得由廠商提供保證，准許緩繳或記帳，但依第三十六條第一項但書課徵之關稅，不適用之。」依本條規定，進口原料係以供加工外銷為主要用途，經財政部的規定按內銷所占比率課徵關稅者，不適用關稅的緩繳或記帳。

原「關稅法」第三十八條刪除。

㈣辦理沖退稅的期限　第三十九條規定，「外銷品應退之原料進口

關稅，廠商應於該項原料進口放行之翌日起一年六個月內，檢附有關出口證件申請退還，逾期不予辦理。但依規定免驗進口憑證案件，應在出口後六個月內申請退還。

前項期限，遇有特殊情形經財政部核准者，得展延之。但最長不得超過一年。」

有關辦理沖退稅的期限，依「關稅法施行細則」第五十七～五十九條的規定如下：

1.本條第二項所稱之特殊情形，以因水、火或其他不可抗力之災害，廠房或生產設備被毀，須修復後始能開工生產者為限。依上述規定申請延期案件，應檢附有關機關證明屬實文件。

2.本條所稱原料進口放行日期以進口報單所載之海關放行日期為準；申請退稅日期以海關收文日期為準。

3.本條所稱外銷品應退之原料進口關稅，包括委託加工或合作外銷及自行報運進口之原料進口關稅。

原「關稅法」第四十、四十一及四十二條刪除。

㈤禁止使用貨物或禁演影片的退稅　第四十三條規定，「繳納關稅進口之貨物，進口一年內經政府禁止而不能使用，於禁止後六個月內原貨復運出口，或在海關監視下銷燬者，發還其原繳關稅。

已納稅之電影片，經禁止映演，自主管審查影片機關通知禁演之日起三個月內退運出口，或在海關監視下銷燬者，退還其關稅。」

本條第一項所稱經政府禁止而不能使用之貨物，依「關稅法施行細則」第五十九條之一規定，對於貨物訂有有效期限，因已逾有效期限，依法不能使用者，不包括在內。

㈥短溢徵退稅款的處理　第四十四條規定，「短徵、溢徵或短退、溢退稅款者，海關應於發覺後通知納稅義務人補繳或具領，或由納稅

義務人自動補繳或申請發還。

　　前項補繳或發還期限，以一年爲限；短徵、溢徵者，自稅款完納之翌日起算；短退、溢退者，自海關塡發退稅通知書之翌日起算。

　　第一項補繳或發還之稅款，應自該項稅款完納或應繳納期限截止或海關塡發退稅通知書之翌日起，至補繳或發還之日止，就補繳或發還之稅額，依應繳或實繳之日郵政儲金匯業局之一年期定期存款利率，按日加計利息，一併徵收或發還。」

　　本條所稱短徵或溢徵之稅款，依「關稅法施行細則」第六十條規定，係指海關或納稅義務人於稅款完納後，因發現稅則號別、稅率適用、稅款計算或稅單塡寫等顯然錯誤致短徵或溢徵者而言。所稱短退或溢退稅款，係指海關或退稅申請人於退稅款核定通知後，因退稅款計算或退稅通知書塡寫等顯然錯誤致短退或溢退者而言。溢徵或短退之稅款及應按關稅法第四十四條第三項規定加計之利息，由海關一併通知納稅義務人具領或依其申請發還。短徵或溢退之稅款及應按關稅法第四十四條第三項規定加計之利息，納稅義務人應自海關通知補繳之日起十四日內繳納，逾期未繳者，自繳稅期限屆滿之翌日起，至補繳之日止，依關稅法第四十九條第一項照欠繳稅額按日加徵滯納金萬分之五。滯納金徵滿三十日仍不繳納者，依關稅法第五十五條規定，移送法院強制執行。上述所稱稅則號別顯然錯誤，不包括稅則號別分類見解之變更。

　　㈦退稅的抵繳　第四十四條之一規定，「應退還納稅義務人之款項，海關應先抵繳其積欠，並於扣抵後，立即通知納稅義務人。」

九、違禁品

　　第四十五條規定，「下列違禁品，除法令另有規定外，不得進口：

1.偽造之貨幣、證券、銀行鈔券及印製偽幣印模。

2.賭具及外國發行之獎券、彩票或其他類似之票券。

3.有傷風化之書刊、畫片及誨淫物品。

4.宣傳共產主義之書刊及物品。

5.侵害專利權、圖案權、商標權及著作權之物品。

6.依其他法律規定之違禁品。」

十、特別關稅

依我國「關稅法」的規定，關稅的課徵除依據海關進口稅則徵收關稅以外，在特殊的情況下，亦得課徵關稅以外的特別關稅。我國「關稅法」所規定的特別關稅包括平衡稅、反傾銷稅、報復關稅及關稅配額等四種。

㈠平衡稅　第四十六條規定，「進口貨物在輸出或產製國家之製造、生產、外銷運輸過程，直接或間接領受獎金或其他補貼，致危害中華民國產業者，除依海關進口稅則徵收關稅外，得另徵適當之平衡稅。」

通常一國政府或團體為了要增強其本國產品在國際市場上的競爭力，往往會以各種獎勵方法來鼓勵出口，這些方法包括出口補貼(Subsidy)及獎勵金（Bounty）等，其目的在減低出口貨物的成本，降低出口價格，以增加其競爭能力及銷售量。而輸入此等貨物的國家為了保護本國同類產業，不受低價進口貨的打擊，常常在一般關稅之外，另加徵特別關稅，稱為平衡稅。其所加徵的稅額等於該項貨物在其本國（出口國）出口時所接受的補貼或獎勵金，藉以抵銷其因接受該項補貼或獎勵金所獲得的價格優勢，故亦稱抵銷關稅。

有關平衡稅課徵的額度，依第四十六條之二第二項前段規定，「平

衡稅之課徵不得超過進口貨物之領受獎金及補貼金額。」

　　所謂危害中華民國產業，依第四十六條之二第一項規定，係指對中華民國產業造成重大損害或有重大損害之虞，或重大延緩國內該項產業之建立。

　　依本條規定，進口貨物是否領受補貼應查究以下事實：

　　1.就領受補貼地點而言：不僅以該貨物在輸出國領受者為限，其在產製國領受者亦包括在內。

　　2.就領受補貼的時間而言：不僅以該貨物在外銷過程中領受者為限，舉凡該貨物自製造、生產、外銷至運抵中華民國口岸全部過程中所領受的補貼都包括在內。

　　3.就領受補貼方式而言：直接補貼固為所限，而間接補貼亦在禁止之列。所謂直接補貼包括給予補貼機構的直接補貼以及給予補貼形態的直接補貼，前者指由政府機關直接給予補貼，後者則指以金錢直接補貼。所謂間接補貼亦包括機構補貼及形態補貼，前者係由政府委託或下令其他機構間接給予補貼，後者則指以減稅、稅款延付、利息優惠、較低費率以及上游產業補貼等形態間接給予補貼。

　　關稅暨貿易總協定（GATT）在東京回合談判（Tokyo Round）達成的補貼及平衡稅協定（Subsidies and Countervailing Duties Code），為便於各國辨識常見的補貼，特於該協定附件列舉十二項出口補貼實例，我國政府於處理平衡稅案件時亦予以參照。該十二項出口補貼項目如下：

　　1.政府按出口實績給予公司或產業直接補貼。

　　2.通貨保留措施或任何涉及出口獎金的類似措施。

　　3.出口貨品的內陸交通費或船運費，由政府提供或指以較國內貨品價優惠的條件承運。

4.為產製出口貨品所須使用的進口或國內的產品或勞務，經由政府或其代理機構以較優於為產製供國內消費所使用的同類或有直接競爭性的產品或勞務的條件交付，且（在產品交付場合）其交付條件比出口商所能自現行世界商業性市場取得的條件更為優惠。

5.對於與外銷產品有關已付或應付的直接稅或社會福利稅捐予以全部或部分免除、減轉或延付。（所謂直接稅乃指就薪資、利潤、租金、利息、特許費及其他形式所得課徵的稅捐及就不動產所有權課徵的稅捐而言。）

6.直接稅的寬減，讓出口產品或出口實績，給予國內消費品更多或更大的優惠。

7.對於出口產品的生產與銷售，免除或減輕間接稅的額度，較供國內消費的同類產品的生產與銷售所已繳稅捐為高。所謂間接稅乃指銷售稅、營業稅、加值稅、特許經銷權稅、印花稅、轉讓稅、存貨稅、設備稅、國境稅，以及除關稅、直接稅以外稅捐而言。

8.對於為生產出口產品所使用的貨品或勞務，免除、減輕或延付其「前階段累積間接稅」，其額度超過對為生產供國內消費的類似產品所用的貨品或勞務所實施的免稅、減稅或延付額度。但如果前階段累積間接稅，係就與外銷品有「物理上的連結關係」的貨品課徵，此時，即使供國內消費的同類產品無實施免稅、減稅、延付措施，該項「前階段累積間接稅」仍得免除、減輕或延付。所謂「累積間接稅」乃指如果在一生產階段應課稅捐的產品或勞務，被使用於下一個連續的生產階段過程中，而無法可對個別稅金記帳，此時所課徵的多階稅捐即屬之。「前階段間接稅」乃指為製造某成品而對直接或間接使用的貨物或勞務所課徵的稅捐而言。

9.對於與外銷品物理上相結合的進口品，減輕或退還其進口稅捐

等費用，其額度超過當初所課徵者。如進口及出口作業均發生於一合理的期限內，通常不超過二年，則在特別情況下，一公司為了享受本條之利益，亦得使用與進口貨品同量、同品質、同特徵的國內市場貨品替代進口品。

10.以無法涵蓋長期營運成本與虧損之費率,由政府或政府控制的特殊機構提供出口信用保證、保險計畫，或防止出口產品成本增加的保證或保險措施，或匯總風險措施。

11.由政府或政府控制或授權的機構提供出口貸款,其利率低於通常借貸此一資金所應付者，或低於在國際資本市場供貸同期限、同貨幣的出口貸款所應付者。或由政府支付出口商或財務機構為取得該貸款所發生費用的全部或一部，俾彼等能在出口貸款條件上獲取實益。至少有十二個本協定的原始締約國在一九七九年一月一日成為政府外銷貸款國際協議的會員國時（或至少有十二個本協定原始締約國採行該國際協議組織嗣後的決議），則該本協定的締約國，或任一本協定締約國實務上採行符合前述協議有關利率規定的出口貸款措施，不得視為本協定所禁止的出口補貼。

12.其他構成關稅暨貿易總協定第十六條所稱出口補貼意義的任何公共支出負擔。

㈡反傾銷稅　第四十六條之一規定,「進口貨物以低於同類貨物之正常價格傾銷，致危害中華民國產業者，除依海關進口稅則徵收關稅外，得另徵適當之反傾銷稅。

前項所稱正常價格，係指在通常貿易過程中，在輸出國或產製國國內可資比較之銷售價格，無此項可資比較之國內銷售價格，得以其輸往適當之第三國可資比較之銷售價格或以其在原產製國之生產成本加合理之管理、銷售與其他費用及正常利潤之推定價格，作為比較之

基準。」

有關反傾銷稅課徵的額度，依第四十六條之二第二項後段規定，「反傾銷稅之課徵，不得超過進口貨物之傾銷差額。」

出口國以不公平的貿易方式，將其產品以低於國內市場的價格向本國傾銷，對本國同類貨物施以打擊，以期侵占本國市場。本國政府為保護國內產業，除了對該項產品於進口時除課徵一般關稅外，另外加徵特別關稅，使其不能達到傾銷的目的。此種於一般關稅外，所另加徵的關稅，便稱為反傾銷稅。

依本條第二項規定，所謂正常價格係指該進口貨物在「通常貿易過程」中的下列三種價格：

1.輸出國或產製國國內可資比較的銷售價格（簡稱國內市場價格）。

2.輸出國或產製國輸往適當的第三國可資比較的銷售價格（簡稱輸出第三國價格）。

3.原產製國的生產成本加上合理的管理、銷售與其他費用及正常利潤的推定價格（簡稱推定價格）。

然而，依「平衡稅及反傾銷稅課徵實施辦法」第十八條的規定，有下列情事之一者，不得認為「通常貿易過程」，其價格不得作為本條所規定的正常價格。

1.買賣雙方具有特殊關係或雙方訂有補償約定，致影響其成本、價格者。

2.進口貨物在產製國內以低於生產成本大量銷售，並存續一定期間，致無法收回全部成本者。

此外，有關危害中華民國產業的定義，同關稅法第四十六條之二第一項的規定，係指對中華民國產業造成重大損害或有重大損害之虞，

或重大延緩國內該項產業之建立。

　　而平衡稅及反傾銷稅的課徵範圍、對象、稅額、開徵或停徵日期，則依關稅法第四十六條之二第三項規定，應由財政部會商有關機關後公告實施；此外，同條第四項規定，平衡稅及反傾銷稅課徵實施辦法，由財政部會同有關機關擬訂，報請行政院核定後發布之。依此規定，財政部為執行平衡稅及反傾銷稅的課徵，因此於民國八十三年十一月十七日會同經濟部發布了「平衡稅及反傾銷稅課徵實施辦法」，修正了原於七十三年七月由財政部單獨制定的舊辦法。

　　㈢報復關稅　第四十七條規定，「輸入國家對中華民國輸出之貨物或運輸工具所裝載之貨物，給予差別待遇，使中華民國貨物或運輸工具所裝載之貨物較其他國家在該國市場處於不利情況，該國輸出之貨物或運輸工具所裝載之貨物，運入中華民國時，除依海關進口稅則徵收關稅外，財政部得決定另徵適當之報復關稅。

　　財政部為前項之決定時，應會商有關機關並報請行政院核定。」

　　對於那些給予不利的差別稅率或不公平待遇來對待本國出口貨物的國家，在交涉改善無效之後，本國政府通常會對輸入本國的該國貨物，也課徵同樣稅率的差別關稅，此種特別關稅稱為報復關稅。

　　有關課徵報復關稅原因的採證，依「關稅法施行細則」第六十五條規定，依本條規定徵收報復關稅，得按下列各款之一採證之：

　　1.運輸機構或團體提出之事證。

　　2.中華民國駐外經濟、商務機構之調查或研究報告。

　　㈣行政機關對進口稅率的增減權　第四十七條之一規定，「為應付國內或國際經濟之特殊情況，並調節物資供應及產業合理經營，對進口貨物應徵之關稅，得在海關進口稅則規定之稅率百分之五十以內予以增減；對特定之生產事業，在特定期間因合併而達於規定之規模或

標準者，依合併計畫所核准輸入之自用機器設備，得予以停徵關稅。

前項增減稅率貨物種類之指定，實際增減之幅度，與特定生產事業之種類，合併應達到之規模或標準，以及增減或停徵關稅之開始與停止日期，均由財政部、經濟部會同擬訂，報請行政院核定，並即由行政院送立法院查照。

前項增減稅率之期間，以一年為限；停徵機器設備關稅之特定期間，以二年為限。

依第一項規定合併之事業，如不按原核准合併計畫完成，或於合併計畫完成後未達規定之規模或標準者，原停徵之關稅應予補徵，並依第四十九條規定加徵滯納金。停徵關稅之機器設備，在進口後五年內不得轉售、出租或用以另立生產事業；違者依第三十一條之規定辦理。」

依本條第四項規定，停徵關稅的機器設備，若在進口後五年內，因轉讓或變更用途，致與減免關稅的條件或用途不符者，原進口時之納稅義務人或現貨物持有人應自轉讓或變更用途之翌日起三十日內，向原進口地海關按轉讓或變更用途時之價格與稅率補繳關稅。但逾財政部規定年限者，免予補稅。

㈤關稅配額的實施　第四十七條之二規定，「依貿易法第十八條或國際協定之規定而採取進口救濟或特別防衞措施，得對特定進口貨物提高關稅、設定關稅配額或徵收額外關稅，其課徵之範圍與期間，由財政部會同有關機關擬訂，報請行政院核定。

前項關稅配額之實施，依第三條之一第二項關稅配額之實施辦法辦理。」

依「貿易法」第十八條第一項規定，「貨品因輸入增加，致國內生產相同或直接競爭產品之產業，遭受嚴重損害或有嚴重損害之虞者，

有關主管機關、該產業或其所屬公會或相關團體，得向主管機關申請產業受害之調查及進口救濟。」而依「貨品進口救濟案件處理辦法」第四條規定，經濟部對於依該辦法認定產業受害成立的貨品進口救濟案件，可以採取調整關稅（包括提高關稅、設定關稅配額或徵收額外關稅）等救濟措施，並應會同有關機關（即財政部）依關稅法有關規定（例如關稅法第四十七條之二等條文）辦理。另一方面，「貿易法」第六條第一項第五款也規定，若有國際條約、協定或國際合作需要時，經濟部得暫停特定國家或地區或特定貨品之輸出入或採取其他必要措施。而所謂必要措施，依「貿易法施行細則」第四條的規定，亦包括由經濟部洽請財政部依法（指關稅法）課徵特別關稅（例如平衡稅、反傾銷稅、報復關稅、關稅配額等）。

十一、罰則

㈠逾期報關　第四十八條規定，「進口貨物不依第五條規定期限報關者，自報關期限屆滿之翌日起，按日加徵滯報費六元。

前項滯報費徵滿三十日仍不報關者，由海關將其貨物變賣，所得價款扣除應納關稅及必要之費用外，如有餘款，由海關暫代保管，納稅義務人得於五年內申請發還，逾期繳歸國庫。」

有些特殊的進口貨品項目，雖然逾期報關，但可免徵滯報費，依「關稅法施行細則」第六十七條規定，下列各項進口物品免徵滯報費：

1.關稅法第二十六條各款之免稅物品。

2.免辦結匯簽證之貨樣、餽贈物品及自用非賣品。

3.軍政機關進口自用物品。

4.慈善及宗教團體接受國外捐贈及其本身進口之自用物品。

有關逾期報關貨物補辦報關或繳稅手續期限及變賣價款扣繳必要

費用的次序，「關稅法施行細則」第六十八條規定，依本條第二項規定變賣之貨物，如納稅義務人於海關變賣前，申請按實際滯報日數或滯納日數繳納滯報費或滯納金，補辦報關或繳稅手續提領者，海關得准自收文之翌日起三十日內辦理應辦手續提領，逾期仍按規定變賣。而本條第二項所稱必要之費用，按下列所定次序扣繳之：

　　1.處理變賣貨物所需費用。

　　2.倉租、裝卸費。

　　3.滯報費、滯納金。

　　上述應扣繳之滯報費按三十日計算，滯納金按六十日計算。

　　有關變賣逾期報關貨物餘款的發還及其期限計算，「關稅法施行細則」第六十九條規定，依本條第二項變賣貨物之餘款，由海關通知納稅義務人具領(副本送有關輪船公司、航空公司或其代理行)，或由納稅義務人申請發還。申請發還或具領變賣貨物餘款時，應繳驗裝運該貨進口之運輸工具所屬之輪船公司、航空公司或其代理行背書之提貨單，其係管制進口貨品，並應繳驗其他有關證件。而申請發還或具領變賣貨物餘款之五年期限，逾期不報關貨物，自滯報費徵滿三十日之翌日起計算；逾期不繳稅貨物，自繳稅期限屆滿六十日之翌日起計算。

　　另外，「關稅法施行細則」第七十條規定，存儲保稅倉庫之貨物，未在規定存儲期限內申報進口或退運出口者，自存儲期限屆滿之翌日起，依關稅法第四十八條規定辦理。

　　㈡逾期繳稅　第四十九條規定，「不依第二十二條規定期限納稅者，自繳稅期限屆滿之翌日起，照欠繳稅額按日加徵滯納金萬分之五。

　　前項滯納金加徵滿六十日仍不納稅者，準用前條第二項之規定處理。」

　　依本條第二項規定，如果納稅義務人在滯納金加徵滿六十日仍不

納稅者，則由海關將其貨物變賣，所得價款扣除應納關稅及必要之費用外，如有餘款，由海關暫代保管；納稅義務人得於五年內申請發還，逾期繳歸國庫。

有關逾期繳稅貨物補辦繳稅手續期限及變賣價款扣繳必要費用的次序，依「關稅法施行細則」第六十八條規定辦理；而有關變賣逾期繳稅貨物餘款的發還及其期限計算，則依「關稅法施行細則」第六十九條規定辦理。

㈢妨礙查價　第四十九條之一規定，「海關依第二十一條規定執行查價時，受調查人如無正常理由，拒絕調查或拒不提供該貨或同類貨物之有關帳冊、單據等證件者，處一千元以上、三千元以下罰鍰；連續拒絕者，並得連續處罰之。」

㈣不依規定補稅　第五十條規定，「不依第三十一條規定補繳關稅者，一經查出，除補徵關稅外，處以應補稅額一倍之罰鍰。」

㈤延不繳納的處罰　第五十一條規定，「依法辦理免徵、記帳及分期繳納關稅之進口機器、設備、器材、車輛及其所需之零組件，應繳或追繳之關稅延不繳納者，除移送法院強制執行外，自繳稅期限屆滿日或關稅記帳之翌日起至稅款繳清日止，照欠繳或記帳稅額按日加徵滯納金萬分之五。但以不超過原欠繳或記帳稅額百分之三十為限。」

「關稅法施行細則」第四十條規定，依關稅法第五十一條規定應繳或追繳之關稅及滯納金延不繳納者，海關除向保證人追繳外，並得依下列各款規定辦理：

1.依關稅法第五十五條規定，將全案移送法院強制執行。

2.留置納稅義務人運達海關之進出口物資，以供執行。

3.分函中央銀行外匯局及經濟部國際貿易局於本條應繳或追繳關稅及滯納金繳清前，停止其進口結匯或簽證。

㈥將保稅工廠未繳關稅的產品或原料出廠內銷　第五十一條之一規定,「違反第三十五條之一第二項之規定,將保稅工廠之產品或免徵關稅之原料出廠內銷者,以私運貨物進口論,依海關緝私條例有關規定處罰。」

依「海關緝私條例」第三十六條第一項規定,「私運貨物進口、出口或經營私運貨物者,處貨價一倍至三倍之罰鍰。」

㈦記帳稅款未於規定期限沖銷　第五十二條規定,「外銷品原料之記帳稅款,不能於規定期限內申請沖銷者,應即補繳稅款,並自記帳之翌日起至稅款繳清日止,照應補稅額,按日加徵滯納金萬分之五。但有下列情形之一者,免徵滯納金:

1.因政府管制出口或配合政府政策,經核准超額儲存原料者。

2.工廠遭受風災、地震、火災、水災等不可抗力之災害,經當地警察或稅捐稽徵機關證明屬實者。

3.因國際經濟重大變化致不能於規定期限內沖銷,經財政部及經濟部會商同意免徵滯納金者。

4.因進口地國家發生政變、戰亂、罷工、天災等直接影響訂貨之外銷,經查證屬實者。

5.在規定沖退稅期限屆滿前已經出口,或在規定申請沖退稅期限屆滿後六個月內出口者。」

原「關稅法」第五十三條刪除。

㈧進口違禁品　第五十四條規定,「違反第四十五條之規定者,除其他法律另有規定外,該項違禁品沒入之。」

「關稅法施行細則」第七十二條規定,依本條規定沒入違禁品之處理,除法令另有規定外,由海關定期邀請有關機關派員會同銷燬。

㈨強制執行　第五十五條規定,「依本法應繳或應補繳之下列款

項，除本法另有規定外，經通知繳納而不繳納者，移送法院強制執行：

1. 關稅、滯納金、滯報費、利息。
2. 依本法所處之罰鍰。
3. 處理變賣或銷燬貨物所需費用，而無變賣價款可供扣除或扣除不足者。但以在處理前通知繳納義務人者為限。

納稅義務人對前項繳納有異議時，準用第二十三條至第二十五條之規定。

第一項應繳或應補繳之款項，納稅義務人已依第二十三條規定申請複查者，得提供相當擔保，申請暫緩移送法院強制執行。但依第二十三條已提供相當擔保，申請將貨物放行者，免再提供擔保。

第一項應繳或應補繳之關稅，應較普通債權優先清繳。」

㈩不得進口貨物的退運　第五十五條之一規定,「運達中華民國口岸之貨物，依規定不得進口者，海關應責令納稅義務人限期辦理退運；如納稅義務人以書面聲明放棄或不在海關規定之期限內辦理退運，海關得將其貨物變賣，所得價款，於扣除應納關稅及必要費用後，如有餘款，應繳歸國庫。

依前項及第四十八條第二項、第四十九條第二項規定處理之貨物，無法變賣而需銷燬時，應通知納稅義務人限期在海關監視下自行銷燬；逾期未銷燬，由海關逕予銷燬，其有關費用，由納稅義務人負擔，限期繳付海關。」

有關不得進口貨物不依限退運貨物的變賣方式，准許變價購回的要件，以及扣繳必要費用的次序，「關稅法施行細則」第七十二條之一規定，依本條第一項規定將貨物變賣，其變賣方式以公開拍賣或標賣為原則。但有下列情形之一者，報運進口人得依法繳納進口稅捐，並自行負擔倉租、裝卸費等費用，申請海關依核定之完稅價格備款購回有關貨物，其所得價款悉數繳歸國庫：

1.貨物爲准許進口類貨品者。

2.貨物爲管制進口類貨品，其完稅價格在十五萬元以下，且經經濟部國際貿易局同意者。

3.貨物爲管制進口類貨品，其完稅價格雖逾十五萬元，但因體積過巨或易於損壞，或不易拍賣或處理，且經經濟部國際貿易局同意者。

上述但書規定於違禁品及禁止進口類貨品，不適用之。

本條第一項所稱必要之費用，按下列所定次序扣繳之：

1.處理變賣貨物所需費用。

2.倉租、裝卸費。

㈡走私漏稅　第五十六條規定，「進口貨物如有私運或其他違法漏稅情事，依海關緝私條例及其他有關法律之規定處理。」

原「關稅法」第五十七條刪除。

十二、附則

㈠海關徵收規費規則　第五十七條之一規定，「海關對進出口運輸工具與貨物所爲之特別服務，及各項證明之核發，得徵收規費。海關徵收規費規則，由財政部定之。」

㈡關稅法施行細則　第五十八條規定，「本法施行細則由財政部擬訂，呈請行政院核定公布之。」

「關稅法施行細則」由財政部擬訂，並於民國六十三年十二月十七日由行政院修正公布，其後並隨著「關稅法」的修正而有多次修正。

㈢施行日　第五十九條規定，「本法自公布日施行」。

本法修正第三條之一、第四條之三、第四條之四、第十一條之一、第十二條、第十二條之四至第十二條之六、第二十七條、第二十七條之一、第四十六條之一、第四十六條之二、第四十七條之二及第五十一條，施行日期，由行政院定之。」

第二節　外銷品沖退原料稅捐辦法

六十六年七月二十六日行政院令修正公布

六十八年二月十三日行政院令修正公布

六十九年三月二十一日行政院令修正公布

六十九年九月二十二日行政院令修正公布

七十一年二月十七日行政院令修正公布

七十七年五月三十日行政院令修正公布

八十年九月二十日行政院令修正公布

一、前言

　　所謂外銷沖退稅制度，係指政府爲鼓勵出口，規定產品於加工後外銷時，准予退還其已繳的貨物稅或其使用進口原料已繳的進口關稅而言。而所謂沖退稅包括沖稅及退稅兩種情形，沖稅係對於原料進口時不予課稅，先以保稅方式處理，而於加工成品出口時再予沖銷其進口稅捐；而退稅則係對於原進口原料所課徵的稅捐，於加工成品出口時再予退還，在實際作業及處理方面並不完全相同。

　　事實上，世界各國對於進口貨物，除了特殊情況給予免稅者外，原則上均會課徵進口關稅。不過，在原料缺乏的國家，由於出口業者產品加工所需的原料大多仰賴進口，當加工成品出口時，其於進口原料時所繳納的進口關稅可否退還，將大幅影響其出口成本，再加上加工出口的貨物並非在國內消費，因此各國對於進口原料經加工出口者，原則上均給予免稅方式處理。由於貨物稅的退還，可鼓勵產品外銷並

促進生產; 而原料進口稅的退還, 更可降低產品的生產成本, 使其易於在國際市場上銷售, 因此外銷沖退稅制度的實施對國際貿易的發展甚爲有利。

我國於民國四十三年由財政部頒訂「外銷品退還原料進口稅辦法」, 該辦法並於民國四十四年七月奉行政院核定爲「外銷品退還稅捐辦法」, 規定所有外銷品均准予退還其所課徵的原料進口稅捐。民國五十七年十二月, 行政院再將該辦法修訂爲「外銷品沖退稅捐辦法」, 自民國五十八年起開始實施定額及定率的沖退稅制度。而「外銷品沖退原料稅捐辦法」則係將原有的辦法修正更名, 而於民國六十六年七月二十六日由行政院公布施行, 迄今已經過六次修正, 最近一次修正日期爲八十年九月二十日。

實施四十年來的外銷沖退稅制度, 對促進臺灣經濟發展和對外貿易實是功不可沒, 但是在我國加入關稅暨貿易總協定(GATT)之後, 財政部決定, 將可辦理沖退稅的貨品項目由現行的負面表列方式, 改爲正面表列(只公告可以辦理沖退稅的項目)。在該制度實施之後, 可以辦理沖退稅的項目將大幅減少, 國內仍依靠沖退稅來維持競爭力的外銷廠商, 應及早因應。

「外銷品沖退原料稅捐辦法」全文共計三十七條, 分爲一般性規定、沖退稅額的核計、記帳或緩繳、申請沖退稅的期間、經辦機關對沖退原料稅捐案件的處理、申請沖退原料稅捐案件的方式、稅捐的免徵及補徵、違規的處分、其他規定等九部分。

二、一般性規定

㈠制定宗旨及依據　第一條規定, 「政府爲鼓勵產品外銷, 特參照現行有關稅法之規定, 訂定本辦法。」

依關稅法第三十六條規定,「外銷品進口原料關稅,得於成品出口後退還之。但進口原料係以供加工外銷為主要用途,經財政部之規定,按內銷所占比率課徵關稅者,不予退稅。

外銷品使用之進口原料,國內已可生產而其品質合乎需要者,得按使用國產原料之標準,辦理退稅。

外銷品沖退關稅,應以定額、定率或其他簡明便利方法為之;其辦法由財政部擬訂,報請行政院核定之。」此一規定係制定本辦法的依據。

㈡主管及經辦機關　第二條規定,「本辦法所稱主管機關為財政部,經辦機關為海關、稅捐稽徵機關、鹽務機關。」

依「關稅法」第三十六條之一規定,有關外銷品沖退原料關稅案件,海關於必要時,得委託有關公會或團體辦理。

㈢適用範圍　第三條規定,「外銷品沖退原料稅捐之申請,以貨品業已外銷者為限。

將貨品售予在中華民國享有外交待遇之機關、個人或有其他應予退稅之特殊情形經財政部核准者,視同外銷,其出口日期以交易憑證所載之交貨日期為準。」

㈣退稅範圍　第四條規定,「外銷品沖退原料稅捐以下列二種為限:

1.進口關稅。

2.貨物稅。」

原辦法規定除進口關稅、貨物稅以外,尚可申請沖退商港建設費及屠宰稅 (以冷凍豬肉、冷藏豬肉及經財政部核准之廠商自行屠宰加工製成之平裝或罐裝豬肉製品為限),惟新辦法均已刪除。

㈤海關代徵貨物稅的沖退　第五條規定,「由海關代徵之貨物稅,

應隨同關稅一併辦理沖退。」

(六)施行日　第三十七條規定,「本辦法自發布日施行。」

三、沖退稅額的核計

(一)外銷品沖退原料稅率的核計　第五條之一規定,「進口原料之關稅為單一稅率者,其外銷品所得沖退之關稅及貨物稅,依其進口時適用之關稅稅率核計。

進口原料之關稅為複式稅率者,不論其進口時課徵關稅所適用之稅率如何,其外銷品所得沖退之關稅及貨物稅,一律依海關進口稅則第二欄稅率核計。」

所謂單一稅率,係一種最為單純的關稅制度,亦即稅則的稅率欄內所列的各種號列貨物,不論係採從價稅或是從量稅課徵,也不論進口貨物的來源地,均課徵同一稅率的關稅。而所謂複式稅率,係指進口稅則中對於同一號列的貨物,依進口來源地的不同而分別適用兩種或兩種以上不同稅率的關稅。在十九世紀末葉以前,各國均曾先後採行單一稅率制度,但是近來由於國際關係日益複雜,此種制度已不符所需,因此許多國家均紛紛放棄單一稅率,而改採複式稅率制度。我國亦採複式稅率制度,依「關稅法」第三條第一項規定,「海關進口稅則之稅率分為兩欄,分別適用於與中華民國有互惠待遇及無互惠待遇之國家或地區之進口貨物。」而第二欄稅率係適用與我國有互惠待遇國家或地區的進口貨物,稅率較低。

(二)專案及通案核退標準　第六條規定,「外銷品沖退原料稅捐,由經濟部按各種外銷品產製正常情況所需數量核定專案或通案原料核退標準;專案原料核退標準之適用期間以不超過三年為限;通案原料核退標準之適用期間以不超過五年為限;逾期均應由廠商重新申請核

定。

前項原料核退標準應由外銷廠商於開始製造時造具「製成品所需用料計算表」及有關外銷文件、用量資料送請經濟部審核；經濟部應於收文之翌日起三十日內核定並發布，或將未能核定原因通知原申請廠商。但必要時得延長之，最長不得超過三十日。

外銷品使用原料、數量過於零星或價值低微或出口在先、申請審核原料核退標準在後，致無法查核其用料數量者，得不予核定或列入原料核退標準。外銷品原料核退標準核定後，廠商出口貨品之品名、規格、成分或其使用原料之名稱、規格、成分或應用數量，與核定之原料核退標準不符者，應申請經濟部重新核定其核退標準。但其實際應用數量與核定標準用料量相差未逾百分之五，或該項產品已訂有國家標準而未逾該國家標準所定之誤差容許率者，不在此限。」

㈢沖退稅捐的計算　第七條規定，「外銷品沖退原料稅捐之計算，依下列規定：

1.按原料核退標準退稅者：依原料核退標準所列應用原料名稱及數量計算應沖退稅捐。

2.按定額退稅者：依外銷品之出口數量按定額退稅率計算應沖退稅捐。

3.按定率退稅者：依外銷品之出口離岸價格按定率退稅率計算應沖退稅捐。

依前項規定計算應沖退稅捐，如在財政部會商經濟部所定之比率或金額以下者，不予退還。」

㈣比例核退的計算方式　第七條之一規定，「外銷成品之離岸價格低於所用原料起岸價格時，原料稅捐應按離岸價格與起岸價格之比例核退。但有下列情形之一者，其所用原料稅捐准依前條規定沖退：

　　1.出口成品之離岸價格不低於該成品出口放行日前三個月內所使用原料之起岸價格者。

　　2.經貿易主管機關證明另有貨價收入，合計致成品之實際離岸價格高於其所使用原料之起岸價格者。

　　3.因前批外銷品有瑕疵，由買賣雙方協議，以後批貨品低價折售或約定於此批外銷品離岸價格中扣除，以致成品離岸價格低於原料起岸價格，經貿易主管機關專案核准者。」

　　㈤定額、定率退稅的計算方式　第八條規定，「定額、定率退稅，由財政部依下列規定訂定定額、定率退稅表行之：

　　1.定額退稅，根據經濟部所定原料核退標準，按平均進口完稅價格先行求出每單位外銷品之平均可退金額，訂定定額退稅表，其計算方式如次：

　　　　平均進口完稅價格×每單位用料量×稅率＝定額退稅率

　　2.定率退稅：根據經濟部所定原料核退標準及海關經辦此類案件資料求出每單位外銷品之平均可退金額，再統計每單位外銷品之平均FOB價格，計算出外銷品之從價退稅額，訂定定率退稅表，其計算方式如次：

　　　　（類別成品一定期限內外銷退稅總額÷類別成品一定期限內外銷總數量）÷（類別成品一定期限內外銷出口FOB總金額÷類別成品一定期限內外銷總數量）＝每單位成品平均可退稅額÷每單位成品平均出口 FOB 價格＝從價退稅率。」

　　㈥免驗憑證的定額或定率退稅　第九條規定,「適用定額或定率退稅之物品，如使用之原料來源及種類有多種，而國內就其基礎原料生產已足敷國內需要，並能依議定價格充分供應，且品質合乎需要者，得以國產最基本原料為計算標準，免驗憑證辦理退稅。其項目由財政

部會商經濟部核定之。

　　為發展本國原料工業，鼓勵多層次加工及簡化退稅手續，在國內原料工業產量已達需求量百分之八十以上時，財政部得會同經濟部就其可得使用之不同等級來源原料，採用平均率，訂定單一退稅標準，免驗進口憑證，實施定額或定率退稅。

　　前兩項退稅率訂定後，如因國內工廠停工減產或原料售價上漲超過國際市價時，為平抑原料價格及不影響外銷成本，經專案核准進口之原料仍得依原料核退標準辦理退稅。」

　　為鼓勵廠商使用國產原料，發展我國原料工業，本條文規定，使用國產原料加工出口時得以國產最基本原料為計算標準，免驗憑證辦理退稅；若為多層次加工者，由於使用不同等級來源的原料，可採用平均率方式，免驗憑證辦理退稅。

　　㈦核實退稅　第十條第二項規定，「外銷品使用進口原料屬於零件組件部分，其不要求計算損耗，並於成品出口時事先報明請海關查驗者，得不申請訂定退稅標準，核實退稅。但其所使用之零件組件情形特殊且未訂定退稅標準者，海關得命檢具經濟部發給之證明文件後再行核退。」

四、記帳或緩繳

　　㈠申請記帳或緩繳的要件　第十一條規定，「外銷品原料稅捐除依內銷比率課稅者外，得依下列規定之一向經辦機關辦理記帳或申請緩繳：

　　1.提供同額公債或經財政部認可之有價證券擔保。

　　2.提供經財政部核可之授信機構出具之書面保證。

　　3.依第十二條規定，其外銷品原料稅捐准予自行具結者。

廠商依前項第一款、第二款之規定申請辦理稅捐記帳或緩繳者,應同時具結保證此項原料不移作內銷之用。」

㈡申請自行具結的條件　第十二條規定,「外銷廠商合於下列規定之一並經財政部認為適當者,其外銷品原料稅捐准予自行具結:

1.過去二年平均外銷實績年在新臺幣六千萬元以上,或沖退稅金額年在新臺幣三千萬元以上;或過去三年平均外銷實績年在新臺幣四千萬元以上;或沖退稅金額年在新臺幣二千萬元以上,或過去四年平均外銷實績年在新臺幣二千萬元以上;或沖退稅金額年在新臺幣一千萬元以上;經查同期間內平均無虧損、無違章漏稅不良紀錄,其過去年度如有虧損亦已彌補者。

2.合於促進產業升級條例第八條規定之重要科技事業、重要投資事業及創業投資事業。

前項第一款過去三年之實績於第三年度開始後已達新臺幣四千萬元,或沖退稅金額新臺幣二千萬元;或過去四年之實績於第四年度開始後已達新臺幣二千萬元,或沖退稅金額新臺幣一千萬元;而其過去二年度或三年度經年終查帳平均無虧損、無違章漏稅不良紀錄者,視為已滿三年或四年。

依第一項第二款規定申請自行具結之廠商如開始營業已逾一年度者,應查明其上年度無虧損、無違章漏稅不良紀錄。

前三項所稱無違章漏稅不良紀錄,指各該所定期間內無漏稅或所漏稅額合計未滿新臺幣五十萬元者而言。

依第一項或第三項規定核准自行具結廠商,經經辦機關事後發現所提資料不實者,撤銷其自行具結。」

㈢申請自行具結的文件　第十三條規定,「合於前條第一項第一款規定之廠商,應備具下列文件,向經辦機關申請核定後准予自行具結:

1.外匯或貿易主管機關有關外銷實績之證明。但適用沖退稅金額之規定申請者，依經辦機關之紀錄爲準。

2.當地稅捐稽徵機關有關查帳之證明。

3.切結書。

前項規定之證明或紀錄，均以申請前各年度一月至十二月之證明或紀錄爲準。」

五、申請沖退稅的期間

第十五條規定，「外銷品應退之稅捐，應依下列起算日起於一年六個月內，檢附有關出口證明申請退還，逾期不予受理。但依規定免驗進口憑證案件，應在出口後六個月內申請退還。

1.進口之原料稅捐自該項原料進口放行之翌日起。

2.國產原料之貨物稅自該項原料出廠之翌日起。

依規定免驗進口憑證之外銷品原料或不准稅捐記帳之原料，其成品出口後應由出口商或製造商申請退稅。

廠商因具有關稅法第三十九條第二項之特殊情形，致不能依限申請沖退稅捐者，得於第一項規定期限屆滿後一個月內向財政部申請展期，其延展期限每次以六個月爲限，最長不得超過一年。」

依「關稅法」第三十九條規定，「外銷品應退之原料進口關稅，廠商應於該項原料進口放行之翌日起一年六個月內，檢附有關出口證件申請退還，逾期不予辦理。但依規定免驗進口憑證案件，應在出口後六個月內申請退還。

前項期限，遇有特殊情形經財政部核准者，得展延之。但最長不得超過一年。」所謂特殊情形，由於「關稅法」中並未列舉，因此規定須經財政部核准。此外，第十條第一項規定，「外銷品業經定有原料核

退標準或定額、定率退稅標準者，廠商於貨品外銷後，得逐向經辦機關申請沖退原料稅捐。」

六、經辦機關對沖退原料稅捐案件的處理

(一)授信機構擔保記帳的處理　第十九條前段規定，「加工外銷原料之稅捐由授信機構擔保記帳者，該項記帳稅捐於期限內沖銷後，經辦機關應即通知授信機構解除其保證責任。

未能依限沖銷者，其所應追繳之稅款及自稅款記帳之翌日起至稅款繳清之日止，照記帳稅款按日加徵萬分之五之滯納金，應由擔保授信機構負責清繳。但被擔保廠商業經破產宣告或已停業、倒閉，而其稅款已由授信機構繳清者，得由該授信機構提供不足清償之確實資料，檢送法院破產宣告文件或當地稅捐稽徵機關出具之停業證明，報經財政部核准後，免賠繳滯納金。」

(二)辦理沖退原料稅捐案件的期限　第二十條規定，「申請沖退原料稅捐，應於成品出口後，依第十五條所定期限，檢附出口報單副本、進口報單副本之影本及有關證明向經辦機關提出，經辦機關應於收到申請書之翌日起五十日內辦畢。其因手續不符，或證件不全而不能辦理時，應以書面通知申請人，但其情形可補正者，應命補正，並以補正齊全之日為其提出申請沖退稅捐之日期，不依限補正者，經辦機關得逕行註銷該申請案。如補正事項須經政府機關辦理，而廠商業經向有關機關申請並將副本在限期內送經辦機關備查有案者，不得註銷。合作外銷案件，得由經辦機關將不合規定部分註銷後，就其他部分先行辦理。

供退稅用出口報單副本，由出口地海關依下列規定發給。

1.輸往國外貨物，於運輸工具駛離出口口岸或補辦申請收件之翌

日起二十日內發給。

2.輸往加工區貨物，於運入區內經駐區海關查驗放行或補辦申請收件之翌日起十日內發給。

前項海關核發出口報單副本之日數應自規定之沖退稅期限內予以扣除。

經辦機關對於第一項及第二項之案件，其有遲延情事者，應查明責任予以適當之處分。」

㈢沖退原料稅捐案件的委託　第二十條之一規定，「前條第一項外銷品沖退原料稅捐案件，經辦機關於必要時得報經財政部核定，委託有關公會或團體辦理，其辦法另定之。」

㈣外銷貨品不符規定的處理　第二十二條規定，「申請沖退原料稅捐的外銷貨品，如品名、規格、成分或其使用之原料名稱、規格、成分與原料核退標準規定不符者，經辦機關應以書面通知申請人，檢具有關證件向經濟部申請證明或解釋，送經辦機關辦理。

前項規格、成分不符案件，如經辦機關及經濟部均無法查核，而廠商亦未能提供可供證明之資料者，得按較低原料價格及稅率核退，如無較低原料價格及稅率可資計算者，按七折核退。」

㈤訂有定額、定率退稅標準貨物的處理　第二十四條規定，「已訂有定額、定率退稅標準之貨品於出口後，應按定額、定率標準辦理退還。但定額退稅案件於退稅率表訂定後，如原料稅率或訂定當時資以計算之固定完稅價格有變動，致退稅率表所定與實際情形不符時，應按下列方式處理：

1.稅率不同者，按實際稅率逕行調整之。

2.完稅價格不同者，如實際完稅價格高或低於固定完稅價格百分之十時，逕行調整之。

3.稅捐記帳案件，按記帳所用稅率或完稅價格核計沖銷之。

經辦機關應定期檢討建議修正退稅率，遇稅率調整或原料價格有顯著漲落時，應隨時建議財政部修正退稅率表。」

㈥溢退或少退稅捐的救濟　第二十五條規定，「退稅案件如於事後發覺有溢退或少退稅捐情事，經辦機關應向有關廠商追繳補退，或由納稅義務人自動繳回或申請補退。」

七、申請沖退原料稅捐案件的方式

㈠合作外銷廠商的申請　第二十一條規定，「合作外銷廠商申請沖退原料稅捐案件，應由原供應廠商出具同意書，或於出口報單或沖退稅捐申請書上蓋章證明表示同意。

前項應出具沖退原料稅捐同意書之廠商如經停業，經申請沖退原料稅捐廠商申請經濟部或建設廳（局）或稅捐機關等有關機關以書面證明停業屬實者，得僅由該申請廠商具結辦理沖退原料稅捐。」

㈡報運出口的規定　第二十一條之一規定，「需辦理沖退稅之貨品，廠商於報運出口時，應依下列規定辦理：

1.依照有關退稅標準所列，據實報明外銷品之中英文對照名稱、品質、規格、成分、數量或重量、金額及加工所使用之原料名稱、數量或重量、金額與各供應廠商名稱、供應數量及來源等資料。

2.訂有通案退稅標準之外銷品，如依照有關規定須另按專案退稅標準辦理沖退稅者(包括成衣剪裁標準)，除依照前款規定辦理外，並應於出口報單上，詳細報明所用專案標準之核定文號及其規定之用料標準（包括剪裁損耗率），未曾報明者，按通案標準核計沖退。」

㈢外銷廠商的申請　第二十三條規定，「外銷廠商申請沖退原料稅捐案件得於出口後單獨或集合多批合併申請，每批均應一次全部申請

沖退。但漏未申請者，得於規定申請沖退稅期限內請求補辦一次。」

　　㈣出口報單等相關文件及海關查驗取樣　第二十六條規定，「需退稅之外銷貨品於報運出口時，其出口報單應註明需沖退稅，並檢附外銷品使用原料及其供應商資料清表；出口地海關對需退稅之貨物或復運出口之貨物應注意查驗或送請有關機關檢驗，如查驗或檢驗結果與申報不符時，應更正出口報單並通知廠商。

　　海關得應廠商要求取樣加封後，交由廠商收執，以備考查。」

八、稅捐的免徵及補徵

　　㈠復運出口的進口原料　第二十七條規定，「供加工外銷之進口原料，在進口放行之翌日起一年內因故復運出口經財政部核准者，免徵其進口稅捐及貨物稅；其依內銷比率課稅者，依其原課稅比率退還之。

　　依第一項規定辦理免徵手續，應在原料復運出口之翌日起六個月內檢附出口報單副本及有關證件提出申請，逾期不予受理。

　　第二十條第二項、第三項及第三十一條規定，於第一項案件準用之。」

　　依本條第三項規定，復運出口的進口原料若轉往國外時，其供退稅用的出口報單副本於運輸工具駛離出口口岸或補辦申請收件之翌日起二十日內由出口地海關發給；若係輸往加工出口區時，則於運入加工區內經駐區海關查驗放行或補辦申請收件之翌日起十日內發給出口報單副本。惟上述海關核發出口報單副本的日數應自規定的沖退期限內予以扣除。此外，此類復運出口的進口原料核准沖退稅時，仍應按沖退稅捐總額繳納千分之五的業務費。

　　㈡復運進口的出口貨物　第二十八條規定，「已報運出口之外銷品，在出口放行後五年內因故退貨復運進口者，免徵成品進口稅捐及

貨物稅。但出口時已退之原料稅捐，應仍按原額補徵。」

(三)運回的國外展覽品　第二十九條規定，「參加國外商品展覽會或博覽會之貨品，應於出口前由貿易主管機關開列詳細清冊送請經辦機關辦理退稅。如該項貨品於事後仍須運回者，應按前條規定補徵。」

九、違規的處分

(一)停止及撤銷自行具結　第十四條規定，「依第十二條規定核准自行具結廠商，在核准辦理自行具結記帳年度內經發現其有違章漏稅情事者，得依下列規定停止其一定期間自行具結。

1.逃漏稅捐金額在新臺幣五十萬元以上未滿一百萬元者，停止自行具結六個月。

2.逃漏稅捐金額在新臺幣一百萬元以上未滿三百萬元者，停止自行具結一年。

3.逃漏稅捐金額在新臺幣三百萬元以上未滿五百萬元者，停止自行具結二年。

4.逃漏稅捐金額在新臺幣五百萬元以上者，停止自行具結三年。

自行具結廠商於核准辦理自行具結期中，發現有違章漏稅以外之不良紀錄，足認其有違背誠實信用之虞者，得停止其三年以下自行具結，情節重大者，得撤銷其自行具結資格。」

(二)補繳稅捐及滯納金　第十六條規定，「記帳之外銷品原料稅捐不能於規定期限內沖退者，應即補繳稅捐，並自記帳之翌日起，至稅捐繳清之日止，就應補稅捐金額按日加徵萬分之五滯納金。但有下列情形之一者，免徵滯納金：

1.因政府管制出口或配合政府政策經核准超額儲存原料者。

2.工廠遭受風災、地震、火災、水災等不可抗力之災害，經當地

警察或稅捐稽徵機關證明屬實者。

　3.因國際經濟重大變化致不能於規定期限內沖銷，經財政部及經濟部會商同意免徵滯納金者。

　4.因進口地國家發生政變、戰亂、罷工、天災等直接影響訂貨之外銷，經查證屬實者。

　5.在規定沖退稅期限屆滿前已經出口，或在規定申請沖退稅期限屆滿後六個月內出口者。

　前項應補稅捐金額之計算，應以該項原料進口當時依關稅法核定之完稅價格及稅率爲準，並由經辦機關於記帳保證書內註明。」

　㈢停止記帳、外銷貸款及進口簽證　第十七條規定，「辦理稅捐記帳之加工外銷原料，非經向經辦機關補繳稅捐，並依前條規定加徵滯納金，不得轉供內銷。其有違反者，除追繳稅捐及滯納金外，貿易主管機關及財政部並得對該廠商視其情節按下列各款擇一或同時予以一定期間之處分：

　1.停止原料稅捐記帳。

　2.停止各項有關外銷貸款。

　3.停止進口簽證。

　依前項規定補繳稅捐及加徵滯納金之原料，於加工外銷出口後，仍得依本辦法規定申請退還所繳之稅捐。」

　㈣未依規定補繳稅捐或未予合作的處罰　第十八條規定，「依規定應補繳稅捐及應繳之滯納金、滯報費、業務費未能依限繳淸或對於主管機關、經辦機關所爲之稽核或所要求之資料未予必要之合作或拒絕提供者，停止其原料稅捐記帳。」

　㈤逾期申請辦理沖退原料稅捐的處罰　第三十條規定，「未依第二十條規定申請辦理沖退原料稅捐，而於逾期後請求補辦者，應自規定

申請沖退稅期限屆滿之翌日起至申請補辦日止，按沖退稅金額每日加徵萬分之五之滯報費。但成品出口後滿二年仍未申請者，不予沖退。」

十、其他規定

㈠業務費　第三十一條規定，「外銷品核准沖退原料稅捐，應按沖退稅捐總額繳納千分之五業務費。

沖稅部分應繳業務費，應於原料進口辦理稅捐記帳時預先繳納；記帳稅款無法於規定期限內沖銷者，應將溢繳之業務費退還。

前項業務費之收支，應按預算程序辦理。」

㈡各類各款項的扣繳　第三十二條規定，「核定退稅之案件，退稅廠商或原料退稅之進口商有應補繳之稅款、罰鍰及應收之滯納金、業務費等，應於核退稅款內扣繳。」

㈢起徵額　第三十三條規定，「依本辦法規定應徵之滯納金或滯報費、業務費以新臺幣十元爲起徵額，不滿十元者免計。」

㈣新舊標準的適用　第三十四條規定，「外銷品原料核退標準及定額、定率退稅標準變更或廢止時，其新舊標準之適用，以該外銷品出口日期爲準，但法令另有規定者，從其規定。」

㈤記帳沖銷案件的準用　第三十五條規定，「本辦法有關退稅規定，於記帳沖銷案件準用之。」

㈥退稅與繳稅分離原則辦法的訂定　第三十六條規定，「財政部得於洽商經濟部及有關業者意見後，依照退稅與繳稅分離之簡便原則訂定辦法試辦退稅。」

㈦施行日　第三十七條規定，「本辦法自發布日施行。」

第三節　保稅倉庫設立及管理辦法

五十八年一月二十八日財政部 (58) 臺財關字第○九九八號令訂定發布

五十九年十一月五日財政部 (59) 臺財關字第一八一六○號令修正

六十三年九月五日財政部 (63) 臺財關字第一八四四○號令修正

六十四年一月六日財政部 (64) 臺財關字第一○○五二號令修正

六十六年八月二十三日財政部 (66) 臺財關字第一八六○四號令修正

六十九年九月六日財政部 (69) 臺財關字第二○九八七號令修正

七十年一月二十三日財政部 (70) 臺財關字第一○八九三號令修正

七十一年二月一日財政部 (71) 臺財關字第一○八五二號令修正

七十三年三月七日財政部 (73) 臺財關字第一三○七八號令修正

七十五年六月十七日財政部 (75) 臺財關字第七五○五二八九號令修正

七十六年八月二十五日財政部 (76) 臺財關字第七六○○七三四六六(1)號令修正

七十七年三月十五日財政部 (77) 臺財關字第七七○○二六二○二號令修正

七十九年九月四日財政部 (79) 臺財關字第七九一二三四五五七號令修正

八十年六月十一日財政部 (80) 臺財關字第八○一二八一○八七號令修正

八十三年十二月七日財政部 (83) 臺財關字第八三一六六四○六一號令修正

八十五年一月十日財政部 (85) 臺財關字第八四一七二九九○○號令修正

八十六年二月二十一日財政部 (86) 臺財關字第八六一九九八四六○號令修正

八十七年四月二十日財政部 (87) 臺財關字第八七二○四四五八二號令修正

八十八年三月三日財政部 (88) 臺財關字第八八二○一五○二五號令修正

八十九年十一月十四日財政部 (89) 臺財關字第○八九○○二八三六一號令修正

一、前言

　　所謂保稅，係指未經海關課稅放行的進口貨物或轉口貨物，納稅義務人得提供認可的擔保，或者以其他海關易於監管的方式，申請暫時免除或延緩繳納關稅的制度。經保稅的貨物，若依原狀或經加工後出口者，當免徵關稅；而經進口者，則課徵關稅。而保稅倉庫就是經海關核准發給執照，專以儲存未經通關納稅進口貨物的倉庫。保稅倉庫由倉儲業者或其他廠商向海關申請設立，並受海關的監管。凡運抵我國口岸的貨物，不論有無輸入許可證，在報關進口之前，均得向海關申請存入保稅倉庫。

　　由於貨物在進倉前及存倉期間可免繳進口關稅，故進口貨物如非為內銷，而需再運往國外銷售者，便可申請將貨物儲存於保稅倉庫，以免再次運出口後退稅的麻煩。而以寄售方式銷售貨物時，受託人也可申請將貨物存於保稅倉庫，待貨物售出時，由買受人自行辦理通關納稅的手續。此外，如果貨物擬報正式進口通關，但由於出口商未將證明單據寄到，因此只有暫時將貨物儲入保稅倉庫；或是貨物擬由進口港轉口至另一本國海關所管轄的港口，而將貨物暫存入保稅倉庫，待轉運抵目的港後再正式付稅等，均可能成為貨物存入保稅倉庫的理由。

　　除了上述情況以外，在我國尚有一種由保稅授信機構（金融機構或輔導外銷的業務機構）所設置及管理的保稅倉庫，加工出口廠商於進口原料、半成品、製成品時，其應繳的進口稅捐由授信機構以該原料或貨物作擔保出具保證，向海關申請記帳，儲存保稅倉庫中，而在授信機構監督之下提貨，待成品出口後，再由授信機構向海關辦理沖稅。

　　貨物儲存於保稅倉庫有一定的時間限制（本辦法規定二年，不得延長），若超過期限，則海關得將貨物沒收變賣。在儲存期間，進口商若認為貨物必須更改包裝、刷換新嘜，或修飾整理，則得經海關准許後辦理。

　　採取保稅制度，不但可簡化通關及退稅手續、減輕業者繳稅負擔、降低出口貨物成本，更可吸引外國人投資及引進生產技術，利用保稅方式加工或生產，並可設立特別區集中管理。我國保稅制度的範圍及方式甚為廣泛，除了保稅倉庫之外，尚有保稅工廠、加工出口區、科學工業園區、免稅商店及保稅運貨工具等等。

　　「保稅倉庫設立及管理辦法」係財政部依「關稅法」第三十五條第三項規定（保稅倉庫的設立及管理辦法由財政部定之），而於民國五十八年一月二十八日訂定發布。為配合實際作業需要，迄今經二十次修正。全文共計六十六條條文，分為五章，第一章總則（第一條～第四條）、第二章設立（第五條～第十三條）、第三章管理（第十四條～第五十五條）、第四章處分（第五十六條～第六十一條）、第五章附則（第六十二條～第六十六條）。

二、總則

　　㈠制定依據　第一條規定，「本辦法依關稅法第三十五條第三項之規定訂定之。」

　　依「關稅法」第三十五條規定，「運達中華民國口岸之貨物，在報關進口前，得申請海關存入保稅倉庫。在規定存倉期間內，原貨退運出口者免稅。

　　前項貨物，在規定存倉期間內，貨物所有人或倉單持有人，得申請海關核准，於倉庫範圍內整理、分類、分割、裝配、或重裝。

保稅倉庫之設立及管理辦法，由財政部定之。」因此，財政部即根據該條文制定「保稅倉庫設立及管理辦法」。

㈡適用範圍　第二條規定，「經海關核准登記供存儲保稅貨物之倉庫為保稅倉庫，其設立及管理，除其他法令另有規定外，依本辦法之規定。」

㈢保稅倉庫的種類　第三條規定，「保稅倉庫之種類如下：

1.普通保稅倉庫：存儲一般貨物者。

2.專用保稅倉庫：專供存儲下列貨物之一者。

⑴供經營國際貿易之運輸工具專用之燃料、物料。

⑵修造船艇或飛機用器材。

⑶礦物油。

⑷危險品。

⑸供檢驗、測試、整理、分類、分割、裝配或重裝之貨物（以下簡稱重整貨物）。

⑹修護貨櫃或貨盤用材料。

⑺展覽物品。

⑻供免稅商店銷售用之貨物。

⑼其他經海關核准存儲之物品。

3.發貨中心保稅倉庫（以下簡稱發貨中心）：專供存儲自行進口或自行向國內採購之貨物，並得辦理貨物之重整，其範圍應先經海關核准。」

㈣貨物的存入及其限制　第四條規定，「凡運達中華民國口岸之貨物，除本辦法另有規定者外，在報關進口前，均得向海關申請存入保稅倉庫。但下列物品應不准存儲保稅倉庫：

1.違禁品。

2.禁止進口之貨物。

3.於存儲保稅倉庫期間可能產生公害或環境污染之貨物。

4.其他經海關認為不適宜存儲保稅倉庫之貨物。

專用保稅倉庫及發貨中心存儲自國內採購之貨物適用前項規定。」

三、設立

㈠設立資格及設備　第五條規定，「保稅倉庫之設立除政府機關、公營事業及經財政部專案核准者外，應以股份有限公司組織為限。但設立發貨中心之公司，其實收資本額應在新臺幣五千萬元以上。

保稅倉庫須建築堅固，並視其存倉貨物之性質，具有防盜、防火、防水、通風、照明或其他確保存倉貨物安全與便利海關管理之設備。重整貨物專用保稅倉庫並應有適當工作場所。

經依第二十三條規定申請核准存儲貨物之露天處所，應與外界有明顯之區隔。但設置於國際港口、國際機場之管制區內者，不在此限。

海關視實施貨物通關自動化作業需要，得依實際情形公告要求保稅倉庫營業人設置電腦及相關連線設備以電子資料傳輸方式處理業務，其作業規定，由海關定之。」

㈡設立地點　第六條規定，「保稅倉庫應在港區、機場、加工出口區、科學工業園區、鄰近港口地區或經海關核准之區域內設立。

保稅倉庫設立之地點，應經海關認為適當，始得設立。」

㈢設立申請文件　第七條規定，「申請設立保稅倉庫者，應具備下列文件向當地海關登記：

1.申請書：應載明申請者之名稱、地址、負責人姓名、住址、

身分證號碼及電話號碼、倉庫地點、建築構造及倉內佈置（附圖說明）、保稅倉庫擬收存貨物之種類。

2.保稅倉庫建築物之使用權證件及其影本。

3.營利事業登記證及其影本。

4.公司執照及其影本。

5.須使用倉庫露天處所者，應另備具倉庫露天處所平面圖與其使用權證件及其影本。

前項第三款及第四款之證件如申請者為政府機關、公營事業或經財政部專案核准者，得予免除。

申請設立第三條第二款第一目之倉庫者，以輪船公司、航空公司或其代理行為限。

申請設立第三條第二款第四目之危險品專用保稅倉庫者，應另檢附當地警察機關或有關主管機關出具對設置地點及庫內安全設備之同意文件。

申請設立第三條第二款及第三款辦理重整貨物之專用保稅倉庫及發貨中心，應另檢送所需使用之設備清單。

申請設立第三條第二款第七目之展覽物品專用保稅倉庫，應另檢送陳列展覽物品辦法或展覽計畫書。

申請設立第三條第三款之發貨中心，其設在科學工業園區者，應另檢送科學工業園區管理局同意函件；設在加工出口區者，應另檢送經濟部加工出口區管理處同意函件。」

(四)不合規定的處理　第八條規定，「海關對於保稅倉庫設立之申請，認有不合本辦法之規定者，應限期改正，未經改正前，不予核准登記。」

(五)執照有效期限　第九條規定，「經核准登記之保稅倉庫，由海

關發給執照，以憑開業。該項執照有效期間一年，每年校正一次，並應於期限屆滿前二個月檢具第七條規定之文件向海關申請。但展覽物品專用保稅倉庫，其展覽計畫書所定會期、準備及整理展覽物品所需時間如短於一年者，其執照有效期間由海關依其實際需要，酌予核定。

保稅倉庫營業人之名稱、地址、負責人、營業項目及倉庫地點、或面積，如有變更，應於辦妥變更登記之翌日起十五日內檢附有關證件影本，向監管海關辦理換照手續。但倉庫地點或面積變更，應於變更前先報請監管海關核准。」

㈥執照費及補照費　第十條規定，「經核准登記之保稅倉庫，其執照費及執照遺失申請補發之補照費，依海關徵收規費規則徵收之。」

㈦保證金　第十一條規定，「經核准設立之保稅倉庫，其營業人應向海關繳納下列金額之保證金。但其營業人為政府機關或公營事業者，不在此限。

1.普通保稅倉庫及專用保稅倉庫：新臺幣三十萬元。但經核准自主管理且設立營業滿三年者，保證金為新臺幣三百萬元，未滿三年者，保證金為新臺幣六百萬元。

2.發貨中心：新臺幣三百萬元。但存倉保稅貨物加計售與課稅區廠商按月彙報先行出倉之貨物所涉稅捐金額超過新臺幣三百萬元者，得由海關就個別發貨中心之需要，酌予提高。

前項保證金之提供準用關稅法施行細則第二十四條之二規定辦理。」

㈧自主管理的申請　第十二條規定，「普通或專用保稅倉庫符合下列規定者，得向海關申請核准自主管理。其自主管理之事項及程

序，由海關定之。

1.公司實收資本額在新臺幣五千萬元以上。

2.公司保稅管理制度健全且無欠稅，最近三年內漏稅、罰鍰紀錄合計未達新臺幣五十萬元者。

3.公司帳冊、表報、進出倉單據均以電腦處理，且與海關電腦連線自動化通關者。

專用保稅倉庫其存儲修造飛機用器材者，申請自主管理，得不受前項第一款之限制。

經核准自主管理之普通或專用保稅倉庫，如有違反第一項之規定，撤銷自主管理。」

㈨停業的限制　第十三條規定，「經核准設立之保稅倉庫，非經海關許可，不得自行停業。」

四、管理

㈠保稅貨物的稽核及進出倉庫時間　第十四條規定，「保稅倉庫之監管海關得派遣關員定期或不定期前往保稅倉庫稽核保稅貨物。

貨物進出保稅倉庫，應在海關規定之辦公時間內為之。但有特殊情形經海關核准者，不在此限。」

㈡代表人的指定　第十五條規定，「保稅倉庫應指定專人代表保稅倉庫辦理有關保稅事項，並向海關報備。」

㈢貨物進出倉的查驗　第十六條規定，「本辦法有關保稅倉庫貨物進、出倉之查驗，海關得視驗貨單位在勤驗貨關員之工作能量，以抽驗方式辦理。」

㈣外貨進儲保稅倉庫的申請、停止及查驗　第十七條規定，「外貨進儲保稅倉庫，除進儲發貨中心依第十八條之規定辦理外，應由收

貨人或提貨單持有人填具『外貨進儲保稅倉庫申請書』，經海關核准後發給准單，由倉庫營業人憑准單會同監視關員核對標記及數量無訛後進倉。但專供飛機用之燃料、物料、客艙用品或修護器材，得經海關核准先行卸存保稅倉庫，於三日內補辦進儲手續。

　　存儲保稅倉庫之貨物，海關認有必要時，得查驗之。」

　　㈤外貨進儲發貨中心的申請及核對　第十八條規定，「外貨進儲發貨中心，應由發貨中心營業人填具『外貨進儲發貨中心申請書』，經海關查驗後發給准單或申請書副本，持憑進儲。

　　發貨中心自加工出口區、科學工業園區區內保稅倉庫以外之事業，或保稅工廠購買保稅貨物，應由買賣雙方聯名填具報單，檢附交易憑證、裝箱單等有關文件向賣方所在地駐區海關或監管海關申報，經查驗後發給准單或報單副本，持憑進儲。

　　發貨中心自課稅區廠商購買貨物，應由買賣雙方聯名填具報單，檢附交易憑證、裝箱單等有關文件向買方所在地海關申報，經查驗後發給准單或報單副本，持憑進儲。海關應於報單放行之翌日起十日內核發視同出口報單副本交賣方憑以辦理沖退稅。

　　進儲發貨中心貨物，應由發貨中心憑准單或申請書副本或報單副本核對標記及數量無訛後進儲。」

　　㈥售與發貨中心貨物的彙報、登帳及出倉限制　第十九條規定，「保稅工廠及課稅區廠商將貨物售與發貨中心，得向海關申請按月彙報，經核准者，得先憑交易憑證點收進倉登帳，於次月十五日前彙總填具報單辦理通關手續，並以報單放行日期視為進出口日期。

　　前項由課稅區廠商售與發貨中心之保稅貨物，在未補辦通關手續前不得出倉，如有先行出倉之必要者，應留存貨樣，以供報關時查核。」

㈦進出展覽物品專用保稅倉庫的規定　第二十條規定，「已繳稅進口之貨物或國產貨物進儲展覽物品專用保稅倉庫參展時，應檢具清單，附加標記，列明廠牌、貨名、規格數量，報經海關監視關員會同倉庫營業人核對無誤後進倉。參展完畢退運出倉時，應持憑原清單報經海關監視關員會同倉庫營業人核對無誤後出倉。

未繳稅貨物參展完畢申請轉入同一關區之保稅倉庫儲存時，應依第四十八條規定辦理轉儲手續。」

㈧短溢卸貨物的處理　第二十一條規定，「進儲保稅倉庫貨物如有溢卸、短卸情事，保稅倉庫營業人應於船運貨物全部卸倉後七日內；空運貨物應於全部卸倉後三日內；以貨櫃裝運之進口貨物應於拆櫃後三日內，填具短卸、溢卸貨物報告表一式二份，送海關查核。」

㈨存儲貨物的堆置　第二十二條規定，「存儲保稅倉庫之貨物應將標記朝外，按種類分區堆置，並於牆上標明區號，以資識別。但存儲展覽物品專用保稅倉庫之貨物，報經海關核准者，不在此限。

經海關核可之電腦控管自動化保稅倉庫得不受前項之限制，其貨物應以每一棧板為單位分開堆置，並於貨架上標明區號以資識別。但同一棧板上不得放置不同提單之貨物。

重整貨物專用保稅倉庫應將重整前後之貨物，以不同倉間分別存儲。」

㈩包件過重或體積過大貨物的處理　第二十三條規定，「貨物之包件過重或體積過大或有其他特殊情形者，得經海關核准，存儲保稅倉庫之露天處所，其安全與管理，仍由倉庫營業人負責。

前項露天處所須鄰接已登記之倉庫。但鄰接之土地如因政府徵收而被分割，不在此限。」

(十一)出倉進口的申請　第二十四條規定，「存儲保稅倉庫之保稅貨

物申請出倉進口者，依下列規定辦理：

1.完稅進口貨物，應由貨物所有人或倉單持有人填具報單，檢憑報關必備文件，報經倉庫監管海關查驗、徵稅後發給准單，倉庫營業人憑准單會同監視關員核對標記及數量相符後，准予提貨出倉。

2.供應保稅工廠之原料，由保稅工廠檢憑報關必備文件，填具報單報經倉庫監管海關查驗單貨相符後，發給准單，倉庫營業人憑准單會同監視關員核對標記及數量相符後，准予提貨出倉。

3.供應加工出口區區內事業或科學工業園區園區事業之自用機器設備、原料、燃料、物料及半製品，由賣方檢具海關規定之文件向倉庫監管海關申請核發出倉准單，倉庫營業人憑准單會同監視關員核對標記及數量相符後，准予提貨出倉，由海關將貨物押運或監視加封進區，區內事業並應依規定辦理報關進區手續。」

㈡發貨中心保稅貨物的出倉　第二十五條規定，「依第十八條第二項及第三項規定進儲發貨中心之保稅貨物，申請出倉時，依下列規定辦理：

1.售與課稅區廠商之貨物出倉視同進口，應由發貨中心營業人填具報單，檢附交易憑證、裝箱單等有關文件，報經倉庫監管海關查驗，並按出倉形態徵稅後，發給准單辦理提貨出倉。

2.售與保稅工廠之原料，應由買賣雙方聯名填具報單，檢附交易憑證、裝箱單等有關文件，報經倉庫監管海關查驗單貨相符後，發給准單辦理提貨出倉。

3.售與加工出口區區內事業或科學工業園區園區事業之自用機器設備、原料、燃料、物料及半製品，應由買賣雙方聯名填具報單，報經倉庫監管海關核准後，發給准單辦理提貨出倉，區內事業並應依規定辦理報關進區手續。

4.申請出倉出口貨物，應由發貨中心營業人填具報單，檢憑報關必備文件，報經倉庫監管海關核准後，發給准單辦理提貨出倉，並將貨物運至出口地海關辦理通關手續。其貨物由其他廠商或貿易商報運出口者，由報運出口人另於出口報單上載明『本批貨物由×××發貨中心保稅倉庫供應，除該發貨中心保稅倉庫得申請除帳外，出口廠商不得申請退稅』字樣，並於出口後將出口報單副本交由發貨中心除帳。」

㈢出售發貨中心保稅貨物的彙報、登帳及留樣查核　第二十六條規定，「發貨中心將保稅貨物售與保稅工廠、科學工業園區、加工出口區、其他發貨中心及課稅區廠商，得向海關申請按月彙報，經核准者，得先憑交易憑證提貨出倉並登帳，於次月十五日前彙總填具報單辦理通關手續，並以報單放行日期視為進出口日期。

前項發貨中心將保稅貨物售與課稅區廠商，申請按月彙報者，應留存貨樣，以供報關時查核，但依規定免取樣者，不在此限。」

㈣保稅貨物的退貨　第二十七條規定，「依第十八條第二項、第三項及第三十七條第一項、第二項規定進儲發貨中心或專用保稅倉庫之保稅貨物發生退貨時，依下列規定辦理：

1.退回課稅區之貨物，應由買賣雙方聯名填具退貨申請書，報經倉庫監管海關核准，並繳回原領供退稅用之視同出口證明文件或由海關發函更正，其已辦理沖退進口稅捐者，應繳回已沖退稅捐或恢復原記帳（擔保如已解除，應補辦擔保手續）後，發給准單，其退貨手續準用第二十四條第一款或第二十五條第一款之規定辦理。

2.退回加工出口區、科學工業園區或保稅工廠之貨物，應由買賣雙方聯名填具退貨申請書，報經倉庫監管海關核准後，發給准單，其退貨手續準用第二十四條第二款及第三款或第二十五條第二款及第三

款之規定辦理。」

㈤發貨中心保稅貨物申請出倉的手續　第二十八條規定，「存儲發貨中心之保稅貨物依本辦法規定申請出倉者，其發給准單之手續，由監管海關授權發貨中心開立經監管海關驗印並編列統一編號之『發貨中心保稅倉庫出廠出倉放行單兼代准單』，免由海關辦理。

前項准單，發貨中心應按序使用，並保留其存查聯，以備海關查核。」

㈥外貨出倉進口的退貨申請　第二十九條規定，「存儲保稅倉庫之外貨出倉進口後，發現品質、規格與原訂合約不符，由原保稅貨物所有人或倉單持有人負責賠償或掉換者，應由買賣雙方聯名填具退貨申請書，報經倉庫監管海關核准，其退貨手續及免徵關稅準用第十七條、第十八條及關稅法第二十九條規定辦理。」

㈦保稅貨物的進口　第三十條規定，「存儲保稅倉庫之貨物報關進口，除供應保稅工廠、加工出口區區內事業或科學工業園區園區事業應依有關規定辦理者外，應依照一般進口貨物之完稅期限繳納稅捐，如不依限繳納，應依關稅法第四十九條之規定辦理。」

㈧退運出口的申請　第三十一條規定，「存儲保稅倉庫之保稅貨物，申請出倉退運出口者，由貨物所有人或倉單持有人填具『保稅貨物退運出口申請書』，報經海關查驗單貨相符後，發給准單，倉庫營業人憑准單會同監視關員核對標記及數量相符後，准予提貨出倉，由海關派員押運或監視加封運送至裝載出口運輸工具之負責人或其指定人簽收，列入出口貨物艙單，並予監視出口。」

㈨提貨出倉　第三十二條規定，「發貨中心之保稅貨物，依第二十四條、第二十五條、第三十一條及第四十八條規定出倉，得由發貨中心自行核對標記及數量無訛後，提貨出倉，並免由海關押運或監視

加封。」

㈠國際貿易運輸工具專用燃料物料保稅倉庫物品的退運出口　第三十三條規定,「經營國際貿易之運輸工具專用燃料、物料之專用保稅倉庫,為供應其所屬公司之輪船或飛機行駛國際航線使用燃料、物料,由輪船公司、航空公司或其代理行填具報單,送由海關核發准單後,派員押運或監視加封裝上船舶或航空器。

經海關核准專供航行國際航線飛機用品專用保稅倉庫,其存倉物品為應其所屬航行國際航線飛機之頻繁提用,得先行申辦退運出口手續,在未裝機退運出口前應依海關規定置於放行貨物倉間,仍受海關監管,得酌情不加聯鎖,但應憑辦理機關員簽證實際使用數量,按旬列報海關。

專供航行國際航線飛機用品之專用保稅倉庫,其存倉之修造飛機用物料,得向海關申請核准辦理外修,並由業者填具切結書,期間以六個月為限。但因事實需要,期限屆滿前得向海關申請延長,展延期限不得超過六個月,並以一次為限。

第一項供國際航線修造飛機之物料售予(含視為銷售)因維修需求之國內航空業者,該物料所屬之保稅倉庫如係經海關核准自主管理之保稅倉庫,得准按月彙報,先憑交易憑證提貨出倉並登帳,於次月十五日前彙總填具報單辦理通關手續。」

㈡貨櫃修護材料的出倉　第三十四條規定,「由保稅倉庫提領貨櫃修護材料出倉以供修護貨櫃之用時,除應填具報單外,並應填具『貨櫃修護明細表』一式三份,向海關報明下列事項,經核明發給准單,於繳納稅款保證金或由授信機構擔保應繳稅款後,暫提出倉。

　　1.待修貨櫃之種類、標誌、號碼及進口日期。

　　2.所需修護材料名稱、數量、規格及出倉報單號碼。

3.修理之內容、場所及預定完工日期。

4.因修理拆下舊料之名稱、數量及處理方法。

暫提出倉之修護材料於貨櫃修護完工報經海關查核無訛者，視同退運出口，退還所繳保證金或沖銷原擔保稅款額度。其修護之工作期間以一個月為限，如有特殊原因得申請延長一個月，逾期未能完工者，以保證金抵繳稅款或向授信機構追繳其進口稅捐。

貨櫃修護材料專用保稅倉庫與貨櫃修護廠設立在港區內之同一地點者，得請領一定期間使用量之修護材料於繳納保證金後暫提出倉，存入修護廠內自行保管使用，但應按日填報『貨櫃修護材料使用動態明細表』一式三份，列明每日耗用量及結存量等，經海關關員核對無訛予以簽證後，於原核定使用量之範圍內再辦理報關提領補充，免予另行繳納保證金。如使用之貨櫃修護材料減少，可將減少之材料詳列清單，載明材料名稱、數量，申請核退溢繳之保證金。

依前項規定暫提出倉存入修護廠內自行保管使用之修護材料，其修護工作期間不受第二項規定之限制，但必要時海關得隨時派員抽查。

修理貨櫃所拆下之舊料應退運出口，其不退運出口者，應補繳進口稅捐或報請海關監視銷燬。」

㈢保稅貨物重整的範圍及限制　第三十五條規定，「專用保稅倉庫及發貨中心之保稅貨物得依下列方式重整：

1.檢驗、測試：存倉貨物予以檢驗、測試。

2.整理：存倉貨物因破損而須加以整補修理或加貼標籤。

3.分類：存倉貨物依其性質、形狀、大小、顏色等特徵予以區分等級或類別。

4.分割：將存倉貨物切割。

5.裝配: 利用人力或簡單工具將貨物組合。

6.重裝: 將存倉貨物之原來包裝重行改裝或另加包裝。

前項貨物之重整應受下列限制:

1.不得改變原來之性質或形狀。但雖改變形狀, 卻仍可辨認其原形者, 不在此限。

2.在重整過程中不發生損耗或損耗甚微。

3.不得使用複雜大型機器設備以從事加工。

4.重整後不合格之貨物, 如屬國內採購者, 不得報廢除帳, 應辦理退貨, 如屬國外採購者, 除依規定退貨掉換者外, 如檢具發貨人同意就地報廢文件, 准予報廢除帳。

5.重整後之產地標示, 應依其他法令有關產地之規定辦理。

貨物所有人或倉單持有人於保稅倉庫內重整貨物前, 應向海關報明貨物之名稱、數量、進倉日期、報單號碼、重整範圍及工作人員名單, 經海關發給准單後, 由海關派員駐庫監視辦理重整, 但經海關核准自主管理之專用保稅倉庫、發貨中心及設於加工出口區之保稅倉庫, 得免派員監視。重整貨物人員進出保稅倉庫, 海關認有必要時, 得依海關緝私條例第十一條之規定辦理。」

海關為監視重整貨物人員進出保稅倉庫, 避免違法情事產生, 於必要時得依「海關緝私條例」第十一條規定辦理。該條文內容規定, 「海關有正當理由認有身帶物件足以構成違反本條例情事者, 得令其交驗該項物件; 如經拒絕, 得搜索其身體。搜索身體時, 應有關員二人以上或關員以外之第三人在場。搜索婦女身體, 應由女性關員行之。」

㈢發貨中心保稅貨物的檢驗測試　第三十六條規定, 「存儲發貨中心之保稅貨物得經監管海關核准運出保稅倉庫辦理檢驗、測試。並

應逐筆詳細登載貨物之名稱、單位、規格、數量及進出倉時間。必要時，海關得隨時派員查核。

保稅工廠於廠區內設立之發貨中心，其保稅貨物之檢驗、測試作業，得經監管海關核准，在保稅工廠廠房內辦理。

前項貨物之進出倉，發貨中心應填具海關規定之單證，以備查核。」

㈤重整貨物需要材料的進出倉　第三十七條規定，「存入專用保稅倉庫之重整貨物，其貨物所有人或倉單持有人為重整貨物，需向國內課稅區廠商、保稅工廠、加工出口區區內事業或科學工業園區園區事業採購原材料、半成品或成品時，應由買賣雙方聯名填具報單向海關申報查驗進倉。

保稅工廠產製之貨櫃修護零件售予航商所設『修護貨櫃或貨盤用材料專用保稅倉庫』供修護貨櫃之用者，得依前項規定辦理。

依前二項規定進儲保稅倉庫之材料，因故退出保稅倉庫者，應報請海關核發准單，經驗明無訛後放行。」

㈥重整貨物出倉的申請人　第三十八條規定，「保稅貨物於重整後申請出倉，應由下列人員辦理：

　1.由貨物所有人或倉單持有人辦理。

　2.國產貨物進倉與重整貨物裝配後之貨物，由重整貨物部分之貨物所有人或倉單持有人辦理。」

㈦重整貨物出倉審核　第三十九條規定，「保稅貨物於重整後申請出倉進口、退運出口或轉運加工出口區或科學園區，均應於報單上詳細報明貨物重整前、後之名稱、數量、進倉日期、原報單號碼等，以供海關審核。其有使用國產貨物者，並應報明所使用國內課稅區廠商、保稅工廠、加工出口區區內事業或科學工業園區園區事業採購原

材料、半成品或成品之名稱、數量、規格、製造廠商名稱及原報單號碼等退稅資料。」

㈤重整貨物的出倉進口　第四十條規定，「保稅貨物於重整後，申請出倉進口者，海關應按重整前（即進倉時）之貨物狀況准予銷帳。但應依重整後之貨物狀況核定其完稅價格、稅則號別及應否課徵貨物稅。」

㈥重整貨物的退運出口　第四十一條規定，「保稅貨物於重整後，申請出倉退運出口者，海關應按重整前（即進倉時）之貨物狀況准予銷帳。

前項貨物如有使用國產貨物者，應依退運出口時，貨品輸出有關規定辦理，修理貨櫃或貨盤如有使用國產貨物者亦同。」

㈦退運出口貨物的沖退稅　第四十二條規定，「前條第二項貨物退運出口或修護貨櫃或貨盤完工後，其所使用之國產貨物如需辦理沖退稅捐者，除應填具報單正本第一聯一份、副本視需要加繕外，並於報單背面附貼核發退稅用申請書（保稅工廠、加工出口區區內事業及科學工業園區園區事業之成品或半成品免辦理申請），俟重整貨物出口後，由海關核發出口報單副本，以憑辦理沖退稅捐。」

㈧重整貨物需要機具設備的進出倉　第四十三條規定，「自國內提供為重整貨物所需使用之機具設備，應憑海關核發之准單，經驗明無訛後運入或運出保稅倉庫。」

㈨重整發生損耗及廢料的處理　第四十四條規定，「保稅貨物於重整過程所產生之損耗，經海關核明屬實者，准予核銷。

保稅貨物於重整過程中所發生之廢料，有利用價值部分，應依法徵收稅捐進口；無利用價值者，由海關監督銷燬。」

㈩保稅貨物出倉出口單證的核發　第四十五條規定，「存儲保稅

倉庫之保稅貨物，於出倉出口後，海關概不核發出口報單副本、出口證明書或簽證任何出口證明文件。但依第四十二條規定辦理者，不在此限。」

依本條文規定，除非重整貨物退運出口或修護貨櫃或貨盤完工後，由於使用國產貨物而需辦理沖退稅者，可在重整貨物出口後，由海關核發出口報單副本以辦理沖退稅手續，否則海關對於保稅貨物的出口並不核發任何出口單證，蓋保稅貨物存儲於保稅倉庫已形同境外貨物之故。

㈢保稅貨物存倉期 第四十六條第一項規定，「存儲保稅倉庫之保稅貨物，其存倉期限以二年為限，不得延長。但如係供應國內重要工業之原料、民生必需之物資、國內重要工程建設之物資或其他具有特殊理由經財政部核准者，不在此限。」

㈣保稅貨物存倉逾期的處理 第四十六條第二項規定，「保稅貨物，如不在前項規定之存倉期間內申報進口或退運出口，自存倉期限屆滿之翌日起，準用關稅法第四十八條第一項規定加徵滯報費，滯報費徵滿三十日，仍不申報進口或出口者，準用同條第二項之規定處理。」

依「關稅法」第四十八條規定，貨物不依規定期限報關者，自報關期限屆滿之翌日起，按日加徵滯報費六元。若滯報費徵滿三十日仍不報關者，由海關將其貨物變賣，所得價款，扣除應納關稅及必要的費用外，如有餘款，由海關暫代保管；納稅義務人得於五年內申請發還，逾期繳歸國庫。

㈤保稅貨物存倉放棄的處理 第四十六條第三項規定，「保稅貨物存倉未滿兩年，如經所有人或倉單持有人以書面聲明放棄，準用關稅法第五十五條之一規定處理。」

　　依「關稅法」第五十五條之一規定，運達中華民國口岸之貨物，依規定不得進口者，海關應責令納稅義務人限期辦理退運；如納稅義務人以書面聲明放棄或不在海關規定之期限內辦理退運，海關得將其貨物變賣，所得價款，於扣除應納關稅及必要費用後，如有餘款，應繳歸國庫。

　　㈥退運出口貨物因故未能裝運的處理　第四十七條規定，「保稅貨物退運出口，如因故未能裝運，應由海關派員重行押運或監視加封進儲保稅倉庫，其存倉期限，應仍自最初進儲保稅倉庫之日計算之。」

　　㈦保稅貨物轉儲其他保稅倉庫的處理　第四十八條規定，「存儲保稅倉庫之保稅貨物，有下列情形之一者，得轉儲其他保稅倉庫，除應由原進儲人或買賣雙方聯名填具『保稅貨物轉儲其他保稅倉庫申請書』外，其應辦手續準用第二十五條第四款及第三十一條之規定。

　　1.運往國內其他通商口岸保稅倉庫者。

　　2.售與發貨中心者。

　　3.發貨中心出售之外貨。

　　4.保稅倉庫撤銷登記停止營業者。

　　5.發生不可抗力之天災，如浸水、山崩、颱風致有損壞存儲之保稅貨物或可預見其發生之可能者。

　　6.原進儲人自行設立保稅倉庫者。

　　7.其他特殊情況者。

　　前項第四款至第七款情形，如係轉儲同一通商口岸之其他保稅倉庫者，應事先申請海關核准。」

　　㈧保稅貨物進儲其他保稅倉庫的存倉期限　第四十九條規定，「保稅貨物依第四十八條規定進儲其他保稅倉庫，其存倉期限應仍自

最初在原進口地進儲保稅倉庫之日計算之。」

㈢保稅貨物在存倉期間遭受損失或損壞的處理　第五十條規定，「保稅貨物在存儲保稅倉庫期間，遭受損失或損壞者，準用關稅法第二十八條及同法施行細則第四十一條之規定辦理。」

依「關稅法」第二十八條規定，進口貨物在起卸以後，驗放以前（存儲保稅倉庫期間），因水火或不可抗力之禍變，而遭受損失或損壞致無價值者，免徵關稅。

㈣保稅貨物須檢查、公證或取樣的處理　第五十一條規定，「保稅貨物如須檢查公證或抽取貨樣，由貨物所有人或倉單持有人向海關請領准單，倉庫營業人須憑准單會同關員監視辦理。其拆動之包件，應由申請人恢復包封原狀。」

㈣保稅倉庫營業人設置存貨帳冊的管理　第五十二條規定，「保稅倉庫營業人員應依海關規定，設置存貨簿冊經海關驗印後使用，對於貨物存入、提出、自行檢查或抽取貨樣，均應分別詳實記載於該簿冊內，海關得隨時派員前往倉庫檢查貨物及簿冊，必要時，得予盤點，倉庫營業人及其僱用之倉庫管理人員應予配合。

發貨中心及專用保稅倉庫作重整業務者，依前項規定設置簿冊，應按國外進口貨物、國產保稅貨物、其他非保稅貨物及重整後成品貨物，分別設置存貨帳冊。

展覽物品專用保稅倉庫依第一項規定設置之簿冊，應詳列各項參加展覽物品之參展廠商、貨名、規格、數量等資料，並註明展示陳列位置，以備查核，但展覽期限短暫，參加貨物繁多者，得向海關申請，以核發之進口報單副本按序裝訂成冊代替。

保稅貨物進出保稅倉庫，應於進、出倉後二日內登列有關帳冊。」

㈣電腦處理保稅倉庫的帳冊表報及單據　第五十三條規定，「保

稅倉庫之帳冊、表報、進出倉單據，得經監管海關同意，以電腦處理。但應按月印製替代存貨簿冊之表報，於次月二十日以前報請海關驗印備查。

發貨中心保稅倉庫以電腦處理其帳冊、表報、進出倉單據及出廠出倉放行單兼代准單者，免向海關申請驗印。但應於次月二十日前印妥使用明細之表報備查。」

㈢保稅倉庫營業人的責任　第五十四條規定，「存儲保稅倉庫之貨物應由倉庫營業人負保管責任，如有損失，除依第五十條之規定辦理者外，倉庫營業人應負責賠繳應納進口稅捐。

存倉貨物之是否保險，對業經完稅而存倉未提貨之處置，及貨物所有人或倉單持有人與保稅倉庫營業人間之其他有關事項，概與海關無涉。」

依本條文規定，保稅貨物在存倉期間遭受損失或損壞，若無法以免徵關稅處理者，保稅倉庫營業人應負責繳納進口稅捐。此外，海關雖然負監督管理保稅倉庫的責任，但是保稅貨物在存倉期間的安全及提貨等相關事項均與海關無關，而由保稅倉庫營業人負責。

㈣違規保稅貨物的處理　第五十五條規定，「海關依據海關緝私條例或其他規章應處理之保稅倉庫存貨，得憑海關扣押憑單隨時將存儲於倉庫之該項貨物扣存海關倉庫，保稅倉庫營業人或管理人不得拒絕。」

五、處分

㈠擅向保稅倉庫提取或超量提取或重整的處分　第五十六條規定，「違反本辦法之規定，未憑具准單，擅向保稅倉庫提取貨物、貨樣或機具設備，或雖憑具准單提貨，而實際提領數量超出准單所列或

未經海關核准擅自重整者，按海關緝私條例之有關規定處罰，並得撤銷保稅倉庫執照。」

㈡擅自變更標記、號碼或包裝矇混提運出倉或其他原因致使貨物短少的處分　第五十七條規定，「存儲保稅倉庫之貨物，如有擅自變更標記、號碼或包裝，矇混提運出倉；或不論何種原因，致貨物短少者，除追繳進口稅捐及依海關緝私條例有關規定處罰外，並得撤銷保稅倉庫執照。」

第五十八條刪除。

㈢停止保稅倉庫進儲保稅貨物的處分　第五十九條規定，「保稅倉庫有下列情事之一，經海關通知其所有人或營業人限期改善逾期仍未改善者，得停止其進儲保稅貨物：

　1.保稅倉庫之設備未能確保存倉貨物安全者。

　2.海關對保稅倉庫或進儲保稅倉庫之貨物有監管不易之顧慮者。

　3.未依第十一條規定繳納保證金者。」

㈣倉庫營業人或管理人違規的處分　第六十條規定，「倉庫營業人或其僱用之倉庫管理人員違反本辦法有關其應守之規定者，海關得視情形，撤銷保稅倉庫執照或停止其三個月以內期間進儲貨物。」

㈤廠商未於規定期限內彙報的處分　第六十一條規定，「依第十九條及第二十六條申請按月彙報廠商，未能於規定期限內填具報單並檢附有關文件辦理通關手續者，海關得停止其按月彙報，其屬發貨中心售與課稅區廠商者，海關應即核計其應繳納稅捐，並得以其繳納之保證金抵繳。」

六、附則

㈠海關的聯鎖或監管　第六十二條規定，「經核准登記之保稅倉

庫，應由海關及倉庫營業人共同聯鎖。但發貨中心，經海關核准自主
管理之普通及專用保稅倉庫，暨設立於加工出口區及科學工業園區
者，得免聯鎖。

海關對免聯鎖之保稅倉庫於必要時得恢復聯鎖或派員駐庫監管。」

㈡海關派員監視起卸貨物的處理　第六十三條規定，「貨物進出
保稅倉庫，需由海關派員往返監視起卸貨物時，如因時間急迫，得由
倉庫營業人、有關輪船公司或航空公司提供交通工具；倘需派員常駐
監視，倉庫營業人應供給該員辦公處所。

前項須由海關派員監視者，倉庫營業人應依海關徵收規費規則有
關規定繳納監視費。」

㈢暫行停業　第六十四條規定，「保稅倉庫儲存之貨物，如經
全部完稅，海關得應保稅倉庫營業人之請求，准予暫行停業，停業期
間，免徵規費。

前項停業期間最長以一年為限，逾期未申請復業者，海關得撤銷
其保稅倉庫執照。」

㈣復業申請　第六十五條規定，「經海關核准暫行停業之保稅倉
庫，在其執照有效期間向海關申請核准復業者，原發執照適用至有效
期限屆滿為止。」

㈤施行日　第六十六條規定，「本辦法自發布日施行。」

第四節 平衡稅及反傾銷稅課徵實施辦法

財政部七十三年七月三日 (73) 臺財關字第一九四三四號令發布

財政部　　　　　　　　臺財關字第八三一六六三四九九號
　　令八十三年十一月十七日
經濟部　　　　　　　　經 (83) 貿調〇九二二一五號

一、前言

　　平衡稅及反傾銷稅係指一國對自他國進口的貨物，除依進口稅則課徵一般關稅外，又對於該進口貨物接受補貼或進行傾銷等不公平貿易行為，另外加徵相當於補貼金額或傾銷差額的進口關稅。一般關稅課徵的目的，通常係基於國家主權的行使、財政收入的考量以及工業政策的需要等；而平衡稅及反傾銷稅的課徵，其目的則係為反制或抵銷他國貨物因補貼或傾銷等措施而獲得價格上不公平的競爭優勢，以免危害本國產業的正常發展。因此，平衡稅及反傾銷稅常被稱為特別關稅、額外關稅或懲罰關稅。

　　事實上，課徵平衡稅及反傾銷稅的觀念早在十八世紀重商主義時期即已形成，不過當時各國並未建立明確的調查課徵制度，通常都以直接提高關稅來對抗他國的補貼及傾銷行為。二十世紀初期，平衡稅及反傾銷稅課徵體制驟然逐漸在歐美各國之間定型，但是各國對於課徵要件與課徵程序的規定都不盡相同。

　　關稅暨貿易總協定（GATT）有鑑於當時各國平衡稅及反傾銷稅課徵體制的紊亂已嚴重影響到國際貿易的正常發展，因此於一九四八年該協定制定時，便在其協定第六條、第十六條及第二十三條中，對

平衡稅及反傾銷稅課徵的基本原則加以規定。此外，一九六七年甘迺迪回合(Kennedy Round)多邊貿易談判中曾針對反傾銷稅課徵問題加以磋商，並制定了「關稅暨貿易總協定第六條施行協定」(Agreement on Implementation of Article VI of the GATT)，簡稱「反傾銷協定」(Anti-dumping Code)；而一九七九年東京回合(Tokyo Round)多邊貿易談判後，不但重新修正了「反傾銷協定」，而且針對補貼措施與平衡稅的課徵訂定了「關稅暨貿易總協定第六條、第十六條及第二十三條釋義與實施協定」(Agreement on Interpretation and Application of Article VI, XVI and XXIII of the GATT)，簡稱「補貼及平衡稅協定」(Subsidies and Countervailing Duties Code)，至此平衡稅及反傾銷稅在國際上有較為一致的規範。

我國平衡稅及反傾銷稅的課徵制度早在民國五十六年「關稅法」制定當時即已建立，只是當時僅就課徵的要件做原則性的規定，並未建立課徵作業的詳細程序與實施辦法。過去，由於我國對外貿易政策採取出口導向，以出口為優先的各種措施；致使出口價格低於國內價格，而遭受先進工業國家對由我國輸入的某些貨物，進行平衡稅或反傾銷稅的課徵調查，甚或課徵平衡稅或反傾銷稅。但是隨著我國積極推展貿易自由化及出進口並重的貿易政策，為防止自國外輸入的貨品，可能會因出口國政府對出口的補助、獎勵或業者的低報價格，以提高其競爭力或逃避進口關稅等不公平競爭行為，民國七十二年財政部為因應國際貿易情勢的演變與配合國內經濟發展的需要，特別徵詢學者、專家以及工商業各界的意見，並參酌關稅暨貿易總協定相關國際規範以及歐市、美國等體制，全盤檢討修改平衡稅及反傾銷稅課徵制度，除重新修正「關稅法」中有關條文外，並於七十三年七月訂定「平衡稅及反傾銷稅課徵實施辦法」，詳細規定平衡稅及反傾銷稅從申請到課

徵以及課徵以後的完整程序與處理方法。

本辦法自民國七十三年七月發布迄今，已逾十年未修正，惟自進口關稅大幅調降以來，民國八十一年至八十三年十月提出課徵反傾銷稅的申請案件達十六件之多，顯見近年來國內產業遭受外貨傾銷的威脅日益嚴重，訴諸本辦法請求維護公平貿易的需求也日益殷切，國內業者對本辦法有關申請、調查程序及時效控制上，亦反應有加以明確規定的必要。基於上述原因，為因應國際貿易情勢的演變與國內經濟發展的需要，並配合「貿易法」的公布施行，財政部會同經濟部於關稅暨貿易總協定烏拉圭回合 (Uruguay Round) 國際規範完成全面檢討修正以前，先就「平衡稅及反傾銷稅課徵實施辦法」內容不明確、不合時宜及應配合「貿易法」修正的部分，於八十三年十一月十七日公布修正內容。

本次重要修正內容主要如下：

1.配合「貿易法」第十九條規定，本辦法第三條明定平衡稅及反傾銷稅案件辦理的分工原則：財政部為補貼、傾銷事實調查的主管機關，經濟部為危害中華民國產業事實調查的主管機關。

2.為加速平衡稅及反傾銷稅案件審理的時效要求，明定案件於申請受理後四十五日內提交關稅稅率委員會審議。至於有關案件的申請、審理及財經兩部的作業分工，則分別規定於本辦法第七、九、十及十二條，全案的審理期間為二百八十日（包括申請受理後四十五日內提交關稅稅率委員會之期間）。

3.為達到審理過程透明化的原則，在本辦法第八、十、十二、十三條明定，經關稅稅率委員會審議決議應進行與不進行調查的案件及初步判定、最終判定結果等，均應通知申請人及已知的利害關係人，並刊登財政部公報。

4.爲確定國內產業危害事實的認定依據，在第二十條明定其認定標準除本辦法有規定外，準用「貨品進口救濟案件處理辦法」的相關規定辦理。

目前我國有關平衡稅及反傾銷稅課徵的法令依據，包括「關稅法」、「財政部關稅稅率委員會組織規程」與「平衡稅及反傾銷稅課徵實施辦法」，前者係經立法程序制定，而後二者則均係依據「關稅法」由財政部所制定。其中「關稅法」第三條第二項規定，財政部關稅稅率委員會爲平衡稅及反傾銷稅的課徵機關，第二十三、二十四及二十五條規定行政救濟程序，第四十六條規定平衡稅課徵要件，第四十六條之一規定反傾銷稅課徵要件，第四十六條之二規定產業危害要件、課徵稅額限制及課徵實施辦法的訂定，形成了我國課徵平衡稅及反傾銷稅的重要架構。

有關平衡稅及反傾銷稅的課徵，就進口國家而言，爲保護其國內產業，當有其必要性，但其課徵手續應有相當限制，不得濫用，否則將會構成過度保護，反而有礙貿易自由原則。依我國「關稅法」第四十六條規定，「進口貨物在輸出或產製國家之製造、生產、外銷運輸過程，直接或間接領受獎金或其他補貼，致危害中華民國產業者，除依海關進口稅則徵收關稅外，得另徵適當之平衡稅。」同時第四十六條之一第一項規定，「進口貨物以低於同類貨物之正常價格傾銷，致危害中華民國產業者，除依海關進口稅則徵收關稅外，得另徵適當之反傾銷稅。」因此，進口貨物課徵平衡稅及反傾銷稅，應符合以下三個要件：

㈠進口貨物有領受補貼或進行傾銷的情事

1.領受補貼：指進口貨物在輸出國或產製國的製造、生產、外銷及運輸過程中，直接或間接領受獎金或其他補貼。

2.進行傾銷：指進口貨物輸入中華民國的價格低於同類貨物的正

常價格。

㈡我國產業有遭受危害的事實

平衡稅及反傾銷稅的課徵，係爲消除外國不公平貿易行爲對我國產業所造成的危害。因此，如果我國產業一切正常，則其同類進口貨物即使涉有領受補貼或進行傾銷的情事，亦不足以構成課徵平衡稅及反傾銷稅的要件。根據「關稅法」第四十六條之二規定，所謂危害，並非僅指已對產業造成的重大損失，其有重大損害之虞，或有重大延緩國內該項產業的建立者亦包括在內；而所謂產業，亦不僅包括現有產業，其已計畫至相當階段者亦屬之。

㈢前兩項要件有因果關係

由於危害產業的因素可能很多，因此關稅暨貿易總協定(GATT)規定各國在處理課徵平衡稅及反傾銷稅案件時，必須查明國內產業所受的危害確係由同類進口貨物的領受補貼與進行傾銷所致，而非因其他因素所造成。因此，如果產業所受危害係由其他因素所造成，則不得將其歸咎於同類進口貨物的領受補貼或進行傾銷，而課徵平衡稅或反傾銷稅。爲認定領受補貼或進行傾銷的進口貨物是否致危害我國產業，本辦法第二十六條規定，財政部於調查時須就該進口貨物的進口數量、國內同類貨物市價所受的影響、對於國內有關產業的影響等標準加以衡量。

現行我國平衡稅及反傾銷稅制度在課徵要件與課徵程序方面，大體已能符合國際規範，但是仍有下列幾點不同：

㈠國內產業的定義：「反傾銷協定」已有明確定義可資遵循；但我國僅以中華民國產業稱之，尚無具體標準可循，且未定義於課徵實施辦法中。

㈡調查期間：關稅暨貿易總協定規定調查期間原則上爲一年；而

我國規定全案的審理期間爲二百八十日，必要時，各項期間得延長二分之一。

㈢臨時措施期間：關稅暨貿易總協定規定以四個月爲原則，反傾銷稅得爲六個月；而我國臨時措施期間一律以四個月爲限。

「平衡稅及反傾銷稅課徵實施辦法」由財政部會同有關機關擬訂，報請行政院核定，並函請立法院查照，於民國七十三年七月三日公布，並於八十三年十一月十七日修正。本辦法全文共計三十二條，分爲一般性規定、課徵的申請、調查及審議程序、調查作業規定、臨時課徵、平衡稅及反傾銷稅的課徵標準、危害中華民國產業的認定標準、其他課徵規定等八部分。

二、一般性規定

㈠制定依據　第一條規定,「本辦法依關稅法第四十六條之二第三項規定訂定之。」

依「關稅法」第四十六條之二第三項規定,「平衡稅及反傾銷稅之課徵範圍、對象、稅額、開徵或停徵日期及其實施辦法，應由財政部會同有關機關擬訂，報請行政院核定，並函請立法院查照。」因此，本辦法便依該條文內容而由財政部會同各相關部門制定完成。

㈡課徵程序　第二條規定,「平衡稅及反傾銷稅之課徵，由財政部依職權、申請或其他機關之移送，於調查、審議後，報請行政院核定。」

㈢調查主管機關　第三條規定,「平衡稅及反傾銷稅案件(以下簡稱案件)有關進口貨物有無補貼或傾銷之調查，其主管機關爲財政部；有關該進口貨物補貼或傾銷有無危害中華民國產業之調查，其主管機關爲經濟部。」

依本條規定，有關平衡稅及反傾銷稅案件的調查，分別由財政部

及經濟部共同負責，其中財政部由關稅稅率委員會負責調查進口貨物有無補貼或傾銷事實，而有關補貼或傾銷是否危害中華民國產業，則由經濟部貿易調查委員會負責。

　　㈣納稅義務人　第四條規定，「平衡稅及反傾銷稅，由關稅法第四條所定之納稅義務人負責繳納。」

　　依「關稅法」第四條規定，「關稅納稅義務人為收貨人、提貨單或貨物持有人。」

　　㈤施行日　第三十二條規定，「本辦法自發布日施行。」

三、課徵的申請

　　㈠申請人資格　第五條規定，「中華民國同類貨物生產者或與該同類貨物生產者有關經依法令成立之商業、工業、勞工、農民團體或其他團體，得申請對進口貨物課徵平衡稅及反傾銷稅。

　　前項所稱同類貨物，指與進口貨物相同之產品或相同物質所構成，且具有相同特徵、特性之產品。其為相同物質構成而外觀或包裝不同者，仍為同類貨物。

　　第一項所稱同類貨物生產者，指國內同類貨物之全部生產者或經財政部關稅稅率委員會（以下簡稱委員會）認定其總生產量占同類貨物主要部分者。但生產者與進口商或出口商有關聯，或其本身亦進口該貨物時，得經委員會認定，不包括在同類貨物生產者以內。」

　　㈡申請書內容　第六條規定，「依前條規定申請對進口貨物課徵平衡稅或反傾銷稅者，應檢具申請書，載明下列事項並附相當之資料，向財政部為之。

　　1.進口貨物說明：

　　　⑴該貨物之名稱、品質、規格、用途、稅則號別、商品標準分

類號列及其他特徵。

(2)該貨物之輸出國、生產者、出口商、進口商。

(3)該貨物輸入中華民國之口岸。

2.補貼或傾銷說明：

(1)申請對進口貨物進行平衡稅調查，應載明該貨物在輸出或產製國家之製造、生產、外銷、運輸過程，直接或間接領受獎金或其他補貼。

(2)申請對進口貨物進行反傾銷稅調查，應載明該貨物輸入中華民國之價格，及在通常貿易過程中輸出國或原產製國可資比較之銷售價格，或其輸往第三國可資比較之外銷價格，或其原產製國之生產成本加管理銷售費用及正常利潤之推定價格。

(3)申請人主張有臨時課徵平衡稅或反傾銷稅之必要者，應載明理由。

(4)申請人主張有追溯課徵平衡稅或反傾銷稅之必要者，應載明有第二十七條規定之情事。

3.危害中華民國產業之資料：

(1)申請人及其所代表之產業最近二年生產、銷售、獲利、僱用員工及生產能量之使用等情形。

(2)該貨物最近二年進口數量、價值，在中華民國市場之占有率，對國內同類貨物價格之影響及來自該輸出國之進口數量、價值。

(3)申請人主張有延緩國內同類產業之建立，須證明該產業即將建立，且新產業之計畫已進行至相當階段，如工廠建造中或已訂購機器。

(4)申請人如有正當理由無法提出最近二年有關危害中華民國產業之資料者，得提出最近期間之國內產業損害資料。」

申請對進口貨物課徵平衡稅及反傾銷稅的申請人所檢具的申請書，除須載明進口貨物、補貼或傾銷事實及危害中華民國產業等說明事項外，並應填具主管機關所設計供申請人及利害關係人填答問卷。（參考本辦法第十六條的規定）

四、調查及審議程序

㈠申請議案的駁回或審議　第七條規定，「財政部對於課徵平衡稅或反傾銷稅之申請，除認有下列情形之一者，應予駁回外，得會商有關機關，作成應否進行調查之議案提交委員會審議。

1.申請人不具備第五條規定資格者。

2.不合第六條規定，經限期補正而不補正者。

3.對於顯非屬課徵平衡稅或反傾銷稅範圍之事項提出申請者。

前項申請案件，財政部應於收到申請書之翌日起四十五日內提交委員會審議。但第二款申請人補正所需時間，不計入該四十五日期限。」

㈡是否進行調查的通知與公告　第八條規定，「經委員會審議決議不進行調查之案件，財政部應即以書面通知申請人及刊登財政部公報，並予結案；其經決議進行調查者，應即以書面通知申請人，及已知之生產者、出口商、進口商、輸出國政府或其代表（以下簡稱利害關係人），並刊登財政部公報。」

㈢有無危害中華民國產業的調查　第九條規定，「委員會審議決議進行調查之案件，財政部應即送由經濟部調查有無危害中華民國產業。

經濟部為前項之調查，應交由經濟部貿易調查委員會（以下簡稱貿調會）為之。」

㈣初步調查認定結果　第十條規定,「經濟部應於案件送達之翌日起四十五日內, 就申請人及利害關係人所提資料, 參酌其可得之相關資料審查後, 將初步調查認定結果通知財政部; 其經初步調查認定未危害中華民國產業者, 財政部應即提交委員會審議結案, 並刊登財政部公報; 其經初步調查認定有危害中華民國產業者, 財政部應於通知送達之翌日起七十五日內作成有無補貼或傾銷之初步認定。」

㈤最後調查認定結果　第十二條規定,「財政部初步認定之案件, 應繼續調查, 並於初步認定之翌日起六十日內完成其最後認定。

經最後認定無補貼或傾銷之案件, 應即提交委員會審議結案, 並通知經濟部停止調查及刊登財政部公報。經最後認定有補貼或傾銷者, 應即通知經濟部於通知送達之翌日起四十五日內, 作成該補貼或傾銷是否危害中華民國產業之最後調查認定, 並將最後調查認定結果通知財政部。」

㈥審議決議　第十三條規定,「財政部對於經經濟部最後調查認定無危害中華民國產業之案件, 應即提交委員會審議結案, 並刊登財政部公報; 對於經最後調查認定有危害中華民國產業者, 應於經濟部通知送達之翌日起十日內提交委員會審議。

前項經委員會審議決議課徵平衡稅或反傾銷稅之案件, 財政部應即報請行政院核定對該貨物之進口, 訂明課徵範圍、對象、稅額、開徵日期, 課徵平衡稅或反傾銷稅。」

㈦通知及刊登公報　第十四條規定,「平衡稅或反傾銷稅之課徵, 財政部應以書面載明理由通知申請人及利害關係人, 並刊登財政部公報; 其經調查而決定不課徵者, 亦同。」

有關平衡稅及反傾銷稅案件處理程序, 詳以下流程圖。

平衡稅及反傾銷稅案件處理程序流程圖

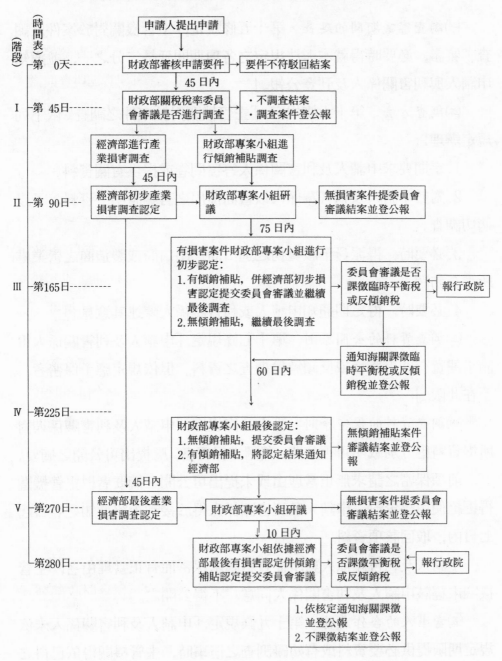

五、調查作業規定

㈠調查審議期間的延長　第十五條規定,「主管機關對於案件之調查、審議, 必要時得就本辦法規定之各項期間延長二分之一, 並通知申請人與利害關係人及刊登公報。」

㈡調查方法　第十六條規定,「主管機關對於案件之調查, 依下列規定辦理:

1.定期要求申請人及利害關係人答覆問卷或提供有關資料。

2.對於申請人及利害關係人以書面提出之有關證明、資料, 予以適切調查。

3.必要時, 得派員至該貨物之進口商、出口商或製造商之營業處所調查訪問。

4.必要時, 得定期通知申請人或利害關係人陳述其意見。」

㈢調查資料的公開原則　第十七條規定,「申請人及利害關係人得請求閱覽有關平衡稅或反傾銷稅調查之資料。但依規定應予保密者, 不在此限。」

㈣調查資料的保密原則　第十八條規定,「申請人及利害關係人對所提資料應分別載明可否公開, 其請求保密者, 應提出可公開之摘要。

前項保密之請求無正當理由或未提出可公開之摘要者, 主管機關得拒絕使用該資料。申請人及利害關係人得於接到拒絕通知之翌日起七日內, 取回該項資料。

申請人及利害關係人對所提資料請求保密而有正當理由者, 主管機關未經該申請人及利害關係人同意, 不得公開之。」

㈤當事人的合作義務　第十九條規定,「申請人及利害關係人未依規定期限提供必要資料或有妨礙調查之情事時, 主管機關得依已得之

資料予以審議。」

　　㈥貨品進口救濟案件處理辦法的準用　第二十條規定,「貿調會進行有無危害中華民國產業之調查, 除本辦法另有規定外, 準用貨品進口救濟案件處理辦法第三章產業受害之調查有關規定。」

六、臨時課徵

　　㈠臨時課徵　第十一條規定,「財政部初步認定有補貼或傾銷事實而有暫行保護國內有關產業之緊急必要時, 得於平衡稅或反傾銷稅課徵之審議完成前, 與有關部會會商後報請行政院核定, 對該貨物之進口, 訂明範圍、對象、稅額, 臨時課徵平衡稅或反傾銷稅。但其課徵期間最長不得超過四個月。

　　前項臨時課徵之平衡稅或反傾銷稅, 得以同額公債或經財政部認可之有價證券擔保。」

　　㈡調查的停止及回復　第二十一條規定,「輸出國政府或出口商向財政部提出消除補貼、傾銷或其他有效措施, 致不危害中華民國產業之保證或具結者, 財政部得停止平衡稅或反傾銷稅之調查。

　　前項保證或具結, 財政部得要求輸出國政府或出口商定期提供有關履行其保證或具結之資料; 如有違反情事, 財政部應即續行調查, 必要時得依第十一條規定, 臨時課徵平衡稅或反傾銷稅。」

　　㈢臨時平衡稅反傾銷稅與最後核定稅額差異的處理　第二十二條規定,「平衡稅或反傾銷稅之調查, 經核定不課徵者, 臨時課徵之平衡稅或反傾銷稅應予退還。

　　平衡稅或反傾銷稅之調查, 經核定應予課徵者, 並應課稅額高於臨時課徵者, 其差額免予補繳; 低於臨時課徵者, 退還其差額。」

七、平衡稅及反傾銷稅的課徵標準

平衡稅及反傾銷稅的課徵標準依「關稅法」第四十六條之二第二項規定,「平衡稅之課徵不得超過進口貨物之領受獎金及補貼金額,反傾銷稅之課徵不得超過進口貨物之傾銷差額。」至於課徵稅額的高低則必須就個案分別決定。有關計算補貼金額及傾銷差額時,財政部係依據本辦法第二十三條及第二十四條規定辦理。

(一)補貼金額的計算 第二十三條規定,「本辦法所定補貼(含獎金)金額,以進口貨物每單位所獲補貼之金額計算之;其有下列情事者,並應依下列規定辦理。

1.取得補貼經支出費用或輸出國為抵銷補貼而課徵出口稅捐者,其所支出之費用及繳納之出口稅捐應予扣除。

2.非按生產或出口之數量補貼者,應將該補貼之總值分攤於一定期間內生產或出口之產品。

3.以貸款或保證方式補貼者,應依受益人實付或應付利息與輸出國正常商業上貸款或保證應付利息兩者之差額計算之。」

(二)傾銷差額的計算 第二十四條規定,「本辦法所定傾銷差額,以輸入中華民國之價格低於正常價格之差額計算之;其有下列情事者,並應依下列規定辦理。

1.進口貨物輸入中華民國之價格不一者,傾銷差額得以個別交易之輸入價格、具有代表性之輸入價格或以全部進口交易加權平均之輸入價格為輸入中華民國之價格。

2.進口貨物輸入中華民國之價格,因買賣雙方具有特殊關係或其他因素致該項輸入價格不足採信者,以該項進口貨物轉售無特殊關係國內買主之價格扣除該貨物進口後至轉賣間所有下列費用後,為輸入

中華民國之價格：

　　　(1)保險、運輸、處理、裝卸及其他費用。

　　　(2)因進口或轉售所負擔之關稅及其他稅捐。

　　　(3)合理之利潤或佣金支出。

　　3.進口貨物非由產製國直接輸入中華民國而由第三國間接輸入者，得以輸出國或產製國可資比較之銷售價格爲正常價格。

　　依前項規定比較正常價格與輸入中華民國價格時，應就產品之物理特性、交易之層次、時間、數量及條件等因素調整其差異。」

　　正常價格，又稱公平價格，係各國在判定他國出口貨物是否構成傾銷事實時所採用的一項價格標準。凡是進口貨物以低於其正常價格銷售時，便構成傾銷。而所謂正常價格，根據我國「關稅法」第四十六條之一第二項規定，正常價格係指在通常貿易過程中，在輸出國或產製國國內可資比較之銷售價格，無此項可資比較之國內銷售價格，得以其輸往第三國可資比較之最高外銷價格或以其在原產製國之生產成本加管理銷售費用及正常利潤之推定價格，作爲比較之基準。

　　有關通常貿易過程的認定，不得作爲正常價格的情形，依本辦法第二十五條規定，「有下列情事之一者，不得認爲通常貿易過程；其價格不得作爲關稅法第四十六條之一之正常價格。

　　1.買賣雙方具有特殊關係或雙方訂有補償約定，致影響其成本、價格者。

　　2.進口貨物在產製國內以低於生產成本大量銷售，並存續一定期間，致無法收回全部成本者。」

八、危害中華民國產業的認定標準

　　第二十六條規定，「進口貨物因補貼或傾銷，致危害中華民國產業

之認定，主管機關應調查下列事項：

　　1.該進口貨物之進口數量：包括進口增加之絕對數量及與國內生產量或消費量比較之相對數量。

　　2.國內同類貨物市價所受之影響：包括國內同類貨物因該進口貨物而減價或無法提高售價之情形，及該進口貨物之價格低於國內同類貨物之價格狀況。

　　3.對國內有關產業之影響：包括各該產業下列經濟因素所顯示之趨勢。

　　　⑴生產狀況。

　　　⑵生產設備利用率。

　　　⑶存貨狀況。

　　　⑷銷貨狀況。

　　　⑸市場占有率。

　　　⑹出口能力。

　　　⑺銷售價格。

　　　⑻獲利狀況。

　　　⑼投資報酬率。

　　　⑽僱用員工情形。

　　　⑾其他相關因素。」

九、其他課徵規定

　㈠追溯課徵　第二十七條規定，「有下列情事之一，而有防止損害再度發生之必要者，財政部得報請行政院核定，對開始臨時課徵平衡稅或反傾銷稅之日前九十日內進口之貨物追溯課徵平衡稅或反傾銷稅。其有違反第二十一條保證或具結情事者，亦同。

　　1.領受補貼之進口貨物在短時間內大量進口致危害中華民國產業者。

　　2.傾銷已存續相當時間，而其危害中華民國產業係由於短時間內大量進口傾銷貨物所致者。

　　3.進口商明知或可得而知出口商正進行傾銷，而於短時間內大量進口傾銷貨物致危害中華民國產業者。」

　　㈡停止或變更課徵　第二十八條規定，「課徵平衡稅或反傾銷稅後，遇有課徵原因消滅或變更時，經委員會審議決議另行調查者，主管機關應即進行調查。

　　前項調查結果，經提交委員會審議決議停止或變更課徵者，由財政部報請行政院核定後，並以書面載明理由通知申請人與利害關係人及刊登公報。」

　　本條係規定有關平衡稅及反傾銷稅課徵的行政審查。通常行政審查得由財政部主動依職權辦理，或依當事人或其他利害關係人的申請而進行。納稅義務人如不服海關對其進口貨物核課平衡稅或反傾銷稅時，得依「關稅法」第二十三條、第二十四條及第二十五條規定提起行政救濟。此外，申請人如不服財政部對其所提申請的決定，例如財政部駁回其申請，決定對申請案不予調查或調查後決定不予課徵平衡稅或反傾銷稅等，得依訴願法提起行政救濟。

　　㈢平衡稅或反傾銷稅的退還　第二十九條規定，「課徵平衡稅或反傾銷稅之進口貨物加工外銷時，該平衡稅或反傾銷稅，不予退還。但原貨復運出口，符合關稅法免徵關稅規定者，所繳之平衡稅或反傾銷稅，得予退還。」

　　㈣平衡稅或反傾銷稅的加徵　第三十條規定，「納稅義務人繳納之平衡稅或反傾銷稅，經發現輸出國生產者或出口商有提供或補償情事

時，應加徵該提供或補償金額之平衡稅或反傾銷稅。」此係平衡稅及反傾銷稅不得轉嫁原則。

　　㈤國際慣例的參照　第三十一條規定，「本辦法所稱補貼及傾銷，關稅法及本辦法未規定者，得參照有關國際慣例認定之。」

　　有關平衡稅及反傾銷稅最重要的國際慣例便是關稅暨貿易總協定（GATT）第六條、第十六條及第二十三條（本條內容屬一般性適用，並非僅適用於傾銷及補貼）的規定，在甘迺迪回合談判（Kennedy Round）及東京回合談判（Tokyo Round）所制定的「反傾銷規約」（Anti-dumping Code）及「補貼及平衡稅規約」（Subsidies and Countervailing Duties Code），以及在烏拉圭回合談判（Uruguay Round）的最終協議中所制定的「反傾銷協定」與「補貼及平衡稅措施協定」，其內容如下：

　　1.GATT 第六條（反傾銷稅及平衡稅）

　　　⑴各締約國咸認：一國產品以低於該產品之正常價格銷往另一國，致實質損害該輸入國之某一工業或有實質損害之虞或阻礙某一工業之建立，應認為構成可懲罰的傾銷。上述所謂正常價格係指：

　　　　a.低於同類產品，於通常貿易過程中在輸出國國內銷售之可比較價格；

　　　　b.如無上項國內價格，則為低於：

　　　　　(a)同類產品輸出任何第三國，於通常貿易過程中之最高可比較價格，或

　　　　　(b)此項產品在產地之生產成本，另加合理之銷售費用及利潤。

　　　　關於影響價格比較性之銷售條件、稅負及其他方面之差異，

應就個案予以適當調整。

(2)為抵銷或防止傾銷，一締約國得對傾銷產品課徵不高於此項產品傾銷差額之反傾銷稅。所謂傾銷差額係指依照本條第一項規定所定之價格差額，亦即是出口價格與正常價格之差額。

(3)任一締約國之任何產品輸入另一締約國所課徵之平衡稅，不得超過相當於此項產品於產地或輸出國在製造、生產或輸出時，所認定之直接或間接接受獎勵或補貼之估定價額。此項數額包括對特定產品之運輸所予任何特別補貼在內。上述所稱平衡稅，係指為抵銷對任一商品在製造、生產或輸出過程中接受直接或間接之補貼或獎勵所課徵之特別關稅。

(4)任一締約國產品輸入任一締約國，不得以此項產品之同類產品在產地國或輸出國，於專供消費時免稅或退稅，而課徵反傾銷稅或平衡稅。

(5)任一締約國產品輸入另一締約國，不得就同一傾銷或出口補貼案件，而併課反傾銷稅為平衡稅。

　　a.任一締約國對其他締約國之任何產品之輸入，除非認定其傾銷或補貼之效果，已實質損及本國工業或有實質損害之虞，或已阻礙本國工業之建立，不得課徵任何反傾銷稅或平衡稅。

　　b.如任一輸出締約國對任一輸入締約國就任一產品進行傾銷或出口補貼，而致實質損害另一原輸出該產品至該輸入締約國之某輸出締約國之該項工業或有實質損害之虞，則大會得免除本項第一款之限制，准許該輸入締約國為抵銷傾銷或出口補貼而對該輸出締約國之任一產品課徵反傾銷稅或平衡稅，如締約成員大會查知某輸出締約國對某項產品

之出口補貼已實質損及另一輸出締約國之該項工業，或有實質損害之虞，則締約成員大會應准許輸入締約國對涉及補貼之輸出締約國之產品課徵平衡稅，而免受本項第一款之限制。

c.遇例外情況如延遲課稅恐造成難以回復之損失，一締約國依本項第二款規定，得不先經締約成員大會核准而逕行課徵平衡稅，但應即時將此措施告知大會，如大會拒絕核准，此項平衡稅應立即取消。

(6)為穩定國內物價或初級產品之國內生產者之利潤之制度，其與外銷價格無關，此類商品外銷之價格縱或有時低於同類商品內銷可比較價格，如經與所涉商品具有重大利害關係之各締約國間協商後，認為同時符合下列二條件，則應推定並未構成本條第六項所稱之實質損害：

a.該制度亦曾使商品外銷價格高於同類商品之內銷比較價格。

b.該制度之實施,基於生產之有效管制或其他原因,並未過度刺激輸出或實質危害其他締約國之利益。

2.GATT 第十六條（補貼）

(1)任一締約國所實施之任何形式之補貼措施，包括對所得之補貼或價格之維持在內，其目的在直接或間接增加任一產品之輸出或減少任一產品之輸入者，應將該項補貼措施之範圍及性質，所影響之產品，該項補貼措施對自該領域輸入或輸出數量所產生之可能影響以及促成該項補貼措施之原因等，以書面告知締約成員大會。若經大會認定該項補貼措施已對其他締約國之利益造成損害或有損害之虞，則實施該項補貼措

施之締約國，一經請求，應與有關之各締約國或與大會研商限制該補貼措施之可能性。

(2)各締約國咸認一締約國對任一產品之輸出實施補貼，可能對其他輸出及輸入締約國造成損害，亦可能對彼等之正常商業利益造成不當之干擾，並有礙本協定目標之達成。

(3)各締約國依前述原則應求避免對初級產品輸出實施補貼。一締約國若直接或間接實施任何形式之補貼，俾增加其初級產品之輸出時，該項補貼措施不得使該締約國之該項產品在世界輸出貿易上獲得超過其應有之市場占有率。該項占有率應就以往具有代表性期間內該項產品之各供應締約國所占比率計算而得，並應考慮影響該項產品交易之任何特殊因素。

(4)自一九五八年一月一日或其他較早之可行日期以後，各締約國對初級產品以外之任何產品所實施之任何補貼措施如足使該產品之外銷價格低於同類產品在國內市場之可資比較價格者，各締約國應停止實施此項補貼措施。自一九五七年十二月三十一日以後，任一締約國不得就一九五五年一月一日已實施之各項補貼措施予以擴張或新增。

(5)大會應隨時檢討本條實施情形，就實際狀況檢討其對促進本協定目標之效果以及避免補貼措施對各締約國之貿易及利益造成嚴重損害。

3.GATT 第二十三條（取消或損害）

(1)任一締約國如認為其依本協定直接或間接可得之利益已被取銷或受損，或本協定任何目標之達成，因下列原因而受阻：

a.其他締約國怠於履行本協定所定之義務。

b.其他締約國所施行之符合或違反本協定之任何措施。

c.其他任何狀況之存在。

該締約國為謀問題之圓滿解決，得向其他締約國或其認為有關之各締約國提出書面意見及建議,其相對締約國應對之予以愼重之考慮。

(2)對前述爭議，如有關締約國間於合理期間內未達成協議，或為前項第三款所指原因，得將其提交締約成員大會解決，大會就所提案件應迅予調查，並向其認為有關之各締約國提出適當建議，或為適當之裁決。締約成員大會如認為必要，得與各締約國、聯合國經濟及社會理事會及任何適當之國際組織磋商，如大會認為情況急迫且必要，得授權一締約國或有關之數締約國停止履行依本協定對其他締約國或有關數締約國之減讓承諾或其他義務；惟其相對締約國亦得於其後六十日內，將其退出本協定之意思表示，以書面通知大會執行秘書，自送達後六十日生效。

4.反傾銷規約（Anti-dumping Code）

全名為「關稅暨貿易總協定第六條施行協定」（Agreement on Implementation of Article VI of the General Agreement on Tariffs and Trade）。在一九六〇年代，由於反傾銷措施被各國採行者逐漸增加，而其本身也形成一種貿易障礙，於是在一九六七年結束的甘迺迪回合談判（Kennedy Round）中，各國經協商談判後而制定本法典，以作為關稅暨貿易總協定（GATT）中第六條有關反傾銷稅的施行法規。內容共有十七條條文，規定惟有在業已建立的工業傾銷造成重大損害或有造成實質損害之虞，或嚴重的阻礙到某種工業的建立時，方能課徵反傾銷稅；並提供各國一個公平而公開的程序以作為傾銷案件調查的基礎。此外，並成立一個反傾銷措施委員會(Committee on Anti-dumping Measures)，以審核各國反傾銷措施的探行，本協定並於一九七九年的東京回合談判（Tokyo Round）中，修訂有關傾銷傷害的認定及反傾銷稅處理的行政程序。

5. 補貼及平衡稅規約（Subsidies and Countervailing Duties Code）

全名爲「關稅暨貿易總協定第六條、第十六條及第二十三條釋義及實施協定」（Agreement on Interpretation and Application of Articles VI、XVI and XXIII of the General Agreement on Tariffs and Trade），係東京回合談判（Tokyo Round）對於消除非關稅貿易障礙所達成的一項協定，於一九八〇年生效。內容係引申關稅暨貿易總協定（GATT）第六條——平衡稅、第十六條——補貼，以及第二十三條——取銷或損害（爭端之解決）等之規定，並加以闡述與澄清。許多政府對於出口產品廣泛給予直接或間接補貼，以增強其國際競爭力，因而進口國家便根據此項出口補貼的程度，動輒課以不等的平衡稅。近年來這些情況益形擴大，形成一股保護主義的暗潮，影響了國際貿易的正常運作。此項規約建立了一項完整的體系，明訂出口國家權利與義務的範疇，同時也設立了國際性監視及處理此類案件爭議的專門機構。規約內明白確定各國政府對加工品及礦產品不能給予出口補貼，而初級產品的出口補貼也應有所限制；認定十二項出口補貼屬於危害性措施，其中包括出口減免貨物稅以及出口獎勵措施等在內；任何國家要課徵平衡稅必須係因出口國家的補貼已對該國進口造成實質侵害，但仍需經過調查屬實，方可開始課徵；進口國家在此類案件審理期間應先行與出口國家諮商，不能片面宣布；規約認爲開發中國家在實行經濟開發計畫時難免採取出口補貼，但原則上已簽約的開發中國家應有某種程度的限制，而對於若干已無必要的出口補

貼，則應立即停止或減少。

6.反傾銷協定

烏拉圭回合談判最終協議中所制定的「反傾銷協定」旨在就各締約成員以往執行東京回合談判所締結「反傾銷規約」時所已累積的經驗，認為運作或解釋上窒礙難行之處，加以匡正，俾能與時俱進，因應九〇年代國際貿易環境的需要。其修正重點如下：

⑴傾銷認定方面

　　a.放寬輸出國國內銷售價格不適作為傾銷認定基準的範圍，以減少比價基準不合理的現象。

　　b.詳細規定推定價格認定的資料基礎與查證方法，避免武斷的計算。

　　c.修訂輸出國輸出價格與國內價格比較的原則，使價格比較更趨客觀、公平。

　　d.增訂傾銷額度的計算方法。

⑵損害認定方面

　　a.明定認定「損害之虞」的具體標準，避免任意引此作為課徵反傾銷稅的藉口。

　　b.明定生產者與出進口商具有關係的認定標準，使特殊關係的定義納入規範。

⑶反傾銷程序方面

　　a.詳定申請課徵反傾銷稅應載明的事項及應檢附的證據，以減少締約成員任意展開反傾銷稅的調查。

　　b.明定微量不舉的具體指標，避免對無實質意義的申請案進行全程的調查與審議。

c.修訂反傾銷案的調查時限，避免懸而不決。

d.增訂填覆調查問卷的合理時限及主管機關提供資料的義務，詳細規定進行實地調查的程序，規範主管機關使用最適資料的程序等，藉以強化及維護當事人的權益。

e.修訂採取臨時措施的有關規定，避免主管機關任意採行而形成過度保護。

f.擴大反傾銷稅追溯課徵的範圍，嚴防被課徵反傾銷稅的國家藉由第三國傾銷而逃避輸入國的制裁。

g.修訂反傾銷案的行政審查及課徵期限，避免反傾銷稅的課徵永無休止日期。

h.訂定反規避（anti-circumvention）條款，反制被課徵反傾銷稅的輸出國改以出口零配件至輸入國裝配成品而逃避反傾銷稅。

7.補貼及平衡稅措施協定

有關烏拉圭回合談判最終協議中所制定的「補貼及平衡稅措施協定」，旨在就東京回合談判所締結的「補貼及平衡稅規約」及GATT 第六條、第十六條及第二十三條的解釋與適用，建立一套新規則。其修正重點如下：

(1)補貼認定方面

a.明定補貼的定義，廣義地將一切對受益人會產生利益的政府財務資助均包括在內，且亦將以往容許對初級產品的補貼納入規範之中。

b.明定補貼的三大分類，即禁止的補貼、可控訴的補貼（actionable subsidies）及不可控訴的補貼，同時個別制定其規範及平衡稅以外的救濟措施。

(2)平衡稅規範方面

　　a.明定平衡稅規範適用的補貼範圍，以免形成過度救濟。

　　b.增訂申請課徵平衡稅時應檢附的證據，避免任意興訟。

　　c.增訂微量不舉原則，以節省調查的行政成本。

　　d.增訂填覆調查問卷的合理時限，保障被調查人的權益。

　　e.增訂對「損害之虞」的認定標準，以免隨意引用。

　　f.明定生產者與出進口商具有關係的認定標準，健全整體規劃。

　　g.限制開始採取臨時措施的時點，避免草率行之。

　　h.增訂平衡稅課徵的最長期限，以免無限期課徵無異變相提高關稅。

第五節　出口貨物報關驗放辦法

五十九年八月八日財政部 (59) 臺財關字第一五七七三號令訂定發布

六十二年四月十八日財政部 (62) 臺財關字第一三六六八號令修正

六十三年七月八日財政部 (63) 臺財關字第一六〇九五號令修正

六十五年五月八日財政部 (65) 臺財關字第一五〇六九號函修正

六十七年十一月九日財政部 (67) 臺財關字第二一九八五號令修正

六十八年十一月十三日財政部 (68) 臺財關字第二二九三七號令修正

六十九年四月十九日財政部 (69) 臺財關字第一四四一〇號令修正

七十年八月十八日財政部 (70) 臺財關字第一九八九七號令修正

七十二年二月四日財政部 (72) 臺財關字第一一五八七號令修正

七十三年五月十七日財政部 (73) 臺財關字第一七一六五號令修正

七十四年八月二十七日財政部 (74) 臺財關字第二一二〇九號令修正

七十六年九月十五日財政部 (76) 臺財關字第七六〇一一五三八一⑴號令修正

七十九年十二月二十九日財政部 (79) 臺財關字第七九〇四〇一一四一號令修正

八十三年六月二十九日財政部 (83) 臺財關字第八二一六五六五三〇號令修正

八十五年十一月二十九日財政部 (85) 臺財關字第八五二〇一九一七四號令修正

八十九年五月一日財政部 (89) 臺財關字第〇八九〇五五〇二〇六號令修正

一、前言

　　依照政府法令的規定，向海關辦理進出口貨物通過海關的程序稱為通關。通關即為通過海關之意。通關手續一般多由貨主委託報關行

辦理，因為報關行較熟悉法令規章、報關文件製作及通關程序之故。通關可分為出口通關及進口通關兩種。而一般通關（或稱結關）又有結大關和結小關的說法，兩者的區別在於通關對象，前者為貨物，指辦理貨物經海關查驗放行的通關手續；後者對象為船舶，指依海關規定檢送有關文件辦理船舶出口的通關手續。因此，所謂報關就是申報通關之意。有關進口貨物報關及驗放事宜係依「關稅法」第二章第一節報關與查驗（第五條至第十一條）辦理，而有關出口貨物報關及驗放手續則依「出口貨物報關驗收辦法」規定辦理。

本辦法制定的目的主要有三：(1)防止低報貨價套匯；(2)防止假出口真退稅；(3)防止破壞輸出管制秩序，例如走私、仿冒商標、偽標產地、違反配額限制及其他管制事項等。不過，由於海關對於出口貨物係採用抽驗的查驗方式，而不是對全部出口貨物實施查驗，故無法完全杜絕違法行為。另一方面，海關在辦理出口貨物查驗時，也會考量出口業者及報關業者的信譽好壞，因此出口業者若能建立良好信譽並經信譽良好的報關業者報關時，將有利於辦理出口報關手續的順利進行。

本辦法係財政部於民國五十九年八月八日訂定發布，由於係屬單純的行政命令，故會隨時配合實際情況而加以修正，自公布迄今，已修正達十五次。辦法全文共二十九條，分為一般性規定、出口貨物的報關、出口貨物的查驗與放行、其他規定等四部分。

二、一般性規定

㈠適用範圍　第一條規定，「出口貨物之報關及驗放，依本辦法之規定辦理。」

㈡出口貨物的範圍　依第二條規定，「本辦法所稱出口貨物，包

括進口貨物之復運出口者。」因此，出口貨物除了一般性農工產品的
出口以外，尚包括復運出口的進口貨物，例如因在國內舉辦展覽之國
外展覽品，於展覽後將原物再行出口；或是出口貨物因故運回國內修
理後，再予運出等，均屬之。

　　㈢施行日期　第二十九條規定，「本辦法自發布日施行。」

三、出口貨物的報關

　　㈠申報人　第三條規定，「貨物出口，應由貨物輸出人向海關申
報。」

　　㈡電腦連線或電子資料傳輸方式辦理通關　第三條之一規定，
「依本辦法應辦理之事項、應提出之報單及其他有關文件，得以電腦
連線或電子資料傳輸方式辦理通關，並準用貨物通關自動化實施辦
法。」

　　㈢報關手續的委託　第四條規定，「出口貨物之報關手續，得委
託報關行辦理。」

　　由於海關業務範圍廣泛，法令規章繁雜，進出口廠商不僅無暇處
理報關手續，且對海關業務欠缺瞭解，為避免報單有誤，加速通關及
減少走私漏稅案件，乃有專業性報關行之設置，經營受託辦理進出口
貨物通關納稅事宜，此外，報關行亦經營負責辦理運輸、結匯及簽證
等事項。依「關稅法」第六條規定，「進口貨物應辦之報關、納稅等
手續，得委託報關行處理。」報關行係依財政部所制定的「報關行設
置管理辦法」設立，經營貨物進出口報關的業者，除貨物進口報關之
外，亦可代辦貨物的出口報關。貨物輸出人若無法親自至海關辦理貨
物出口報關手續，可委託由報關行代為辦理。

　　㈣報關文件　第五條規定，「出口貨物報關時，應填送貨物出口

報單，並檢附裝貨單或託運單、裝箱單、貨物進倉證明及按規定必須繳驗之輸出許可證、檢驗合格證及其他有關文件；其屬僅一箱或種類單一且包裝劃一、散裝或裸裝之貨物，得免附裝箱單；其屬海關核准船邊驗放或逕運船邊裝運者得免附貨物進倉證明。

前項出口貨物除依規定應繳驗輸出許可證貨品者外，應於申報時加附出口報單第六聯。」

㈤出口報單的製作　第六條規定，「貨物出口報單應按海關規定份數一次複寫或複印。申請沖退原料進口稅捐之外銷品出口報單，應於報單後加附外銷品使用原料及其供應商資料清表。」

出口報單係由海關印製供出口人使用，以國貨出口報單 (Application for Export: Chinese Goods) 為最主要。原辦法規定，加工外銷貨品中須退稅或沖稅者，所使用的出口報單應在右邊加印一道紅邊，又稱紅邊報單，但此規定目前已刪除。

㈥裝箱單的內容　第七條規定，「貨物出口報單附送之裝箱單應詳細列載貨物規格及包裝之每件毛重、淨重、數量等。」

㈦出口報單的申報　第八條規定，「同一出口報單如有數種不同貨品，應每種分別列報；其屬免除簽發許可證貨品，與應辦輸出許可證貨品，得以同一份報單申報。

每份出口報單，不得將數張裝貨單或託運單合併申報，空運併裝出口貨物得以數份出口報單共附同一託運單。」

㈧貨價的申報　第九條規定，「出口貨物之價格，以輸出許可證所列之離岸價格折算申報，免除輸出許可證者，以輸出口岸之實際價值申報。

前項以實際價值申報者，應於報關時檢附發票或其他價值證明文件。」

　　所謂離岸價格即船上交貨價格 (FOB)。

　　㈨稅則分類　第九條之一規定，「出口貨物之稅則分類準用海關進口稅則分類之規定。」

　　目前我國係以調和制度 (Harmonized System) 分類架構為基礎，編訂了一套十位碼的商品統一分類制度，以供海關課徵關稅之用，成為「新制中華民國海關進口稅則」，內容包括稅則號列、貨物名稱及稅率等。我國僅對進口貨物課徵關稅，惟出口貨物的稅則分類亦可準用。

　　㈩商品分類　第九條之二規定，「出口貨物之商品分類號列應依據中華民國進出口貨品分類表據實申報。

　　貨物輸出人應配合海關查核需要，提供有關型錄、說明書或圖樣。」

　　我國的商品標準分類編於民國五十一年，稱為中華民國商品標準分類（Standard Classification of Commodities of The Republic of China，簡稱 CCC），於五十二年九月十七日經行政院核定實施。而其商品編號稱為中華民國商品標準分類號列 (CCC Code)。這項標準分類原則上是採用聯合國所編製的國際貿易商品標準分類（Standard International Trade Classification，簡稱 SITC）及另一種聯合國所編的國際行業標準分類（International Standard Industrial Classification，簡稱 ISIC）為藍本，再參酌我國特殊商品種類，如中藥材等編成。

　　此外，經濟部於民國五十八年起，另根據 CCC Code，編撰中華民國進出口貨品分類表，將全部進、出口貨品分為准許出口類、管制出口類、禁止出口類、准許進口類、管制進口類、禁止進口類六類。其有關商品品目的增刪、進出口分類的變動，由國際貿易局視貨品的盈虛、環境的變動，隨時修改公布。其後，配合財政部的「新制中華

民國海關進口稅則」，國際貿易局為了貿易管理之需，依據十位碼和新制中華民國商品標準分類，訂定「新制中華民國進出口貨品分類」以供簽審之用。

㈩復運出口規定 第十條規定，「自國外輸入貨物，依關稅法規定復運出口須申請沖退或免納進口關稅者，除因特殊情形經核准者外，應由原進口口岸出口，其復出口報單並應填明原進口報單號碼，以供海關查核。」

依「關稅法」第二十八條規定的壞失貨物、第三十條的原貨復運出口及第三十二條的復運出口原料等，由於係免稅進口或因已課稅而再出口時尚須申請沖退稅，為便利海關查核作業，故要求此類貨物應由原進口港辦理出口手續。

㈡復運進口貨物的出口報單 第十一條規定，「運往國外修理、裝配之機械、器具或加工貨物出口時，應將品名、牌名、數量、規格、須予修理或裝配之損毀缺失情形，或加工後之物品名稱、規格與數量等詳列出口報單（或復出口報單），以作復進口時查核之依據。」第十二條規定，「運往國外之科學研究品、工程器材、攝製影片器材、展覽品、遊藝團體服裝道具等，擬原貨復運進口者，應於出口時將品名、牌名、規格、數量等詳列出口報單內，並報明仍將原貨復運進口。」出口貨物因特殊情形，需要復運進口者，其出口報單的記載，應依上述規定辦理。

㈢出境旅客報運出口貨物規定 第十三條規定，「出境旅客報運不隨身行李或攜帶自用行李以外之貨物出口時，應按普通貨物出口報關手續填送出口報單並檢附航空或輪船公司旅客證明文件。」

㈣出口報關時限 第十四條規定，「出口報單應於載運貨物之運輸工具結關或開駛前之規定時限內遞入海關。其時限由各地海關定

之。」由於出口報關時限係由各地海關規定，並不一定完全相同，原則為船隻截止收貨日期當日，但依不同港口的海關而有若干差異，因此申請出口報關者應隨時留意運輸貨物的船舶或飛機結關或開駛時間，以避免延誤報關。

㈢船（機）邊驗放　第十四條之一規定，「進（出）口船舶、航空器就地採購之專用物料，輸出人應檢具下列文件，送海關審核，其品類量值合理者，准在船（機）邊驗放。

　　1.船（機）長或所屬運輸業之申請書。但已於出口報單其他申報事項欄報明係船（機）專用物料並經該船（機）長或所屬運輸業簽章者，免附申請書。

　　2.出口報單及其他出口必須具備之有關文件。

前項船舶、航空器就地採購之專用燃料（油），應由輸出人依規定向海關辦理出口報關驗放手續。

第一項專用物料如其品類量值合理、不涉沖退稅及簽審規定，且其整批之離岸價格在免徵商港建設費範圍內者，其輸出人得檢具發票及物品清單向海關申請簽發准單，於船（機）邊核明無訛後裝運，免再檢附出口報單。」

㈣申報事項的更正　第二十二條規定，「貨物輸出人於出口貨物報關後，如發現其中申報事項有錯誤，或貨物有短裝、溢裝或誤裝情事，應依下列規定申請更正：

　　1.參加抽驗報單應於抽中查驗前為之。

　　2.參加抽驗經抽中免驗、申請免驗或其他原經核定為免驗之報單，應於海關簽擬變更為查驗之前為之。

　　3.其他依規定應予查驗之報單應於海關驗貨單位第一次派驗前為之。

前項更正手續，應以書面向海關出口單位主管或副主管或其指定之負責人員申請。

第一項更正之申請，如有下列情事之一者，不予受理：

1.海關已發覺不符者。

2.海關已接獲走私密告者。

3.申請更正之內容未臻具體或與實際到貨不符者。

4.申請更正不合規定程序者。」

四、出口貨物的查驗與放行

(一)查驗貨物的範圍及方式　第十五條規定，「出口貨物除第十七及第十八兩條規定者外，應受海關查驗。

前項貨物查驗時，應會同報關人為之。其搬移、拆包或開箱暨恢復原狀等事項，統由報關人員負責辦理。」出口貨物的查驗是海關最重要工作，也是確定申請報關貨物是否有違規行為的最主要手段。因此，除了本辦法第十七條規定的免驗物品及第十八條規定的得予免驗物品以外，其他出口貨物均應接受海關查驗。此外，海關人員應會同報關人共同查驗出口貨物，以避免受驗貨物發生短少或毀損等事故的困擾。

(二)查驗方法　第十六條規定，「出口貨物之查驗，以抽驗為原則，抽驗件數由海關視貨物之性質、種類、包裝、件數之多寡等情形酌定之。但必要時得全部開驗。」

(三)免驗物品的範圍　第十七條規定，「下列出口物品免驗：

1.總統、副總統運寄國外之物品。

2.駐在中華民國之各國使領館外交官、領事官暨其他享受外交待遇之機關與人員運寄國外之物品，經外交部或其授權之機關證明者。

　　3.其他經財政部專案核准免驗物資。」

　㈣得予免驗物品的範圍　第十八條規定，「下列出口物品得予免驗：

　　1.鮮果及蔬菜。

　　2.動物、植物苗及樹木。

　　3.米、糖、化學肥料、煤炭、木材、水泥、石灰、石料、木漿等包裝相同，重量劃一或散裝出口之大宗貨物。

　　4.軍政機關及公營事業輸出物品。

　　5.不申請沖退稅之外銷品。

　　6.危險品。

　　7.靈柩或骨灰。

　　8.信譽良好廠商之出口貨物。」

　㈤查驗地點　第十九條規定，「出口貨物應在經海關核准登記之出口貨棧或經海關核准或指定之地點查驗。」通常一般運輸貨物的查驗地點是在碼頭倉庫，而若係以貨櫃出口的貨物則大多在貨櫃集散場的倉庫或貨櫃查驗。

　㈥查驗時間　第二十條規定，「出口貨物應在海關辦公時間內查驗。如於辦公時間內未能驗畢者，得由海關酌准延長查驗時間。

　　經海關核准在船（機）邊驗放之貨物，得不受辦公時間之限制。」

　　同時，第二十一條規定，「出口貨物應於全部到齊後，海關方得開始查驗，但大宗貨物經海關核准船邊驗放者，不在此限。」

　㈦複驗　第二十三條規定，「海關對已查驗之出口貨物，必要時，得複驗之。」

　㈧取樣鑑定　第二十四條規定，「為鑑定出口貨物之品質、等級，供分類估價或核退原料進口稅捐之參考，海關得提取貨樣，但以

鑑定技術上認為必要之數量為限。」

㈨出口貨物的放行　第二十五條規定，「報關人於領到經海關蓋印放行之裝貨單或託運單，應送經駐碼頭、機場或貨物集散站之關員簽字後，將出口貨物裝上裝運出口之運輸工具。」

五、其他規定

㈠海關簽發報單或證明書的期限　第二十六條規定，「海關簽發出口報單副本各聯之期限，依下列規定：

　1.貨物輸出人於出口報關後，載運貨物之運輸工具駛離出口口岸前申請發給者，海關應於載運貨物之運輸工具駛離出口口岸之翌日起二十日內簽發之。

　2.貨物輸出人於載運貨物之運輸工具駛離出口口岸後，方行申請核發者，海關應於收到申請書之翌日起二十日內簽發之。

　3.輸往加工出口區或科學工業園區貨物，於運入區內，經駐區海關查驗放行前申請發給者，海關應於經駐區海關查驗放行之翌日起十日內簽發之。

　4.輸往加工出口區或科學工業園區貨物，於運入區內，經駐區海關查驗放行後，方行申請核發者，海關應於收到申請書之翌日起十日內簽發之。」

由於出口業者辦理退稅時必須向臺北關退稅組提出出口報單副本或出口證明書，因此本條文特別規定上述文件的發行期限，以提高效率，配合業者需求。

㈡出口貨品的退關　第二十七條規定，「出口貨物因故退關，貨物輸出人於申請提回時，應先經海關核准。」

凡出口貨物，經向海關遞送報單，於查驗放行後（裝貨單業經加

蓋放行關防），因故未能裝船或裝機者，謂之退關。根據我國海關的
規定，退關貨物應由船公司或其代理行向出口地海關稽查組辦理，
於船隻結關前繕具出口貨物退關清單連同有關裝貨單及收貨單送交
海關駐庫（站）關員核明簽證，在指定碼頭及期限內查驗，若不報請
查驗，則將來裝船出口時即須重課出口稅捐；若退關貨物不再裝船
出口，得准退還已納稅款。一般而言，出口貨物退關的原因甚多，例
如檢驗不合格、國外進口商取消契約、時間不夠、艙位已滿或來貨過
遲等等，而被退關貨物，若需要再行出口者，應重行辦理出口報關手
續。

　　㈢違規的處理　第二十八條規定，「出口貨物如有私運、偽報或
其他違法情事，依海關緝私條例及其他有關法律之規定處理。」

　　依「海關緝私條例」第三十六條第一項規定，私運貨物出口者，
處貨價一倍至三倍之罰鍰；而該條例第三十七條第二項也規定，報運
貨物出口，有虛報所運貨物之名稱、數量或重量，或虛報所運貨物之
品質、價值或規格，或繳驗偽造、變造或不實之發票或憑證等違法行
為者，處二千元以上，三萬元以下之罰鍰，並得沒入其貨物。此外，
若屬於偽報者，可能涉及偽造文書的問題，甚至會受到刑法的處分。

習題

壹、填充題

1. 關稅依海關進口稅則由海關_____或_____徵收。

2. 財政部為研議進口稅則之修正及特別關稅之課徵等事項,得設_____,其組織及委員人選由財政部擬定。

3. 依「關稅法」規定應徵之關稅、滯納金或罰鍰,自確定之日起,_____內未經徵起者,不再徵收。

4. 進口貨物應辦之報關、納稅等手續,得委託_____辦理。

5. 從價課徵關稅之進口貨物,其完稅價格,以該進口貨物之_____作為計算根據。

6. 納稅義務人不服財政部關稅總局之評定者,得依法提起_____及_____。

7. 欠繳依「關稅法」規定應繳關稅、滯納金或罰鍰之納稅義務人或受處分人,有隱匿或移轉財產逃避執行之跡象者,海關得聲請法院就其財產實施_____,並免提供擔保。

8. 經核准對國內經濟發展有重要關係或屬_____之投資事業,如係依公司法組織之_____,其產品全部_____者,依設廠計畫由經濟部核准輸入之自用機器或設備,其應繳進口關稅,得提供擔保,自機器或設備進口之日起記帳_____,期滿繳納。

9. 外銷品沖退關稅,應以_____、_____或其他簡明便利方法為之。

10. 外銷品進口原料關稅,得由廠商提供保證,准許_____或_____。

11. 進口貨物在輸出或產製國家之製造、生產、外銷運輸過程,直接或

間接領受＿＿＿＿＿或其他＿＿＿＿＿，致危害中華民國產業者，除依海關進口稅則徵收關稅外，得另徵適當之＿＿＿＿＿。

12.進口貨物以低於同類貨物之＿＿＿＿＿傾銷，致危害中華民國產業者，除依海關進口稅則徵收關稅外，得另徵適當之＿＿＿＿＿。

13.平衡稅之課徵不得超過進口貨物之領受＿＿＿＿＿及＿＿＿＿＿，反傾銷稅之課徵不得超過進口貨物之＿＿＿＿＿。

14.輸入國家對中華民國輸出之貨物或運輸工具所裝載之貨物，給予＿＿＿＿，使中華民國貨物或運輸工具所裝載之貨物較其他國家在該國市場處於不利情況者，該國輸出之貨物或運輸工具所裝載之貨物，運入中華民國時，除依海關進口稅則徵收關稅外，財政部得決定另徵適當之＿＿＿＿＿。

15.為應付國內或國際經濟之特殊情況，並調節物資供應及產業合理經營，對進口貨物應徵之關稅，得在海關進口稅則規定之稅率＿＿＿＿＿以內予以增減；對特定之生產事業，在特定期間因合併而達於規定之規模或標準者，依合併計畫所核准輸入之自用機器設備，得予以＿＿＿＿＿。

16.進口貨物如有私運或其他違法漏稅情事，依＿＿＿＿＿及其他有關法律之規定處理。

17.「外銷品沖退原料稅捐辦法」所稱主管機關為＿＿＿＿＿，經辦機關為＿＿＿＿＿、＿＿＿＿＿、＿＿＿＿＿。

18.外銷品沖退原料稅捐之申請，以貨品業已＿＿＿＿＿者為限。

19.外銷品沖退原料稅捐以下列二種為限：一、＿＿＿＿＿、二、＿＿＿＿＿。

20.適用定額或定率退稅之物品，如使用之原料來源及種類有多種，而國內就其基礎原料生產已足敷國內需要，並能依議定價格充分供

應，且品質合乎需要者，得以＿＿＿＿＿＿＿爲計算標準，免驗憑證辦理退稅。

21. 保稅倉庫之設立除政府機關、公營事業及經財政部專案核准者外，應以＿＿＿＿＿＿組織爲限。但設立發貨中心之公司，其實收資本額應在新臺幣＿＿＿＿＿＿以上。

22. 存儲保稅倉庫之保稅貨物，其存倉期限以＿＿＿＿＿＿爲限，不得延長。

23. 平衡稅及反傾銷稅案件有關進口貨物有無補貼或傾銷之調查，其主管機關爲＿＿＿＿＿＿；有關該進口貨物補貼或傾銷有無危害中華民國產業之調查，其主管機關爲＿＿＿＿＿＿。

24. 出口貨物之價格，以輸出許可證所列之＿＿＿＿＿＿折算申報。無輸出許可證者以輸出口岸之＿＿＿＿＿＿申報。

25. 出口貨物之查驗，以＿＿＿＿＿＿爲原則。

貳、問答題

1. 試述關稅之定義。依我國「關稅法」之規定，關稅徵收標準及關稅研議機關爲何？

2. 試述「關稅法」中有關完稅價格核估之規定。

3. 試述「關稅法」中有關行政救濟之規定。

4. 何謂關稅之記帳？其範圍爲何？

5. 試述特別關稅之種類。

6. 試述行政機關對進口稅率之增減權範圍、辦理程序及增減期間。

7. 試述辦理外銷品沖退原料稅捐之目的爲何？其適用對象有何限制？沖退稅捐種類包括那些？

8. 試述保稅倉庫之種類。存入貨物及其限制爲何？

9. 試述保稅貨物之重整範圍及其限制。

10. 試述對進口貨物課徵平衡稅及反傾銷稅之申請人資格限制。其申請

　　手續爲何?

11. 試述臨時課徵及追溯課徵平衡稅或反傾銷稅之條件與期間。

12. 試述補貼金額及傾銷差額之計算基礎。

13. 試述危害事業之調查事項爲何?

14. 依「出口貨物報關驗放辦法」之規定，出口貨品的查驗方法爲何?
　　免驗貨物包括那些? 查驗地點位於何處?

第七章　檢驗法規

第一節　商品檢驗法

二十一年十二月十四日國民政府公布施行

五十四年五月二十五日總統令修正公布

五十九年九月三日總統令修正公布

六十五年十一月二日總統令修正公布

八十六年五月七日總統華總㈠義字第八六○○一○四七九○號令修正公布

一、前言

　　商品檢驗乃國家行政業務之一，其目的係為提高商品品質，建立國際市場信譽，促進對外貿易，並保障國內外動植物安全及消費者利益，藉以促進農、工、礦生產事業的正常發展。因此，各國政府無論對於國內生產或進出口的貨品均實施檢驗，以維持貨品品質的相當標準及安全性。而對於進出口貨物的檢驗，原則上各國均採取比較嚴格的制度，尤其基於消費者保護及防止疫病蟲害等的觀點，對於動植物及其加工品的進出口，更是採取相當嚴格的檢驗方法及制度。

　　就我國而言，商品檢驗應向經濟部標準檢驗局（原商品檢驗局）辦理。除輸出入國境或過境的動植物及其產品均應施行動植物疫病及

蟲害檢疫外，應施檢驗品目係由經濟部視實際需要，隨時公告增減。商品檢驗係依中華民國國家標準及國際標準執行，無國家標準及國際標準可供選定者，則依主管機關所制定的檢驗暫行規範公告執行之。

「商品檢驗法」於民國二十一年十二月十四日由國民政府公布，嗣後為配合經濟發展與促進對外貿易的需要，曾經數次修訂，最近一次係於民國八十六年五月七日。本法全文共計三十八條條文，分為八章，第一章總則（第一條～第六條），第二章輸出輸入商品檢驗（第七條～第九條），第三章國內商品檢驗（第十條～第十二條），第四章動植物疫病蟲害檢驗（第十三條～第十六條），第五章檢驗程序（第十七條～第二十七條），第六章檢驗費用（第二十八條～第三十一條），第七章罰則（第三十二條～第三十六條），第八章附則（第三十七、三十八條）。

二、總則

（一）宗旨　第一條規定，「為促使商品符合安全、衛生及其他法定標準之規定，保障消費者利益，促進農工礦業正常發展，及防止動植物疫病、蟲害之傳布，特制定本法。」

（二）應執行檢驗的商品範圍　第二條第一項規定，「下列商品，經主管機關指定並公告品名或輸往地區者，應依本法執行檢驗：

1.在國內生產、製造或加工之農工礦商品。

2.向國外輸出之農工礦商品。

3.向國內輸入之農工礦商品。」

本條內容所稱的農工礦商品，依「商品檢驗法施行細則」第二條規定，包括農工礦商品的成品、半成品及原料。

應執行檢驗的商品品目，由經濟部視實際需要隨時予以公告，經

濟部商品檢驗局並將已公告的品目彙總編印於「應施檢驗商品品目表」。「應施檢驗商品品目表」將各種應施檢驗的貨品，按照商品 CCC 號列順序依序列出十位碼號列及貨品名稱。品目表除列載「商品號列」、「序號」及「貨名」欄外，尚包括下列各欄：

　　1.檢驗別：下分「進口」、「出口」及「內銷」三欄。

　　2.檢驗標準：規定檢驗標準係依國家標準（CNS）執行，未定國家標準者，則由主管機關另定之。

　　3.檢驗時限：規定取樣後的檢驗時限。

　　4.證明有效期間：規定檢驗合格證書的有效期間。

　　5.計量單位：規定計量單位，如 PC（個）、SET（套）。

　　㈢特約檢驗　第二條第二項規定，「檢驗局應買賣雙方或任何一方之申請，依約定規範檢驗者，為特約檢驗；其辦法由主管機關定之。」

　　經濟部依「商品檢驗法」第二條第二項規定，於民國六十五年十二月十三日訂定「商品特約檢驗辦法」，其後經兩次修正，最近一次修正為七十二年十一月七日，其主要內容如下：

　　1.特約檢驗之受理範圍如下：

　　⑴應買賣雙方或任何一方之申請，須證明品質，經檢驗機構同意辦理者。

　　⑵經濟部為配合貿易需要應予檢驗者。

　　2.特約檢驗應由廠商持憑訂貨文件儘速向當地檢驗機構申請，經審核後通知辦理報驗手續。上述訂貨如屬應施出口檢驗品目，其約定規範低於國家標準者，須先經貿易主管機關之許可。

　　3.特約檢驗除由檢驗機構或代施檢驗機構執行外，並得派員臨場監督生產工廠檢驗。

　　4.特約檢驗得依產品性質，按下列方式辦理：

　　⑴成品取樣檢驗。

　　⑵生產過程檢驗，包括產製計畫之審核，原料與產製過程中半成品之查驗及其他有關紀錄之查核。

　5.特約檢驗，其約定規範不詳者，得由檢驗機構建議適當之規範，經申請人同意後辦理之。

　6.特約檢驗商品經檢驗符合規範者，發給特約檢驗證書，註明「符合規範」及檢驗結果數據。特約檢驗商品經檢驗不符約定規範者，如屬應施出口檢驗品目，不予發證；如不屬應施出口檢驗品目，發給特約檢驗報告併列約定規範與檢驗結果數據，不符約定規範之項目並以符號或文字註明之。特約檢驗商品經檢驗後由受理報驗單位將檢驗結果及證書（報告）編號繕打於證書（報告）各聯，交業者隨同商品攜往輸出港口檢驗機構報請驗對，以憑領取特約檢驗證書(報告)。特約檢驗證書及特約檢驗報告格式，由檢驗機構訂之。

　7.特約檢驗之檢驗費，按出口價格（FOB）計收，由申請人於報驗時繳納，其收費標準如下：

　　⑴美金一萬元以下者，費率千分之三。

　　⑵超過美金一萬以上至十萬元者，超過部分，費率千分之一。

　　⑶超過美金十萬元以上者，超過部分，費率千分之〇‧五。

　上述實際所需之臨場作業費等，按法定檢驗規費有關規定計收。

　㈣動植物及其產品的檢驗　第三條規定，「輸出、輸入國境或過境之動植物及其產品之疫病蟲害檢驗，應依本法執行之。」

　依「商品檢驗法施行細則」第三、四條規定，本條所稱的動植物及其產品的疫病蟲害檢驗包括動植物檢疫在內。而有關輸出輸入動物疫病蟲害檢驗的執行，「商品檢驗法」及「商品檢驗法施行細則」未規定者，得依「家畜傳染病防治條例」及其施行細則規定辦理。

㈤應施檢驗商品內容的標示　第四條規定,「應施檢驗之商品,於本體、包裝、標貼紙或說明書內,除依國家標準規定作有關之標示外,並應加註其商品及廠商名稱。

應施檢驗之商品,不依前項之規定為標示或為不實之標示者,主管機關得命令其停止輸出、輸入、陳列或銷售。」

有關應施檢驗商品內容的標示,「商品檢驗法施行細則」第九～十九條主要規定如下:

1.應施檢驗商品之標示,除法令別有規定外,應於外包裝加註商品名稱、商標或嘜頭,生產製造加工者或輸出者名稱及地址,重量或容量。但生產製造加工者或輸出者之名稱及地址得經檢驗機構認可,以編號代替之。輸入商品在國內市場銷售者,應由輸入人於銷售前以中文標示之並加輸入人之名稱、地址。上述標示粘貼於原有包裝上者,不得妨礙標識主要部分之辨識。

2.標示所用文字應以中文為主,如兼用外國文字時,其字體不得大於中文。輸出商品,得用輸往地區通用文字或國際通用文字標示之。

3.商品依「商品檢驗法」第四條所為之標示與該商品之實際情形不符者為該條第二項所稱不實之標示。

4.在國內製造或加工之商品應標示其為國內製造或加工之字樣。但外銷之商品經主管機關特准者,不在此限。

5.標示之文字應用正體並應顯著,不得有下列情事:

(1)不標明於顯著之位置者。

(2)應標明之成分不使用特定名稱而用集合名稱者。

(3)不使用一般購買者熟知之名稱而故意使用奧僻之名稱者。

6.商品如因使用方法之不當可能發生危險者,應標明之。

7.應施包裝檢查之商品,其包裝上所用之標示應先報請檢驗機構

核備，變更時同。

　8.「商品檢驗法」第四條所稱之包裝係指商品製造或加工廠商之原始包裝而言。

　9.商品包裝上對於內容物重量、容量之標示，應不包括包裝材料、容器或其他併同包裝在內之物質。

　10.商品度、量、衡之計量單位應以公制標示之，但專供外銷之商品得加用輸往地區通用之計量單位標示之。

　11.包裝商品除個別包裝者外，其數量如不能以個數正確標示者，應加重量、容量、每一個體之大小等補充說明。包裝上標示內容物之數量應為其最少之數量或平均數量，如不特加說明其為最少含量時，應視為平均數量。

　㈥主管機關　第五條規定，「本法所稱主管機關為經濟部。」

　㈦執行機關　第六條規定，「商品檢驗由經濟部設置檢驗局或委託省（市）政府設置檢驗機構執行之。」

三、輸出輸入商品檢驗

　㈠應施檢驗商品輸出入的條件　第七條規定，「應施檢驗之商品，非經檢驗合格領有證明者，不得輸出、輸入。

　前項商品執行之方式分為逐批檢驗及驗證登錄兩種；驗證登錄辦法由主管機關另定之。」

　㈡檢驗標準　第八條規定，「輸出、輸入商品之檢驗項目及標準，由主管機關指定公告之。

　前項標準由主管機關依國際公約所負義務，參酌國家標準及國際標準訂定之。無國家標準及國際標準可供選定者，由主管機關訂定檢驗暫行規範公告執行之。

輸出商品，其標準低於規定標準者，經貿易主管機關之許可後，得依買賣雙方約定之標準檢驗。

輸入商品，如因特殊原因，其標準低於規定標準者，應先經主管機關核准。」

依本條規定，輸出入商品的檢驗標準有五種：

1.國家標準。

2.國際標準。

3.主管機關（經濟部）所定的檢驗暫行規範。

4.買賣雙方約定的標準。

5.主管機關核准低於國家標準的標準。

輸出商品依買賣雙方約定的標準檢驗時，國外客戶往往指定以國際或輸入國所公認的規格為準，例如美國聯邦規格(FS)、美國材料試驗協會規格(ASTM)、英國標準(BS)、加拿大標準協會規格(CSA)、德國工業標準（DIN）、日本工業規格（JIS）、日本農林規格（JAS）、澳大利亞標準協會規格（SAA）等。

依本條第四項規定，輸入應施進口檢驗的貨品，如因特殊原因，其規範低於國家標準者，應先經主管機關核准。所稱主管機關係指經濟部，目前由經濟部授權國際貿易局辦理。申請專案驗放時，應檢附檢驗不合格證明書及對不合格貨品之改製計畫書向國貿局提出，俟該局核准專案驗放後，始得放行。

有關商品檢驗的方法，「商品檢驗法施行細則」第二十、二十一條規定如下：

1.商品檢驗之方法，國家標準有規定者從其規定，但規定有二種以上之方法時，各檢驗人員所採用之方法應力求一致。國家標準未規定者，檢驗機構得依其性質參照其他可行之通用方法執行。輸出商品，

得依買賣雙方約定之檢驗方法執行。

2.應施檢驗商品認有妨害衛生之虞時，檢驗機構得就檢驗結果送請衛生機關依法處理。

㈢得免檢驗的情形　第九條規定，「應施檢驗之商品，有下列情形之一者，除動植物疫病蟲害檢驗外，得免檢驗：

1.輸入商品,經有互惠免驗優待出口國政府發給檢驗合格證書者。

2.各國駐華使領館或享有外交豁免權之人員，為自用而輸出、輸入國境者。

3.非銷售之物品，經主管機關准予免驗者。

4.輸出、輸入國境，未逾主管機關所規定免驗之數量者。」

本條第四款規定得免檢驗的數量，依「商品檢驗法施行細則」第二十二條規定，以合於下列規定者為限：

1.輸入作為自用之果品、蔬菜（包括生鮮及已加工者）或其他消費品，重量在十公斤以內且價值未逾主管機關所定之價額者。

2.輸出貨品價值未逾主管機關所定之價額者。

3.依國際郵政公約規定得以小包郵件寄遞之自用品。

4.旅客出入國境隨身手提可認為自行消費者。

四、國內商品檢驗

㈠檢驗方式及合格標示　第十條規定，「應施檢驗之國內市場商品，依下列規定執行檢驗：

1.定期檢驗。

2.隨時抽驗。

前項商品，經主管機關特別規定者，應於運出場廠前報請檢驗。其執行檢驗方式準用第七條第二項規定辦理。」

㈡檢驗標準　第十一條規定,「應施檢驗國內市場商品之檢驗項目及標準, 由主管機關指定公告之。」

前項標準之訂定, 準用第八條第二項規定辦理。國內市場與輸出、輸入應施檢驗商品品目類別相同者, 其標準應與依第八條第二項規定所訂定之標準一致。

㈢檢驗不合格的處理　第十二條規定,「應施檢驗之國內市場商品, 經檢驗不合格時, 主管機關得命令其停止生產、製造、陳列或銷售。」

國內商品檢驗係對於在國內市場出售或陳列的商品, 無論其為國內生產或自國外輸入, 均得由檢驗機關實施檢驗, 以防範商品在生產或輸入後至出售前, 發生貨物品質的問題。有關國內商品檢驗,「商品檢驗法施行細則」第五十二～六十一條主要規定如下:

1.應施檢驗之國內市場商品,其生產廠場經公告須先申辦登記者, 應附具廠商登記文件, 經指定需附樣品或需經型式試驗者, 連同其樣品或經主管機關認可檢驗單位之型式試驗報告, 向當地檢驗機構申請登記。其登記事項變更時, 應於變更之日起十五日內辦理變更登記。上述登記事項包括: 生產廠場名稱、廠場及其主營業所住址、負責人姓名及住址、設立年月日、實收資本額、主要設備、檢驗設備及品質管制情形、產品種類、名稱、規格、全年或每月產銷數量等。檢驗機構辦理上述登記, 得派員前往生產廠場調查。經核准登記之商品本體上應標示內銷檢驗登記號碼或經核准之登錄號碼, 如本體過小者, 得在內包裝上標示。未依規定辦理登記之生產廠場, 經檢驗機構催辦, 逾限不辦登記者, 視為檢驗不合格。

2.檢驗機構為明瞭國內市場應施檢驗商品之產銷及申報檢驗費額情形, 必要時得派員至廠場營業所、工廠、倉庫, 調查及查閱有關文

件。並得向稅捐稽徵機關函詢有關產銷資料。

3.應施檢驗之國內市場商品，依「商品檢驗法」第十條第二項規定經指定應於出廠前檢驗者(以下簡稱出廠檢驗)，應分批報驗，其難於分批者，得以在一定期間內生產者為一批，由檢驗機構定期抽樣檢驗。上述出廠檢驗之商品得申請核定為留樣檢驗，於出廠前報請檢驗機構派員取樣後，先行出廠。但所留樣品經檢驗不合格者，即應停止其產品先行出廠之優惠。應施出廠檢驗之商品本體上或包裝上除標示內銷檢驗登記號碼外，並應附加檢驗合格標識。

4.應施檢驗之國內市場商品，未指定為出廠檢驗者，由檢驗機構隨時向生產廠場取樣或市場購樣檢驗。

5.經檢驗不合格之商品，檢驗機構應將不合格事項通知業者限期改善，到期由檢驗機構再行抽驗，如仍不合格者，檢驗機構應報請主管機關，依「商品檢驗法」第十二條規定辦理。已在市場陳列、銷售之不合格品，主管機關應令其限期收回。

6.「商品檢驗法」第十二條所稱檢驗不合格，包括下列情形：

⑴經檢驗機構依規定撤銷登記之廠場，而繼續產製者。

⑵未依規定辦理內銷檢驗登記或逾限不補辦登記者。

⑶逃避出廠檢驗，依本法科罰三次以上，而繼續逃檢者。

上述廠場受處分達三個月後，其處分原因消滅且無其他不法情事者，得向主管機關申請恢復生產、製造、陳列或銷售。上述第一款至第二款之商品，檢驗機構得當場封存交貨主具結保管或運存指定場所。其逃避出場檢驗者同。

7.經出口檢驗合格之商品，因故改在國內市場銷售，應重行報驗，其檢驗標準符合內銷檢驗標準者，得免再執行品質檢驗。依上述規定辦理報驗者，原繳交之檢驗費用不予退還。但以同批商品為限得予抵

繳。

　　8.應施檢驗之國內市場商品，除了上述各項規定以外，準用「商品檢驗法施行細則」第二章有關輸出輸入商品檢驗的規定。

五、動植物疫病蟲害檢驗

　　㈠檢驗項目　第十三條規定，「輸出、輸入動植物及其產品之疫病蟲害檢驗，其名稱、類別或檢驗物，由主管機關定之。」

　　需經經濟部標準檢驗局港口檢驗單位檢疫的動植物品目，由標準檢驗局彙總編印於「應施檢疫動植物品目表」。「應施檢疫動植物品目表」分為「動物部分」及「植物部分」兩部分，分別將應施疫病及蟲害檢驗的品目，按照商品CCC號列順序依序列出十位碼號列及品名，其後並列出「貨品分類表」新三版的七位碼原商品號列及八位碼原海關稅則號列，以供對照瞭解。

　　本條所稱植物疫病蟲害之檢驗物依「商品檢驗法施行細則」第七條規定，係指下列各款：

　　　⑴植物本體或其一部。

　　　⑵植物之產品，但經過適當製造手續或用眞空器裝盛者，不在此限。

　　　⑶已死植物全株或一部之作食品、藥材、飼料、燃料或其他用途者。

　　　⑷植物之包裝物。

　　㈡輸出入動植物及其產品的檢驗　第十四條規定，「輸出、輸入動植物及產品，應於到達港埠前，由輸出輸入人或其代理人申請檢驗，非經檢驗或處理確認並無疫病蟲害者，不得輸出輸入；但專供學術研究之用，並提供防範辦法經核准者，不在此限。

輸出、輸入動植物及其產品之為商品者其疫病蟲害檢驗，應與本法第七條之品質檢驗一併辦理。

輸入動植物及其產品，如持有輸出國政府檢驗證明文件者，應於申請檢驗時一併繳驗。」

依本條第二項規定，動植物及其產品的疫病蟲害檢驗，非經檢驗合格且領有合格證書者，不得輸出、輸入。

有關專供學術研究的動植物輸入時應注意的事項，「商品檢驗法施行細則」第九十及九十一條規定如下：

1.因專供學術研究之用輸入禁止物品者（例如有害動物及有害植物，泥土、砂礫或帶有泥土之植物等），應先經主管機關核准，發給輸入許可證，由申請人寄往輸出人，將該許可證明黏附於包裝上，以資識別，並應經輸入地檢驗機構查驗。

2.上述禁止物品之核准輸入，應遵守下列規定：

(1)以輸入地檢驗機構為收件人，經檢查後寄送申請人或通知領取。

(2)申請人收受或領取後，應將保管人姓名、保管地點、利用期限及利用後處理方法分別報告檢驗機構及其上級或所屬機關，必要時得加以檢查。其研究試驗結果應隨時分報檢驗機構及農林行政主管機關備查。

(3)不得將物品轉讓或作其他處分。

(4)有害動物及有害植物在使用中發生有傳播之虞之情事，而使用人不能自行防止其傳播時，應即報告檢驗機構及農林行政主管機關採取有效措施防止之。

違反上述規定時，檢驗機構應即命令其停止使用，必要時並得命

將該禁止物品予以銷燬。

㈢**載運工具的限制**　第十五條規定,「載運動植物及其產品之交通工具,來自動植物疫區或發現有動植物傳染病者,除傳染疫病之檢驗,另依有關法令辦理外,在未得檢驗機構許可前,不得進口或將其有關物件逕行卸下。」

㈣**可能污染疫病蟲害動植物的處理**　第十六條規定,「凡可能污染疫病蟲害之動植物或產品或其他物品,應施行消毒處理;必要時得為其他安全措施或予銷燬。

過境動植物及其產品經發現有感染或散布疫病、蟲害之虞者,檢驗機構得依職權執行檢驗,並依前項規定處分。」

「商品檢驗法施行細則」對於動植物疫病蟲害檢驗主要規定在第四章動物檢驗(第六十二～八十二條)以及第五章動植物疫病蟲害檢驗(第八十三～一百零三條)兩章內容中,其中有關動物檢驗又分為四節,第一節一般規定(第六十二～六十八條),第二節輸入檢驗(第六十九～七十三條),第三節輸出檢驗(第七十四～七十七條),第四節檢驗處理(第七十八～八十二條)。內容規定為防止國外獸疫以及危險病蟲害的侵入,主管機關得以命令禁止特定地區可能傳播動物疫病的動物疫病檢驗物或植物或特定植物的輸入。凡動物疫病檢驗或植物病蟲害檢驗經處分不合規定者,均不得申請複驗。而經檢驗證明無動物疫病的檢驗物,由檢驗機構發給檢疫證明書,並附加標識,其係旅客所攜帶者在規定數量以內,得加標識後放行。上述檢疫證明書之格式,由檢驗機構擬訂報請主管機關核定實施。其證明書的正本應採用黃色紙張。

六、檢驗程序

㈠檢驗處所　第十七條規定,「商品檢驗就檢驗機構所在地或輸出輸入港埠行之, 但得經請求就生產場廠集散地點執行檢驗。」

有關臨場檢驗,「商品檢驗法施行細則」第二十四～二十六條規定, 檢驗機構依「商品檢驗法」第十七條但書規定所爲之臨場檢驗包括原料、製程及成品檢驗。

㈡報請檢驗　第十八條規定,「應報請檢驗之商品, 應由場廠負責人、輸出輸入人或其代理人, 向檢驗機構報請檢驗。同批報驗商品爲同品目、同等級、同型式。

經產地檢驗而輸出國境者, 於運抵港埠裝載以前, 並應向港埠檢驗機構報請驗對, 非經驗對符合不得輸出。」

有關報驗的注意事項,「商品檢驗法施行細則」規定於第二十七～三十二條, 主要內容如下:

1.應施檢驗之輸出輸入商品, 由貨主或其他代理人塡具報驗單連同應繳檢驗費, 其屬經指定需經型式認可者, 並附具檢驗機構型式認可之證明, 依下列規定申請檢驗:

⑴輸入商品於到達港埠時, 向到達港埠檢驗機構報驗。

⑵輸出商品於出口前向生產當地檢驗機構報驗。

上述報驗不得越區爲之, 但經檢驗機構另行指定者, 不在此限。商品報驗由代理人爲之者, 應加具代理人證明文件。如以代理報驗爲業務之營利事業組織, 得檢具委託書表向檢驗機構備查, 並憑其印鑑代理貨主辦理各項報驗手續。

2.商品報驗代理人違反檢驗法令或不配合檢驗業務者, 檢驗機構得視情節輕重停止其代理報驗業務三個月至六個月。

3.商品之檢驗以報驗先後為序，但依「商品檢驗法」第二十二條之規定申請複驗時檢驗機構應提前辦理。

4.經產地檢驗合核之商品，應由報驗人附加檢驗合格標識，並由產地檢驗機構發給合格證書，於運抵港埠裝載前，應向港埠檢驗機構報請驗對。經加蓋驗訖印記，始得憑以報關出口。上述驗對得抽批為之，並以採用外觀檢查為原則，必要時得實施品質驗對，經驗對不符而無法更正之商品，不准輸出，並不得申請複驗。驗對不符之商品，如發現涉嫌掉包、羼雜、作偽等情事者，檢驗機構得扣留封存，交貨主或其代理人具結保管，另候處理。

5.經產地檢驗符合規定運抵港埠之輸出商品，應俟全批貨物到齊後報請驗對，在未完成驗對手續前不得擅自移動。檢驗機構認為必要時得就大宗商品規定分批取樣驗對或船邊驗對。

6.報驗人應將報驗之商品按照嘜頭、等級在檢驗機構認可之地點堆置整齊，並應留適當通道至少使其主要標示之一面顯明可察，否則檢驗人員得拒絕進行檢驗工作。執行品質驗對所消耗之商品，應由貨主補足之。

㈢抽取樣本　第十九條規定，「應施檢驗商品因檢驗所需之樣品，得向場廠、銷售人、輸出輸入人或其代理人抽取之。

前項抽取樣品之數量，依國家標準為之；無國家標準者，應依其檢驗所必要之情形，由檢驗機構依商品性質分別定之。

樣品經檢驗後，除因檢驗耗損者外，發還之。但超過檢驗機構規定領回期間者，不予發還，由檢驗機構自行處理之。」

有關取樣的相關規定，「商品檢驗法施行細則」第三十三～三十九條規定內容如下：

1.取樣應由取樣之檢驗人員隨機採取，報驗人不得指定。取樣方

法國家標準有規定者從其規定，無規定者比照國家標準有規定之最近似商品辦理。取樣後之商品包裝上應由取樣之檢驗人員加以封識，並記明申請書號碼、取樣日期、報驗數量等以資識別。輸入商品在輸入港埠取樣有困難時，檢驗機構得指定其取樣地點。

2.「商品檢驗法」第十九條第二項取樣數量之規定，無國家標準者，其數量以供檢驗及留樣所必要者為限。

3.取樣之檢驗人員取樣時發覺商品內容、數量或包裝上標示與報驗申請書所載不符而業者無法即時更正者，應拒絕取樣。上述不符情事，業者得於七日內申請更正，逾期應重行報驗。但其行為屬於矇騙性質者，應即註銷其報驗。

4.取樣之檢驗人員應於取樣完畢後發給取樣憑單。該憑單由檢驗機構印製編號交取樣之檢驗人員簽名填發。其就地抽樣檢驗，當場發還者，免予填發。抽取之樣品於封妥後，由取樣人員攜回。但體積龐大、笨重者得交由報驗人負責運送。

5.報驗商品經取樣後未獲檢驗結果前，非經報准不得擅自移動，准予移動時，檢驗機構得派員監督。

6.樣品之保管、使用及封識依下列規定：

(1)國家標準有規定者，從其規定。

(2)國家標準未規定者，應分成三份，於取樣當場加以封識，一份作檢驗用，一份由報驗人保存，一份由檢驗機構保留備供複驗或比對之用。

(3)商品之性質無法混合取樣後再行分割者，由檢驗機構視實際需要定之。檢驗機構保留備供複驗或比對之樣品，其保留期間為三個月。但非消耗性之商品或不能長期保留者，不在此限。

7.依「商品檢驗法」第十九條第三項之規定發還經檢驗後之殘餘

樣品，應由報驗人於領到合格證書或不合格通知書之日起一個月內，憑取樣憑單領取之。但其樣品性質不能久存者，由檢驗機構逕行處理之。

㈣包裝檢查　第二十條規定，「凡須經包裝始能保持品質之商品，應依下列規定包裝，並施行包裝檢查：

1.包裝有國家標準者，依國家標準；無國家標準者，應能確保商品品質並耐於儲藏運輸。

2.同批商品包裝之式樣大小及重量應一致，但畸零數不在此限。

有關包裝檢查，「商品檢驗法施行細則」第四十～四十二條規定如下：

1.本條規定之包裝檢查，不包括習慣上於運輸販賣時散裝之大宗商品。但經買方約定包裝者，其包裝規格及標識從其約定。而「商品檢驗法」第十八條第二項及第二十條第二款所稱之同批商品，係指品名、規格相同者而言，其商品規格不同，習慣上混合包裝，於報驗時聲明並經檢驗機構認可者，亦屬之。包裝之商品在運輸途中易於破碎、受潮或不可倒置或必需保持低溫者，應以習用之文字或符號顯著標示之。

2.包裝檢查於取樣前行之，但另有規定者，從其規定。

3.包裝不合規定，或於取樣時發現有破損而有影響品質之虞時，應由報驗人改裝或修整後取樣。在港埠驗對時發現有上述情事者，非經改裝或修整後不得加蓋驗訖印記。

㈤合格證書　第二十一條規定，「應施檢驗之商品，經檢驗合格者，發給合格證書，此項證書應規定有效期間者，由主管機關就各種商品分別定之。」

合格證書的有效期限，除新鮮、冷凍、冷藏等貨品另有規定外，

一般爲三個月，得申請延長一次三個月。

「商品檢驗法施行細則」第四十三～四十六條規定有關證書及標識的相關內容，主要規定如下：

1.經檢驗合格之商品，應附加檢驗合格標識，並檢驗機構發給合格證書。合格證書之格式及合格標識之使用辦法，由主管機關另定之。其他有關檢驗之書類、印章、戳記等由檢驗機構訂定格式，報經主管機關核准後印製備用。依上述規定附加合格標識，爲配合貿易時效，檢驗機構得預先核發或預借所需之標識，在取樣前由報驗人員自行附加完整，始得取樣。但依「商品檢驗法」第二十七條規定簡化檢驗程序之輸出商品，得由檢驗機構授權產製廠（場）依照規定之專用標識式樣標印於外包裝。經檢驗不合格或港埠驗對不符之商品，已附加之標識，應由檢驗機構派員加以註銷。但經申請複驗或重行報驗者，得准暫免註銷。

2.報驗人不得於合格證書添加文字符號，如經買方要求或基於商業習慣必須添加者，應另紙粘附合格證書背面，報請檢驗機構審查認可，加蓋騎縫印章，違者以塗改論處。上述規定，報驗人亦得事先申請，請求於合格證書內加註，但以必要者爲限。

3.經檢驗合格發證之商品，在合格證書有效期間內，如證書所載事項有變更必要時，應申請更改或換發證書。改變包裝，應由檢驗機構派員監督，並重加標識。

4.合格證書之有效期間自發證之日起算，其分批檢驗者以第一批之有效期間爲準。工礦產品不易變質者，經檢驗機構驗符後，得延展有效期間一次。按工廠品質檢驗報告核發證書者，自檢驗日期起算。

㈥不合格通知及複驗 第二十二條規定，「商品檢驗不合格者，檢驗機構應抄附檢驗單通知報驗人；報驗人於接到通知後十五日內得請

求免費複驗一次。」

　　依「商品檢驗法施行細則」第四十八～五十條規定，不合格通知書應將不合格的事項具體標明，並保留記錄文件或樣品。而依本條規定申請複驗，應附具理由及必要資料於規定期限內以書面請求之。此外，複驗應就原樣品爲之，原樣品已無剩餘或已不能再加檢驗者，得重行取樣。

　　㈦聲請補發或換發新證書　第二十三條規定，「商品經檢驗領有合格證書後，因證書遺失或輸出輸入商品分割批數者，得聲請補發或換發新證書，其有效期間以原證書之剩餘有效期間爲限。」

　　「商品檢驗法施行細則」第四十七條規定，依本條規定申請換發合格證書者，應將舊證繳銷，向貨物存置地檢驗機構申請辦理，其申請分割者同。申請補發證書者，應將原領證書字號及遺失經過具結聲明作廢，向原發證檢驗機構申請。但已經港口驗對相符者，得向港埠檢驗機構申請。補發或換發新證書得酌收工本費。

　　㈧重行報驗　第二十四條規定，「經檢驗合格之商品，有下列情形之一者，應重行報驗：

　　1.證書已逾有效期間者。

　　2.包裝改變或包裝腐損，足致影響商品品質者。

　　3.受水漬、火損或有顯著之毀損形跡者。

　　4.標示不符或混雜零亂者。

　　5.其他應受檢驗事項有變更情事者。」

　　依「商品檢驗法施行細則」第五十一條規定，依本條規定應重行報驗者，其原先之報驗程序視爲已撤銷。

　　㈨檢驗期間　第二十五條規定，「檢驗機構經申請人申請檢驗、複驗或重行報驗後，應於規定期間內完成檢驗。

前項期間由主管機關就各種商品分別定之。」

檢驗機構執行各類檢驗的期間，除應施行煙薰、消毒或隔離栽培外，均應在二日內檢驗完畢。

㈩委託檢驗　第二十六條規定，「檢驗工作除由檢驗機構執行外，主管機關得將有關檢驗之技術工作，委託有關業務之政府機關或法人團體代爲實施。

前項受託之檢驗業務，應受檢驗機構之監督考核，其從事此項受託工作之檢驗及簽發報告之人員，就其辦理受託工作事項，以執行公務論，分別負其責任。」

「商品檢驗法施行細則」第二十三條規定，檢驗機構委託政府機關或法人團體代施檢驗者，其辦理由主管機關另定之。因此，經濟部於民國五十一年四月十七日訂定「商品檢驗機構委託法人團體代施指定試驗辦法」，並於六十三年七月十三日更名爲「經濟部商品檢驗局委託代施檢驗辦法」，其後並經多次修正，主要規定內容如下：

　1.代施檢驗機構應具備之條件如下：

　　⑴具有完整之檢驗設備及場地，足以執行指定商品之檢驗者。其標準由檢驗局另定之。

　　⑵置檢驗主管及專業技術人員，經檢驗局審查合格者。

　　⑶經營他項業務不影響代施檢驗業務公正執行者。

　　⑷於檢驗局（或分局）所在地設有事務所者。

　2.檢驗局得就具備前條條件之代施檢驗機構，經雙方協議並報請經濟部核定後將檢驗技術工作委託其代施檢驗。

　3.經核定之代施檢驗機構名稱所在地執行檢驗商品之種類項目、地區及其他重要事項由檢驗局報請經濟部公告之。

　4.代施檢驗機構應維持之檢驗能量及其權利義務，由檢驗局與代

施檢驗機構雙方協議以書面簽訂議定書，報請經濟部核定生效。

5.代施檢驗機構應自行執行檢驗技術工作，依有關商品檢驗法規辦理。如有特殊之程序方法或條件應經雙方協議訂定之。

6.代施檢驗機構應具備詳實完整之各項檢驗紀錄，該紀錄由各級有關人員簽章。保存期限爲二年，期滿報請檢驗局核定銷燬之。

7.代施檢驗機構之檢驗設備、員額、技術能力、人員品德、檢驗紀錄、檢驗時效、樣品管理、財務收支及其他事項，檢驗局至少每半年檢討考核一次，如有缺失，應限期改善，並將考核績效報請經濟部備查。代施檢驗機構每半年造具財務報告書於一月及七月送請檢驗局核備。

8.代施檢驗機構應備置必要之簿籍依序記載之，隨時應檢驗局要求，適時提報有關檢驗業務資料。

9.代施檢驗機構非有正當理由不得拒絕或延誤同類商品檢驗工作之增減。

10.檢驗局撥付代施檢驗機構之代施檢驗工本費應經雙方協議訂定之。

11.議定書有效期間爲一年，期滿是否續約，應於期滿前二個月協議之。

12.代施檢驗機構紀錄不實、違反檢驗法規及議定書明定事項或因技術人員更迭、檢驗設備缺損致檢驗業務無法有效執行時，檢驗局得終止委託。

目前經濟部標準檢驗局委託代施檢驗的機構包括金屬工業發展中心、臺灣電子檢驗中心、臺灣區橡膠工業研究試驗中心、臺灣省糧食局等，而其檢驗商品項目則包括鋼鐵產品、電子產品、窗型冷氣機、機器、橡膠品、稻米等。

㈦檢驗程序的免除或簡化　第二十七條規定,「檢驗機構對商品生產場廠之規模、設備、檢驗制度或品質管制得予輔導評核,其規模、設備、檢驗制度及品質管制符合主管機關所定之條件者,得於報准後免除或簡化本法所定之檢驗程序。

依法領有正字標記之廠商,得比照前項之規定辦理。

前兩項經核准免除或簡化檢驗程序之生產場廠,仍應受檢驗機構之監督考核,其從事檢驗之人員,就其辦理之檢驗工作事項,以執行公務論,分別負其責任。

第一項免除或簡化檢驗之辦法,由主管機關定之。」

經濟部標準檢驗局為免除或簡化「商品檢驗法」所定的檢驗程序,而於民國五十一年三月二十二日依本條規定制定公布「國產商品分等檢驗實施辦法」,其後並經多次修正。

七、檢驗費用

㈠檢驗費　第二十八條規定,「商品檢驗執行方式,依逐批檢驗者,得徵收檢驗費,其費額不得超過各該商品市價千分之三。

依驗證登錄者,得徵收相關費用,其收費之費率、費額及收費實施辦法,由主管機關就各種商品分別定之。」

「商品檢驗法施行細則」第一百零五條規定,本條所稱之市價,對於輸出、輸入之商品,由檢驗機構參酌該商品之輸出、輸入申報價格,指定外匯銀行簽證出口之價格及市場躉售價格擬訂,報請主管機關核定後公告之,調整時同。而本條所稱之市價,對於國內市場商品由檢驗機構參酌各種商品市場躉售價格擬訂,報請主管機關核定後公告之,調整時同。未依上述規定查定費額者,依其規定費率暨下列基準計收:

1.輸出商品FOB價格。

2.輸入商品按CIF價格或海關課稅價格。

3.國內市場商品按照廠場批售價格。

此外，「商品檢驗法施行細則」第一百零六條規定，凡經常有大宗產品銷售之廠商，得提存保證金或出具保證書申請檢驗機構記帳辦理之，於執行檢驗時之次月十五日前結算清楚。

㈡臨場費　第二十九條規定，「凡應申請人之請求，派員至檢驗機構所在地以外之地點臨場執行檢驗時，得依其實際需要加收臨場費。」

「商品檢驗法施行細則」第一百零七條規定，本條所稱之臨場費係指檢驗機構應申請人之請求，派員至檢驗機構所在地以外之地點臨場執行檢驗、取樣、監督，所需之費用。其收費準則由主管機關定之。上述臨場檢驗支出之其他必要費用均由申請人負擔之。因應貨主要求在辦公時間外延長作業亦得收取費用。臨場費通常以每批依平日、例假日及晚間十時以後等情形，訂定其不同的收費標準。

㈢其他費用　第三十條規定，「執行動植物及其產品疫病蟲害檢驗時所需之消毒、隔離、留檢、飼養或栽培之費用，均由申請人負擔。

依第十六條第二項規定，依職權執行疫病蟲害檢驗、施行消毒等處理支出之費用，由運送人負責繳納。」

㈣檢驗費用的繳納　第三十一條規定，「本法所規定之檢驗費用，由申請人或運送人向檢驗機構所在地公庫繳納。」

「商品檢驗法施行細則」第一百零九條規定，檢驗費用應由申請人向當地公庫繳納。但檢驗機構得應申請人之請求逐予收款，另以專冊登記，並依國庫法規定繳庫。上述費用繳納人對於因計算錯誤或其他原因溢繳之檢驗費，經專案核准者，得申請退還。其申請程序由主管機關定之。

八、罰則

㈠**得處罰鍰事由** 第三十二條規定,「應施檢驗商品之場廠負責人、持有人、銷售人、輸出輸入人或其代理人,違反本法第四條關於標示之規定,不服從主管機關所發停止輸出、輸入、陳列或銷售之命令者,或違反本法第十條第三項關於標示應行註明事項之規定者,除責令補正外,並得處以二萬五千元以下罰鍰。

違反本法第十條第二項關於報驗之規定或第二十四條關於重行報驗之規定者,得處以二萬五千元以下罰鍰。

違反本法第七條之規定而為輸出輸入者,或違反本法第十二條之規定經主管機關命令其停止生產、製造、陳列或銷售而不服從其命令者,得處以五萬元以下罰鍰。本條之罰鍰,拒不繳納者,移送法院強制執行。」

㈡**逃避檢驗的處分** 第三十三條第一項規定,「對於有妨害公共安全或其他毒害情形應施檢驗之商品,違反本法之規定,逃避檢驗輸出、輸入者,處負責人三年以下有期徒刑、拘役或一萬元以下罰金。」

㈢**拒絕或妨礙檢驗的處分** 第三十三條第二項規定,「運送人拒絕或妨礙檢驗機構依本法第十六條第二項之檢驗者,處一年以下有期徒刑、拘役或五千元以下罰金。」

㈣**違反停止生產、製造、陳列或銷售命令的處分** 第三十四條規定,「對於有妨害公共安全或其他毒害情形,應施檢驗之商品,經檢驗屬實,受停止生產、製造、陳列或銷售之命令,而違反該命令者,處負責人三年以下有期徒刑、拘役或一萬元以下罰金。」

㈤**屨雜作僞的處分** 第三十五條規定,「應施檢驗之商品,經檢驗發給合格證書或證明書後,有屨雜作僞等情事者,除撤銷其檢驗合格

證書或證明書外，處負責人三年以下有期徒刑、拘役或一萬元以下罰金。」

㈥得扣留、消毒、沒入或銷燬事由　第三十六條規定，「應施檢驗之商品，經發現有妨害公共安全或其他毒害之情形，或違反第四條第三項或第十二條之命令者，得扣留、消毒、沒入或銷燬之。」

九、附則

㈠施行細則　第三十七條規定，「本法施行細則，由主管機關定之。」

經濟部依本條規定於民國五十七年三月十五日訂定發布「商品檢驗法施行細則」，其後並經九次修正，最新一次修正爲民國八十六年七月三十日。

㈡施行日　第三十八條規定，「本法自公布日施行。」

本法修正條文第一條、第四條、第七條、第八條、第十條、第十一條、第二十七條及第二十八條施行日期，由行政院定之。

第二節　國產商品品質管制實施辦法

五十八年十一月十九日經濟部經臺(58)商字第三三三六〇號令訂定發布

六十一年四月六日經濟部經(61)貿字第〇九二四七號令修正

六十六年十二月二十四日經濟部經(66)法字第三九一五四號令修正

六十七年十一月二十一日經濟部經(67)法字第三七五二六號令修正

六十九年六月二十八日經濟部經(69)法字第二〇八四三號令修正

七十年一月二十六日經濟部經(70)法字第〇三〇七三號令修正

七十二年五月七日經濟部經(72)商字第一七七六五號令修正

七十二年十月十五日經濟部經(72)商字第四二〇四二號令修正

七十四年七月三日經濟部經(74)商檢字第二七七五五號令修正

七十五年十月二十日經濟部經(75)商檢字第四六一五一號令修正

七十七年九月五日經濟部經(77)商檢字第二七〇四七號令修正

八十四年十二月二十日經濟部經(84)商檢字第八四三九〇四三三號令修正

一、前言

　　「國產商品品質管制實施辦法」係經濟部商品檢驗局爲了推行國產商品實施品質管制，以確保國產商品的品質水準，建立海內外市場信譽，而於民國五十八年十一月十九日制定公布的，其後並有多次修正。依本辦法規定，實施品質管制的對象爲生產廠(場)，而依其等級的高低可分爲優良甲等、甲等及乙等三種。但是取得品質管制等級的廠（場）仍需接受追查評比，若有不合格或未達標準者，仍有可能受停止分等檢驗優惠、降等、撤銷或註銷等級的處分。

　　本辦法自公布施行後，歷年來經多次修正，以配合實際作業需要，最新一次修訂爲民國七十七年九月五日，修正條文自七十八年元月一

日起實施。辦法全文共計十一條條文，分爲一般性規定、品質管制作業流程、優惠措施、遷廠及停工的處理、罰則等五部分。

二、一般性規定

㈠宗旨　第一條規定，「爲推行國產商品實施品質管制，確保產品適當水準，建立國內外市場信譽，特訂定本辦法。」

㈡管制品目範圍　第二條規定，「實施品質管制之國產商品品目，由經濟部公告之。」

㈢管制對象　第三條規定，「實施品質管制以廠（場）爲對象，同一廠（場）同時生產不同類別產品者，應於申請品質管制等級登記時分別辦理，其登記類別由商品檢驗局認定之。」

㈣收費標準　第三條之一規定，「廠（場）申請及取得品質管制等級之各項收費標準如下：

1.申請費：每件新臺幣一萬元。

2.調查、複查、追查作業費：每人每日新臺幣五千元。

前項費用，廠（場）應於規定期限內繳納；申請廠（場）未按規定繳納費用者，不受理其申請；取得品質管制等級之廠（場）未按規定繳納規費，經通知限期繳納，逾期未繳納者，撤銷品質管制等級。

依照本辦法所收取之費用，應依預算程序辦理。」

㈤施行日　第十一條規定，「本辦法自發布日施行。

本辦法修正條文自中華民國七十八年一月一日施行；第三條之一條文自中華民國八十五年十二月一日施行。」

三、品質管制作業流程

㈠申請登記與考核　第四條規定，「經公告實施品質管制之商品，

其產製廠(場)應依本辦法之規定，填具申請書並檢附有關資料，向商品檢驗局申請品質管制等級登記，由商品檢驗局依下列規定予以考核：

　　1.調查：調查之主要項目如下：

　　　　(1)管理制度之完整性。

　　　　(2)人員訓練及技術之熟練程度。

　　　　(3)生產設備維護情況。

　　　　(4)檢驗設備及其維護與校驗。

　　　　(5)原料及供應商管制。

　　　　(6)製程管制及成品管制。

　　　　(7)包裝及貯運管制。

　　　　(8)不合格物料管制。

　　　　(9)追查系統及改正措施。

　　　　(10)市場調查及新產品開發。

　　2.執行追查：經調查列等之廠(場)，即納入執行追查範圍，由商品檢驗局按照不同品質管制等級所規定之追查次數，繼續施以不預先通知之追查。

　　3.產品抽驗：經調查列等之廠(場)，即納入產品抽驗範圍，由商品檢驗局按照不同品質管制等級所規定之抽驗次數，抽取其樣品予以試驗。

　　4.基本檢驗設備：實施品質管制之廠(場)，應按照其申請登記之產品分別備置最基本之檢驗設備。

　　前項申請書、調查作業程序、執行追查作業程序、產品抽驗作業程序及各類產品最基本之檢驗設備由商品檢驗局另訂之。」

　　㈡等級的分類與核定　第五條規定，「品質管制等級分為優良甲等、甲等及乙等三種。

商品檢驗局根據調查結果，分別核定品質管制等級，並依執行追查結果之資料，隨時核定調整其品質管制等級。但食品工業類廠(場)除降為不列等外，不調整其等級。

前項評等作業程序由商品檢驗局另訂之。」

㈢重新申請登記　第六條規定，「經調查核定為不列等之廠（場）得於核定不列等之日起一個月後，重新申請品質管制等級登記。

經核處撤銷品質管制等級之廠（場）於核定撤銷之日起六個月後，始得重新申請登記。

核定降為不列等或註銷品質管制等級之廠（場）於核定降為不列等或註銷之日起四個月後，始得重新申請登記。

申請優良甲等之廠（場）未獲准者，得於核定之日起三個月後重新申請。」

四、優惠措施

第七條規定，「經列為優良甲等、甲等或乙等品質管制等級之廠（場），得享受下列各款之優惠：

1.其產品經公告為分等檢驗品目者，得依照『國產商品分等檢驗實施辦法』之規定，享受分等檢驗之優惠。

2.優良甲等及甲等品質管制廠（場）之產品符合國家標準者，得向經濟部中央標準局申請使用正字標記。

3.其產品之品管等級，各公私機構得採認作為重要參考資料。」

五、遷廠及停工的處理

㈠遷廠的處理　第八條規定，「經核定品質管制等級之廠（場）遷移廠址者，應重新辦理品質管制等級證記。」

　㈡停工的處理　第十條規定，「取得品質管制等級之廠（場）停工在三十日以上時，應檢附產品庫存清單向當地檢驗機構（或代施檢驗機構）申報並副知商品檢驗局。但食品廠（場）尚有冷藏、冷凍或未包裝成品或仍在生產內銷產品者不得視同停工。停工期間不得逾六個月。但農產加工廠（場）得依季節性時間申報之，並以一年爲限。其有正當理由未能復工者得於期滿前，申請延長一次。

　停工工廠（場）未依前兩項申報者，當地檢驗機構（或代施檢驗機構）應即以書面催告限於十五日內申報，逾期未申報亦未復工者撤銷品管等級。

　停工期間未滿而復工者，應自復工日起十五日內向當地檢驗機構（或代施檢驗機構）申報並副知商品檢驗局。復工後品管等級應重新評核之，於未核定前，原等級繼續有效。」

六、罰則

　㈠停止分等檢驗優惠、降等或撤銷等級　第九條第一項規定，「取得品質管制等級之廠（場），經查有虛偽不實情事，商品檢驗局得視情節輕重處以停止分等檢驗優惠、降等或撤銷其品質管制等級。

　取得品質管制等級之廠（場），其執行追查評比未達○‧五五者，及食品類甲等廠（場）執行追查評比未達○‧七六者，停止分等檢驗優惠二個月。產品抽驗結果，衛生項目不合格者，該廠（場）停止分等檢驗優惠一個月；安全項目不合格者，該項貨品分類號列之產品停止分等檢驗優惠一個月。」

　㈡註銷品管等級　第十條之一規定，「取得品質管制等級之廠（場），其產品連續一年未產製或無報驗記錄者，商品檢驗局得註銷該項產品之品管等級。」

　　依「國產商品品質管制實施辦法」第四條、第五條及第九條的規定，經濟部商品檢驗局於民國六十七年二月十八日制定「國產商品品質管制考核作業程序」，其後並有多次修正，而最新修正係於七十七年九月十二日所公布的，其主要內容規定如下：

　　1.經公告實施品質管制之國產商品產製廠(場)，其品質制度之調查、執行追查、產品抽驗及評等等作業依本程序之規定辦理之。

　　2.各廠（場）申請品質管制等級登記，應填具申請書並附有關資料向當地檢驗機構申請之。

　　3.調查作業依調查評核報告表規定之評分項目予以考評，核定品管等級，經核定品管等級之廠（場）繼續予以執行追查及產品抽驗之考評。但食品工業類品管等級之調查評核若製程品質管制，回饋矯正措施，接收檢驗或廠房整潔任何一項有嚴重缺點者，當地檢驗機構應以書面通知改善並副知本局，俟改善後再行調查評核。

　　調查作業或執行追查作業若發現實施品質管制之廠(場)，未具備最基本之檢驗設備者，相關之評核項目予以評為嚴重缺點。

　　4.執行追查作業依執行追查評核報告表規定之評分項目作現況之考評。

　　5.產品抽驗作業，從裝運前之品管產品中，抽取適當數量之樣品依下列標準之一檢驗：

　　(1)國家標準。(2)暫行規範。(3)專案規格。(4)報備之國外標準。(5)報備之工廠設計製造標準。

　　上述產品抽驗之檢驗標準應由廠（場）於取樣後立即提出；其未提出者，商品檢驗局得指定檢驗標準予以檢驗。

　　品管產品在五種以上者，最少從中任選五種產品取樣，品管產品不足五種時，各種品管產品均予取樣。

6.各廠（場）所建立之品管制度按評分項目評定缺點類別後給予相當之中意分數，再算出所給中意分數之幾何平均值予以考評。

7.品管制度考評之缺點分為四類：

(1)嚴重缺點──確實會導致品管制度失敗之缺點。

(2)主要缺點──會使品管制度顯著降低效果或導致缺陷之缺點。

(3)次要缺點──會使品管制度稍為降低效果之缺點。

(4)輕微缺點──可能降低品管制度效果且為偶發之缺點。

8.中意分數為一數值，表示品管制度中某一部分考核結果之價值，各類考評缺點之中意分數如下：

嚴重缺點──中意分數〇‧〇〇六。

主要缺點──中意分數〇‧二〇。

次要缺點──中意分數〇‧六〇。

輕微缺點──中意分數〇‧八五。

無缺點─中意分數〇‧九五。

9.調查評比及執行追查評比之計算，分別按缺點中意分數求出幾何平均值而得。本次執行追查評比即當作本次品管制度評比。調查評比（Ro）之計算，按調查評核報告表中所有品管制度缺點中意分數，算出幾何平均值（四捨五入至小數點後二位）即得。例如：

缺點類別	項數	中意分數
嚴重缺點	1	0.006
主要缺點	3	0.20
次要缺點	11	0.60
輕微缺點	13	0.85
無　缺　點	6	0.95
合　　計	34	

調查評比（Ro）

$$\sqrt[34]{(0.006)(0.20)^3(0.60)^{11}(0.85)^{13}(0.95)^6}$$

10. 品管制度評比之結果，依下列規定評定其等級：

評比未達○‧五五，不列等。

評比○‧五五～○‧七五，乙等。

評比○‧七五～○‧九五，甲等。

但食品工業類品管制度評比之結果，依下列規定評定其等級：

申請乙等

評比未達○‧五五，不列等。

評比○‧五五～○‧九五，乙等。

申請甲等

評比未達○‧七六，不列等。

評比○‧七六～○‧九五，甲等。

食品類甲等廠（場）執行追查評比連續二次均達○‧七六以上或其他各類甲等廠（場）執行追查評比連續二次均達○‧八五以上，且產品抽驗連續二次無不合格，一年內無貿易糾紛及違規者，可申請優良甲等，其品管經聯合複查及檢驗人員、檢驗設備經審查符合規定標準者，得核定為優良甲等。

前項檢驗人員條件、人數及必須具備之基本檢驗設備，由標準檢驗局另訂之。

11. 執行追查及產品抽驗之實施次數規定如下：

乙等——每二個月一次。

甲等——每六個月一次。

優良甲等——每年一次。

但廠（場）如因其產品之季節性關係在一年中僅有部分時間開

工，則實施次數按規定之間隔比例調整之。惟調整後之實施次數以不多於每一個月一次爲原則。

　　　　執行追查結果，如廠（場）之品管制度評比達降等標準，在未核定發布新品管等級前則執行追查及產品抽驗次數爲每二個月一次。

　　12.產品抽驗結果安全或衛生項目不合格者，應立即停止該項產品報驗出口或運出國內市場銷售，須經改善並通知商品檢驗局派員取樣檢驗或會同測試符合安全或衛生標準後，始准恢復該產品出口及國內市場檢驗之報驗。

　　13.取得品質管制等級之廠（場）產品抽驗不合格者，由商品檢驗局派員輔導改善，其改善情形並列入下次執行追查相關評核項目之考評。

　　14.經調查核定等級之廠（場）於接得通知後十五日內得請求複查一次。

　　15.調查列等之廠（場）其品管等級於調查後隨時核定之。已列等之廠（場）經執行追查及產品抽驗結果，品管等級提升之廠（場）隨時核定調整之。品管等級下降（包括降爲不列等）之廠（場）應於二個月內改正，二個月內如仍未改正者，則核定調整降等。

　　16.當次執行追查評比與前次執行追查評比相差○‧一○以上或涉及品管等級升降之廠（場），商品檢驗局應組成複查小組再赴廠（場）予以考評。

　　17.各廠（場）違規事項由經濟部商品檢驗局依處理違規案件之程序辦理之。

第三節　國產商品分等檢驗實施辦法

五十一年三月二十二日經濟部經臺 (51) 商字第○四三二六號令訂定發布

六十一年七月七日經濟部經 (61) 商字第一八六五七號令修正

六十二年二月二日經濟部經 (62) 法字第○三一七三號令修正

六十四年六月二十一日經濟部經 (64) 法字第一三八三三號令修正

六十五年八月五日經濟部經 (65) 法字第二一四二二號令修正

六十六年十二月二十四日經濟部經 (66) 法字第三九一五四號令修正

六十八年三月十九日經濟部經 (68) 法字第○八一五六號令修正

六十九年十月六日經濟部經 (69) 法字第三四五九○號令修正

七十二年五月九日經濟部經 (72) 商字第一七七六六號令修正

七十五年十月二十日經濟部經 (75) 商檢字第四六一五二號令修正

七十七年二月一日經濟部經 (77) 商檢字第○三○六三號令修正

七十八年二月二十七日經濟部經 (78) 商檢字第○二○九九號令修正

八十一年五月十五日經濟部經 (81) 商檢字第○八三八九○號令修正

八十三年三月二十五日經濟部經 (83) 商檢字第○八二七五七○號令修正

八十五年四月二十四日經濟部經 (85) 商檢字第八五四六○六三號令修正

一、前言

　　為使廠商的生產規模、設備、檢驗制度或品質管制能夠符合主管機關所訂定的標準，以提升我國產品形象並簡化商品檢驗流程，經濟

部於民國五十一年三月二十二日依「商品檢驗法」第二十七條的規定，訂定「國產商品分等檢驗實施辦法」，藉由將生產廠商分級，並依其不同等級給予各種不同程度的便利或管制，加強廠商自行管理，以激勵廠商建立品管制度，提升品質水準與產品形象。依本辦法規定，商品分等檢驗等級分為優良甲等、甲等及乙等三種；而經核定分等檢驗的商品，得享受減低檢驗費的優惠。

本辦法自民國五十一年三月訂定發布以來，為配合相關作業需求，曾有多次修正紀錄，最後一次係於民國八十五年四月二十四日修正公布。辦法全文共計十三條條文，分為一般性規定、分等檢驗作業流程、優惠措施、管理規定、罰則、其他規定等六部分。

二、一般性規定

㈠制定依據　第一條規定，「本辦法依商品檢驗法第二十七條規定訂定之。」

「商品檢驗法」第二十七條規定，「檢驗機構對國產商品生產場廠之規模、設備、檢驗制度或品質管制得予輔導改善；其規模、設備、檢驗制度及品質管制符合主管機關所定之條件者，得於呈准後免除或簡化本法所定之檢驗程序。

依法領有正字標記之廠商，其實施有效品質管制者，得比照前項之規定辦理。

前兩項經核准免除或簡化檢驗程序之生產廠場，仍應受檢驗機構之監督考核，其從事檢驗之人員，就其辦理之檢驗工作事項，以執行公務論，分別負其責任。

第一項免除或簡化檢驗之辦法，由主管機關定之。」是故，「國產商品分等檢驗實施辦法」係依該條規定而由經濟部商品檢驗局制定公

布的。

　　㈡分等檢驗品目範圍　第二條第一項規定,「實施分等檢驗之國產商品品目, 由經濟部公告之。」

　　㈢國際標準認可或正字標記產品的準用　第二條第二項規定,「經依國際標準品質保證制度認可登錄或經核准使用正字標記之產品, 得視同分等檢驗品目。」

　　爲推行國際標準組織 (The International Organization for Standardization, 簡稱 ISO) 所制定的 ISO 九〇〇〇系列品質管理與品質保證標準 (即中華民國國家標準 CNS 一二六八〇系列), 以促使我國品保制度國際化, 提升我國品質保證水準, 確保產品品質, 並期達成國際間的相互認證, 經濟部於民國七十九年十一月三十日訂定發布「國際標準品質保證制度實施辦法」, 並經八十年十月三十日及八十一年十二月九日兩次修正。而所謂 ISO 九〇〇〇 (CNS 一二六八〇) 系列品質管理與品質保證標準包括下列各款:

　　1. ISO 九〇〇〇 (CNS 一二六八〇) 品質管理與品質保證標準——選擇與使用指南。

　　2. ISO 九〇〇一 (CNS 一二六八一) 品質系統——設計／開發、生產、安裝與服務之品質保證模式。

　　3. ISO 九〇〇二 (CNS 一二六八二) 品質系統——生產與安裝之品質保證模式。

　　4. ISO 九〇〇三 (CNS 一二六八三) 品質系統——最終檢查與試驗之品質保證模式。

　　5. ISO 九〇〇四 (CNS 一二六八四) 品質管理與品質系統要項——指導綱要。

　　凡工廠申請認可登錄經評鑑結果符合標準者, 商檢局按其申請的

類別及產品准其認可登錄，並發給認可登錄證明書。

㈣等級的分類　第三條第一項規定,「商品分等檢驗等級分爲優良甲等、甲等及乙等三種。」

㈤檢驗的標準　第三條第二項規定,「前項檢驗之標準依商品檢驗法第八條之規定執行之。」

「商品檢驗法」第八條規定,「輸出、輸入商品之檢驗，依國家標準執行之；未定國家標準者，由主管機關定之。

輸出商品，得依買賣雙方約定之規範檢驗；其低於國家標準者，須先經貿易主管機關之許可。

輸入商品，如因特殊原因，其規範低於國家標準者，應先經主管機關核准。」

㈥施行日　第十三條規定,「本辦法自發布日施行。」

三、分等檢驗作業流程

㈠申請登記　第四條規定,「凡依照『國產商品品質管制實施辦法』取得品質管制等級之廠(場)，其產品爲分等檢驗品目者，得向商品檢驗局申請分等檢驗登記，按照品質管制等級核定分等檢驗等級，變更時，分等檢驗等級亦隨同變更。

經核准使用正字標記之產品,得比照前項規定申請分等檢驗登記,但正字標記撤銷或失效時，分等檢驗隨同撤銷之。

國內市場之應施檢驗商品經公告為實施產品安全標誌之品目者,自公告日起屆滿二年時停止本辦法之適用,公告日在本條修正發布日前者，其二年期間自本條修正發布日起算。」

依「國產商品品質管制實施辦法」第五條第一項規定,「品質管制等級分爲優良甲等、甲等及乙等三種。」而同條第二項規定，商品檢驗

局對申請品質管制等級登記業者所提供的資料及其實情況，加以調查之後，依其結果，分別核定品質管制等級，並依執行追查及產品抽驗結果的綜合資料，隨時核定調整其品質管制等級。但食品工業類廠（場）除降為不列等外，不調整其等級。此外，該辦法第七條第二款規定，「經列為優良甲等及甲等品質管制廠（場）之產品符合國家標準者，得向經濟部中央標準局申請使用正字標記。」

　　㈡合格證書的核發　第五條規定，「經核定為分等檢驗之商品，其報驗由生產廠（場）檢附該批商品依檢驗程序完成之檢驗報告或品質合格證明，向所在地檢驗機構申請辦理，經審核後簽發合格證書，審核時得取樣查核。未經審核簽發合格證書之商品，不得運離報驗時所堆置之處所。

　　輸出之分等檢驗報驗及港口驗對案件，得抽批審核，抽批驗對。

　　經核定為優良品管甲等分等廠（場）者，其分等檢驗商品，依法定檢驗程序檢驗合格後得自行副署簽發合格證書，免向檢驗機構報驗及申請驗對。

　　第一項規定於甲等分等檢驗商品之輸出，得於運抵裝運港埠倉庫後，向港埠檢驗機構申請辦理。」

四、優惠措施

　　第六條規定，「經核定分等檢驗之商品，得享受減低檢驗費優惠，其費率由商品檢驗局報請經濟部核定之。」

五、管理規定

　　㈠商品檢驗局的督導　第七條規定，「經核定分等檢驗商品之廠（場）及其從事檢驗人員，應受商品檢驗局之督導。

前項檢驗人員，就其檢驗工作以執行公務論，分別負其責任。」

㈡檢驗資料的保存　第八條規定，「經核定分等檢驗商品之廠(場)及其檢驗主管人員，應就該商品之完整檢驗資料妥善保存二年。」

㈢停止產製的通知　第九條第一項規定，「經核定分等檢驗之商品，其生產廠（場）停止產製該商品在三十日以上者，應自停止及恢復產製日起十五日內通知轄區檢驗分局，並副知商品檢驗局。」

㈣變更登記　第九條第二項規定，「經核定分等檢驗商品之廠（場），其廠（場）之名稱、地址或負責人變更時，應向商品檢驗局申請變更登記。」

六、罰則

第十條規定，「經核定分等檢驗商品之廠(場)有下列情形之一者，停止適用本辦法第五條及第六條之優惠規定一個月至六個月。

1.規避檢驗者。

2.因品質不良致生貿易糾紛，經查證屬實或經輸入國檢驗機構檢驗品質不良者。

3.商品未依修訂標準如限改善品質者。

4.以未經分等檢驗登記之產品、次級品或不合格品矇混作偽者。

5.以他廠之產品矇混者。

6.違反本辦法第八條或第九條規定者。

7.其他與品質有關之虛偽不實情事者。

報驗商品有下列情事之一者，除應評定查核不符外，並即對該工廠報驗商品連續加強抽驗三批。如再有本項各款情事者，則停止適用本辦法第五條及第六條之優惠規定一個月。

1.凡應標示生產日期之商品，其報驗申請書所附紀錄與實際標示

不符者。

　　2.報驗之商品經抽驗或港口驗對不符者。

　　3.商品於出口或出廠時未依規定加附檢驗合格標識者。

　　4.經派員抽驗缺貨或無貨者。

　　5.抽驗時貨品已運離堆置地點者。

　　第一項經核定分等檢驗商品之廠（場）於停止優惠期間內，其商品經檢驗有不合格者，亦應列入品管追查之相關項目中評核計分。」

七、其他規定

　　㈠分等檢驗優惠的恢復　第十一條規定,「停止優惠之分等檢驗商品，其生產廠（場）於期滿原因消滅後，自動恢復適用分等檢驗優惠之規定。」

　　㈡代理商或貿易商申請報驗的適用　第十二條規定，「經核定分等檢驗商品由代理商或貿易商申請報驗者，應檢具該商品之原生產廠（場）證明及其品質合格證明或檢驗報告，並應保持原有之標示及包裝。

　　未依前項規定辦理者，以未經分等檢驗論。」

　　依本條規定，經核定屬於應分等檢驗的商品，如果係由貿易商或貨品生產廠（場）的代理商在辦理申請報驗時，應提出原生產廠（場）對該批貨品已依檢驗程序完成的檢驗報告或是品質合格的證明文件，否則將依一般分等檢驗作業流程實施檢驗。

第四節　廠商申請專案報驗出口貨品辦法

六十八年十月十七日經濟部經(68)貿三四六七五號發布

七十三年二月十四日經濟部經(73)貿○五三八三號修正

一、前言

依「商品檢驗法」第七條及第八條規定，我國輸出商品的檢驗，由檢驗機關依國家標準實施檢驗，若未經檢驗合格領有合格證書者，不得輸出。但有些產品可能由於係新開發而國家尚未訂定標準，或可能基於進口國家的特別規定，必須符合某些特定規格，或因進口國家的品質標準甚低，不須符合我國的國家標準等，得由主管機關經濟部訂定標準，或依買賣當事人間的約定而訂定其品質標準，但是如果低於國家標準時，則應先經貿易主管機關的許可。因此，經濟部為處理上述例外的狀況，而於民國六十八年十月十七日制定「廠商申請專案報驗出口貨品辦法」，並於民國七十三年二月十四日修正，全文共計七條條文。

二、專案報驗出口

㈠適用範圍　第一條規定，「廠商申請輸出法定出口檢驗品目之貨品，其尚未訂頒國家標準或國外買方指定規範與現行國家標準不同者，依本辦法規定辦理。」

㈡專案報驗範圍　第二條規定，「廠商申請輸出法定出口檢驗品目之貨品，有下列情形之一者，可逕向經濟部商品檢驗局（以下簡稱檢

驗局）申請報驗，由檢驗局按照國外買方指定規範或標示事項等執行檢驗：

1. 尚未訂頒國家標準者。

2. 國外客戶指定採購規範高於或等於國家標準者。

3. 國外客戶指定採購規範按照世界各國或輸入國家公認之標準者，如美國聯邦規格（FS）、美國材料試驗協會規格（ASTM）、英國標準（BS）、加拿大標準協會規格（CSA）、德國工業標準（DIN）、日本工業規格（JIS）、日本農林規格（JAS）、澳大利亞標準協會規格（SAA）等。

4. 除產地名稱以外之標籤或包裝之標示事項。」

依本條規定，廠商申請輸出法定出口檢驗品目的貨品，無論屬於尚未訂頒國家標準或是由買方指定的檢查標準，其檢驗均係由經濟部商品檢驗局辦理。

有關本條所列示世界各國或輸入國家公認的標準，說明如下：

1. 中華民國國家標準（CNS）：Chinese National Standard 的簡稱，係我國參考各工業國家的標準，並衡量國內實際的生產技術與設備水準而制定的商品規格、品質及其相關項目的標準。經中央標準局審查合於國家標準的商品，可以使用㊣字標記。

2. 美國聯邦規格（FS）：Federal Standards 的簡稱。

3. 美國材料試驗協會規格（ASTM）：American Society for Testing Materials 的簡稱，美國材料試驗協會成立於一八九八年，其主要目的爲倡導標準化，提供各類材料、產品、技術及相關性的專業知識。對於符合該協會所制定標準的產品，則授予 ASTM 的標準標誌。

4. 英國標準（BS）：British Standards 的簡稱，係由英國標準協

會（British Standards Institute）所制訂的規格。始於一九〇三年制定的「斷面壓延鋼」規格，其後不斷擴大，成爲國際交易中有名的工業產品規格。

5.加拿大標準協會規格（CSA）：Canadian Standards Association 的簡稱，加拿大標準協會係一類似我國中央標準局的檢驗機構，經檢驗合格的產品准許使用 CSA 標誌，以保證產品品質。

6.德國工業標準（DIN）：Deutsche Industrie Normen（德文，即 German Industry Standard）的簡稱，舊名爲 Dentscher Normansusschuss，簡寫作 DNA，設立於一九二六年，一九七五年改用此名，爲德國標準協會所制定。

7.日本工業規格（JIS）：Japanese Industrial Standard 的簡稱，係由日本工業技術廳根據工廠標準法，於一九四九年六月成立日本工業標準調查會（JISC），制定工業標準化法以統一商品的規格。自一九八〇年四月起，國外企業的產品經檢驗合格後，亦可獲得 JIS 的認可。

8.日本農林規格（JAS）：Japanese Agriculture and Forestry Standard 的簡稱，爲日本農林產品的標準規格，係根據農林物資規格法所實施。目的在促進加工品、食品、合板等製品的品質提升。凡符合標準者，即授與 JAS 標誌。

9.澳大利亞標準協會規格（SAA）：Standards Association of Australia 的簡稱，澳大利亞標準協會爲一法人組織，受澳洲政府工業主管部門及各級產業公會的委託，制定各項產品的規格（含檢驗）及安全標準，俾供有關業者共同遵循，以確保消費者（用戶）的權益及安全。

除了上述以外，美國保險業者試驗所安全標準（UL）也是一個常

見的國際檢驗標準, UL 乃 Underwriters Laboratories Inc. 的簡稱,美國保險業者試驗所係由美國保險人協會所設立的電工器材產品檢驗機構,許多輸美的電器及電子產品機械、建築材料、結構系統及防火設備等,必須經該機構檢驗合格,取得 UL 標誌後始得進口上市。工廠生產檢驗合格後,試驗所即核准該產品使用 UL 標誌。此外,試驗所爲了保持 UL 產品的水準,經常派員在美國市場抽驗經 UL 核准的產品,如有發現不合規定時,即通知限期改善,否則將取消 UL 標誌的使用,並得受罰。

㈢採購規範低於國家標準的處理　第三條規定,「國外客戶指定採購規範低於國家標準者,廠商應填具專案報驗輸出申請書五聯單,並檢附有關證明文件向經濟部國際貿易局申請,核轉檢驗局辦理檢驗。」

㈣農產品及其加工品的限制　第四條規定,「農產品及其加工品之品質、衛生、安全條件或食品罐頭之固形量,低於國家標準者,除輸入國家或當地政府另有標準或規定者外,不得申請專案報驗出口。」

㈤援例辦理　第五條規定,「經依前二條核准有案之廠商申請報驗出口案件,在同一曆年內,如其銷售地區國外買主及其指定採購規範均與前案相同者,得逕由檢驗局援例受理報驗出口。」

㈥到貨糾紛責任　第六條規定,「專案報驗出口貨品,如有到貨糾紛,應由申請人自行負責理楚。」

㈦施行日　第七條規定,「本辦法自發布日施行。」

第五節　臺灣地區產地證明書管理辦法

八十三年十二月十二日經濟部經(83)貿〇九三〇二一號令訂定
發布

一、前言

產地證明書乃證明貨物係在某地製造或生產的憑證。進口國基於
對某些出口國生產或製造的產品課以優惠關稅，限制或禁止某些國家
的某種貨物進口等目的，而要求進口商於進口報關時，應提出產地證
明書。是故產地證明書主要係作爲關稅課徵及行政管理之用。

基於進口國家政府或國外買主需要，目前我國貨品輸出需申請核
發的產地證明書，分爲兩種：

1.一般產地證明書：指非特定或非經雙方國家協定制度下所簽發
的產地證明書。凡在我國地區生產、加工、製造的貨品輸往國外，客
戶指定或輸入國家政府規定需附產地證明書，以證明貨品確爲中華民
國生產、製造或加工者，均得依規定申請核發一般產地證明書。輸入
國家若規定需憑官方簽署的產地證明書始得進口者，則無論信用狀是
否有規定，出口人均應向各目的事業主管機關或其委託辦理的法人機
構申請核發。

2.優惠關稅產地證明書（Generalized System of Preferences
Certificate of Origin）：指在普遍化優惠關稅制度（Generalized
System of Preferences, GSP）下，優惠授予國（已開發國家）爲預
防進口貨物冒用關稅優惠待遇，並確定貨物係來自受惠國（開發中國

家)，而規定進口商在進口報關時所必須提出的一種特殊格式的產地證明書。GSP 係聯合國貿易暨發展會議（UNCTAD）在一九七○年十月第四次特別委員會議中，由工業先進國家所共同贊成實施的一種貿易優惠制度。對於來自開發中國家的產品，給予降低或免除進口關稅的優惠待遇。其目的在促進開發中國家的出口，以縮短其與已開發國家間的貿易差距，進而逐漸改變其產業結構，提高國民所得，加速經濟成長。此種制度的適用，均訂有條件及標準，若已超過其標準或不符其條件者，則不能適用，而且對於適用的產品，均規定須提出特定的產地證明，即優惠關稅產地證明書，俗稱 Form A（原產地證明書A式）。目前同意實施 GSP 且使用同一表格 Form A 的國家有澳大利亞、奧地利、加拿大、芬蘭、日本、挪威、瑞士、瑞典、比利時、丹麥、法國、西德、愛爾蘭、義大利、盧森堡、荷蘭、英國等十七國，我國目前可享受優惠關稅者，計有日本、奧地利等國。

　　目前我國產地證明書的簽發機構有經濟部商品檢驗局、加工出口區管理處、科學工業園區管理局、臺灣省商業會、各縣市商業會及紡拓會等各工商業團體，惟若信用狀無特別規定，根據信用狀統一慣例（UCP）的規定，由受益人所簽發的產地證明書也視爲符合信用狀的要求。信用狀中若要求提供領事發票或海關發票時，多不會再要求提供產地證明書，因爲領事發票或海關發票通常已就原產地予以附帶證明。

　　在國際分工日趨細密的現代經濟體系下，產品及其原料與零組件的生產與加工製造過程，往往依比較利益法則在不同的國家進行，因而導致國際間產生有關原產地認定問題的爭議。當產品的生產製造涉及兩國或數國參與生產時，將產生該項產品應以原料零組件的生產國或進行加工製造的國家爲原產地的問題。因此，隨著比較利益生產活

動的全球化擴展，原產地規定的重要性亦日益爲各國所重視。因爲很少有產品係由一國從頭到尾完整地生產，而使產品原產地的認定變得極爲複雜，加上各國對原產地的認定有極大的差異，而使原產地規定成爲國際間爭議的焦點，也成爲關稅暨貿易總協定（GATT）烏拉圭回合（Uruguay Round）非關稅措施談判小組主要的談判項目。

我國設立原產地規定的必要性，主要在於作爲關稅、反傾銷稅與平衡稅的課徵依據，進口救濟制度中的限制進口依據，以及協助進口地區限制與政府採購地區限制的地區認定，因此須有原產地規定以協助該地區原產地的認定。但是過去我國與原產地規定有關的法規，僅有經濟部於民國五十一年十二月二十六日所訂定發布的「臺灣地區產地證明書發給辦法」，其後該辦法雖然經過四次修正，但是該辦法僅規定原產地證明書的簽發和申請，而對於在我國境內生產或加工製造的貨品應在何種條件下（如加工或製造過程是否應完成實質轉型作業以及附加價值百分比的規定等）始視爲本國原產貨品，未作任何規定，更未規範相關的認定原則。因此，已不符合我國貿易管理制度的需要。

「台灣地區產地證明書管理辦法」係經濟部爲因應當前國際經貿環境的需要，以利對外貿易的管理及簽發產地證明書的監督，而於民國八十三年十二月十二日訂定公布。該辦法全文共計十六條條文，分爲一般性規定、產地證明書的發給、工商業團體簽發產地證明書、罰則、行政機關簽發產地證明書等五部分。

二、一般性規定

㈠制定宗旨　第一條規定，「爲配合對外貿易管理需要及監督產地證明之簽發，特訂定本辦法。」

㈡主管機關及執行機關　第二條規定，「本辦法主管機關爲經濟

部；其管理業務由經濟部國際貿易局（以下簡稱貿易局）執行之。」

㈢施行日　第十六條規定,「本辦法自中華民國八十四年一月一日起施行。」

三、產地證明書的發給

㈠發給條件　第三條規定,「產地證明書之發給應符合下列各款之一：

1.貨品在我國境內進行完全生產者。

2.貨品之加工、製造或原材料涉及我國與他國共同參與者，以在我國境內進行最終實質轉型或賦予產品新特性者為限。」

㈡完全生產貨品的範圍　第四條規定,「前條第一款所稱完全生產貨品如下：

1.自我國境內挖掘出之礦產品。

2.在我國境內收割或採集之植物產品。

3.在我國境內出生及養殖之活動物。

4.自我國境內活動物取得之產品。

5.在我國境內狩獵或漁撈取得之產品。

6.由在我國註冊登記之船舶自海洋所獲取之漁獵物及其他產品或以其為材料產製之產品。

7.自我國之領海外具有開採權之海洋土壤或下層土挖掘出之產品。

8.在我國境內所收集，且僅適用於原料回收之使用過之物品或製造過程中所產生之贅餘物、廢料。

9.在我國境內取材自第一款至第八款生產之物品。」

㈢實質轉型的定義　第五條規定,「第三條第二款所稱實質轉型，

除進口國另有規定或主管機關視貨品特性另訂認定基準者外，指下列情形：

　　1.原材料經加工或製造後所產生之貨品與其原材料歸屬之我國商品標準分類前六位碼號列相異者。

　　2.貨品之加工或製造雖未造成前款所述號列改變，但已完成重要製程或附加價值率超過百分之三十五者。

　　前項第二款附加價值率之計算公式如下：

貨品出口價格（F.O.B.）－直、間接進口原材料及零件價格（C.I.F.）

$$\text{貨品出口價格（F.O.B.）}$$

＝附加價值率

　　第一項貨品僅從事下列之作業者，不得認定為實質轉型作業或賦予產品新特性：

　　1.運送或儲存期間所必要之保存作業。

　　2.貨品為上市或為裝運所為之分類、分級、分裝與包裝等作業。

　　3.貨品之組合或混合作業，未使組合後或混合後之貨品與被組合或混合貨品之特性造成重大差異。

　　4.簡單之裝配作業。

　　5.簡單之稀釋作業未改變其性質者。」

四、工商業團體簽發產地證明書

　　㈠簽發範圍　第六條規定，「工商業團體發給之產地證明書以貨品未獲外國優惠關稅待遇者為限；其格式除進口國另有規定外，由主管機關訂之。」

　　㈡簽發單位的指定　第七條規定，「為應外國政府要求或出口貨品

之特性，必要時，主管機關得對特定貨品指定特定之工商業團體簽發產地證明書。」

(三)出口人貨品放行後的申請文件　第八條規定，「工商業團體於出口人之貨品放行後，受理申請簽發產地證明時，應請出口人檢具下列文件：

1.申請書。

2.貨品經海關放行裝運之輸出證明文件。

3.產製證明書或有關之證明資料。」

(四)出口人貨品放行裝運前的申請文件　第九條規定，「工商業團體於出口人之貨品放行裝運前，受理申請簽發產地證明書時，應請出口人檢具下列文件：

1.申請書。

2.產地證明書與貨品需同時送達之證明文件。

3.產製證明書或有關之證明資料。」

工商業團體依前項簽發產地證明書後，應請出口人於產地證明書簽發後四十五天內補送貨品經海關放行裝運之輸出證明文件，逾期停止受理出口人前項之申請。」

出口商為配合貨品與產地證明書同時送達受貨人辦理提貨，必需於貨品驗關裝運前申請先行發給產地證明書者，應檢同有關貨證需同時送達的證明文件，向指定的發證機關申請先行發證。但應於產地證明書簽發後四十五天內補送海關驗放證明文件銷案，否則將停止該出口商先行發證的便利。

(五)保密責任　第十條規定，「工商業團體對出口人提供之前二條文件，除其他法令或主管機關另有規定者外，應負保密責任。」

(六)查證　第十一條規定，「工商業團體對於出口人申請簽發產地證

明書案件，得隨時派員查證，若發現有虛僞不實情事，得報請主管機關處理。」

㈦簽章樣式的備查 第十二條規定，「工商業團體於產地證明書上使用之簽章樣式，應送貿易局備查。」

㈧產地證明書及申請文件的查核 第十三條規定，「工商業團體簽發產地證明書時應留存一份，並將第八條及第九條第一項第一款至第三款之申請文件列冊併存一年，以供貿易局查核。」

五、罰則

第十四條規定，「工商業團體違反本辦法有關規定者，主管機關得依工業團體法第六十三條第四項或商業團體法第六十七條第四項規定予以處分。」

依「工業團體法」第六十三條第四項規定，「工業團體如有違背法令，逾越權限、妨害公益情事或廢弛會務者，主管機關及目的事業主管機關得為下列之處分：

1.警告。

2.撤銷其決議。

3.停止其任務之一部或全部。」該條所謂主管機關，依「工業團體法」第五條規定，「縣（市）工業會，主管機關為縣（市）政府。直轄市工業同業公會及工業會，主管機關為直轄市政府之社會局。省工業同業公會及工業會，主管機關為省政府之社會處。特定地區工業同業公會、全國工業同業公會、全國各業工業同業公會聯合會及全國工業總會，主管機關為內政部。」

依「商業團體法」第六十七條第四項規定，「商業團體如有違背法令或章程、逾越權限，妨害公益情事或廢弛會務者，主管機關及目的

事業主管機關應爲下列之處分：

　　1.警告。

　　2.撤銷其決議。

　　3.停止其業務之一部或全部。」該條所謂主管機關，依「商業團體法」第六條規定，「縣（市）商業會及商業同業公會，其主管機關爲縣（市）政府。省（市）商業會及直轄市商業同業公會與省商業同業公會聯合會，其主管機關爲省（市）政府之社會處（局）。全國商業總會、全國商業同業公會聯合會、特定地區輸出業同業公會及全國輸出業同業公會聯合會，其主管機關爲內政部。」

　　因此，工商業團體若違反「臺灣地區產地證明書管理辦法」有關規定時，經濟部得以目的事業主管機關的地位，採取警告、撤銷其決議及停止其一部或全部業務的處分。

六、行政機關簽發產地證明書

　　第十五條規定，「出口人之貨品享有國外優惠關稅待遇者，其產地證明書應由經濟部商品檢驗局、經濟部加工出口區管理處或行政院國科會科學工業園區管理局簽發。

　　出口人之貨品爲應外國政府要求由行政機關簽發產地證明書者，由各目的事業主管機關或其委託之法人辦理。

　　前二項簽發機關受理申請及處理程序，除法令另有規定外，準用本辦法有關規定，並得徵收證明規費，其徵收應依預算程序辦理。」

　　由於多國籍企業分別成立跨國公司已成爲世界潮流，未來其企業產品如何認定原產地，恐非易事；又如低價傾銷我國，爲逃避我國法令，再轉運至第三國生產或裝配，將難以執行原產地認定標準。因此，我國實在有必要參考關稅暨貿易總協定的相關條文，並參照烏拉圭回

合談判結論以及歐市、美國、日本的規定，配合我國當前經貿特質與所面臨經貿問題，研擬一套旣符合國際規範，又能因應我國現階段需要的原產地認定規則。有鑑於此，經濟部與財政部於民國八十三年九月十三日制定「進口貨品原產地認定標準」，其相關的認定標準與「臺灣地區產地證明書管理辦法」的規定條件幾乎相同。全文共計六條條文，法規全文如下：

第一條：進口貨品原產地之認定基準,除其他法令另有規定者外,依本標準之規定辦理。

第二條：進口貨品以下列國家或地區爲其原產地：

1.進行完全生產貨品之國家或地區。

2.貨品之加工、製造或原材料涉及二個或二個以上國家或地區者,以使該項貨品產生最終實質轉型之國家或地區。

第三條：前條第一款所稱完全生產貨品如下：

1.自一國或地區內挖掘出之礦產品。

2.在一國或地區內收割或採集之植物產品。

3.在一國或地區內出生及養殖之活動物。

4.自一國或地區內活動物取得之產品。

5.在一國或地區內狩獵或漁撈取得之產品。

6.由在一國或地區註冊登記之船舶自海洋所獲取之漁獵物及其他產品或以其爲材料產製之產品。

7.自一國或地區之領海外具有開採權之海洋土壤或下層土挖掘出之產品。

8.在一國或地區內所收集且僅適用於原料回收之使用過之物品或製造過程中所產生之膡餘物、廢料。

9.在一國或地區內取材自第一款至第八款生產之物品。

第四條：進口貨品除特定貨品原產地認定基準由經濟部及財政部視貨品特性另行訂定公告者外，其實質轉型，指下列情形：

1.原材料經加工或製造後所產生之貨品與其原材料歸屬之海關進口稅則前六位碼號列相異者。

2.貨品之加工或製造雖未造成前款稅則號列改變，但已完成重要製程或附加價值率超過百分之三十五以上者。

前項第二款附加價值率之計算公式如下：

貨品出口價格（F.O.B.）－直、間接進口原材料及零件價格（C.I.F.）

貨品出口價格（F.O.B.）

＝附加價值率

第一項貨品僅從事下列之作業者，不得認定為實質轉型作業：

1.運送或儲存期間所必要之保存作業。

2.貨品為上市或為裝運所為之分類、分級、分裝與包裝等作業。

3.貨品之組合或混合作業，未使組合後或混合後之貨品與被組合或混合貨品之特性造成重大差異。

4.簡單之裝配作業。

5.簡單之稀釋作業未改變其性質者。

第五條：進口貨品原產地由進口地關稅局認定，認定有疑義時，由進口地關稅局報請財政部關稅總局會同有關機關及學者專家會商。

第六條：本標準自中華民國八十四年一月一日起施行。

習題

壹、填充題

1. 應施檢驗之商品，於 _____、_____ 或_____內，除依國
   家標準規定作有關之標示外，並應加註其_____ 及_____名稱。

2. 應施檢驗之商品，非經檢驗合格領有_____者，不得輸出、輸入。

3. 輸出、輸入商品之檢驗項目及標準，由主管機關依國際公約所負義
   務，參酌_____ 及_____訂定之。

4. 受託之檢驗業務，應受檢驗機構之監督考核，其從事此項受託工作
   之檢驗及簽發報告之人員，就其辦理受託工作事項，以_____論，
   分別負其責任。

5. 商品檢驗執行方式，依逐批檢驗者，得徵收檢驗費，其費額不得超
   過各該商品市價_____。

6. 品質管制等級及商品分等檢驗等級分爲_____、_____ 及___
   ___三種。

7. 經依_____認可登錄或經核准使用_____之產品，得視同分等
   檢驗品目。

8. 經核定分等檢驗商品之廠（場）及其檢驗主管人員，應就該商品之
   完整檢驗資料妥善保存_____。

9. 國外客戶指定採購規範低於國家標準者，廠商應填具專案報驗輸出
   申請書五聯單，並檢附有關證明文件向_____申請核轉標準局辦
   理檢驗。

10. 出口人之貨品享有國外優惠關稅待遇者，其產地證明書應由_____
    _、_____或_____簽發。

貳、問答題

1.試述商品檢驗法之立法目的、檢驗之商品範圍及檢驗標準爲何？有那些商品可以免除檢驗？

2.依「商品檢驗法」之規定，應施檢驗商品之標示與應加註事項有那些？

3.商品檢驗局對於國產製品管制之商品的廠商，應如何實施考核？

4.依「國產商品品質管制實施辦法」之規定，經列爲優良甲等、甲等或乙等品質管制等級之廠（場），得享受何種優惠？

5.在何種情況下，廠商申請輸出法定出口檢驗品目之貨品可逕向經濟部商品檢驗局申請報驗？

6.試述我國產地證明書的發給條件。

第八章 投資法規

第一節 外國人投資條例

四十三年七月十四日總統令公布

四十八年十二月十四日總統令修正公布

五十七年一月八日總統令修正公布

五十七年六月二十二日總統令修正公布

六十八年七月二十七日總統令修正公布

六十九年四月三日總統令修正公布

六十九年五月九日總統令修正公布

七十二年五月十一日總統令修正公布

七十五年五月十四日總統令修正公布

七十八年五月二十六日總統令修正公布

八十六年十一月十九日總統令修正公布

一、前言

　　資本及技術在推展經濟貿易自由化及國際化的過程中，是主要的發展動力，對開發中國家而言，為吸引國外資本的投資，常訂定有適當的法律，獎勵並保障外國人資本在國內的投資，以吸引外匯、資金及技術，建立良好的生產事業，並憑以作為處理外資事務的依據，藉

以提升本國生產技術水準，增加就業人口及發展經濟。

　　政府自大陸撤退來臺後，極需要引進大量外國人資本，以建立臺灣地區的工業及經濟基礎。因此，分別於民國四十三年七月十四日公布「外國人投資條例」及民國四十四年十一月十九日公布「華僑回國投資條例」，以作為外資在我國境內投資的保障及處理的依據，極力引進僑外資，提高引進國外資本的目的及效果。此兩種條例的內容，除投資人的國籍不同外，其餘內容差異並不大。

　　為配合時代的變遷及實際的需要，「外國人投資條例」於民國四十三年七月公布實施後歷經多次修正，最新一次係於民國八十六年十一月十九日修正。條例全文共計二十四條條文，分為一般性規定、投資規定、投資的變更、結匯規定、對投資事業的保障、罰則等六部分。

二、一般性規定

　　㈠適用範圍　第一條規定，「外國人在中華民國領域內投資之保障及處理，依本條例之規定。」

　　㈡外國人的範圍　第二條規定，「本條例所稱外國人，包括外國法人。

　　外國法人依其所據以成立之法律，定其國籍。

　　外國人依照本條例之規定，在中華民國領域內投資者，稱投資人。」

　　㈢外國公司設立分公司的準用　第六條規定，「外國公司欲在中華民國境內設立分公司經營生產或製造事業者，其投資之保障及處理，準用本條例之規定。」

　　㈣主管機關　第七條規定，「本條例之投資，其主管機關為經濟部。外國人依本條例所為之投資，由經濟部設投資審議委員會（以下簡稱投審會）審議及處理之。」

㈤施行區域　第二十三條規定,「本條例施行區域, 暫以臺灣地區爲限, 擴增時, 由立法院決議定之。」

㈥施行日　第二十四條規定,「本條例自公布日施行。」

三、投資規定

㈠出資種類　第三條規定,「本條例所稱投資, 出資種類如下:

1.匯入或攜入外匯構成之現金。

2.自備外匯輸入之自用機器設備或原料。

3.專門技術或專利權。

4.經核准轉讓投資或減資或解散淸算所得之投資本金及資本利得、淨利、孳息或其他收益。」

依本條規定, 外國人在我國投資的出資種類, 可分爲下列四種:

1.外幣: 由投資人匯入或攜入外匯所構的現金。

2.投資人自有或以自備外匯購買的自用機器設備、原料, 或建廠及週轉所需要的准許進口類貨物輸入後所出售的現金。

3.以投資人的專門技術或專利權經換算的金額。

4.投資人在我國的既有投資,以其利益經核准結付外匯的資本金、資本利得、淨利、孳息或其他收益。

㈡投資方式　第四條規定,「本條例所稱投資, 其方式如下:

1.單獨或聯合出資, 或與中華民國政府、國民或法人共同出資舉辦事業, 或增加資本擴展原有事業。

2.對於原有事業之股份或公司債之購買, 或爲現金、機器設備或原料之借貸。

3.以專門技術或專利權作爲股本。

專門技術或專利權不作爲股本而合作者, 另以法律定之。」

依本條第一款規定，外國人可以單獨或多數人投資百分之百，亦可與國人以資本合作方式投資，新設生產事業或對已投資事業再增資，擴展其規模。而第二款規定，對於原有事業的股份或公司債的購買，或為現金、機器設備或原料的借貸，係指不另新設生產事業，而購買已存在的生產事業或作融資或出租生產設備等的投資方式。

以專門技術或專利權換算為價金，作為資本而取得股份，其投資額於申請投資時，由投資審議委員會審定。若不作為股本者，依「技術合作條例」的規定辦理，僅支付其相當的報酬，而非屬資本合作。

本條第三款有關以專門技術或專利權作為股本的規定，依經濟部於民國五十七年六月三日所訂定發布的「專利權及專門技術作為股本投資辦法」，其主要規定如下：

1.本辦法所稱專利權，係指依法持有經我國政府核准之發明或新型或新式樣之專利實施權而言。

2.本辦法所稱專門技術，係指新技術，具有經濟價值，為投資事業所需，在國內尚未使用者而言。

3.專利權或專門技術，具有下列情形之一者，得作價充為依公司法組織之公司股本投資。

⑴能生產或製造國內尚不能生產或製造之新產品者。

⑵能改善國內現有產品品質或減低成本者。

4.以專利權或專門技術作價充為股本投資，應由出資人檢具該項專利權或專門技術之詳細說明，包括生產功能、經濟價值及其作價之計算根據、與合資人作價協議等有關資料及證件，呈報經濟部核定後，檢具核准證明文件，依公司法規定申請登記。專利權或專門技術如已在其他國家售讓或作為股本投資者，應說明作價方式及金額，並抄附有關證件，以供參考。

5.以專利權或專門技術作價充爲出資之股本，除係作爲無限責任股東者外，受下列之限制：

(1)專利權不得超過各該投資事業實收資本總額百分之二十。

(2)專門技術不得超過各該投資事業實收資本總額百分之十五。專門技術作價投資之投資人，並應同時另以等值以上之現金或實物作出資股本。

6.以專利權作價投資之股份，在專利權有效期限內不得轉讓，以專門技術作價投資之股份，在投資計畫完成之日起二年內不得轉讓，均應於申請投資時出具承諾書。上述以專利權或專門技術作爲股本投資所得之股份，以記名股爲限，並由公司於其持有股票上，記載有關不得轉讓之限制。

7.投資人對已作爲股本投資之專利權或專門技術，不得轉售或再投資於國內其他事業。

8.國內人民持有之專利權或專門技術之作價投資，得比照本辦法辦理。

(三)禁止與限制申請投資的範圍　第五條規定,「下列事業禁止投資人申請投資：

1.違反公共安全之事業。

2.違反善良風俗之事業。

3.高度污染性之事業。

4.法律賦予獨占或禁止投資人投資之事業。

投資人申請投資下列事業，應符合目的事業主管機關之規定並經其審查同意：

1.公用事業。

2.金融保險事業。

3.新聞出版事業。

4.法令對投資人投資加以限制之事業。

第一項及第二項禁止與限制投資人投資之業別，由行政院定之。」

原「外國人投資條例」第五條規定，外國人在我國的投資，其能經營事業的範圍係取採正面表列方式，僅有下列六種事業才可以申請投資，包括：

1.國內所需之生產或製造事業。

2.國內所需之服務事業（包括金融業、貿易業等等）。

3.有外銷市場之事業（主要者爲外銷品生產事業）。

4.有助於重要工、礦、交通之事業。

5.從事科學技術研究、發展之事業。

6.其他有助於國內經濟或社會發展之事業。

爲擴大外國人在我國的投資規模，吸引更多外資流入，新修正的「外國人投資條例」，依本條規定，對於外國人在我國的投資事業範圍則改採負面表列方式，除了條文內禁止或限制投資人申請以外的事業，均可以申請投資。

㈣投資申請程序　第八條第一項及第二項規定，「外國人依本條例投資者，應填具投資申請書，檢附投資計畫及有關證件，向投審會申請核准。投資申請書格式由投審會定之。

投資人及其投資事業依第五條第二項及其他法令須向有關機關申請辦理之事項，得向投審會提出申請，由該會依有關機關之授權核定或轉該機關核辦之。」

依「外國人投資條例」規定，有關外國人投資設廠申請流程，詳見圖8-1。

㈤投資案件核定期限　第八條第三項規定，「投審會對申請投資案

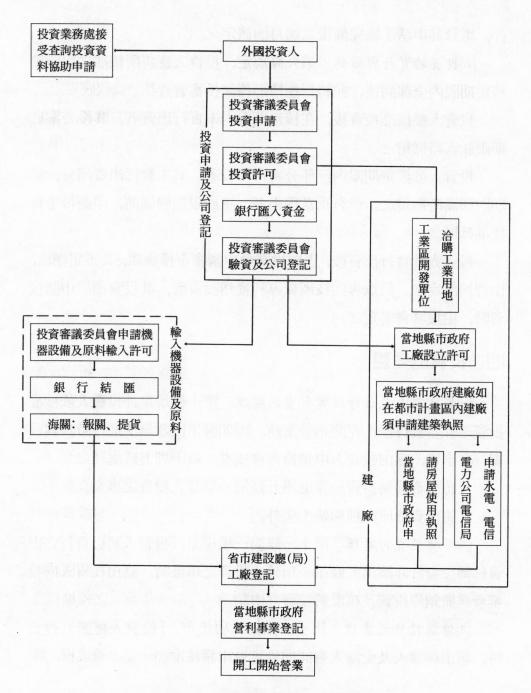

圖8-1　外國投資設廠申請流程圖

件，應於其申請手續完備後二個月內核定之。」

　　㈥投資的實行與撤銷　第九條規定，「投資人應將所核准之出資於核定期限內全部到達，並將到達情形報請投審會查核。

　　投資人經核准投資後，在核定期限內未實行出資者，其投資案於期限屆滿時撤銷之。

　　投資人於核定期限內已部分實行出資者，其未實行出資部分，於期限屆滿時撤銷之。但有正當理由者，應於限期屆滿前，申請投審會核准延展。

　　投資人於實行出資後，應向投審會申請審定投資額，其審定辦法，由經濟部定之。但以專門技術或專利權爲投資者，其投資額於申請投資時，由投審會審定之。」

四、投資的變更

　　㈠營業前未能進行投資計畫的處理　第十條規定，「投資人依核准投資之計畫實行後，在開始營業前，因如發生困難無法進行時，其已實行之出資，應由投資人申請投審會核准，依下列方式處理之：

　　1.將出資移轉投資於非屬第五條第一項禁止投資之事業。

　　2.將出資依原來種類輸出國外。」

　　㈡移轉投資的處理　第十一條第一項規定，「投資人將已實行之出資移轉投資於非屬第五條第一項禁止投資之事業時，應由投資人向投審會爲撤銷原投資及核准新投資之申請。」

　　㈢轉讓投資的處理　第十一條第二項規定，「投資人轉讓其投資時，應由轉讓人及受讓人會同向投審會申請核准。」

五、結匯規定

(一)結匯權轉讓的禁止　第十二條規定,「投資人依本條例享有結匯之權利不得轉讓。但投資人之合法繼承人或經核准受讓其投資之其他外國人或華僑, 不在此限。」

(二)投資人的結匯權　第十三條規定,「投資人得以其投資每年所得之淨利或孳息, 申請結匯。

投資人自投資事業開始營業之日起, 屆滿一年後, 得以其經審定之投資額, 全額一次申請結匯;其因投資所得之資本利得, 亦同。

投資人申請結匯貸款投資本金及孳息時, 從其核准之約定。

投資證券及其結匯辦法, 由行政院定之。」

投資結匯權的保障係外國投資人相當關心的課題, 依本條規定, 投資人得以其投資每年所得的淨利或孳息, 申請結匯。不過, 其結匯必須在投資事業開始營業之日起的一年後始得辦理, 而其一次結匯最高金額爲經審定的投資全額。不過, 投資人申請結匯貸款投資本金及孳息時, 從其核准的約定辦理。

(三)申請結匯的報請備查　第十四條規定,「投資人依前條規定申請結匯後, 應於二個月內檢具結匯證實書及其有關文件報請投審會備查。」

六、對投資事業的保障

(一)投資事業的徵收與補償　第十五條規定,「投資人對所投資事業之投資, 未達該事業資本總額百分之四十五者, 如政府基於國防需要, 對該事業徵用或收購時, 應給與合理補償。

前項補償所得價款, 准予申請結匯。」

㈡不予徵收的投資事業　第十六條規定,「投資人對所投資事業之投資,占該事業資本總額百分之四十五以上者,在開業二十年內,繼續保持其投資額在百分之四十五以上時,不予徵用或收購。

前項規定,於投資人與依華僑回國投資條例投資之華僑共同投資,合計占該投資事業資本總額百分之四十五以上時,準用之。」

外國投資人在投資以後,本國政府是否可隨時徵收,或者其徵收的條件如何,均會影響投資人的權益。因此,本條例在第十五、十六條作相關的規定,如果外國投資人對其投資事業連續二十年均保持投資額占該事業總資本額百分之四十五以上時,則政府保證不予徵用或收購,即使未達上述條件,而因國防需要被徵用或收購時,也會給與合理補償,並可申請結匯。

原「外國人投資條例」第十七條刪除。

㈢排除公司法限制規定的適用　第十八條規定,「投資事業依公司法組設公司者,投資人不受同法第九十八條第一項、第一百零八條第二項、第一百二十八條第一項、第二百零八條第五項及第二百十六條第一項關於國內住所、國籍及出資額之限制。

投資人對所投資事業之投資,占該事業資本總額百分之四十五以上者,得不適用公司法第一百五十六條第四項關於股票須公開發行及第二百六十七條關於投資人以現金增資原投資事業,應保留一定比例股份由公司員工承購之規定。

前項規定,於投資人與依華僑回國投資條例投資之華僑共同投資,合計占該投資事業資本總額百分之四十五以上時,準用之。」

由於我國「公司法」對公司的股東及董監事資格設有若干限制,因此當外國人投資時,其股東及董監事可能全部為外國人,而將與「公司法」的規定不能符合,是故必須特別規定排除其限制。依本條第一

項規定，投資事業依「公司法」組織設立公司時，不受下列有關國內住所、國籍及出資額規定的限制：

1.「公司法」第九十八條第一項：有限公司之股東，應有五人以上、二十一人以下，其中半數以上有中華民國國籍並在國內有住所，且其出資額合計須超過公司資本總額二分之一。

2.「公司法」第一百零八條第二項：代表公司之董事須有中華民國國籍，並在國內有住所。

3.「公司法」第一百二十八條第一項：股份有限公司應有七人以上為發起人，其中須半數以上在國內有住所。

4.「公司法」第二百零八條第五項：董事長及副董事長均須有中華民國國籍，並在國內有住所；常務董事須半數以上在國內有住所。

5.「公司法」第二百一十六條第一項：股份有限公司監察人由股東會就股東中選任之，監察人中至少須有一人在國內有住所。

依本條第二項規定，外國人的投資若占該投資事業資本總額的百分之四十五以上時，不受下列有關股票須公開發行，以及現金增資時應保留一定比例股份由公司員工承購規定的限制：

1.「公司法」第一百五十六條第四項規定，公司資本額達中央主管機關所定一定數額以上者，除經目的事業中央主管機關專案核定者外，其股票應公開發行。

2.「公司法」第二百六十七條第一項規定，公司發行新股時，除經目的事業中央主管機關專案核定者外，應保留原發行新股總額百分之十至十五之股份由公司員工承購。

㈣排除其他法律限制規定的適用　第十九條規定，「投資人或其所投資之事業，經行政院專案核准後，不受下列限制：

1.礦業法第五條第一項、第三項但書、第八條第一項關於中華民

國人民之規定及第四十三條第二款。

2.土地法第十七條第七款。

3.船舶法第二條第三款㈠㈡㈢㈣各目及第四款。但對於經營內河及沿海航行之輪船事業，或不合於本條例第四條第一款共同出資之方式者，仍受限制。

4.民用航空法第十條第一項第三款㈠㈡㈢㈣㈤各目及第四十五條第一項。」

依本條規定，外國投資人或其投資的事業，經行政院核准後，排除下列各法律條文限制外國人取得以及經營的規定，以配合實際需要：

1.「礦業法」第五條第一項：礦業權除國營及國家保留區外，中華民國人得依該法取得。

2.「礦業法」第五條第三項但書：礦業權設定後，得准許外國人入股，合組股份有限公司經營礦業。但應由經濟部核轉行政院核准，並受下列各款之限制：

(1)公司股份總額過半數應爲中華民國人所有。

(2)公司董事過半數應爲中華民國人。

(3)公司董事長應以中華民國人充任。

3.「礦業法」第八條第一項：石油礦、天然氣礦、鈾礦、鈾礦及適於煉冶金焦之豐富煤礦，應歸國營，如國家不自行探採時，得由中華民國人承租之。　　　　　　　　　　　　　　　　　　　杜

4.「礦業法」第四十三條第二款：礦業權者如將礦業權移轉或抵押於外國人者，其礦業權應即撤銷。

5.「土地法」第十七條第七款：礦地不得移轉、設定、負擔或租賃於外國人。

6.「船舶法」第二條第三款㈠至㈣目：依中華民國法律設立，在

中華民國有本公司之下列各公司所有者爲中華民國船舶：

(1)無限公司，其股東全體爲中華民國國民者。

(2)有限公司，資本三分之二以上爲中華民國國民所有，其代表公司之董事爲中華民國國民者。

(3)兩合公司，其無限責任股東全體爲中華民國國民者。

(4)股份有限公司，其董事長及董事三分之二以上爲中華民國國民，並其資本三分之二以上爲中華民國國民所有者。

7.「船舶法」第二條第四款：依中華民國法律設立，在中華民國有主事務所之法人團體所有，其社員三分之二以上及負責人爲中華民國國民者。

8.「民用航空法」第十條第一項第三款㈠至㈤目：航空器爲依中華民國法律設立，在中華民國有主事務所之下列法人所有者，爲中華民國航空器：

(1)無限公司之股東全體爲中華民國國民者。

(2)有限公司之資本三分之二以上爲中華民國國民所有，其代表公司之董事爲中華民國國民者。

(3)兩合公司之無限責任股東全體爲中華民國國民者。

(4)股份有限公司之董事長及董事三分之二以上爲中華民國國民，其資本三分之二以上爲中華民國國民所有者。

(5)其他法人之代表人全體爲中華民國國民者。

9.「民用航空法」第四十五條第一項：民用航空運輸業爲法人組織，並應合於第十條第一項第三款第一目至第五目之規定。(詳見上述第8點)

㈤國民待遇原則　第二十條規定，「投資人所投資之事業，除本條例所規定者外，與中華民國國民所經營之同類事業，受同等待遇。」

七、罰則

(一)僞造文書的處分　第二十一條規定，「投資人對於第八條、第十一條、第十四條或第十五條所規定之文件，有虛僞之情事者，依法處罰之。

投資人爲法人時，前項規定於其負責人適用之。」

(二)違反規定或不履行核定事項的處分　第二十二條規定，「投資人違反本條例規定或不履行投審會核定事項者，除本條例另有規定外，經濟部得依下列方式處分之：

1.取消一定期間所得淨利及孳息之結匯權利。

2.撤銷其投資案，並取消本條例規定之權利。」

第二節　技術合作條例

五十一年八月八日總統令公布施行

五十三年五月二十九日總統令修正公布

一、前言

　　爲提升國內生產技術水準，提高生產力並降低生產成本，以增進我國產品在國際市場的競爭力，政府於民國五十一年八月八日公布了「技術合作條例」，以吸引華僑及外國人引進專門技術及專利權與國人合作。因此，生產業者爲提高其生產或管理技術，若需要與國外技術合作時，均需要依本條例的規定辦理。

　　「技術合作條例」曾於民國五十三年五月二十九日修正一次，惟因本法內容頗多過時之處，未來應進一步修法或廢止另訂新法。全文共計十五條條文，分爲一般性規定、申請文件內容、審查及監督、其他規定等四部分。

二、一般性規定

　　㈠制定依據　第一條規定，「本條例依外國人投資條例及華僑回國投資條例第四條第二項之規定訂定之。」

　　「外國人投資條例」及「華僑回國投資條例」第四條第二項均規定，「專門技術或專利權不作爲股本而合作者，另以法律定之。」因此，本條例有其制定的法律依據。

　　㈡華僑及外國人的定義　第二條規定，「本條例所稱之華僑，指僑

居中華民國領域外，具有中華民國國籍之人民；所稱之外國人，指具有中華民國以外國籍之自然人或法人。」

㈢技術合作的定義及適用範圍　第三條規定，「本條例所稱之技術合作，指外國人供給專門技術或專利權，與中華民國政府、國民或法人，約定不作爲股本而取得一定報酬金之合作。

華僑供給專門技術或專利權者，適用前項之規定。

國內人民以專門技術或專利權，在本國與外國人或華僑合作共同經營生產事業者，準用本條例之規定，但於第十三條第一項之規定，不適用之。」

依本條規定，技術合作可分爲下列三種情形：

1.外國人提供專門技術或專利權。

2.華僑提供專門技術或專利權。

3.國人在本國與外國人或華僑合作經營的生產事業提供專門技術或專利權，但國人不得適用有關第十三條的規定，亦即國人不得享有技術報酬的結匯權。

㈣專門技術或專利權的範圍　第四條規定，「本條例所稱供給之專門技術或專利權，係指對國內所需或可供外銷之產品或勞務，而具有下列情形之一者：

1.能生產或製造新產品者。

2.能增加產量，改良品質或減低成本者。

3.能改進營運管理設計或操作之技術及其他有利之改進者。

前項之專利權，係指依專利法之規定給予者。」

依「專利權及專門技術作爲股本投資辦法」第二條及第三條規定，所謂專門技術係指新技術，具有經濟價值，爲投資事業所需，在國內尚未使用者而言。而所謂專利權，係指依法持有經我國政府核准之發

明或新型或新式樣之專利實施權而言。

由於專門技術並不具備法律上的規範，其範圍不明確，完全依賴當事人的主觀爲基礎判定，而專利權雖具備法律的規範，但其效能或效果亦有相當大的差異，因此，本條例第四條特別規定有關專門技術或專利權的範圍，以免產生本條例規定的濫用。

(五)技術合作的當事人　第五條規定，「技術合作之當事人，其提供專門技術或專利權之一方，稱爲技術人，他方稱爲合作人。」

(六)施行日　第十五條規定，「本條例自公布日施行。」

三、申請文件內容

(一)技術合作的申請　第六條規定，「技術合作應由雙方當事人會同向經濟部申請，並附具下列文件：

1.技術人爲華僑者，應具僑務委員會之華僑證明文件；技術人爲外國人者，應具其本國官署之國籍證明文件；其委託他人代理者，應附本人之授權書。

2.技術合作契約書。

3.技術合作人之營運狀況及合作計畫。」

(二)技術合作契約書的內容　第七條規定，「技術合作契約書應載明下列各款：

1.技術合作之產品名稱、規格及產量，或勞務種類及項目。

2.專門技術或專利權之內容，合作人之使用計畫及受益情形。

3.技術報酬金數額及給付方法。

4.合作有效期間。

前項第二款合作人之使用計畫，得包括技術人員訓練。

技術人所提供合作之專門技術或專利權，如有已以同一專門技術

或專利權，與他國技術合作者，應由技術人抄附其合作契約。」

本條第三項的規定，主要目的在於使主管機關於審查契約時，可做前後合作契約的比較，俾能知悉合作契約條件是否有不合理或矛盾的事項，應屬合理的規定。不過，由於技術合作契約多屬相當高度的機密文件，技術人是否願意提供，可能會有實際執行的困難。

㈢仲裁規定　第八條規定，「技術合作發生糾紛時，應以雙方同意之仲裁方式行之。」

依本條規定，當事人應於技術合作契約書內納入「仲裁條款」，明訂發生糾紛時雙方同意以仲裁方式處理的規定。

㈣技術合作銷售市場的範圍　第九條規定，「技術合作產品銷售市場，不以中華民國管轄區域爲限。」

因此，依本條規定，有關技術合作產品銷售市場的範圍，並沒有特別限制，而係以當事人的約定爲準。

四、審查及監督

㈠技術合作案件的審查　第十條規定，「經濟部爲審查技術合作案件，應先送請事業主管機關核提意見，並得邀請有關機關開會商討處理之。」

本條所稱的事業主管機關，依技術合作種類及性質的不同而有異，例如有關交通事業、觀光事業等的技術合作申請案，係與交通部有關，則應送請交通部核提意見。

㈡技術合作實行的期限　第十一條規定，「技術合作案，經經濟部核准後，應由雙方當事人，於開始實行時，將實行日期申報經濟部。

技術合作自核准通知之日起，滿六個月尙未依使用計畫開始實行，經濟部得撤銷之。

前項所定限期，如有正當理由，得於限期前，申請經濟部核准延展，其延展期限，不得超過六個月。

合作人為因技術合作而須新建或擴充建築或設備，經核有必要者，得於前項延展期限外，再予延展，但不得超過兩年。」

因此，經濟部在受理技術合作案件的申請後，應進行審查，以核定是否准予合作；而於核准合作之後，對於技術合作的實行情形，亦須要隨時加以追蹤及監督，以求技術合作的實效。

五、其他規定

㈠技術合作期間的起算　第十二條規定，「技術合作之期間，自核准之日起算；其實行延展者期間，仍自核准之日起算；但技術合作之報酬金，應自合作實行之日起算。」

一般而言，技術合作的期間及技術合作報酬支付的期間往往因各種因素，並不會完全一致。通常技術合作當事人在雙方簽訂技術合作契約之後，始由合作雙方著手進行各項準備工作，例如技術人先確定應派遣的人員及辦理出國手續，或是準備實施技術合作所需的硬體及軟體設備。另一方面，合作人也可能需要準備接受技術的各種事項，包括接受訓練的人員及需要的配合設備等。不過，如果技術合作契約書特別約定合作契約期間開始於合作實施之日者，其合作期間與報酬支付期間則可以相互配合，而不致發生太大差異。因此，本條特別規定此兩種期間起算的方式。

㈡技術報酬金的結匯及轉投資　第十三條規定，「技術人就核定限額範圍內所得之報酬金，得依結匯時匯率，向外匯主管機關申請結匯。

技術人應得之報酬金，如不結匯而願投資於本國事業者，分別適用外國人投資條例或華僑回國投資條例之規定。」

　　提供技術的外國人，若不能將其取得的技術合作報酬金結匯，則將無法達到提供技術之目的。因此，本條對於技術報酬的結匯權利予以明文規定，以保障技術提供者的權益。當然，技術提供者若願意將其所得報酬轉爲投資，則亦可依「外國人投資條例」或「華僑回國投資條例」的相關規定辦理。

　　㈢施行細則　第十四條規定，「本條例施行細則由行政院定之。」

第三節　對外投資及技術合作審核處理辦法

五十一年六月十二日行政院臺(51)經字第三六四六號令修定發布

五十六年七月二十日行政院臺(56)經字第五五三一號令修正發布

六十一年一月十九日行政院臺(61)經字第〇五四一號令修正發布

六十九年一月三日行政院臺(69)經字第〇〇〇一號令修正發布名稱及內容

七十四年五月十八日行政院臺(74)經字第九〇四七號令修正發布

七十六年二月二十一日行政院臺(76)經字第一二二六號令修正發布

七十八年三月二十七日經濟部經(78)資字第〇一四〇五二號令修正發布

一、前言

隨著國內經濟貿易的發展，以及經濟環境的變化，包括國內工資上漲、勞工意識提高、環保意識抬頭以及新台幣升值等各種因素的影響，國內工商業者紛紛進行對外投資。因此，行政院於民國六十九年一月三日依原在民國五十一年六月十二日所制定的處理辦法，修正名稱及內容，公布「對外投資及技術合作審核處理辦法」，以作爲主管機關審核及處理我國業者對外投資及對外技術合作的依據。

本辦法公布後，爲放寬對外投資的限制，配合外匯自由化，並簡化手續及申請文件，曾作三次修正，最新一次爲民國七十八年三月二十七日。本辦法全文共計十六條條文，分爲一般性規定、出資種類及

投資合作範圍、申請規定、核准後相關事項的處理、罰則等五部分。

二、一般性規定

㈠適用範圍　第一條規定,「本國公司對外投資及對外技術合作之審核及處理, 依本辦法之規定。」

㈡對外投資的定義　第二條第一項及第二項規定,「本辦法所稱對外投資, 係指本國公司依下列之方式所爲之投資:

1.單獨或聯合出資, 或與外國政府、法人或個人共同投資在國外創設新事業, 或增加資本擴展原有在國外事業或對於國外事業股份之購買。

2.在國外設置或擴展分公司、工廠及其他營業場所。

前項對外投資, 如係對國外創業投資事業投資者, 包括對其投資或參與其所設或新設之基金委託其經營管理。」

㈢對外技術合作的定義　第二條第三項規定,「本辦法所稱對外技術合作, 係指本國公司供給專門技術、專利權、商標專用權或著作權與外國政府、法人或個人約定不作爲股本而取得一定報酬金之合作。」

㈣主管機關　第五條規定,「對外投資及對外技術合作, 以經濟部爲主管機關。對外投資及對外技術合作案件, 由投資審議委員會 (以下簡稱投審會) 審核及處理之。」

㈤施行日　第十六條規定,「本辦法自發布日施行。」

三、出資種類及投資合作範圍

㈠對外投資的出資種類　第三條規定,「對外投資, 其出資之種類如下:

1.外匯。

2.機器設備、零配件。

3.原料、半成品或成品。

4.專門技術、專利權、商標專用權或著作權。

5.對外投資所得之淨利或其他收益。

6.對外技術合作所得之報酬金或其他收益。

7.國外有價證券。

前項各款之出資種類，除第四款及第七款外，得按股本一定比例以借貸方式爲之；其比例由經濟部定之。

第一項第二款及第三款之出資經核准後，准予免結匯出口；第一項各款出資應依照有關法令規定辦理。」

㈡對外投資的出資轉讓　第十二條規定，「對外投資案件如需轉讓其對外投資之出資者，應依照下列規定辦理：

1.由本國公司承受者，於轉讓前，其每案金額超過一百萬美元者，應由雙方會同向投審會申請核准；一百萬美元以下者，會同申請核備。

2.由外國政府、法人或個人承受者，應即報請投審會核備。」

㈢對外投資或對外技術合作的範圍　第四條規定，「對外投資或對外技術合作，應符合下列規定情形之一：

1.可使國內工業獲致所需天然資源原料或零組件者。

2.有助於改善地區性貿易失衡或確保產品市場者。

3.有助於引進所需關鍵性生產或管理技術者。

4.有助於技術合作，而不影響國防安全及國內產業發展者。

5.有助於國際經濟合作者。

6.有助於國內產業結構調整，產品品級提升者。

7.投資於國外創業投資事業以間接引進技術者。

對外投資或對外技術合作，如政策上確有需要時，經專案核准者，

得不受前項規定之限制。」

四、申請規定

㈠申請手續　第六條規定,「對外投資或對外技術合作,應向投審會申請核准。但對外投資係以外匯作爲股本投資,其每案投資金額未超過五百萬美元,且未依獎勵投資條例申請稅捐減免者,得依下列規定辦理:

1.每案投資金額在一百萬美元以下者,得於實行投資後,報請投審會核備。

2.每案投資金額超過一百萬美元,未逾五百萬美元者,先向投審會申請,在手續完備後三十日內投審會未予核駁,即視爲核准。」

㈡申請文件　第七條規定,「申請核准對外投資或對外技術合作,應填具申請書並檢附對外投資計畫或對外技術合作契約書、公司執照影本及借貸合約書等有關文件向投審會申請審核。

依前條第一款所爲之對外投資,應於實行投資後二個月內填具申請書向投審會申請核備。

前二項申請書格式,由投審會定之。」

五、核准後相關事項的處理

㈠代訓國外員工　第八條第一項規定,「對外投資或對外技術合作經核准或核備後,如有代訓國外投資事業員工必要者,應報請投審會核准,並依照有關規定辦理。」

㈡融資或保險的申請　第八條第二項規定,「本國公司對外投資經核准或核備後,得依有關規定申請辦理融資或保險。」

㈢實行後的查核文件　第九條規定,「對外投資或對外技術合作案

件於實行後，應檢具下列有關文件報請投審會查核：

　　1.對外投資之實行投資證明文件。

　　2.投資事業設立或變更登記證明文件。

　　3.投資事業開始營業日期。

　　4.投資事業或合作事業每營業年度經會計師簽證或當地稅務機關證明之資產負債表、損益表及盈餘分配表。

　　5.技術合作開始實行日期。

　　前項第二款至第四款之文件，投審會認爲必要時，得要求其須經我國駐當地有關機關簽證。」

　　㈣核准失效及延期　第十條規定，「對外投資或對外技術合作經核准後，於核定之期限內，尚未實行投資或技術合作者，其核准即行失效。已實行投資而未能依核定之期限內完成投資計畫者，其未完成部分之核准即行失效。

　　前項所定期限，如有正當理由，得於期限屆滿前，申請投審會核准延展。」

　　㈤因故中止的處理　第十一條規定，「對外投資或對外技術合作經核准後，已開始實行，因故中止時，應報請投審會撤銷之。

　　對外投資案件經核備後，因故中止時，應報請投審會註銷之。」

　　㈥所得外匯的處理　第十五條規定，「經核准或核備之對外投資或對外技術合作案件，其因投資或技術合作所得各項外匯，得依管理外匯條例有關規定辦理。」

六、罰則

　　㈠撤銷核准　第十三條規定，「對外投資或對外技術合作有下列情事之一者，投審會得視情形撤銷其核准：

1.未依第九條規定報請查核，經投審會通知仍未依限辦理者。

2.未依投審會核定事項執行者。」

㈡暫停再申請　第十四條規定,「對外投資或技術合作有下列情事之一者，對其再爲對外投資或技術合作之申請，投審會得視情形暫停受理。

1.因故中止尚未報經投審會撤銷或註銷者。

2.未依第九條規定報請查核經投審會通知仍未依限辦理者。

3.未依投審會核定事項執行而無正當理由者。」

第四節　在大陸地區從事投資或技術合作許可辦法

八十二年三月一日經濟部經(82)投審○○六八一七號令訂定發布

一、前言

近年來，由於國內外經濟情勢與投資環境的變化，使海峽兩岸經貿關係日益密切，而國人赴大陸從事投資或技術合作的情形亦日趨頻繁。經濟部為使我國人民及廠商在大陸地區從事投資或技術合作時有適當的法令依據，曾經於民國七十九年十月六日制定「對大陸地區從事間接投資或技術合作管理辦理」，以作為處理之依據。但是由於該辦法並沒有法律基礎，完全屬於行政法規。自民國八十一年九月十八日公布實施「臺灣地區與大陸地區人民關係條例」之後，有關臺灣地區人民及廠商在大陸的各項活動，均可依該條例制定適當的許可辦法，而使各辦法具有法律基礎。是故經濟部於民國八十二年三月一日公布「在大陸地區從事投資或技術合作許可辦法」，規定自公布日實施，並同時廢止「對大陸地區從事間接投資或技術合作管理辦法。」

本許可辦法全文共計十五條，分為一般性規定、投資及技術合作規定、在大陸地區從事投資或技術合作項目審查原則、申請規定、報備規定、罰則等六部分。

二、一般性規定

㈠制定依據　第一條規定，「本辦法依臺灣地區與大陸地區人民關係條例（以下簡稱本條例）第三十五條第二項規定訂定之。」

「臺灣地區與大陸地區人民關係條例」第三十五條規定,「臺灣地區人民、法人、團體或其他機構,非經主管機關許可,不得在大陸地區從事投資或技術合作,或與大陸地區人民、法人、團體或其他機構從事貿易或其他商業行為。

前項許可辦法,由有關主管機關擬訂,報請行政院核定後發布之。

本條例施行前,未經核准已從事第一項之投資、技術合作、貿易或其他商業行為者,應自前項許可辦法施行之日起三個月內向主管機關申請許可,逾期未申請或申請未核准者,以未經許可論。」

因此,經濟部依本條第二項規定擬訂「在大陸地區從事投資或技術合作許可辦法」,報請行政院核定後於八十二年三月一日公布實施。

㈡適用範圍　第二條規定,「臺灣地區人民、法人、團體或其他機構在大陸地區從事投資或技術合作,依本辦法之規定辦理。本辦法未規定者,適用其他有關法令之規定。」

依本條規定,本辦法所適用的範圍,就主體而言,包括臺灣地區的人民、法人、團體或其他機構,凡是有意在大陸從事投資或技術合作者,均屬之。就客體而言,一為在大陸地區投資,從事於生產事業或其他經核准的營業項目者;二為在大陸地區以技術合作方式,從事於貨物的生產或其他經核准的技術合作事項,包括經營、管理等技術。

由於本辦法所涉及的事項包括投資與技術合作兩方面,主要有關的法令有「管理外匯條例」、「商標法」、「著作權法」及「專利法」等。亦即,因投資而須匯出外匯者,應遵守「管理外匯條例」的規定;而在技術方面若有關專用商標權者,應依「商標法」取得商標權;若有關著作權者,應依「著作權法」取得著作權;而若與專利有關者,則應依「專利法」取得專利權。另外,投資者及技術合作者若為公司者,應依「公司法」成立;若為一般的營利事業,則應依「營利事業登記

法」辦理登記；而若爲團體或機構，則應依有關法律辦理。其他相關辦法，尚包括投資或技術合作時，需要輸出或提供貨物者，應依「臺灣地區與大陸地區貿易許可辦法」的規定辦理。另外，由於在大陸地區從事投資或技術合作必須採用間接方式，故尚須依據「對外投資及技術合作審核處理辦法」的規定，辦理對外投資與技術合作。

　　(三)主管機關及執行單位　第三條規定，「本辦法之主管機關爲經濟部，執行單位爲經濟部投資審議委員會（以下簡稱投審會）。」

　　(四)施行日　第十五條規定，「本辦法自發布日施行。」

三、投資及技術合作規定

　　(一)在大陸地區從事投資的範圍　第四條第一項規定，「本辦法所稱在大陸地區從事投資，係指臺灣地區人民、法人、團體或其他機構有下列情形之一者而言：

　　1.在大陸地區出資。

　　2.在大陸地區與當地人民、法人、團體或其他機構共同出資。

　　3.投資第三地區現有公司，並爲該公司董事、監察人或對該公司之經營實際上行使支配影響力之股東，而該公司有前二項出資行爲之一。」

　　依本項規定，在臺灣地區的人民、公司、行號、民間團體及民間機構均可對大陸地區投資。投資者可以選擇以獨資方式將資金投入大陸事業；也可以在大陸地區以合資方式投資；或是採轉投資方式進行，亦即我國投資者先投資第三地區公司，並由該第三地區公司再轉投資大陸事業。該第三地區公司在大陸地區可出資單獨經營企業；也可與大陸人民、法人、團體或其他機構共同出資。

　　(二)在大陸地區從事投資的方式　第四條第二項及第三項規定，「前

項第一款及第二款之投資，應經由其在第三地區投資設立之公司、事業在大陸地區依下列方式為之：

　1.創設新公司或事業。

　2.對當地原有之公司或事業增資。

　3.取得當地現有公司或事業之股權並經營之。但不包括購買上市公司股票。

　4.設置或擴展分公司或事業。

　第二項第一款至第三款投資金額未逾一百萬美元者，得經由第三地區為之，不須在第三地區設立公司或事業。但同一申請人在許可後兩年內再申請赴大陸地區投資，其總投資金額累計達一百萬美元以上者，仍須受前項投資方式之限制。」

　臺灣地區人民、法人、團體或其他機構在大陸地區從事投資均應經由其在第三地區投資設立的公司、事業才可進行，即使投資金額未逾一百萬美元，亦須經由第三地區為之，是故屬於間接投資的方式。

　㈢在大陸地區從事技術合作的範圍　第五條規定，「本辦法所稱在大陸地區從事技術合作，係指臺灣地區人民、法人、團體或其他機構，提供專門技術、專利權、商標專用權或著作財產權與大陸地區人民、法人、團體或其他機構之合作。」

　依本條第二項規定，臺灣地區人民、法人、團體或其他機構在大陸地區從事技術合作，應經由第三地區在大陸地區為之，是故屬於間接技術合作的方式。

　㈣在大陸地區從事投資的出資種類　第六條規定，「臺灣地區人民、法人、團體或其他機構在大陸地區從事投資，其出資之種類，以下列各款為限：

　1.現金。

2.機器設備、零配件。

3.原料、半成品或成品。

4.專門技術、專利權、商標專用權或著作財產權。」

依本條規定，除了現金（當指以外匯表示的現金）以外，如果臺灣地區投資者係以物資（包括機器設備、零配件、原料、半成品或成品）方式或是無形財產權（包括專門技術、專利權、商標專用權或著作財產權）方式出資時，則應以在國外或大陸地區出售物資所得的現金或折算爲股本的方式爲之。

四、在大陸地區從事投資或技術合作項目審查原則

第七條規定，「臺灣地區人民、法人、團體或其他機構在大陸地區從事投資或技術合作之產品或經營項目，依據國家安全及經濟發展之考慮，區分爲准許類、禁止類、專案審查類，其審查原則、許可產品或項目，由主管機關會商目的事業主管機關訂定公告之。」

本條所謂目的事業主管機關，係指主管投資或技術合作事業項目的機關。例如有關農林畜牧業的投資或技術合作，其事業主管機關爲行政院農業委員會；若有關藥品方面者，其事業主管機關爲衛生署。

依本條規定，經濟部於民國八十二年三月一日公告「在大陸地區從事投資或技術合作項目審查原則」，在大陸地區從事投資之產品或經營之項目，按下列類別予以審查：

1.准許類：採正面表列方式，逐案審查。其審查原則爲：

(1)農業

①臺灣地區不生產或自給率低且替代性低之農產品。

②在臺灣地區發展較不具國際競爭力之農產品。

③在臺灣地區生產其環境成本偏高之農產品。

④對臺灣地區與大陸地區農業發展均有利之農產品。

(2)製造業

①大陸地區富產之原料且為臺灣地區工業發展所需者。

②勞力密集產品。

③產業關聯性低者。

④在臺灣地區發展較不具國際競爭力者。

(3)服務業

①小規模經營之行業。

②傳統性之行業。

③對臺灣地區經濟發展無不利影響者。

2.禁止類：採負面原則與表列方式，即凡屬負面表列或負面原則之項目，均予禁止。其審查原則為：

(1)農業

①國際協議禁止或限制輸往大陸地區之農產品及其相關之科技。

②對於臺灣地區之農業發展或農民生計有重大負面影響之農產品或其相關之科技。

③政府重大投資研究開發或積極推動發展之農產品及其相關之科技。

④國際協議限制捕撈魚種、漁法或作業海域之漁業。

⑤對臺灣地區沿海、近海傳統作業漁場資源之利用有不良影響之漁業。

⑥臺灣地區特有或以特有技術生產之農產品。

(2)製造業

①國際協議不准輸往大陸地區之產品或技術。

②國防科技及其相關產品。

③政府投資研究開發之產品、技術或政府輔導推動發展之關鍵產業。

④關鍵性技術或零組件。

(3)服務業

①金融業

a.對臺灣地區經濟、金融之安定與國家之安全有不利影響之虞。

b.大陸地區金融市場尚乏自由市場機能。

c.大陸地區對金融之業務仍有許多不合理之限制，不符合自由化、國際化之發展要求。

d.大陸地區欠缺健全之金融法制及完善之保護投資法令。

②證券、期貨業

a.大陸地區證券、期貨市場未具備自由市場機能。

b.大陸地區未具備完善保護投資之法制。

c.大陸地區對證券、期貨業之業務經營尚有不合理之限制。

d.增加臺灣地區證券期貨業經營風險。

③保險業

a.影響國家安全及臺灣地區保險業之安定。

b.大陸地區保險市場未具備自由市場機能。

c.大陸地區未具備完善保護投資之法令。

d.大陸地區對保險業之業務為不合理之限制。

(4)教育訓練服務業

大陸地區之教育方針與臺灣地區之教育宗旨相違。

3.專案審查類：凡不屬准許類及禁止類者，原則不准。但符合下

列規定者，得專案核准：

　　(1)對國家安全及經濟發展無不利影響。

　　(2)在臺灣地區之生產應維持正常營運或繼續在臺灣地區進行投資計畫。

　　(3)在大陸地區投資計畫規模不得超過臺灣地區現在規模之一定比例。

　　(4)股票上市公司應經股東大會決議。

　　(5)符合目的事業主管機關依個別產業特殊情況所認定之條件。

五、申請規定

　　㈠申請許可　第八條第一項及第二項規定，「臺灣地區人民、法人、團體或其他機構依本辦法規定在大陸地區從事投資或技術合作者，應先備具申請書件向投審會申請許可。

　　前項申請書格式及相關文件，由投審會定之。」

　　申請對大陸地區從事投資或技術合作許可的申請條件主要有四：

　　1.符合「在大陸地區從事投資或技術合作許可辦法」的規定。

　　2.在大陸地區投資事業或技術合作事業所經營的業務須符合經公告的「准許對大陸地區間接投資或技術合作之產品項目表」。

　　3.對大陸投資金額在一百萬美元以上者，應經由第三地區投資設立公司、事業對大陸地區間接投資或技術合作。

　　4.申請人如爲法人機構時，仍應符合公司法有關投資的規定。

　　㈡辦法實施前從事投資或技術合作的處理　第八條第三項規定，「在本辦法施行前，未經核准已在大陸地區從事投資或技術合作者應自本辦法施行之日起三個月內向投審會申請許可，逾期未申請或申請未核准者，以未經許可論。」

依本許可辦法第八條規定，在大陸地區從事投資或技術合作，係採「許可制」原則，亦即所有個案均須經經濟部投審會許可，才能進行，而且這項規定溯及既往。依「臺灣地區與大陸地區人民關係條例」第三十五條第三項規定，臺灣地區人民、法人、團體或其他機構未經核准已在大陸地區從事投資或技術合作者，應自本許可辦法施行之日起三個月內（即民國八十二年六月一日前）向主管機關申請許可，逾期未申請或申請未核准者，以未經許可論。此外，依該條例第八十六條規定，如果違反上述規定從事投資或技術合作者，處新臺幣三百萬元以上一千五百萬元以下罰鍰，並限期命其停止投資或技術合作；逾期不停止者，得連續處罰。

依經濟部投審會規定，臺灣地區人民、法人、團體或其他機構赴大陸地區投資申請審核流程如下：

1.投資人申請許可程序：

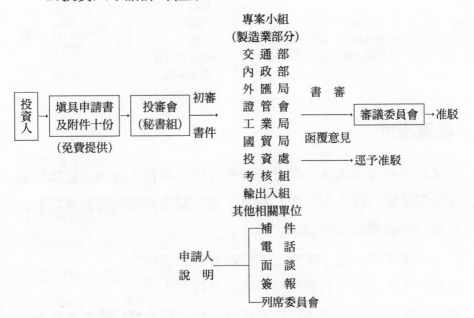

2.投審會處理程序，分爲三類：

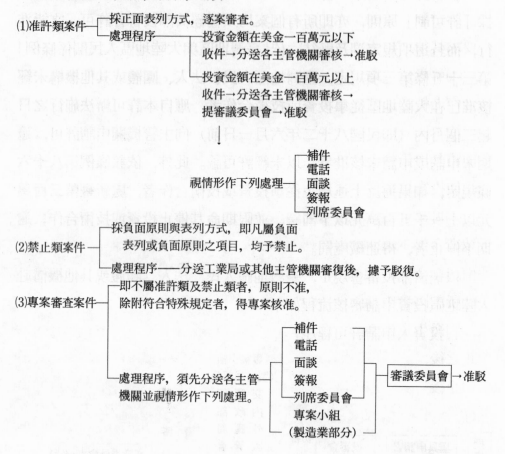

六、 報備規定

㈠實行後的報備文件　第九條規定,「經許可在大陸地區從事投資者，應於開始實行後六個月內，檢具下列有關文件報請投審會核備：

1.實行投資證明文件影本。

2.投資事業設立登記證明之文件或營業執照影本。

3.投資事業之股東名冊或持股證明文件影本。

經許可在大陸地區從事技術合作者，應於開始實行後六個月內，

檢具相關文件，向投審會報備技術合作開始日期。

第一項第二款、第三款及第二項之相關文件，投審會認爲必要時，得要求其須經有關機構或受委託民間機構驗證。」

(二)轉讓的報備　第十條規定，「經許可在大陸地區投資之出資或技術合作之轉讓，應於轉讓後二個月內向投審會報備。」

依本條規定，投資者或技術合作者若不再經營投資或技術合作事業而將其出資或合作轉讓給他人時，應於轉讓後二個月內向投審會報備，使投審會知悉並掌握其變動情形。

(三)因故中止的報備　第十一條規定，「經許可在大陸地區從事投資或技術合作者，於實行後因故中止時，應於中止後二個月內向投審會報備。」

所謂因故中止係指投資者或技術合作者於實施投資或技術合作之後，因發生意外事由，而無法繼續其投資或技術合作行爲。如果因故中止之後，將其投資或合作轉讓給他人時，應屬轉讓的範圍。是故應於中止後二個月內先向投審會報備，並於轉讓後二個月內再向投審會報備。

七、罰則

(一)逾期未實行或未完成的處理　第十二條規定，「經許可在大陸地區從事投資或技術合作，於核定實行之期限內，尚未實行投資或技術合作者，期限屆滿時其許可失效。

已實行投資而未能於核定之期限內完成投資計畫者，其未完成部分之許可，於期限屆滿時失效。

前項所定期限，如有正當理由，得於期限屆滿前，向投審會申請核准延展。」

㈡**偽造文書的處分** 第十三條規定,「經許可在大陸地區從事投資或技術合作,申請事項有虛偽記載或提供不實文件,投審會得撤銷許可。」

㈢**違反報備規定的處分** 第十四條規定,「經許可在大陸地區從事投資或技術合作,違反本辦法第九條第一項、第二項、第十條及第十一條規定者,投審會得撤銷許可。」

本許可辦法第九條係關於在大陸地區從事投資或技術合作實行後的報備,第十條係關於轉讓的報備,而第十一條則係關於因故中止的報備,如果投資者或技術合作者未依規定期限內報備者,投審會將撤銷其投資或技術合作的許可。不過,如果違反第十條及第十一條的規定,就投資者或技術合作者而言,因已轉讓或中止投資或技術合作案件,因此不會產生實質的影響。

第五節　對大陸地區間接投資或技術合作輔導作業要點

八十年八月一日經濟部經(80)投審字第〇四〇二五四號

一、前言

經濟部爲了對於經投審會核准或登記並報備而赴大陸地區間接投資或技術合作的廠商或個人，提供必要的資訊，整合並協助爭取其整體利益，並加強政府對該部分資訊的充分掌握，於民國八十年八月一日訂定「對大陸地區間接投資或技術合作輔導作業要點」。經濟部並依本輔導作業要點的規定，協調有關機關組成「經濟部大陸間接投資與技術合作輔導小組」，以落實各項輔導工作。

「對大陸地區間接投資或技術合作輔導作業要點」全文共計四點，分別規定宗旨、目的、輔導小組、對象。

二、要點內容

㈠宗旨　第一點規定,「爲對大陸地區從事間接投資或技術合作廠商輔導之需要而訂定本要點。」

㈡目的　第二點規定, 「輔導目的:

1.促使已（將）赴大陸地區間接投資或技術合作之廠商或個人依照規定向經濟部投資審議委員會申請核准或核備，並加強政府主管單位對該部分資訊之充分掌握，以落實輔導工作。

2.整合並協助在大陸地區間接投資或技術合作之臺灣地區業者，以爭取其整體利益而不損及國內經濟發展。

3.提供必要之資訊，以解決業者在投資、稅務、法律等方面之問題，期能順利營運避免遭受損失。」

㈢輔導小組　第三點規定，「輔導小組之設置：

1.為輔導對大陸間接投資或技術合作之廠商，經濟部得協調有關機關組成「經濟部大陸間接投資與技術合作輔導小組」（以下簡稱輔導小組），其成員由下列各單位指派：

⑴行政院大陸委員會經濟處（以下簡稱陸委會經濟處）。

⑵內政部警政署入出境管理局（以下簡稱境管局）。

⑶中央銀行外匯局（以下簡稱外匯局）。

⑷財政部賦稅署（以下簡稱賦稅署）。

⑸財政部金融局（以下簡稱金融局）。

⑹財政部關政司（以下簡稱關政司）。

⑺財政部關稅總局（以下簡稱關稅總局）。

⑻經濟部國際貿易局（以下簡稱國貿局）。

⑼經濟部工業局（以下簡稱工業局）。

⑽經濟部中小企業處（以下簡稱中小企業處）。

⑾經濟部投資業務處（以下簡稱投資處）。

⑿經濟部商業司（以下簡稱商業司）。

⒀經濟部投資審議委員會（以下簡稱投審會）。

⒁海峽交流基金會（以下簡稱海基會）。

⒂中華民國對外貿易發展協會（以下簡稱外貿協會）。

⒃中華民國全國工業總會（以下簡稱工業總會）。

⒄中華民國全國商業總會（以下簡稱商業總會）。

2.前項輔導小組置召集人一人，執行秘書一人，均由經濟部指派之，並依工作性質分設下列各組，負責處理及協助業者推動相關事項：

⑴資料服務組（由外貿協會主辦，國貿局、投資處、海基會、工業總會等協辦）負責蒐集大陸經貿書刊、商情資料提供大陸經貿資料庫檢索服務、發行相關出版品、並開放外貿協會貿易資料館「大陸資料專區」供閱覽。

⑵諮詢服務組（由投資處主辦，賦稅署、金融局、工業局、中小企業處、投審會、海基會、兩岸商務協調會、中國兩岸工業協會、兩岸發展基金會、工業總會、商業總會等協辦）負責提供法律、稅務及行政等方面之諮詢服務，舉辦專題研討會及洽請專家、學者、專業機構或相關團體提供投資經營方面之指導及協助。

⑶廠商聯繫組（由工業總會會同海基會主辦，工業局、商業司、外貿協會、商業總會等協辦）負責協調相關產業公會籌組已赴大陸間接投資或技術合作會員廠商聯誼會，協助已赴大陸間接投資或技術合作廠商或個人組織地區性聯誼會，舉辦相關大陸投資之座談會及研討會暨檢討產業公會對准許間接投資或技術合作產品項目增刪之建議。

⑷綜合服務組（由國貿局主辦，境管局、外匯局、賦稅署、金融局、關政司、關稅總局、外貿協會、海基會等協辦）負責協助廠商在第三地區設立公司、赴大陸地區考察、參展及入出境、進出口、通關、驗證等事項，並發布兩岸轉口貿易預警資訊。

⑸行政組（由投審會主辦）負責各組聯繫事宜及一般文書、事務性工作之處理。

⑹以上各組得視業務需要邀請有關單位參與輔導。

㈣對象　第四點規定，「輔導對象:

本要點輔導對象，以對大陸間接投資或技術合作經投審會核准或登記並經報備有案之臺灣地區業者及已（將）向投審會申請核准或核

備對大陸間接投資或技術合作者爲限；其事業已全部由臺灣地區移出
或在臺灣地區停止營運者，不予輔導。」

第六節　大陸地區產業技術引進許可辦法

八十二年五月三日經濟部經(82)投審字第〇一三八四八號令訂
定發布

八十四年十一月八日經濟部經(84)投審字第八四〇三四〇三二
號令修正

一、前言

　　隨著海峽兩岸經貿關係的密切，臺灣廠商除了至大陸地區從事投
資或技術合作之外，漸漸也產生引進大陸地區產業技術的需求。由於
在大陸地區研究成本相對較臺灣地區便宜，因此許多臺灣廠商至大陸
地區招募研究人員從事技術開發，待技術開發成熟後再引進臺灣。此
外，有些臺灣廠商也有意引進大陸產業技術在臺灣商品化生產。

　　「大陸地區產業技術引進許可辦法」於民國八十二年五月三日由
經濟部訂定發布，並於八十四年十一月修正。全文共計十二條條文，
分爲一般性規定、引進大陸地區產業技術規定、其他規定等三部分。

二、一般性規定

　　㈠制定依據　第一條規定，「本辦法依臺灣地區與大陸地區人民關
係條例（以下簡稱本條例）第三十五條第二項規定訂定之。」

　　「臺灣地區與大陸地區人民關係條例」第三十五條規定，「臺灣地
區人民、法人、團體或其他機構，非經主管機關許可，不得在大陸地
區從事投資或技術合作，或與大陸地區人民、法人、團體或其他機構

從事貿易或其他商業行爲。

前項許可辦法,由有關主管機關擬訂,報請行政院核定後發布之。

本條例施行前,未經核准已從事第一項之投資、技術合作、貿易或其他商業行爲者,應自前項許可辦法施行之日起三個月內向主管機關申請許可,逾期未申請或申請未核准者,以未經許可論。」

因此,經濟部依該條第二項規定擬訂「大陸地區產業技術引進許可辦法」,報請行政院核定後於八十二年五月三日公布實施。

㈡適用範圍　第二條規定,「臺灣地區財團法人研究機構、農業、工業、礦業、營造業或技術服務業引進大陸地區產業技術者,依本辦法之規定辦理;本辦法未規定者,適用其他有關法令之規定。

前項所稱技術服務業,以資訊軟體服務業、產品設計業、產品檢測服務業、工程顧問業、環境工程業及環境衛生暨污染防治服務業爲限。」

㈢主管機關及執行單位　第三條規定,「本辦法之主管機關爲經濟部,執行單位爲經濟部投資審議委員會(以下簡稱投審會)。」

㈣施行日　第十二條規定,「本辦法自發布日施行。」

三、引進大陸地區產業技術規定

㈠引進大陸地區產業技術的範圍　第四條規定,「本辦法所稱引進大陸地區產業技術,指下列各款情事之一:

1.引進大陸地區產業有關技術。

2.引進大陸地區技術人才來臺指導或從事與前款技術引進有關之研究開發事項。

3.引進大陸地區科技研究成果至臺灣地區使用。」

㈡產業技術引進方式　第五條規定,「臺灣地區財團法人研究機

構、農業、工業、礦業、營造業或技術服務業，因研究開發或產業發展特殊需要，須引進大陸地區產業技術者，應先經主管機關許可，以間接方式經由第三地區引進之，並以不妨害國家安全及經濟發展爲限。」

（三）申請文件　第六條規定，「依本辦法規定引進大陸地區產業技術者，應備具申請書表、技術引進計畫書及相關證件向投審會提出申請。

與國防部簽有生產軍品合約之臺灣地區產業者，於前項技術引進計畫書中應載明如何執行安全保密之各項措施。

第一項申請書表、技術引進計畫書之內容與格式及相關文件，由投審會另定之。」

（四）引進大陸地區技術人才的條件　第七條規定，「依第四條第二款引進大陸地區技術人才，應符合下列規定：

1.引進人才之資料應於技術引進計畫書中詳列，並應檢附相關證明文件。

2.引進之人才應具有大專畢業學歷，並從事該項技術研究發展或生產連續二年以上之經歷，且爲執行該項技術引進計畫書所需者。

引進之人才在臺灣地區停留以一年爲限。但引進技術尚未完成並確保能提昇產業技術者，得申請延期一次，期間不得逾一年。

依前項規定申請延期者，應由原申請者於原許可期限屆滿前二個月檢附原許可函影本及申請延期理由書，向投審會申請核轉內政部警政署入出境管理局（以下簡稱境管局）辦理延期。」

（五）引進人才的配偶及子女的入出境規定　第八條規定，「引進之人才在臺灣地區停留期間逾半年者，得准許其配偶及未滿十二歲之子女同行來臺。停留期間屆滿後，應由原申請者負責其本人及其同行之配偶、子女等之出境事宜。

引進之人才及其同行之配偶、子女在臺灣地區停留期間，因故須短期出境時，應由原申請者代向境管局申辦入出境手續，並由境管局核發三個月效期之入出境證；逾期未返臺者，如須再行來臺，應依本辦法規定重新申請。」

四、其他規定

㈠專案申請進口　第九條規定，「技術引進計畫所需之儀器、設備、原料、零組件或產品雛型經於技術引進計畫書中載明品名、規格及進口數量並經許可者，得依臺灣地區與大陸地區貿易許可辦法之規定申請進口。」

依本條規定，在技術引進計畫書中載明品名、規格及進口數量的儀器、設備、原料、零組件或產品雛型等，經經濟部投審會核准許可，確係技術引進計畫所需者，可依「臺灣地區與大陸地區貿易許可辦法」第七條第一項第二款視爲「主管機關（經濟部）專案許可之物品項目」專案申請進口。

㈡技術報酬金的限制　第十條規定，「經許可引進大陸地區產業技術者，就該技術之引進，僅得支付一定技術報酬金，不得約定在臺灣地區作爲股本投資。」

㈢罰則　第十一條規定，「違反本辦法規定者，主管機關得撤銷其許可。」

習題

壹、填充題

1. 投資人自投資事業開始營業之日起，屆滿＿＿＿＿＿後，得以其經審定之投資額，全額一次申請結匯。

2. 投資人對所投資事業之投資，占該事業資本總額＿＿＿＿＿以上者，在開業＿＿＿＿＿內，繼續保持其投資額在＿＿＿＿＿以上時，不予徵用或收購。

3. 技術合作之當事人，其提供專門技術或專利權之一方，稱為＿＿＿＿＿人，他方稱為＿＿＿＿＿。

4. 技術合作發生糾紛時，應以雙方同意之＿＿＿＿＿方式行之。

5. 「對外投資及技術合作審核處理辦法」所稱對外技術合作，係指本國公司供給＿＿＿＿＿、＿＿＿＿＿、＿＿＿＿＿或＿＿＿＿＿與外國政府、法人或個人約定不作為股本而取得一定報酬金之合作。

6. 對外投資及對外技術合作，以＿＿＿＿＿為主管機關。對外投資及對外技術合作案件，由＿＿＿＿＿審核及處理之。

7. 臺灣地區人民、法人、團體或其他機構在大陸地區從事投資或技術合作之產品或經營項目，依據國家安全及經濟發展之考慮，區分為＿＿＿＿＿、＿＿＿＿＿、＿＿＿＿＿，其審查原則、許可產品或項目，由主管機關會商目的事業主管機關訂定公告之。

8. 在「在大陸地區從事投資或技術合作許可辦法」施行前，未經核准已在大陸地區從事投資或技術合作者，應自本辦法施行之日起＿＿＿＿＿內向＿＿＿＿＿申請許可，逾期未申請或申請未核准者，以未經許可論。

9. 為輔導對大陸間接投資或技術合作之廠商，經濟部得協調有關機關

組成＿＿＿＿＿＿。

10.臺灣地區財團法人研究機構、農工業或技術服務業，因＿＿＿＿＿＿或
＿＿＿＿＿＿特殊需要，須引進大陸地區產業技術者，應先經主管機關
許可，以間接方式經由＿＿＿＿＿＿引進之，並以不妨害＿＿＿＿＿＿及＿
＿＿＿＿＿為限。

11.主管機關審查引進大陸地區產業技術申請案件，應會同＿＿＿＿＿＿、
＿＿＿＿＿＿、＿＿＿＿＿＿、＿＿＿＿＿＿及其他相關單位為之。

貳、問答題

1.依「外國人投資條例」之規定，外國人在國內投資之出資種類與投
資方式各有那幾種？主管機關為何？

2.依「外國人投資條例」之規定，禁止外國投資人申請投資之範圍與
限制申請投資之範圍為何？

3.試述「外國人投資條例」中有關投資事業徵收與補償之規定？

4.依「技術合作條例」之規定，技術合作申請時應具備那些文件？而
技術合作契約書中又應載明那些內容？

5.試述對外投資或技術合作有何限制？其主管機關為何？出資種類有
那些？

6.試述在大陸地區從事投資之定義、投資方式、出資種類、及投資產
品或經營項目之分類。

7.試述在大陸地區從事技術合作之定義、方式及其產品或經營項目之
分類。

8.試述經濟部輔導對大陸地區間接投資或技術合作廠商之目的？其輔
導對象範圍為何？

9.試述引進大陸地區產業技術之主管機關與執行單位之範圍、方式及

其申請案件之審查機關。

10.試述引進大陸地區技術人才之規定。

第九章　其他法規

第一節　管理外匯條例

三十八年一月十一日總統令制定公布

五十九年十二月二十四日總統令修正公布

六十七年十二月二十日總統令修正公布

七十五年五月十四日總統令修正公布

七十六年六月二十六日總統令修正公布

八十四年八月二日總統令修正公布

一、前言

　　我國實施外匯管制的目的，在於平衡國際收支與穩定金融，而「管理外匯條例」則爲我國實施外匯管理的法令依據。本條例於民國三十七年制定，並在民國三十八年一月十一日由總統公布，惟因大陸局勢逆轉而未施行。民國四十二年二月行政院成立外匯貿易審議委員會(其後改組爲外匯貿易委員會)，直屬行政院，負責對外匯貿易方案的審議、外匯用途的審核、美援運用的配合，並連繫各機關間與外匯貿易業務有關的工作。民國五十七年底以前，外匯貿易審議委員會執行外匯管理所依據的法令爲「外匯貿易管理辦法」。民國五十八年一月起，政府

爲了外匯管理的實際需要，依「外匯貿易業務調整方案」，將外匯貿易委員會撤銷，並將其主管的外匯及貿易有關行政與業務分別移至財政部、中央銀行及經濟部管理。民國六十年中央銀行增設外匯局，經濟部設立國際貿易局。因此，有關外匯管理的主管機關有三：一爲財政部（行政主管機關），二爲中央銀行（業務主管機關），三爲經濟部（國際貿易主管機關）。此三個機關有關外匯業務的處理，必須以本條例爲依據。因此，在未制定「貿易法」之前，我國對外貿易的推展，受本條例的影響甚大。

民國五十九年十二月政府首次修正「管理外匯條例」，其主要特色是規定外匯收入應予結售，而且由於當時我國外匯短缺，故對支出結匯係採事先逐案核准制。中央銀行則根據此條例訂定「外匯清算辦法」，採行外匯集中制度。民國六十七年由於國際收支大量順差，遂於年底再度修訂「管理外匯條例」，取消應予結售的規定，建立外匯市場。規定外匯收入應存入指定銀行，並得透過外匯市場出售。其後，中央銀行廢止「外匯清算辦法」，另行訂定「中央銀行指定銀行外匯買賣及資金兌換辦法」及「指定銀行買賣遠期外匯辦法」，而財政部爲了便利軍政機關進口外匯與匯出匯款的審核，則訂定「軍政機關外匯審核準則」。

鑑於國際收支連年順差，政府爲放寬外匯管理制度，推行外匯自由化，乃於民國七十五年五月第三度修正「管理外匯條例」，將有形貿易的外匯管理由核准制改爲申報制，而中央銀行則依此特訂「無形貿易支出結匯辦法」，並廢止有關運輸保險等各業務支出結匯辦法的規定，放寬無形貿易支出結匯手續，並對匯入匯款實施審核。但是，隨著國際收支順差持續擴大，外匯存底鉅額累積，政府爲減輕新臺幣升值壓力，遂於民國七十六年六月二十六日再度修訂「管理外匯條例」，行政院據此決定自同年七月十五日起停止該條例第六條之一、第七條、

第十三條及第十七條，共計四條條文的適用。自此以後，商品及勞務出口所得外匯可自由持有及運用，商品及勞務進口所需外匯支出可自由結購，外匯稽核與追繳制度取消。而八十四年八月的最新修正則又對外匯自由化向前邁了一步，不但規定新臺幣五十萬元以下的外匯收支不必申報，而且對於國內外經濟情勢的變化，授權行政院採取適當的外匯管理措施以爲因應。

「管理外匯條例」自公布迄今，我國從外匯短缺的國家成爲外匯存底高居世界第二的國家。多年來我國對外貿易一直保持相當金額的順差，致使外匯存底年年有增無減，應是採取嚴格外匯管制的結果。此外，從外匯與貿易兩者的管理而言，依照本條例的規定，似乎將外匯管理列爲優先，而貿易主管機關須要配合外匯主管機關，成爲以外匯管理作爲管理貿易的基礎。此種現象，無形中成爲多年來貿易主管機關採取出口導向政策的依據，使得我國對外貿易呈現高額的出超。不過，在貿易及外匯自由化與國際化的政策下，如何加強進口貿易，採取進口與出口並重的政策，將爲改善外匯鉅額累積所必要的手段。

「管理外匯條例」全文共計二十八條條文，分爲一般性規定、外匯管理機關及其掌理事項、外匯管理規定、罰則、其他規定等五部分。

二、一般性規定

㈠宗旨　第一條規定，「爲平衡國際收支，穩定金融，實施外匯管理，特制定本條例。」

㈡外匯的範圍　第二條規定，「本條例所稱外匯，指外國貨幣、票據及有價證券。

前項外國有價證券之種類，由掌理外匯業務機關核定之。」

有關外匯的範圍，在民國七十五年五月修正以前，本條例第二條

第一項規定,「本條例所稱外匯,指金、銀、外國貨幣、票據及有價證券。」係指取廣義的外匯範圍。但為配合貴金屬塊的開放買賣,而刪除了金、銀為外匯的規定,使黃金、白金及銀等三種貴金屬成為一般商品,得由民間交易。

而有關外國貨幣的種類,原則上並無特別限制。我國外匯市場交易主要有美金、澳幣、奧地利幣、比利時法郎、加拿大幣、瑞典幣、瑞士法郎、馬克、法國法郎、港幣、荷蘭幣、英鎊、新加坡幣、南非幣等十四種外匯報價,而國內各主要銀行對客戶外匯交易參考報價表則另增列日圓,其他如紐西蘭幣、泰幣、里拉等,部分外匯銀行也可接受兌換。

㈢施行細則　第二十七條規定,「本條例施行細則,由財政部會同中央銀行及國際貿易主管機關擬訂,呈報行政院核定。」

㈣施行日　第二十八條規定,「本條例自公布日施行。」

三、外匯管理機關及其掌理事項

㈠行政主管機關及業務機關　第三條規定,「管理外匯之行政主管機關為財政部,掌理外匯業務機關為中央銀行。」

㈡行政主管機關的掌理事項　第四條規定,「管理外匯之行政主管機關辦理下列事項:

1.政府及公營事業外幣債權、債務之監督與管理;其與外國政府或國際組織有條約或協定者,從其條約或協定之規定。

2.國庫對外債務之保證、管理及其清償之稽催。

3.軍政機關進口外匯、匯出款項與借款之審核及發證。

4.與中央銀行或國際貿易主管機關有關外匯事項之聯繫及配合。

5.依本條例規定,應處罰鍰之裁決及執行。

6.其他有關外匯行政事項。」

㈢業務機關的掌理事項　第五條規定,「掌理外匯業務機關辦理下列事項:

1.外匯調度及收支計畫之擬訂。

2.指定銀行辦理外匯業務, 並督導之。

3.調節外匯供需, 以維持有秩序之外匯市場。

4.民間對外匯出、匯入款項之審核。

5.民營事業國外借款經指定銀行之保證、管理及清償、稽催之監督。

6.外國貨幣、票據及有價證券之買賣。

7.外匯收支之核算、統計、分析及報告。

8.其他有關外匯業務事項。」

中央銀行外匯局依本條第二款規定, 於民國五十一年十一月三日訂定發布「中央銀行管理指定銀行辦理外匯業務辦法」, 以管理及督導本國境內指定銀行辦理各項外匯業務。該辦法其後並經八次修正, 最新一次為民國八十年三月二十五日。該辦法全文共計十四條條文, 主要內容如下:

1.凡在中華民國境內之銀行, 除其他法令另有規定者外, 得依銀行法及本辦法之規定, 就下列各項具文向中央銀行申請指定為辦理外匯業務銀行 (以下簡稱指定銀行):

⑴財政部核准設立登記之證明文件。

⑵申請辦理外匯業務之範圍。

⑶對國外往來銀行之名稱及其所在地。

⑷在中華民國境內之負責人姓名、住址。

⑸在中華民國境內之資本或營運資金及其外匯資金來源種類及

金額。

2.中央銀行於收到前項申請後，經審查核准者，應發給指定證書。上項指定證書，應註明核准業務範圍。

3.指定銀行經中央銀行之核准，得辦理下列外匯業務之全部或一部：

(1)出口外匯業務。

(2)進口外匯業務。

(3)一般匯出及匯入匯款。

(4)外匯存款。

(5)外幣貸款。

(6)外幣擔保付款之保證業務。

(7)中央銀行指定及委託辦理之其他外匯業務。

4.指定銀行之分行，得辦理外幣收兌業務；其需辦理前條指定銀行所列各款業務者，須另向中央銀行申請核准。

5.指定銀行所經辦之外匯業務，應依照外匯管理法令及中央銀行之規定辦理。

6.中央銀行向指定銀行宣布外匯措施及業務處理辦法以通函為之。

7.指定銀行應按照中央銀行有關規定，隨時接受顧客申請買賣外匯。

8.指定銀行得向外匯市場或中央銀行買入或賣出外匯，亦得在規定額度內持有買超或出售賣超外匯。

9.指定銀行應就下列各項，按中央銀行規定之期限列表報告：

(1)買賣外匯種類及金額。

(2)國外資產之種類及餘額。

⑶國外負債之種類及餘額。

⑷其他中央銀行規定之表報。

10.中央銀行對於前項報告之審核,必要時得派員查閱指定銀行有關外匯業務之帳冊文卷。

11.在中華民國境內指定辦理外匯業務之外國銀行,其資本金或營運資金之匯入匯出,應報經財政部同意後方得辦理。

12.指定銀行違反本辦法之規定時,中央銀行得撤銷或停止其一定期間經營全部或一部之指定業務,或函請財政部依法處理。

有關指定銀行辦理外匯業務應注意事項,說明如下:

1.出口外匯業務

⑴出口結匯、託收及應收帳款收買業務:

①憑辦文件:應憑廠商提供之交易單據辦理。

②掣發單證:其結售為新臺幣者,應掣發出口結匯證實書,其存入外匯存款、轉匯他行、扣還貸款等未結售為新臺幣者,應掣發其他交易憑證。

③列報文件:應於承做之次營業日,將辦理本次業務所掣發之單證,隨交易日報送中央銀行外匯局。

⑵出口信用狀通知及保兌業務:

憑辦文件:應憑國外同業委託之文件辦理。

2.進口外匯業務

⑴憑辦文件:開發信用狀、辦理託收、匯票之承兌及結匯,應憑廠商提供之交易單據辦理。

⑵開發信用狀保證金之收取比率:不得少於開狀金額百分之十。

⑶掣發單證:其以新臺幣結購者,應掣發進口結匯證實書,其

以外匯存款、外幣貸款、外幣現鈔等支付者，應掣發其他交易憑證。

(4)列報文件：應於承做之次營業日，將辦理本項業務所掣發之單證，隨交易日報送中央銀行外匯局。

3.匯出及匯入匯款業務

(1)匯出匯款業務：

①憑辦文件：應憑個人或廠商填具有關文件及查驗身分文件或登記證明文件後辦理；其以新臺幣結購者，並應依「民間匯出款項結匯辦法」之有關規定，憑「民間匯出款項結購外匯申報書」，方得結匯，指定銀行應協助申報人據實申報。

②掣發單證：其以新臺幣結購者，應掣發賣匯水單；其以外匯存款、外幣貸款、外貨現鈔等匯出者，應掣發其他交易憑證。

③列報文件：應於承做之次營業日，將「民間匯出款項結購外匯申報書」，中央銀行核准文件及辦理本項業務所掣發之單證，隨交易日報送中央銀行外匯局。

(2)匯入匯款業務：

①憑辦文件：應憑個人或廠商提供之匯入匯款通知書或外幣票據或外幣現鈔及查驗身分文件或登記證明文件後辦理；並注意下列事項：

a.申報結匯：其結售為新臺幣者，應依「民間匯入款項結匯辦法」之有關規定，憑「民間匯入款項結售外匯申報書」，方得結匯，指定銀行應協助申報人據實申報。

b.外人結售外幣：在我國境內無住所或居留未逾六個月之外國人，其結售之外幣未逾五千美元者，得逕憑申報書辦理；如逾五千美元者，則應依「民間匯入款項結匯辦法」之規定，經中央銀行核准後辦理。

②掣發單證: 其結售爲新臺幣者, 應掣發買匯水單; 其以存入外匯存款、轉匯他行、扣還貸款等匯入者, 應掣發其他交易憑證。

③列報文件: 應於承做之次營業日, 將「民間匯入款項結售外匯申報書」, 中央銀行核准文件及辦理本項業務所掣發之單證, 隨交易日報送中央銀行外匯局。

4.外匯存款業務

(1)憑辦文件: 應憑匯款通知書、外幣貸款、外幣票據、外幣現鈔、新臺幣結購之外匯及存入文件辦理。

(2)承做限制: 不得以支票存款及可轉讓定期存單之方式辦理, 且不得憑以質押承做新臺幣授信業務。

(3)結購及結售限制: 以新臺幣結購存入者, 應依「民間匯出款項結匯辦法」規定辦理; 以外匯存款結售爲新臺幣者, 應依「民間匯入款項結匯辦法」規定辦理。

(4)存款利率: 由指定銀行自行訂定公告。

(5)轉存比率: 應依中央銀行外匯局於必要時所訂轉存規定辦理。

(6)列報文件: 應逐日編製外匯存款日報, 於次營業日隨交易日報送中央銀行外匯局。

5.外幣貸款業務

(1)承做對象: 以國內公民營事業爲限。

(2)憑辦文件: 應憑該事業提供之交易文件辦理。

(3)融資期限及金額

①出口外幣融資: 期限不得超過一百八十天, 但遠期信用狀逾一百八十天者, 不在此限。

②進口外幣融資: 期限不得超過一百八十天, 但進口機器設

備者，不在此限；融資金額不得超過交易金額百分之九十。

　　③中長期外幣融資：融資金額不得超過交易金額百分之九十。

　　⑷兌換限制：外幣貸款不得兌換爲新臺幣，但出口後之出口外幣融資，不在此限。

　　⑸列報文件：承做中長期外幣融資者，應於每月十日前，將截至上月底止，承做此項融資之餘額及其資金來源，列表報送中央銀行外匯局。

　　⑹外債登記：於辦理外匯業務時，獲悉民營事業自行向國外洽借款者，應促請其依「民營事業中長期外債餘額登記辦法」辦理，並通知中央銀行外匯局。

　　6.外幣擔保付款之保證業務

　　⑴承做對象：以國內公民營事業爲限。

　　⑵憑辦文件：應憑各該事業提供之有關文件辦理。

　　⑶保證債務履行：應由各該事業依「民間匯出款項結匯辦法」規定辦理。

　　⑷列報文件：應於每月十日前，將截至上月底止，承做此項保證之餘額及其保證性質，列表報送中央銀行外匯局。

　　7.中央銀行指定及委託辦理之其他外匯業務應依中央銀行有關規定辦理。

　　8.各項單證應填載事項

　　辦理以上各項外匯業務所應掣發之單位，應註明承做日期、客戶名稱、統一編號，並應依下列方式辦理：

　　⑴與出、進口外匯有關之出、進口外匯證實書及其他交易憑證應加註交易國別及付款方式（得以代碼表示之，如 SIGHT

L/ C(1)、USANCE L/C(2)、D/A(3)、D/P(4)並於其後加「-」符號，列於結匯編號英文字軌前。

　　⑵與匯入及匯出匯款有關之買、賣匯水單及其他交易憑證

　　　　應加註本局規定之匯款分類名稱及編號、國外匯款人或受款人國別及匯款方式，得以代碼表示之，如電匯(0)、票匯(1)、信匯(2)、現金(3)、旅行支票(4)、其他(5)。

　　9.各現單證字軌、號碼之編列

　　　　應依中央銀行外匯局核定之英文字軌編號，字軌後號碼位數以十位爲限。

　　　　除了「中央銀行管理指定銀行辦理外匯業務辦法」以外，爲穩定金融，中央銀行依據管理外匯條例第五條第二款、第四款分別訂定「民間匯入款項結匯辦法」及「民間匯出款項結匯辦法」。

　　　　「民間匯入款項結匯辦法」係於民國七十六年三月六日由中央銀行訂定發布，其後並經多次修正，全文共計八條條文，並附「民間匯入款項結售外匯申報書」，其主要內容如下：

　　　　1.本辦法所稱民間匯入款項，係指中華民國境外之銀行委託中央銀行指定辦理外匯業務之銀行(以下簡稱指定銀行)，在中華民國境內交付予民間受款人之款項，及外幣票據之民間受款人委託指定銀行收取或請求墊付或償付之款項。外匯存款及外國貨幣之結售，視爲本辦法所稱民間匯入款項。

　　　　2.受款人或存款人於請求指定銀行辦理結售外匯時，應填報民間匯入款項結售外匯申報書，經由指定銀行向中央銀行申報。

　　　　3.下列民間匯入款項之受款人或存款人，得於填妥民間匯入款項結售外匯申報書後，逕行辦理結售：

　　　　⑴出口貨品或提供勞務之外匯收入。

(2)在中華民國境內居住，年滿二十歲之個人，領有國民身分證或外僑居留證者，一年內累積結售金額未超過三百萬美元或等值外幣之匯入款項，但每筆超過一百萬美元或等值外幣者，須俟申報之次日起經過十個營業日後辦理。

前項第二款但書之申報案件，中央銀行於必要時，得通知指定銀行暫緩辦理。

4.前條規定以外民間匯入款項之受款人或存款人，得於檢附所填民間匯入款項結售外匯申報書及下列文件經指定銀行向中央銀行申請核准後，辦理結售：

(1)匯入之款項係國外投資之本金或收益者，應檢附原對外投資時指定銀行所發給結購外匯之水單。

(2)匯入之款項係華僑或外國人在中華民國投資之資金時，應檢附主管機關核定投資金額之文件。

(3)其他匯入款項應檢附相關文件。

5.指定銀行辦理民間匯入款項結售後，應將民間匯入款項結售外匯申報書、中央銀行核准文件及其他規定文件送中央銀行。

6.申報人申報不實，或有其他違反本辦法規定之情事者，依有關法令論處。

7.「民間匯入款項結售外匯申報書」中，結售外匯性質為「提供勞務收入」者，包括下列各項：

(1)運輸事業之運費收入。

(2)保險費或理賠收入。

(3)佣金收入或代理費收入。

(4)技術報酬金收入或權利金收入。

(5)國外營建收入。

(6)國外薪資所得。

(7)外國政府駐華機構費用。

(8)無營運收入之外國機構在臺費用。

(9)外國自然人之繳稅款。

(10)三角貿易匯入款。

(11)華僑與外國人來臺旅費:

　　①商務。

　　②觀光。

(12)指定銀行之銀行費用及利息。

(13)其他。（詳述外匯性質）

8.結售外匯性質爲「除出口貨品收入及提供勞務收入以外之匯入款項」者，包括下列各項:

(1)對外投資所得匯入。（詳述所得性質）

(2)各種利息收入。（詳述利息性質）

(3)收回經核准對外投資之股本。

(4)收回投資國外信託基金。

(5)收回投資國外有價證券:

　　①以國內指定用途信託基金投資。

　　②其他。

(6)收回投資國外不動產。

(7)收回對外貸款投資。

(8)收回對外貸款。

(9)收回可轉讓外匯定期存單到期本金。

(10)結售存在國內之外匯存款。

(11)收回國外存款。

(12)收回分期付款出口本金。

(13)外國人及華僑之股本投資。

(14)外國公司在臺分公司匯入營運資金。

(15)外國人及華僑之貸款投資。

(16)國外借款。

(17)華僑或外國人購置不動產。

(18)國外信託資金投資國內有價證券。

(19)贍家匯款。

(20)贈與。

(21)其他。(詳述結匯性質)

　　而「民間匯出款項結匯辦法」則係於民國七十六年七月十三日由中央銀行訂定發布，其後並經多次修正，全文共計八條條文，並附「民間匯出款項結購外匯申報書」，其主要內容如下：

　　1.本辦法所稱民間匯出款項，係指民間匯款人經由中央銀行指定辦理外匯業務之銀行(以下簡稱指定銀行)·委託中華民國境外之銀行，在中華民國境外交付之款項。結購外匯存入外匯存款及外幣現鈔之結購，視為本辦法所稱民間匯出款項。

　　2.民間匯款人於請求指定銀行辦理結購外匯時，應填報民間匯出款項結購外匯申報書，經由指定銀行向中央銀行申報。

　　3.下列民間匯出款項之匯款人，得於填妥民間匯出款項結購外匯申報書後，逕行辦理結購：

　　(1)進口貨品或經中華民國政府核准設立登記之公司、行號或團體償付無形貿易費用之外匯支出。

　　(2)經中華民國政府核准設立登記之公司、行號或團體及中華民國境內居住、年滿二十歲領有國民身分證或外僑居留證之個人一年內

累積結購金額未超過五百萬美元或等值外幣之匯出款項，但每筆金額超過一百萬美元或等值外幣者，須俟申報之次日起經過十個營業日後辦理。

前項第二款但書之申報案件，中央銀行於必要時，得通知指定銀行暫緩辦理。

4.前條規定以外民間匯出款項之匯款人，得於檢附民間匯出款項結購外匯申報書及下列文件經指定銀行向中央銀行申請核准後辦理結購：

(1)匯出款項係經政府核准對外投資之資金者，應檢附主管機關核准之文件。

(2)其他匯出款項應檢附相關文件。

5.指定銀行辦理民間匯出款項結購後，應將民間匯出款項結購外匯申報書、中央銀行核准文件及其他規定文件送中央銀行。

6.申報人申報不實，或有其他違反本辦法規定之情事者，依有關法令論處。

7.「民間匯出款項結購外匯申報書」中，結購外匯性質為「公司、行號或團體償付無形貿易費用」者，包括下列各項：

(1)運費支出。

(2)保險費或理賠支出。

(3)佣金支出或代理費支出。

(4)技術報酬金支出或權利金支出。

(5)國外商務費用。

(6)工程款支出。

(7)電視、廣播及新聞事業國外費用。（詳述費用性質）

(8)駐外機構經費。

(9)聘僱華僑或外籍人員薪津。

(10)漁業匯款。

(11)三角貿易匯出款。

(12)指定銀行之銀行費用及利息。

(13)其他。（詳述結匯性質）

8.結購外匯性質為「除進口貨品價款及公司、行號、團體償付無形貿易費用以外之匯出款項」者，包括下列各項：

(1)旅行支出

①觀光。

②探親。

③留學。

④移民。

⑤其他。

(2)匯出僑外投資股利。

(3)各種利息支出。（詳述利息性質）

(4)對外股本投資。

(5)購買國外有價證券

①以國內指定用途信託基金投資。

②其他。

(6)匯出投資國外信託基金。

(7)購買國外房地產。

(8)對外貸款投資。

(9)對外貸款。

(10)僑外股本投資匯出。

(11)償還僑外貸款投資。

⑿償還國外借款本金。

⒀償還分期付款進口本金。

⒁證券投資信託事業贖回在國外發行之受益憑證。

⒂購買可轉讓外匯定期存單。

⒃結購外匯存入國內外匯存款。

⒄結購外匯存國外存款。

⒅贈與。

⒆其他。（詳述結匯性質）

　㈣國際貿易主管機關的配合　　第六條規定,「國際貿易主管機關應依前條第一款所稱之外匯調度及其收支計畫, 擬訂輸出入計畫。」

　　依本條的規定, 貿易主管機關在擬訂輸出入計畫時, 應以中央銀行所擬訂的外匯調度及收支計畫爲基礎,而不能自行研訂輸出入計畫。因此, 在外匯調度及收支政策方面, 不但中央銀行居於領導地位, 而且貿易主管機關所擬訂的輸出入計畫, 難免成爲被動的、消極的計畫。此種情形, 在貿易未發達而外匯短缺時期, 尚不致產生問題, 但隨著我國對外貿易的蓬勃發展, 卻產生了相當不合理的現象。我國過去爲了累積外匯存底, 而採取以出口爲導向的貿易政策, 致使外匯存底快速激增, 本條規定影響甚鉅。

四、外匯管理規定

　㈠結匯申報　　第六條之一規定,「新臺幣五十萬元以上之等值外匯收支或交易, 應依規定申報; 其申報辦法由中央銀行定之。

　　依前項規定申報之事項, 有事實足認有不實之虞者, 中央銀行得向申報義務人查詢, 受查詢者有據實說明之義務。」

　　原條例第六條之一係規定,「出口所得或進口所需外匯, 出、進口

人應向中央銀行指定或委託之機構，依實際交易之付款條件及金額據
實申報，憑以結匯。」過去由於外匯管制較爲嚴格，我國係採取外匯申
報制度，因此進出口廠商在申請輸出入許可時，必須先填妥外匯的收
支方法，一併經簽證機關認可後，才能辦理貨物進出口事宜。後來，
政府在外匯充裕的情形下，爲了配合實際需要，該條文對於進出口貨
物的外匯收支方法規定較爲自由方式，不須記載於輸出入許可證內，
使進出口的許可與外匯的收支方法分離，進出口業者可依實際的付款
方式，直接向外匯銀行申報即可，採取了較有彈性的制度。而本條文
的修正則向外匯自由化更向前邁了一步，無論任何來源或用途的所得
或所需外匯，只要在新臺幣五十萬元以下者，均可免於申報，而逕行
辦理結匯。

　　㈡應存入或結售的外匯　第七條規定，「下列各款外匯，應結售中
央銀行或其指定銀行；或存入指定銀行，並得透過該行在外匯市場出
售；其辦法由財政部會同中央銀行定之：

　　1.出口或再出口貨品或基於其他交易行爲取得之外匯。

　　2.航運業、保險業及其他各業人民基於勞務取得之外匯。

　　3.國外匯入款。

　　4.在中華民國境內有住、居所之本國人，經政府核准在國外投資
之收入。

　　5.本國企業經政府核准國外投資、融資或技術合作取得之本息、
淨利及技術報酬金。

　　6.其他應存入或結售之外匯。

　　華僑或外國人投資之事業，具有高級科技，可提升工業水準並促
進經濟發展，經專案核准者，得逕以其所得之前項各款外匯抵付第十
三條第一款、第二款及第五款至第八款規定所需支付之外匯。惟定期

結算之餘款，仍應依前項規定辦理；其辦法由中央銀行定之。」

㈢外匯的持有　第八條規定，「中華民國境內本國人及外國人，除第七條規定應存入或結售之外匯外，得持有外匯，並得存於中央銀行或其指定銀行；其爲外國貨幣存款者，仍得提取持有；其存款辦法，由財政部會同中央銀行定之。」

過去由於我國外匯管制較爲嚴格，民間不得持有外匯，因此必須依規定向外匯銀行結購或結售。不過，隨著我國外匯的快速累積，本條例於民國六十七年十二月修正時，規定我國境內本國人及外國人，得持有外匯並得存於外匯銀行。

㈣出境攜帶外幣的管制　第九條規定，「出境之本國人及外國人，每人攜帶外幣總值之限額，由財政部以命令定之。」

原條例第十條刪除。

㈤旅客或交通工具服務員攜帶外幣出入國境的管制　第十一條規定，「旅客或隨交通工具服務之人員，攜帶外幣出入國境者，應報明海關登記；其有關辦法，由財政部會同中央銀行定之。」

依本條規定，行政院曾發布「攜帶及寄送金銀、外幣及新臺幣出入境限制辦法」，以管理出入境旅客及機船服務人員攜帶外匯、新臺幣及金銀。

㈥外國票據、有價證券攜帶出入國境的管制　第十二條規定，「外國票據、有價證券，得攜帶出入國境；其辦法由財政部會同中央銀行定之。」

目前財政部及中央銀行尚未依本條制定管理辦法。惟依本條條文的管理精神，外國票據及有價證券不得在中華民國境內買賣、交換、借貸、寄託、質押或移轉。

㈦得提用、購入或結購的外匯　第十三條規定，「下列各款所需支

付之外匯，得自第七條規定之存入外匯自行提用或透過指定銀行在外匯市場購入或向中央銀行或其指定銀行結購；其辦法由財政部會同中央銀行定之：

　　1.核准進口貨品價款及費用。

　　2.航運業、保險業與其他各業人民，基於交易行為或勞務所需支付之費用及款項。

　　3.前往國外留學、考察、旅行、就醫、探親、應聘及接洽業務費用。

　　4.服務於中華民國境內中國機關及企業之本國人或外國人，贍養其在國外家屬費用。

　　5.外國人及華僑在中國投資之本息及淨利。

　　6.經政府核准國外借款之本息及保證費用。

　　7.外國人及華僑與本國企業技術合作之報酬金。

　　8.經政府核准向國外投資或貸款。

　　9.其他必要費用及款項。」

　　㈧自備外匯的範圍及用途　第十四條規定，「不屬於第七條第一項各款規定，應存入或結售中央銀行或其指定銀行之外匯，為自備外匯，得由持有人申請為前條第一款至第四款、第六款及第七款之用途。」

　　依本條規定，自備外匯係非基於交易行為、勞務、投資等所取得的外匯，而得使用於貨物進口、勞務支出、前往國外所需、贍養國外家屬、借款利息及技術合作報酬金的支付。過去，我國由於缺乏外匯，因此甚為重視自備外匯，曾規定貨物出口業者就出口所得外匯，得保留一定比例的結購權，享受與自備外匯相同的待遇。

　　㈨免結匯進口　第十五條規定，「下列國外輸入貨品，應向財政部申請核明免結匯報運進口：

1.國外援助物資。

2.政府以國外貸款購入之貨品。

3.學校及教育、研究、訓練機關接受國外捐贈，供教學或研究用途之貨品。

4.慈善機關、團體接受國外捐贈供救濟用途之貨品。

5.出入國境之旅客及在交通工具服務之人員，隨身攜帶行李或自用貨品。

㈩輸入贈品、樣品及非賣品的管制　第十六條規定，「國外輸入餽贈品、商業樣品及非賣品，其價值不超過一定限額者，得由海關核准進口；其限額由財政部會同國際貿易主管機關以命令定之。」

㈩剩餘外匯的處理　第十七條規定，「經自行提用、購入及核准結匯之外匯，如其原因消滅或變更，致全部或一部之外匯無須支付者，應依照中央銀行規定期限，存入或售還中央銀行或其指定銀行。」

㈩外匯業務的按期彙報　第十八條規定，「中央銀行應將外匯之買賣、結存、結欠及對外保證責任額，按期彙報財政部。」

原條例第十九條刪除。

㈩外匯管制　第十九條之一規定，「有下列情事之一者，行政院得決定並公告於一定期間內，採取關閉外匯市場、停止或限制全部或部分外匯之支付、命令將全部或部分外匯結售或存入指定銀行、或爲其他必要之處置：

1.國內或國外經濟失調，有危及本國經濟穩定之虞。

2.本國國際收支發生嚴重逆差。

前項情事之處置項目及對象，應由行政院訂定外匯管制辦法。

行政院應於前項決定後十日內，送請立法院追認，如立法院不同意時，該決定應即失效。

第一項所稱一定期間，如遇立法院休會時，以二十日爲限。」

爲了因應國內外經濟情勢的可能變化，本條授權行政院得在發生國內外經濟失調或我國國際收支發生嚴重逆差而有危及我國經濟穩定的可能時，制定「外匯管制辦法」，對於外匯市場的運作、外匯的收支等方面採取限制性的措施。不過，行政院在宣布本項限制措施後十日內，應將該案送請立法院追認；如果立法院不同意追認時，則行政院的該項決定將立即失效。相對於本條對外匯自由化的限制，本條例第二十六條之一則係放寬外匯各項管制的規定，以適用各種不同的經濟狀況。

五、罰則

㈠違反外匯管制的處分　第十九條之二規定,「故意違反行政院依第十九條之一所爲之措施者，處新臺幣三百萬元以下罰鍰。

前項規定於立法院對第十九條之一之施行不同意追認時免罰。」

由於行政院依本條例第十九條之一所採取的各項外匯管制措施，若立法院不同意追認時應立即失效，是故本罰則自然也無法適用了。

㈡不申報、申報不實、不結售或不存入外匯的處分　第二十條規定,「違反第六條之一規定，故意不爲申報或申報不實者，處新臺幣三萬元以上六十萬元以下罰鍰；其受查詢而未於限期內提出說明或爲虛僞說明者亦同。

違反第七條規定，不將其外匯結售或存入中央銀行或其指定銀行者，依其不結售或不存入外匯，處以按行爲時匯率折算金額二倍以下之罰鍰，並由中央銀行追繳其外匯。」

依本條第一項規定，若發生新臺幣五十萬元以上之等值外匯收支或交易而未依規定申報或申報不實者，應處新臺幣三萬元以上六十萬

元以下的罰款；此外，若中央銀行對於申報義務人所申報的事項認為有進一步查詢的必要時，受查詢人應如期據實說明，若有違反，則亦應處新臺幣三萬元以上六十萬元以下的罰款。

㈢剩餘外匯不存入或不結售的處分　第二十一條規定，「違反第十七條之規定者，分別依其不存入或不售還外匯，處以按行為時匯率折算金額以下之罰鍰，並由中央銀行追繳其外匯。」

㈣非法買賣外匯的處分　第二十二條規定，「以非法買賣外匯為常業者，處三年以下有期徒刑、拘役或科或併科與營業總額等值以下之罰金；其外匯及價金沒收之。

法人之代表人、法人或自然人之代理人、受僱人或其他從業人員，因執行業務，有前項規定之情事者，除處罰其行為人外，對該法人或自然人亦科以該項之罰金。」

㈤不歸還追繳外匯的處分　第二十三條規定，「依本條例規定應追繳之外匯，其不以外匯歸還者，科以相當於應追繳外匯金額以下之罰鍰。」

㈥攜帶外幣出入國境違規的處分　第二十四條規定，「買賣外匯違反第八條之規定者，其外匯及價金沒入之。

攜帶外幣出境金額超過依第九條規定所定之限額者，其超過部分沒入之。

攜帶外幣出入國境，不依第十一條規定報明登記者，沒入之；申報不實者，其超過申報部分沒入之。」

㈦指定外匯銀行違規的處分　第二十五條規定，「中央銀行對指定辦理外匯業務之銀行違反本條例之規定，得按其情節輕重，停止其一定期間經營全部或一部外匯之業務。」

六、其他規定

㈠不繳納罰鍰的強制執行　第二十六條規定,「依本條例所處之罰鍰, 如有抗不繳納者, 得移送法院強制執行。」

㈡部分條文的停止適用　第二十六條之一規定,「本條例於國際貿易發生長期順差、外匯存底鉅額累積或國際經濟發生重大變化時, 行政院得決定停止第七條、第十三條及第十七條全部或部分條文之適用。

行政院恢復前項全部或部分條文之適用後十日內, 應送請立法院追認, 如立法院不同意時, 該恢復適用之決定, 應即失效。」

為配合外匯自由化, 本條條文係於民國七十六年六月二十六日由總統令增訂公布, 並於八十四年八月二日修正。依本條規定, 行政院在國際貿易發生長期順差、外匯存底鉅額累積或國際經濟發生重大變化等三種情形或其中之一時, 得以其職權宣布停止本條例 (管理外匯條例) 第七條 (應存入或結售的外匯)、第十三條 (得提用、購入或結購的外匯) 及第十七條 (剩餘外匯的處理) 全部或部分條文之適用。本條規定給予行政院及外匯主管機關對於外匯管理享有彈性的措施, 以應付多年來鉅額出超及外匯存底的不斷增加。不過, 本條第二項特別規定, 行政院若要恢復上述三條條文的適用時, 須經立法院的審議而非僅報備即可, 亦即若立法院不同意追認時, 行政院的恢復適用決定將立即失效, 以示慎重。行政院於民國七十六年七月九日依第二〇三九次會議決議, 宣布自民國七十六年七月十五日起停止適用本條例第七條、第十三條及第十七條全部條文。

該項修訂為「管理外匯條例」公布以來的一大變革, 亦為我國的外匯自由化邁出一大步。其影響說明如下:

1.第七條停止適用後, 出口或其他外匯所得可不須結匯, 也不再

強迫存入不能任意利用的外匯存款戶。換言之，出口廠商可完全持有外匯，可自由運用，可存於國外銀行，不再有外匯稽核及追繳。

　　2.第十三條停止適用後，廠商及個人可自由向指定銀行結購外匯，可持有或用於對外付款、投資等用途。

　　3.第十七條停止適用後，已結購的外匯如未使用，毋需辦理退匯，中央銀行將不再追繳。

第二節　加工出口區設置管理條例

五十四年一月三十日總統 (54) 臺統㈠義字第五六六號令制定公布

五十六年十二月三十日總統令修正公布

六十年十一月二十五日總統令修正公布

六十八年十二月二十四日總統 (68) 臺統㈠義字第六四五五號令修正公布

七十七年十二月五日總統華總㈠義字第五五八九號令修正公布

八十六年五月七日總統令修正公布

一、前言

　　加工出口區係指為了促進投資，發展外銷，增加產品及勞務的輸出，由政府選擇適當地區，劃定某一範圍，容納製造加工或裝配外銷的事業，以及在其產銷過程中所必須的倉儲、運輸、裝卸、包裝、修配等事業的關稅特別區。此種特定區域為免稅區，對於區內進口的機器設備、原料及半成品，均免課徵關稅，而與課稅區成為相對關係。區內事業的產品僅限於外銷，而經特准內銷者，應於進口時依法課稅。此外，加工出口區的土地原規定均為公有，而廠房則可由管理機關統一建造後租或售給業者使用，或將土地出租給業者自建。

　　臺灣地區屬海島型經濟，資源貧乏，國內市場規模狹小，發展初期的對外貿易以進口國外原材料及半成品，經過加工後出口為主。由於自國外輸入物資時，必須辦理關稅的繳納、記帳或保稅等手續，而於成品出口時，又須依規定辦理關稅的沖退稅手續，不但增加海關的工作量，同時對於加工出口業者亦產生許多不便或增加成本。民國四十五年我國開始計畫設立加工出口區，但當時因受到各種因素的影

響而未能實現。不過,隨著經貿發展的需求,也有不少國內外專家及工商界人士建議政府在高雄設立一個國際貿易區或開放為自由港。其後,政府於民國五十二年五月修正獎勵投資條例時,為了發展外銷加工業,重擬設置加工出口區,「加工出口區設置條例草案」於民國五十三年七月經行政院通過,並於同月十七日送請立法院審議,而於五十四年一月二十五日完成立法程序,於同月三十日公布施行。我國自頒布「加工出口區設置管理條例」以來,先在高雄設立了加工出口區,其後又設置了楠梓加工出口區及臺中潭子加工出口區。對我國而言,當時加工出口區的設置,無論對投資的促進,或增加產品及勞務的輸出,均發揮了不少功能。

為配合我國經濟國際化與自由化,「加工出口區設置條例」自公布迄今,經五次修正,最新一次係於民國八十六年五月七日修正。「加工出口區設置管理條例」全文共計三十二條條文,分為一般性規定、範圍及條件、管理機關及其掌理事項、土地及建築物、區內事業稅捐的減免、進出加工出口區的管理規定、其他管理規定等七部分。

二、一般性規定

㈠宗旨 第一條規定,「為促進投資及國際貿易,行政院得依本條例之規定,選擇適當地區,劃定範圍,設置加工出口區。」

依「加工出口區設置管理條例細則」第二條規定,加工出口區之設置,應由經濟部於選定地區並視實際需要劃定範圍後,將設置地點、位置、面積及使用計畫等繪具圖說四份報請行政院核定。經核定設置之加工出口區,其面積如有增減必要時,應由經濟部敘明理由報請行政院核定之。而該施行細則第三條規定,加工出口區除視實際需要設置車輛人員出入口及碼頭外,其周圍應建築圍牆或設置其他適當

之區隔設施。

㈡適用範圍　第二條規定,「加工出口區之設置及管理,依本條例之規定; 本條例未規定者,適用其他有關法律之規定。但其他法律之規定, 較本條例更有利者,適用最有利之法律。」

㈢施行細則　第三十一條規定,「本條例施行細則, 由經濟部定之。」

依原本條規定,行政院係於民國五十四年七月七日訂定發布「加工出口區設置管理條例施行細則」,其後並經九次修正, 最近一次修正則為民國八十七年四月二十二日由經濟部發布, 全文共計四十二條條文。

㈣施行日　第三十二條規定,「本條例自公布日施行。」

三、範圍及條件

㈠區內事業的範圍　第三條規定,「本條例所稱區內事業, 指經核准在加工出口區內製造加工、組裝、研究發展、貿易、諮詢、技術服務、倉儲、運輸、裝卸、包裝、修配之事業及經經濟部核定之其他相關事業。

本條例所稱在區內營業之事業, 指區內事業及其他經核准在加工出口區內設有營業或聯絡處所之事業。」

㈡區內事業的種類　第六條規定,「區內事業之種類, 由經濟部視經濟發展政策及加工出口區之位置、面積等情形定之。」

㈢區內事業設立的申請及審查　第十條規定,「申請設立區內事業者,應填具申請書檢附有關資料向管理處申請或向分處申請核轉, 由管理處會同有關機關審查核定; 其審查辦法由經濟部定之。

經核准創設之區內事業於設立完成後, 由管理處或分處發給營利

事業登記證。

　　前項營利事業登記證，包括工廠登記、商業登記、營業登記及特許登記。

　　在區內營業之事業之其他申請事項，均由管理處或分處核辦或核轉有關機關核辦之。」

　　有關外銷事業設立的申請及審查，依「加工出口區設置管理條例施行細則」第十四～十七條的規定，說明如下：

　　1.依本條規定，申請設立之區內事業，管理處應自申請之日起，一個月內核定之。

　　2.本條第一項所稱有關資料，係指區內事業設立申請書所規定應檢附之資料。

　　3.區內事業之業務須經其他機關許可者，管理處應會同各該業務許可之目的事業主管機關審核之。

　　4.區內事業之設立得以個人或事業籌備處名義申請之。

　　5.經核准設立之區內事業，其經營事業或加工製造之產品種類有變更或增減時，準用本條第一項規定程序辦理。

　　6.本條第二項所稱設立完成，指區內事業已辦妥公司登記，並已能全部或部分產製經核准之產品或提供勞務而言。

　　7.經核准設立之區內事業，其總公司或分支機構應設於加工出口區內。

四、管理機關及其掌理事項

　　㈠管理機關　第四條規定，「經濟部為統籌管理各加工出口區，應設置加工出口區管理處（以下簡稱管理處），除管理處所在地區外，得於其他加工出口區設置分處，隸屬於管理處。

前項管理處及分處之組織，另以法律定之。」

依本條規定，於民國六十一年十二月二十八日由總統制定公布「經濟部加工出口區管理處組織條例」及「經濟部加工出口區管理處所屬各分處組織通則」，並同時於民國六十八年四月三十日修正，而經濟部並配合制定「經濟部加工出口區管理處辦事細則」以及「經濟部加工出口區管理處所屬各分處辦事細則」。

目前經濟部在楠梓加工出口區設立加工出口區管理處，並於高雄及臺中潭子加工出口區設置兩分處。

㈡管理處掌理事項　第五條規定，「管理處掌理下列有關加工出口區之事項：

1.關於各分處之監督及指揮事項。

2.關於申請投資在區內營業之事業之審核事項。

3.關於各項設施之籌建事項。

4.關於財務之計畫、調度及稽核事項。

5.關於業務之企劃及研究發展事項。

6.關於吸引投資及對外宣傳之籌劃事項。

7.關於保稅倉庫之設立及經營事項。

8.關於儲運單位之設立、管理及經營事項。

9.關於加工出口業務之行政管理事項。

10.關於公有財產之管理及收益事項。

11.關於土地使用管制及建築管理事項。

12.關於工商登記、管理及建築之核准發證事項。

13.關於工廠設置及勞工安全衛生檢查事項。

14.關於工商團體業務及勞工行政事項。

15.關於產地證明書、再出口證明核發事項。

16.關於貨品輸出入簽證事項。

17.關於外匯、貿易管理事項。

18.關於防止走私措施及巡邏檢查事項。

19.關於公共福利事項。

20.其他依法律賦予之事項。

前項第九款至第二十款事項，於設有分處之加工出口區，得由分處掌理之。

管理處及分處業務管理規則，由經濟部會商有關機關定之。」

依本條第三項規定，經濟部於民國六十四年三月二十六日訂定發布「加工出口區管理處及分處業務管理規則」，其後並經六次修正，最新一次修正係於民國八十七年七月八日公布。管理規則全文共計七十四條條文，分為八章，第一章總則，第二章在區內營業之事業申請設立、合併、增資、減資、撤資、變更投資計畫及登記，第三章用地及建廠，第四章勞工安全衛生及勞工行政，第五章貿易管理，第六章貨品出入區之管理，第七章人員、車輛及一般物品出入，第八章附則。

有關加工出口區管理處的掌理事項，依「加工出口區設置管理條例施行細則」第七～十三條的規定，說明如下：

1.本條第一項第十款所稱公有財產，指為配合加工出口區業務需要在區內外所設置而屬於管理處或分處所有或管理之財產而言。

2.本條第一項第十二款所稱工商登記，指區內事業之公司登記、在區內營業之事業之營利事業登記、動產擔保交易登記及其變更登記及發證事項；所稱建築之核准發證，指加工出口區內建築物建造、使用或拆除之核准及發證。上述所稱在區內營業之事業之營利事業登記，指工廠登記、商業登記、營業登記、出進口廠商登記及其他依法

應經許可之登記。

　　3.本條第一項第十三款所稱工廠設置之檢查，指工廠、倉庫及其他有關設施之安全衛生及污染防治應具備條件之檢查與監督實施。上述有關檢查之技術工作，管理處或分處得洽請其他主管機關或法人團體代為實施。

　　4.本條第一項第十四款所稱工商團體，指依工業團體法及商業團體法所設立之團體；所稱勞工行政，係指勞工組織、勞動條件、勞資關係、勞工福利、勞工教育、勞工就業輔導及職業訓練協辦等事項。

　　5.區內事業自國外或課稅區輸入之原料均免施品質檢驗。

　　6.本條第一項第十九款所稱公共福利事項，指對區內員工提供醫療保健、食物供應、交通住宿、育樂活動與其他有關公共安全福利及環境保護事項。

　　7.管理處為辦理本條第一項第七款、第八款及第十九款所規定事項，得設置作業單位，並得在適當地點設置服務站所。上述作業單位及服務站所採自給自足方式作業，其設置管理及薪給標準，應報請經濟部核定後實施。

　　㈢管理處指導監督辦理事項　第九條規定，「加工出口區之下列事項，由各該目的事業主管機關設立分支單位或派員，受管理處或分處指導、協調辦理之：

　　1.稅務之稽徵事項。

　　2.貨品輸出入之驗關及運輸途中之監督、稽查事項。

　　3.郵電業務事項。

　　4.電力、給水及其他有關公用事業之業務事項。

　　5.有關授信機構之業務事項。

　　6.有關檢疫及檢驗之業務事項。

前項分支單位，以集中管理處或分處內辦公為原則。」

五、土地及建築物

㈠土地與廠房的租售　第十一條規定，「加工出口區內之土地（以下簡稱區內土地），屬私有者，依下列方式辦理：

1.依法徵收，並按市價補償之。

2.由土地所有權人以地上權設定方式提供管理處開發。

3.由土地所有權人依管理處開發計畫自行開發或與管理處共同開發。

前項第一款之市價，指按被徵收土地原使用性質相同土地之一般買賣價格而言。

在區內營業之事業得依其需用情形租用區內土地，除依土地法給付土地租金外，並應負擔公共設施建設費用。

前項土地租用及費用計收標準，由經濟部定之。

加工出口區內之廠房、建築物，得准由在區內營業之事業自行興建或由管理處自行或由公民營事業投資請准興建租售。」

本條第三項所稱公共設施建設費用，依「加工出口區設置管理條例施行細則」第十八條規定，係指區內各項公共設施建設費用及由經濟部與有關主管機關核定應由管理處配合之區外公共設施建設費用而言。上述公共設施費用，在區內營業之事業按該公共設施建設已支付或已確定之金額，連同貸款本息折算年金，依租用土地面積比例分十年平均負擔之。

㈡私有建築物的轉讓及徵購　第十二條規定，「加工出口區內私有土地或建築物之轉讓，以供在區內營業之事業使用為限。

前項土地或建築物有下列情形之一者，管理處或分處得協議價購

或依市價辦理徵購之：

1.不供區內營業之事業使用者。

2.使用情形不當者。

3.高抬轉讓價格者。

4.因更新計畫需使用土地者。

5.依第二十七條規定應遷出加工出口區者。

依前項第一款至第三款規定，取得私有土地或建築物時，對於原所有權人或占有人存於該土地或建築物內外之物資，得由管理處或分處限期令其遷移，逾期得代為移置他處存放或變賣或聲請法院拍賣；其費用及所生之損害，由原所有權人負擔；其經變賣或拍賣者，所得價款扣除費用後，如有餘款，依法處理。

依第二項第四款取得私有土地或建築物時，對於原所有權人得優先核配廠房或提供遷廠之土地，並補償其拆遷停工之損失；其辦法由經濟部定之。

經解散之在區內營業之事業，其餘留物資，應於二年內處理完畢。逾期由管理處或分處變賣或聲請法院拍賣；所得價款扣除費用後，如有餘款，依法處理。」

有關管理處辦理加工出口區內私有建築物的徵購，依「加工出口區設置管理條例施行細則」第二十～二十三條規定，說明如下：

1.本條第二項所稱建築物之市價，應由管理處聘請專家及有關機關參酌徵購當時之物價評定之。

2.本條第二項第一款所稱不供在區內營業之事業使用，指具有下列情形之一而言：

⑴使用者非屬本條例第三條第二項所定之在區內營業之事業。

⑵原使用之在區內營業之事業因故停止營業逾一年者。

3.本條第二項第二款所稱使用情形不當，指有下列情形之一而言：

(1)其使用情況有危害區內公共安全或衛生者。

(2)不依原計畫使用者。

(3)廠房或倉庫有半數以上面積空置逾六個月者。

4.本條第二項第三款所稱高抬轉讓價格，指當時要求之售價，超過與該建築物同一類型及同一結構者之新建價格，扣除該建築物之折舊價額後之百分之十以上而言。

六、區內事業稅捐的減免

㈠稅捐的減免　第十三條規定，「區內事業免徵下列各款之稅捐：

1.由國外輸入機器設備之進口稅捐、貨物稅及營業稅。但機器設備於輸入後五年內輸往課稅區者，應依進口貨品之規定，課徵進口稅捐、貨物稅及營業稅。

2.自國外輸入原料、燃料、物料、半製品、樣品及供貿易、倉儲業轉運用成品之進口稅捐、貨物稅及營業稅。但其輸往課稅區時，應依進口貨品規定課徵進口稅捐、貨物稅及營業稅。

3.取得加工出口區內新建之標準廠房或自管理處依法取得建築物之契稅。

區內事業產製之產品輸往課稅區者，據出廠時形態扣除附加價值後課徵關稅，並依進口貨品之規定，課徵貨物稅及營業稅；其提供勞務予課稅區者，應依法課徵營業稅。

前項附加價值之計算，由經濟部會同財政部定之。

依本條規定免徵稅捐者，除進口貨品仍應報關查驗外無須辦理免

徵、擔保、記帳及押稅手續。」

依本條規定，加工出口區區內事業得減免的稅捐包括以下四種：

1.進口關稅。

2.貨物稅。

3.契稅。

4.營業稅。

有關區內事業稅捐的減免，依「加工出口區設置管理條例施行細則」第二十六～三十條規定，說明如下：

1.本條第一項第一款及第二款規定免徵進口稅捐、貨物稅及營業稅之機器設備、原料、物料、半製品及樣品，包括使用於產銷之設備及器具、用品、樣品、專供區內使用之運輸車輛設備與供包裝用之各種材料及器皿。第二款規定之燃料，以供區內生產或轉運者為限。上述運輸車輛設備，應在車輛之前、後、左、右，各以適當之字體及不易洗擦之塗料書明「本車限於加工出口區內行駛」字樣。

2.本條第一項第二款所稱自國外輸入供貿易、倉儲業轉運用成品，指下列情形之一：

(1)貿易業輸入之成品不經加工而以原形態或重整後轉售輸出者。

(2)對存放於倉儲業倉區之成品所進行之簡易加工，未使該貨品實質轉型者；或不經加工而以原形態轉售輸出者。

上述所稱實質轉型，依進口貨品原產地認定標準認定之。而上述成品應儲存於專用倉庫或專區，並設置帳冊及進出表報以供稽核。其帳冊及進出表報格式，由管理處會同海關定之。

3.區內事業依本條第一項第一款及第二款輸入之貨品，除因國際條約、貿易協定或基於國防、治安、文化、衛生、環境與生態保護需

要限制者外，不受管制進口之限制。

4.區內事業銷售貨品或提供勞務與其他在區內營業之事業、科學工業園區之園區事業、保稅工廠、保稅倉庫或內銷課稅區者，應依相關稅法規定辦理。

5.本條第一項第三款所稱新建之標準廠房，指新建未經使用且未經售讓之標準廠房而言。

(二)從事轉運業務者的營利事業所得稅　第十四條規定，「區內事業從事轉運業務者，得按其轉運業務收入之百分之十為營利事業所得額，課徵營利事業所得稅。但總機構在中華民國境內者，其在區內之分支機構不適用之。

前項事業應依所得稅法第九十八條之一規定繳納其應納營利事業所得稅。但不得適用所得稅法第三十九條之規定。」

本條第一項所稱從事轉運業務，依「加工出口區設置管理條例施行細則」第三十一條規定，指自國內外輸入貨品，在區內進行加工、組裝、倉儲、運輸、裝卸、包裝、修配、檢驗、或測試後再銷售，且該貨品經前述處理後，仍未達核發產地證明標準者。但不包括僅出租倉庫或設備供他人使用者。區內事業從事研究發展或提供諮詢、技術服務等業務，如係經營前項轉運業務所附帶發生者，亦屬轉運業務範圍。區內事業如有轉運業務以外之收入，應依所得稅法規定辦理。

七、進出加工出口區的管理規定

(一)區內事業貨品輸往課稅區的處理　第七條規定，「區內事業貨品輸往課稅區者，比照進口貨品之方式處理。」

依「加工出口區設置管理條例施行細則」第四條規定，區內事業將貨品輸往課稅區者，應適用「貨品輸入管理辦法」。輸入限制輸入

貨品表內之貨品，除其他法令另有規定外，區內事業應依該表所列規定向加工出口管理處或分處申請辦理簽證；免簽證輸入之貨品，如為委託查核輸入貨品表內之貨品，報關進口時，應依該表所列規定辦理。上述貨品出售時，得免開統一發票，但應列入當年度營利事業所得稅結算申報。

㈡保稅範圍　第十五條規定，「經濟部得報經行政院核准於加工出口區內，劃定保稅範圍，賦予保稅便利。」

㈢免稅貨品往返課稅區的處理　第十六條規定，「區內事業免稅之貨品因修理、測試、檢驗、委託加工或提供勞務，而須輸往課稅區者，應經管理處或分處核准，並經海關查驗得免提供稅款擔保。但應在管理處或分處核准之期限內運返區內，並辦理結案手續。」

區內事業依本條規定將貨品委託或送至課稅區廠商加工，依「加工出口區設置管理條例施行細則」第三十二條規定，應填具區外加工申報書申請管理處或分處核准，並應依下列規定申請辦理：

1.提供用料分析，供出區之貨品於加工後運回區內時，查核其數量。

2.出區之貨品，應屬於准許進口類者。但運往科學工業園區或其他特定之保稅區者，不在此限。

上述委託區外加工之區內事業及受託人，依「加工出口區設置管理條例施行細則」第三十三條規定，均應受管理處、分處或海關之查核；其經核准出區委託加工之貨品，限在受託人處所加工，非經管理處或分處核准，不得變更之。區內事業出區加工之貨品應自放行出區之翌日起算六個月內整批或分批運回，運回時應持原出區時申報之區外加工申報書，逕向駐區海關申請驗放銷案；其核准期限未達六個月者，應在核准期限內運回；其有特殊情形不能如期運回者，得於期限

屆滿前，敘明理由，申請所在區管理處或分處核准延期，延長期限不得超過三個月。

㈣課稅區物資輸往加工出口區的處理 第十七條規定，「課稅區廠商售予區內事業之貨品，視同外銷貨品。但機器設備已課稅進口者，不予退稅。

前項貨品入區時，如須申請減、免、退稅或運返課稅區者，應向海關辦理入區相關手續。

第一項視同外銷貨品運返課稅區時，應按輸往課稅區時之價格與稅率課徵有關稅捐或補徵已減免或已退之稅捐。」

有關課稅區物資輸往加工出口區的處理，「加工出口區設置管理條例施行細則」第三十四、三十五及三十六條規定如下：

1.依本條規定，由課稅區輸往加工出口區內供區內事業自用或供轉口外銷之貨品，視同外銷，依照規定申請免稅或退稅；其原屬國外產製，經依規定核准分期繳納進口稅捐之機器設備，輸往加工出口區時，未屆繳納期限之進口稅捐，免予繼續課徵，已繳部分不予退還。上述物資，其入區程序如下：

⑴申請退還或減免徵進口稅捐、貨物稅及營業稅者，於輸往加工出口區時，向所在區管理處或分處辦理輸入許可，並向駐區海關辦理進區報關手續。其由保稅倉庫輸往者，應視同由國外輸往加工出口區辦理報關。運入區內經駐區海關查驗放行，並於放行之翌日起十日內發給證明文件。

⑵依營業稅法第七條第四款規定適用零稅率者，應申請駐區海關核發視同出口證明文件；其於報繳營業稅時無法取得該證明文件者，得在統一發票扣抵聯由區內事業簽章證明由其購買。

⑶不須申請免稅或退稅者，於進入加工出口區時，免辦前二款

手續。但其須運返課稅區，或區內事業購進機器依促進產業升級條例或其他相關法規購進全新機器者，於進入加工出口區時，應填妥自課稅區輸入未辦減免稅貨品至加工出口區申請書，申請海關查驗放行。

2.區內事業自保稅工廠或發貨中心保稅倉庫輸入保稅貨品，得填妥自保稅工廠或發貨中心保稅倉庫輸入貨品至加工出口區申請書，申請駐區海關查驗放行，於次月十五日前彙報。

3.依本條及第十三條規定免稅輸入之機器設備，因修理、測試或檢驗，須送至區外處理者，區內事業得填具加工出口區貨品運出區外處理查驗聯單，並說明需要處理情形及承修或收貨處所，經所在區管理處或分處核准，並經駐區海關查驗登記後，放行出區。

㈤貨品處理的範圍及貨品出入的記帳　第十八條規定，「區內事業得將其貨品在加工出口區內，作有關業務之儲存、陳列、改裝、加工製造及他項處理。但應具備帳冊，分別詳細記載貨品出入數量及金額，以供管理處或分處及海關稽核。

前項貨品得在加工出口區內無限期儲存；如有缺損，應於十五日內申述理由，報請管理處或分處會同海關及稅捐稽徵機關查驗，經查明屬實，並有正當理由者，准在帳冊內減除。」

依「加工出口區設置管理條例施行細則」第三十七條規定，區內事業經核准設立後，除應依商業會計法之規定處理其會計事務外，其有關原料、物料、燃料、半製品、成品、廢品及下腳之收發數量，均應設置補助帳簿逐日詳細登載。而依本條例第十八條第二項之規定，申請查驗貨品之缺損者，準用營利事業所得稅查核準則有關商品盤損之規定辦理。

㈥輸出入貨品的通關手續　第十九條規定，「區內事業輸出入貨品時，應向駐區海關辦理通關手續。其屬貿易主管機關公告限制輸出

入貨品項目者，應先向管理處或分處申請核准。」

㈦人車進出的管制 第二十條規定，「加工出口區內，除必要之管理人員、警衛人員及在區內營業之事業值勤員工外，不得在區內居住。

在區內營業之事業應將所屬員工名冊、照片，報請管理處或分處核發出入許可證。

進出加工出口區之人員、車輛，應循管理處或分處指定之地點出入，並須接受海關及警衛人員所為必要之檢查。」

八、其他管理規定

㈠廢品下腳處理辦法 第八條規定，「區內事業之廢品下腳處理辦法，由經濟部定之。」

依本條規定，經濟部於民國五十五年制定公布「加工出口區外銷事業之廢品下腳處理辦法」，其後並經多次修正，最新一次修正係於民國七十九年六月二十二日，全文共計十條，主要內容如下：

1.本辦法所稱之廢品，係指加工出口區外銷事業所有已腐蝕不能使用或已使用過久之廢、壞機件或其他不堪製造之朽腐材料，其本身事業不能利用，但未經製造過程仍屬資產之一部者，或其材料產品及設備因災害受損，本事業不能利用，仍屬資產之一部者。

2.本辦法所稱之下腳，係指加工出口區外銷事業在其產製過程中，所殘餘之渣滓、廢材、包裝從物，雖非經產製過程，但不屬於資產之一部者。

3.外銷事業本身不能利用而能變值之廢品下腳，外銷事業如不能外銷或售與區內其他外銷事業而欲課稅內銷時，於該種類之廢品、下腳第一次內銷前，先填具外銷事業廢品、下腳課稅內銷申報書四份，

並檢附樣品二份向加工出口區管理處（以下簡稱管理處）或分處申請，管理處或分處將該申報書及樣品轉送駐區海關鑑定，經鑑定後認係廢品或下腳後，管理處或分處予以核准。上述廢品下腳內銷時，由外銷事業檢附發票或貨款收據，向管理處或分處申請核發輸出課稅區許可證再向駐區海關報關，繳稅後查驗放行。經核准內銷之同種類廢品下腳，第二次以後申請內銷時，逕依本項程序辦理，免再送海關鑑定。上述廢品下腳，如原係依加工出口區管理處及分處業務管理規則第四十六條之規定填報自課稅區輸入未辦沖退稅物資至加工出口區四聯單入區之物資，且出區時，駐區海關在鑑定上無困難者，依同規則第四十七條之規定辦理出區。本條下腳銷售所得，外銷事業應依職工福利金條例第二條之規定提撥職工福利金。

4.外銷事業本身不能利用而又不能變價之廢品下腳由管理處或分處會同駐區海關及稽徵機關銷燬之。但依法令規定須經特殊處理而無商業回收價值者，經會同查驗核符後，得作廢棄物出區處理。上述會辦機關之一，如無法在指定時間派出人員，管理處或分處得同另一機關人員查驗破壞之。

5.廢品下腳之處理，如涉及公害防治之規定者，應先依其規定辦理。

6.外銷事業之不良品或呆料，符合第二項條件，經申請所在區管理處或分處、駐區海關及稅捐單位會同鑑定並銷燬為廢品，得列為損失，自會計帳冊除帳；除帳之金額，應扣除銷燬後獲有賠償收入之金額。除帳金額不超過當年會計年度該外銷事業營業額百分之一為原則。如有正當理由，得於會計年度結束後九十日以前申請管理處或分處增加百分比。超過當年度經核准之百分比者，得併入次一會計年度內，依本款規定除帳之。依上述規定銷燬後應作成紀錄記載下列事

項，報請管理處或分處核備：

　　⑴銷燬年月日。

　　⑵銷燬地點。

　　⑶銷燬清單。

　　⑷銷燬機關所派人員及其簽名。

　　依上述規定銷燬後之物，如欲變價內銷或輸往課稅區拋棄者，應依前三點之規定辦理。

　　7.加工出口區管理處或分處為顧及區內環境整潔，對於外銷事業經核准處理之廢品下腳，應令其限期處理，如外銷事業怠於處理，得由管理處或分處或其委託單位代為處理，所需費用由各該外銷事業負擔。

　　8.非外銷事業所有區內之廢品、下腳、不良品或呆料等，準用本辦法規定辦理。

　　㈡管理費　第二十一條規定，「管理處或分處為維護加工出口區之環境衛生、安全及辦理公共設施，得向在區內營業之事業收取管理費；為辦理第五條規定掌理之事項，得收取規費或服務費。在區內營業之事業並應於期限內繳納。

　　前項收取管理費、規費、服務費之範圍及收費標準，由經濟部定之。」

　　依「加工出口區設置管理施行細則」第四十條規定，加工出口區環境之衛生及整潔，管理處或分處得設置清潔隊辦理之。

　　㈢作業基金　第二十二條規定，「加工出口區應設置作業基金，為下列各款之運用：

　　1.加工出口區之開發、擴充、改良、維護及管理。

　　2.加工出口區開發及相關事業之投資或貸款。

3.加工出口區開發管理相關之研究規劃、設計及宣導事項。

4.各項作業服務事項。

5.其他經行政院專案核准者。

前項作業基金之收支保管及運用辦法，由行政院定之。」

九、罰則

㈠帳冊不具備或記載不實或拒絕稽核的處分　第二十三條規定，「區內事業違反第十八條第一項但書規定，不具備帳冊或為虛偽不實之記載或拒絕管理處或分處及海關之稽核者，處新臺幣三萬元以上十五萬元以下罰鍰；經限期改正而未改正者，得按次連續處罰，至其改正為止；情節重大者，並得停止其一個月以上一年以下貨品之輸出入。」

㈡違反人車進出管制規定的處分　第二十四條規定，「違反第二十條規定者，處新臺幣六千元以上三萬元以下罰鍰。」

㈢未依規定繳納費用的處分　第二十五條規定，「在區內營業之事業不依第二十一條規定繳納管理費、規費或服務費者，處新臺幣六千元以上三萬元以下罰鍰，並通知限期繳納，屆期仍不繳納者，並得停止其一個月以上一年以下貨品之輸出入。」

㈣未依規定進出貨品的處分　第二十六條規定，「區內事業違反第十六條或第十九條之規定，將貨品運入或運出加工出口區者，除補徵關稅外，處以應補稅額五倍至十五倍之罰鍰；其有涉及逃避管制者，處貨價一倍至二倍之罰鍰，或沒入或併沒入其貨物。」

㈤勒令遷出的處分　第二十七條規定，「在區內營業之事業有第二十三條至第二十六條之情事，除按各該條處罰外，並得勒令該事業限期遷出加工出口區。」

㈥低報出口價格的處分　第二十八條規定，「管理處或分處對區內事業產品出口價格得隨時稽查。其經查獲低報出口價格者，依有關法令處罰之。」

㈦刑責的處分　第二十九條規定，「本條例規定應處罰鍰之案件涉及刑事責任者，應分別依有關法律處罰。」

㈧罰鍰的繳納　第三十條規定，「本條例所定之罰鍰，由管理處或分處科處，並限期繳納；逾期未繳納者，移送法院強制執行。」

第三節　加工出口區貿易管理辦法

六十三年二月五日經濟部經(63)貿字第○三四六○號令訂定發布

六十五年九月十日經濟部經(65)貿字第二五○九三號令修正

六十六年五月十九日經濟部經(66)法字第一三○二二號令修正

六十八年一月十六日經濟部經(68)法字第○一五三七號令修正

六十八年六月二十二日經濟部經(68)法字第一八六一二號令修正

七十一年六月二十八日經濟部經(71)法字第二二三六二號令修正

七十一年十月八日經濟部經(71)技字第三六八二三號令修正

七十五年七月二日經濟部經(75)技字第二八七七一號令修正

七十六年五月十五日經濟部經(76)技字第二三五○三號令修正

七十六年十一月六日經濟部經(76)技字第五六二二九號令修正

七十八年十一月三日經濟部經(78)技字第○五五三六五號令修正

一、前言

依「加工出口區設置管理條例」第三條之一、第五條、第十四條及第十六條的規定，為了處理加工出口區有關輸出入審核、發證、貿易推廣及管理等事宜，經濟部於民國六十三年二月五日訂定發布「加工出口區貿易管理辦法」，其後並經多次修正，以配合實際作業需要，最新一次修正係於民國七十八年十一月三日。全文共計三十四條條文，分為六章，第一章總則（第一條～第五條）、第二章輸出（第六條～第八條）、第三章輸入（第九條～第十六條）、第四章本區與課稅區貨品之輸出入（第十七條～第二十七條）、第五章貿易業（第二十八條～第

三十三條)、第六章附則（第三十四條）。

二、總則

㈠制定依據 第一條規定,「本辦法由貿易主管機關依據加工出口區設置管理條例（以下簡稱本條例）第三條之一、第五條、第十四條及第十六條之規定訂定之。」

「加工出口區貿易管理辦法」係由經濟部依據「加工出口區設置管理條例」的相關規定而訂定的，說明如下：

1.第三條之一規定，加工出口區內得設貿易、諮詢服務業；其為分公司者，會計應行獨立。

2.第五條規定，加工出口區製造業之產品，以外銷為主。在其年產量一定百分比之範圍內，得比照進口貨物，依法課稅內銷。前項內銷產品之種類、百分比及內銷程序，由經濟部分別定之。

3.第十四條規定，外銷事業依前條第一項第一款規定免徵進口稅捐之物資，不得輸往課稅區。但屬於准許進口類並經管理處或分處審查核准者，按其輸往課稅區時之價格與稅率課徵有關稅捐。

前項審查辦法，由經濟部定之。

4.第十六條規定，加工出口區外匯貿易管理辦法，由外匯及貿易主管機關會同定之。

㈡貿易管理事項 第二條規定,「加工出口區管理處(以下簡稱管理處) 及所屬分處（以下簡稱分處）辦理加工出口區內（以下簡稱本區內）下列各款有關貿易管理事項：

1.輸出入申請案之審核與發證。

2.貿易之推進與發展。

3.其他有關本區內貿易管理事項。」

㈢外銷事業外匯的處理　第三條規定,「外銷事業基於有形、無形貿易所得或所需之外匯, 依管理外匯條例及其他有關規定辦理。」

依「管理外匯條例」第六條之一規定, 出口所得或進口所需外匯, 出、進口人應向中央銀行指定或委託之機構, 依實際交易之付款條件及金額據實申報, 憑以結匯。

㈣貿易重要措施的處理　第四條規定,「本區內有關貿易重要措施, 應由管理處報經貿易主管機關同意或備案。」

㈤其他有關法令的適用　第五條規定,「本辦法未規定事項適用其他有關法令辦理。」

三、輸出

㈠貨品的輸出　第六條規定,「貨品之輸出應領取輸出許可證, 並依輸出簽審之規定辦理。但貨品價額在貿易主管機關所定限額以內者, 得免辦簽證, 逕向海關申請按出口貨物報關驗放辦法驗放。

前項貨品, 如使用他人之商標時, 應先檢附授權使用之證明文件, 向管理處或分處申請, 或核轉貿易主管機關核准。如屬於低於國家標準專案報驗出口貨品案件, 依有關法令辦理。」

㈡簽證的申請　第七條規定,「外銷事業輸出貨品前, 應按實際銷售價格填妥申請書表, 檢具有關文件申請簽證。

前項所報輸出價格如有低報或匿報情形, 由管理處或分處按管理外匯條例處理。」

依「管理外匯條例」第二十條規定, 如果出口人不依規定將其出口所得向中央銀行指定或委託之機構, 依實際交易之付款條件及金額據實申報, 憑以結匯者, 處以按行為時匯率折算金額二倍以下的罰鍰, 並由中央銀行追繳其外匯。

㈢輸出許可證的有效期限　第八條規定,「輸出許可證有效期間,除法令另有規定外,以三十日爲準。

　　前項期限,不得申請延期,於原核定期間內不能輸出貨品時,應將原簽輸出許可證申請註銷,重新填報辦理簽證。」

四、輸入

㈠貨品的輸入　第九條規定,「貨品的輸入,應領取輸入許可證。但貨品價額在貿易主管機關所定限額以內者,得免辦簽證,逕向海關申請,按有關規定驗放。」

㈡結匯保證金　第十條規定,「外銷事業申請輸入結匯時,其結匯保證金依照有關規定辦理。」

㈢機器設備、配件或原料的輸入　第十一條規定,「外銷事業匯入投資股本或貸款,以外幣存款方式存於指定銀行者,限於經審定投資額後再匯出購買經核准輸入之機器設備、配件或原料。但外銷事業所擬購買之機器設備、配件如係舊品者,其動用應先經管理處或分處核准。

　　前項外幣存款一經動用,即不得申請還原或循環使用。」

㈣由其他主管機關審查或發證的處理　第十二條規定,「輸入貨品依法令規定由其他主管機關審查或發證者,得由管理處或分處洽請該主管機關辦理。」

㈤簽證的申請　第十三條規定,「外銷事業輸入貨品者,應填妥申請書表,檢具下列有關文件,向管理處或分處申請簽證:

1.輸入許可證申請書全份。

2.國外供應商或在臺代理商正副報價單各一份。

3.其他依法令或本辦法規定應行附繳之書件。」

㈥浮報輸入價格的處理　第十四條規定,「外銷事業申請輸入貨品如有浮報輸入價格情形, 由管理處或分處按管理外匯條例處理。」

依「管理外匯條例」第二十條規定, 如果進口人不依規定將其進口所需外匯向中央銀行指定或委託之機構, 依實際交易之付款條件及金額據實申報, 憑以結匯者, 處以按行為時匯率折算金額二倍以下的罰鍰, 並由中央銀行追繳其外匯。

㈦輸入許可證的有效期限　第十五條規定,「自國外輸入許可證有效期間均為六個月, 外銷事業應洽供應商於有效期間內裝船、裝機。如因特殊原因須延長啓運時間者, 應敍明原因, 按實際需要時間報請管理處或分處延長有效期間。

前項延長期限每次不得超過六個月, 延長次數不得超過二次。但有特殊情形者, 不在此限。」

㈧輸入許可證的修改　第十六條規定,「輸入許可證經結匯後, 如因外銷事業需要, 須延長貨品裝船（機）期限, 或更改許可證所載貨品名稱、數量、規格或單價等內容者, 得由申請人於許可證有效日期截止前, 填具更改申請書全份, 檢具原證及有關證件送管理處或分處核定之。」

五、本區與課稅區貨品之輸出入

㈠申請內銷的核定單位　第十七條規定,「依本條例第五條規定, 申請內銷之製造業產品, 在年產量百分之五十以下者, 由管理處核定;超過百分之五十者, 提請加工出口區外銷事業申請設立審查小組審議核定。俟核定後, 同類產品當年度之課稅內銷百分比, 得比照辦理。」

「加工出口區設置管理條例」第五條規定,「加工出口區製造業之產品, 以外銷為主。在其年產量一定百分比之範圍內, 得比照進口貨

物，依法課稅內銷。

前項內銷產品之種類、百分比及內銷程序，由經濟部分別定之。」

㈡申請內銷的程序　第十八條規定，「製造業依本條例第五條之規定申請產品內銷，應填妥加工出口區製造業產品申請課稅內銷表五份並檢附有關文件向所在區管理處或分處提出申請，經核准後在核定數量範圍內依課稅區進口簽審之規定申請簽發向課稅區輸出許可證憑以報關課稅出區。

依本條例第十四條規定及貿易業申請內銷之貨品，經所在區管理處或分處審查核准簽發向課稅區輸出許可證，憑以報關課稅出區。

前二項貨品內銷，賣方免開統一發票。但應列入年度營利事業所得稅結算申報。

前三項之輸出許可證有效期間為三十日。」

「加工出口區設置管理條例」第十四條規定，外銷事業依規定免徵進口稅捐之物資，不得輸往課稅區。但屬於准許進口類並經管理處或分處審查核准者，按其輸往課稅區時之價格與稅率課徵有關稅捐。

㈢核准內銷產品辦理出區的期限　第十九條規定，「經核准內銷之產品應於當年度內辦理出區。新年度尚未核定前，如前有案例者，得准先行辦理簽證，俟新年度之百分比核定後於該額度內扣除。」

㈣免稅物資輸往課稅區的申請條件　第二十條規定，「依本條例第十四條規定不得輸往課稅區免徵進口稅捐之物資，若屬於准許進口類，並具有下列情形之一者，得向所在區管理處或分處申請，經審查核准後輸往課稅區：

1.外銷事業經依法解散者。

2.因合併、減資或變更計畫而停止生產某項產品或某項規格產品，或停止生產過程中之部分加工及縮減生產規模者。

3.因清償債務經法院強制執行或依法變賣者。

4.依法遷出加工出口區者。

5.經管理處或分處核准更新機器或設備後汰餘之機器或設備。

6.因缺乏勞力，需送往區外加工，經管理處或分處核准在區外加工該項產品所需之機器或設備。

7.供在區外自設之研究發展部門自用者。」

㈤免稅物資輸往課稅區的申請流程　第二十一條規定,「依前條規定申請者，應檢附有關文件向所在區管理處或分處提出，經核准後，申請簽發向課稅區輸出許可證，憑以報關課稅出區。」

㈥由課稅區輸入貨品的處理　第二十二條規定,「由課稅區輸入本區內之貨品，依加工出口區管理處及分處業務管理規則第四十五條及第四十六條之規定辦理。

依加工出口區管理處及分處業務管理規則第四十五條規定核發之輸入准許證，其有效期間爲三十日。」

「加工出口區管理處及分處業務管理規則」第四十五條規定,「由課稅區輸往加工出口區供外銷事業自用或供轉口外銷之物資，依外銷品沖退原料稅捐辦法之規定須辦理沖退稅捐者，應運入區內指定倉庫或地點，並憑管理處或分處核發之輸入准許證及文件、統一發票、裝箱單，向駐區海關填送課稅區輸入加工出口區貨物報單，辦理報關提貨手續。海關應於貨物放行之翌日起十日內發給退稅或免稅證明文件。但賣方如係科學工業園區之園區事業，免辦本項之輸入准許證及報關，得僅檢附經該園區海關簽章之區間交易申報文件逕向駐區海關辦理入區查驗放行手續。賣方如係保稅工廠，其每筆交易項目在五種以內，而金額在新臺幣十萬元以下者，得填送自保稅工廠輸入零星物資至加工出口區四聯單向海關駐守出入口稽查人員申請編號、押運至指定地

點。再檢附輸入准許證影本及統一發票，送海關人員驗放。於每月月底，由買賣雙方聯名繕具保稅工廠保稅物品售予其他保稅區再加工出口視同出口及進口報單（簡稱 B2報單），並檢附統一發票影本及輸入准許證，向駐區海關彙總報關。

前項之物資運返課稅區時，應依本條例第十五條第三項之規定課徵稅捐。」

該管理規則第四十六條規定，「前條物資，如無須辦理沖退稅或減免稅手續者，得免辦准許證、簽證、報關或入區手續。但如有下列情形之一者，外銷事業或賣方仍應填具自課稅區輸入未辦減免稅物資至加工出口區四聯單，於物資入區時向駐區海關派在各區出入口駐守稽查人員申請檢驗、編號、放行：

1.該物資有運返區外之可能性者。

2.外銷事業欲依獎勵投資條例第十四條之規定證明所購買之生產設備係全新，俾憑申請依獎勵投資條例第六條或第十三條之規定免徵或緩徵所得稅者。

依前項第二款規定，欲證明全新者，憑海關核發之四聯單證明。

未依第一項填報者，不得依第四十七條之規定要求辦理退貨、或掉換。但得課稅出區。」

㈦交易貨款的幣別　第二十三條規定，「本區與課稅區間依規定輸出入之貨品，其支付貨款以新臺幣為原則。其以外幣交易者，得於輸出許可證內所列新臺幣金額下加註外幣金額，於付款時按當時匯率折合等值新臺幣支付。」

㈧各區間相互銷售產品的處理　第二十四條規定，「各區或區間外銷事業相互銷售產品，或本區內外銷事業將產品銷售課稅區保稅工廠供合作外銷者，應依照加工出口區管理處及分處業務管理規則之規定

辦理。」

有關各區間相互銷售產品的處理，依「加工出口區管理處及分處業務管理規則」第七章（第五十八～六十四條）「加工出口區各區間相互交易與區內外銷事業間之相互交易」的規定，說明如下：

1.加工出口區外銷事業出售成品或半製品供應其他加工出口區外銷事業或科學工業園區園區事業作為原料、包裝品或配件，應由賣方外銷事業填具「加工出口區各區間相互交易綜合申報書」（以下簡稱綜合申報書），並檢附裝箱單及統一發票等文件向駐區海關申請。經海關按本章規定代為審核，並檢查貨物件數及嘜頭無訛後，監視裝入保稅卡車、保稅貨箱或貨櫃並予加封或押運出區。上述物資，外銷事業可向海關繳納監視費，申請在工廠直接監視裝車，貨物不須進倉；如經押運者，另繳納押運費。但其件數在十件，總重量在一百公斤以下，且其價值在免辦簽證限額以內者，得經駐區海關驗放後，以掛號包裹方式郵寄；或交由買方或賣方指派之人員攜帶出區。進區時，由該區海關核對封條完整或相符即予放行入廠，免再查驗；郵寄者亦同，如在運送途中遺失，應由賣方補繳稅捐。

2.綜合申報書一式九聯，經查驗符合簽章後第一聯由查驗之駐區海關抽存，第二、三、九聯交賣方持向買方所在區海關加簽後其中第二聯送回賣方所在區海關銷案，第三聯由買方海關自存，第九聯由海關送買方所在區管理處或分處，第六、七聯由海關分送交易兩區稅捐稽徵機關作為計稅資料。第四、五聯分送賣方所在區管理處或分處儲運單位，第八聯交賣方憑以於當月底前持向買方所在區管理處或分處繳納管理費。

3.「綜合申報書」經核准後，其有效使用期限為一個月，逾期應重新辦理。

4.電訊器材及特種物資，在區間交易仍應照一般規定提出特種證照憑驗。

5.外銷事業將成品或半製品出售與同區內其他外銷事業作為原料、配件或包裝品者，買賣雙方得免簽證及報關，逕行交貨。但應於次月二十日前，向所在區管理處或分處申請報備，並繳納管理費。

6.區與區間或區內交易，一律限以新臺幣支付，其價格應由賣方按交貨價格申報。

7.海關檢驗物資，以輸出時在賣方所在區查驗一次為原則。運入他區時由該區海關核對封鎖完整或相符後即予放行入廠，免再檢驗。

㈨樣品、廣告品或賠償品、補交貨品輸往課稅區的處理　第二十五條規定，「外銷事業將樣品、廣告品送往課稅區陳列、展覽或試用，或將賠償品、補交貨品輸往課稅區，或將上述貨品由國外購貨人攜經課稅區帶往國外者，依下列規定辦理：

1.貨品之價值，超過一千美元者，應申請管理處或分處簽證，並向駐區海關辦理報關手續。

2.貨品之價值在一千美元以下，且屬准許進口類者，免辦簽證，得由外銷事業，逕向駐區海關辦理報關出區手續。但每月累計金額，每一外銷事業不得超過五千美元。超過部分及管制進口類貨品仍應申請簽證及報關。

3.貨品之價值在二百美元以下，且屬准許進口類者，免辦簽證及報關手續，得由外銷事業逕向駐區海關申請破壞至無商業價值後，始予驗放。但樣品由國外購貨人攜往國外者免予破壞。其輸出價值，每月累計不得超過一千美元。

4.賠償品及補交貨品輸往課稅區，依關稅法第二十九條規定辦理。

前項第三款各類貨品項目，驗放數量及破壞標準等明細表，由管

理處會同駐區海關另定之。」

(十)樣品、廣告品經由課稅區攜往國外的處理　第二十六條規定，「樣品、廣告品如爲因應國外採購單位之要求，必須經由課稅區攜往國外者，應檢附委託之外銷事業具結書先予驗放出區，並於一個月內檢附出口地海關之出口證明文件辦理銷案，否則應補徵稅捐。」

(十一)自課稅區輸入樣品、廣告品、賠償品及補交貨品的處理　第二十七條規定，「自課稅區輸入之樣品、廣告品、賠償品及補交貨品，依加工出口區管理處及分處業務管理規則第四十六條至第四十七條之一之規定辦理。」

有關「加工出口區管理處及分處業務管理規則」第四十六、四十七條及四十七條之一的規定，分別說明如下：

1.第四十六條規定，由課稅區輸往加工出口區供外銷事業自用或供轉口外銷之物資，如無須辦理沖退稅或減免稅手續者，得免辦准許證、簽證、報關或入區手續。但如有下列情形之一者，外銷事業或賣方仍應填具自課稅區輸入未辦減免稅物資至加工出口區四聯單，於物資入區時向駐區海關派在各區出入口駐守稽查人員申請檢驗、編號、放行：

(1)該物資有運返區外之可能性者。

(2)外銷事業欲依獎勵投資條例第十四條之規定證明所購買之生產設備係全新，俾憑申請依獎勵投資條例第六條或第十三條之規定免徵或緩徵所得稅者。

依前項第二款規定，欲證明全新者，憑海關核發之四聯單證明。

未依第一項填報者，不得依第四十七條之規定要求辦理退貨、或掉換。但得課稅出區。

2.第四十七條規定，依前條之規定輸往加工出口區之物資，如須

退回時，得由申請檢附原填自課稅區輸入未辦減、沖退稅或減免稅物資至加工出口區四聯單第三聯正本、影本各一份，統一發票影本一份或零稅率證明，逕向駐區海關申請查驗放行出區。其中第三聯影本一份，由海關彙送所在區管理處或分處結案。

前項物資如因品質規格不符必須掉換時，得憑第三聯申請駐區海關簽註查驗放行。換回時，仍憑該第三聯申請駐區海關查驗放行。

3.第四十七條之一規定，外銷事業內銷或自課稅區購入之物資，因品質規格不符而發生掉換之需要時，應於入出區日起以後六個月內，由買賣雙方聯名填具「加工出口區掉換物資申請書」詳細說明掉換原因及情形，檢附原進出區證明文件影本申請駐區海關核准後，將掉換物資同時送請海關檢驗後交換放行。

前項進廠逾六個月之物資需要掉換時，應依前三條或準用第五十一條之驗放程序辦理掉換物資手續。

六、貿易業

㈠貿易業者設立的申請　第二十八條規定，「申請在加工出口區內設立貿易業者，應依加工出口區管理處及分處業務管理規則第四條之規定提出申請。

前項貿易業經核准設立，並辦妥公司登記或營利事業登記後，另向所在區管理處外貿科或分處第二課檢送事業進出口簽證印鑑登記申請書及簽證印鑑卡，作為管理處或分處核驗申請事項之依據。但已辦理進出口簽證印鑑登記者，免再辦理。」

㈡製造業兼營貿易業者的處理　第二十九條規定，「區內製造業兼營貿易業者，其營業及會計帳冊應各自獨立。」

㈢輸入貨品的進儲　第三十條規定，「貿易業自國外輸入貨品，均

應進儲於區內經海關核准登記之保稅倉庫。」

㈣貿易業輸出入貨品的準用　第三十一條規定,「貿易業輸出入貨品, 準用第六條、第九條及第十八條之規定, 其輸出入許可證應註明為貿易業輸出入貨品。」

依本條規定, 加工出口區貿易業輸出入貨品時, 可以適用區內製造業有關貨品的輸出 (第六條)、貨品的輸入 (第九條) 及申請內銷的程序 (第十八條) 等相關規定。

㈤製造業產品間接內銷的處理　第三十二條規定,「區內製造業之產品售往區內貿易業,如係供內銷者,應予計入內銷百分比之範圍內。」

㈥諮詢服務業貨品輸出入的準用　第三十三條規定,「諮詢服務業貨品之輸出入準用本章之規定。」

七、附則

㈠施行日　第三十四條規定,「本辦法自發布日施行。」

第四節　科學工業園區設置管理條例

六十八年七月二十七日總統令公布
七十年五月二十四日總統令修正公布
七十八年五月二十四日總統令修正公布

一、前言

科學工業園區的設置原理，基本上與加工出口區類似，係將該區視為一特別區域，給予特別管理。工業園區在英國通稱工業地產 (Industrial Estate)，而在美國早期又稱為計畫工業區 (Planned Industrial District) 或組織工業區 (Organized Industrial District)，在日本則稱為工業團地。係指在區域及都市計畫的指導下，開發一大片土地，事前先將道路、鐵路、上下水道、電力、電信等設施加以鋪設，並提供興建工業生產所需的設備，以供需要土地、廠房的工廠承購或承租。此種經整體規劃，作有系統開發的用地便稱為工業園區。

為了激勵國內工業技術的研究創新，並促進高級技術工業的發展，以提高我國產品的國際競爭力，政府於民國六十八年七月二十七日頒布「科學工業園區設置管理條例」，並於民國六十九年九月一日成立科學工業園區管理局，而於同年十二月十五日創立新竹科學工業園區，為發展國內的高科技工業開啟新頁。在新竹科學工業園區的工業以資訊與自動化、電子、電訊、精密儀器、生物化學、材料科學等為主。而除了科學工業廠商之外，新竹科學工業園區尚結合了清華大學、交通大學、工業技術研究院等學術研究機構，建立建教合作及共同研究計畫等，積極從事工業技術的提升。

　　「科學工業園區設置管理條例」發布後曾於民國七十年五月二十四日及七十八年五月二十四日修正二次，全文共計三十六條條文，分為一般性規定、管理機關及其掌理事項、土地及建築物、優惠措施、進出科學工業園區的管理規定、建教合作、其他管理規定、罰則等八部分。此外，為了說明及規範「科學工業園區設置管理條例」的相關規定，行政院並於民國七十年六月十九日發布「科學工業園區設置管理條例施行細則」，並於民國七十六年五月二十日及八十三年七月一日修正，全文共計五十一條條文。

二、一般性規定

　　㈠宗旨　第一條規定，「為引進高級技術工業及科學技術人才，以激勵國內工業技術之研究創新，並促進高級技術工業之發展，行政院依本條例之規定，得選定適當地點，設置科學工業園區（以下簡稱園區）。」

　　㈡適用範圍　第二條規定，「園區之設置與管理，依本條例之規定。本條例未規定者，適用其他有關法律之規定。但其他稅法之規定，對科學工業較本條例更有利者，適用最有利之規定。」

　　本條所謂其他有關法律，主要包括外國人投資條例、華僑回國投資條例、技術合作條例、促進產業升級條例、關稅法、管理外匯條例等。

　　㈢科學工業的範圍　第三條規定，「本條例所稱科學工業，係指經核准在園區內創設製造及研究發展高級技術工業產品之事業。

　　前項科學工業應為依公司法組織之股份有限公司或其分公司，或經認許相當於我國股份有限公司組織之外國公司之分公司，其投資計畫須能配合我國工業之發展、使用或能培養較多之本國科學技術人

員，且具有相當之研究實驗儀器設備，而不造致公害，並合於下列條件之一者為限：

　　1.具有產製成品之各項設計能力及有產品之整體發展計畫者。

　　2.產品已經初期研究發展，正在成長中者。

　　3.產品具有發展及創新之潛力者。

　　4.具有規模之研究機構，從事高級創新研究及發展工作者。

　　5.生產過程中可引進與培養高級科學技術人員，並需要較多研究發展費用者。

　　6.對我國經濟建設或國防有重大助益者。

　　科學工業使用本國各級科學技術人員之人數，視科學工業之性質與規模，及逐年成長程度，由園區與科學工業分別以契約定之。但自產品銷售或提供勞務之日起三年內，應遞增至不低於該事業科技人員總數百分之五十。」

　　依「科學工業園區設置管理條例施行細則」第二條規定，本條第二項所稱具有相當之研究實驗儀器設備，係指其儀器設備總金額達總投資額之百分之十以上者而言，但其產品為軟體者不在此限。本條第二項第五款所稱需要較多研究發展費用，由國科會斟酌投資計畫及事業性質核定之。本條第三項所規定由園區與科學工業訂定契約約定使用本國科學技術人員人數，管理局得隨時派員抽查，嚴格執行。

　　此外，依該施行細則第四十二條規定，本條及第二十五條所稱科學技術人員，本條及第十九條所稱科學技術，其認定標準由管理局訂定並報請國科會備查。

　　㈣轉投資科學工業的規定　第三條之一規定，「股份有限公司組織之營利事業，投資於科學工業，如經代表已發行股份總數三分之二以上股東出席，出席股東表決權過半數同意之股東會決議，得不受公

司法第十三條第一項有關轉投資百分比之限制。」

依「公司法」第十三條第一項規定，公司不得為他公司無限責任股東或合夥事業之合夥人；如為他公司有限責任股東時，其所有投資總額，除以投資為專業者外，不得超過本公司實收股本百分之四十。

㈤園區事業的範圍　第四條規定，「本條例所稱園區事業，係指科學工業及配合其產銷而經核准在園區內設立之儲運、包裝、修配、機器設備租賃以及提供科學工業管理或技術上諮詢及服務之事業。」

本條規定配合園區科學工業產銷設置之儲運、包裝、修配及機器設備租賃事業，其配置地區依「科學工業園區設置管理條例施行細則」第三條規定，得由管理局劃定之。而上述儲運事業得由管理局自行辦理。

此外，依該施行細則第四條規定，本條所稱提供科學工業管理或技術上諮詢及服務之事業，係指經營提供本條例第三條所定關於科學工業之下列諮詢及服務而言：

1.專門技術。

2.機械或工具之設計。

3.管理制度或技術之設計或改善。

4.新市場之拓展。

5.工業技術、管理及貿易資料之供應。

6.工業技術或管理方法之講習。

7.生產成本之評估。

8.其他有關事項。

㈥施行細則　第三十五條規定，「本條例施行細則，由行政院定之。」

依本條規定，行政院於民國七十年六月十九日發布「科學工業園

區設置管理條例施行細則」，並於民國七十六年五月二十日及八十三年七月一日修正，全文共計五十一條條文。

　　㈦施行日　第三十六條規定，「本條例自公布日施行。」

三、管理機關及其掌理事項

　　㈠督導及決策機關　第五條規定，「行政院國家科學委員會（以下簡稱國科會）設置園區指導委員會，負監督、指導及決定政策之責。由有關部會副首長及專家組成之，國科會主任委員為召集人。

　　關於園區企劃管理之決策及重大業務事項，應由園區指導委員會層報行政院核定之。」

　　行政院國家科學委員會依本條第一項規定設置科學工業園區指導委員會，對園區負監督指導及決定政策之責，並於民國六十八年八月二十九日訂定發布「行政院國家科學委員會科學工業園區指導委員會設置辦法」，全文共計九條條文，主要內容如下：

　　1.科學工業園區指導委員會之任務如下：

　　　⑴園區引進科學工業之種類及優先次序之審議。

　　　⑵在園區內投資及技術合作申請案件之審定。

　　　⑶園區設置地點、範圍及其開發規劃之審議。

　　　⑷園區重要管理法規擬訂之審議。

　　　⑸對園區科學工業參加投資案之審議。

　　　⑹其他有關園區企劃管理之決策及重大業務事項之審議。

　　2.本委員會置委員十三至十五人，除內政、國防、財政、教育、經濟、交通各部及行政院經濟建設委員會副首長一人，以及國科會主任委員與副主任委員為當然委員外，得聘請專家三至五名為委員，由國科會主任委員任召集人。

3.本委員會置執行秘書一人，由科學工業園區管理局局長兼任；秘書一人由管理局派員兼任。

4.本委員會各委員由國科會主任委員提名報請行政院核派，其兼職人員由國科會主任委員指派。

5.本委員會委員及兼職人員均為無給職。

6.本委員會每月集會一次，必要時得召開臨時會議。

7.本委員會為審議園區內之投資及技術合作申請，得組織審查小組由執行秘書為召集人。

本條第二項所稱重大業務事項，依「科學工業園區設置管理條例施行細則」第五條規定，係指下列事項：

1.園區發展方案之訂定或修正。

2.由行政院專案列管之項目。

3.依「科學工業園區設置管理條例」第二十三條所參加之投資。

4.關於商請其他機關委託管理局辦理事項。

5.其他應報請行政院核定之事項。

(二)執行機關　第六條規定，「為執行園區管理業務，辦理園區營運工作，並提供園區事業各項服務，由國科會設置園區管理局（以下簡稱管理局）；其組織另以法律定之。」

(三)管理局掌理事項　第七條規定，「管理局掌理園區內下列事項：

1.關於企劃及管理決策之推動事項。

2.關於園區事業設立、營運之輔導及服務事項。

3.關於吸引投資及對外宣傳事項。

4.關於產品檢驗發證及產地證明簽發事項。

5.關於電信器材進、出口查驗及護照憑證之簽發事項。

　6.關於園區事業人員出國、多次入、出境及外籍人員延長居留申請之核轉事項。

　7.關於外籍或僑居國外人員聘僱之核准事項。

　8.關於減免稅捐證明之核發事項。

　9.關於外匯及貿易業務事項。

10.關於產品市場調查事項。

11.關於預防走私措施事項。

12.關於工商登記證照、工業用電證明之核發及土地使用管制與建築管理事項。

13.關於安全、防護事項。

14.關於工商團體之業務事項。

15.關於各項公共設施之建設及維護事項。

16.關於勞工行政、勞工安全衛生、公害防治及工廠檢查事項。

17.關於財務之計畫、調度及稽核事項。

18.關於公有財產管理、收益事項。

19.關於社區編定、開發及管理事項。

20.關於廠房、住宅、宿舍之興建及租售事項。

21.關於設立員工子弟學校之推動事項。

22.關於促進建教合作及技術訓練事項。

23.關於科學技術人才訓練及人力資源之獲得與調節事項。

24.關於通用之技術服務設施事項。

25.關於科學技術研究創新與發展之推動事項。

26.關於儲運單位及保稅倉庫之設立、經營、管理事項。

27.關於公共福利事項。

28.其他有關行政管理事項。

前項各款所定事項與各機關有關者, 其處理辦法, 由國科會會商有關機關定之。」

有關科學工業園區管理局掌理事項, 依「科學工業園區設置管理條例施行細則」第六～十五條規定, 說明如下:

1.本條第一項第十二款所稱工商登記證照之核發, 係指園區內下列各款之設立及變更登記之核准與發證或發照:

　(1)園區事業公司登記。

　(2)園區事業工廠登記。

　(3)營利事業統一發證辦法所定之登記及許可。

上述園區事業工廠之登記以及營利事業統一發證辦法所定之登記及許可得統一發證。而營利事業統一發證辦法所定之登記及許可包括出進口廠商輔導管理辦法所定之登記及許可、電信（子）廠商特許證及其他應經特許之登記。

2.本條第一項第十二款所稱建築管理, 係指建築物之建築許可、施工管理、使用管理及拆除管理。

3.本條第一項第十六款所稱勞工行政, 係指勞工組織、勞動條件、勞資關係、勞工福利、勞工教育、勞工就業輔導、建教合作及職業訓練之協辦事項; 所稱勞工安全衛生, 係指依勞工安全衛生法令及工廠檢查法令及其他勞動法規所規定之勞工安全及衛生設施事項; 所稱公害防治, 係指水污染防治、空氣污染防治、廢棄物清理法令及其他環境保護法令所規定之事項。管理局辦理上述所定事項得洽請有關機關協助之。

4.本條第一項第二十一款所稱員工子弟學校之設立仍應依有關教育法令為之, 對於外籍員工子弟必要時得准單獨設班或設校。

5.本條第一項第二十二款所稱建教合作及技術訓練, 係指園區事

業與教育或學術研究機構就人才培育、技術訓練及研究試驗方面共同合作事項之推動與協調聯繫。

6.本條第一項第二十四款所稱通用之技術服務設施，係指為園區事業共同需使用之機器或儀器設備維護或租借，以及資訊等服務事項而言。

7.本條第一項第二十五款所稱科學技術研究創新與發展，係指下列事項而言：

⑴國外新技術之引進。

⑵科學工業辦理研究發展工作之檢討與促進。

⑶園區事業間技術交流之促進。

⑷園區事業從事研究發展工作之獎助。

⑸學術講演或專題研討之舉辦。

⑹其他有關促進科學技術研究創新與發展之事項。

8.本條第一項第二十六款所稱儲運單位與保稅倉庫之設立、經營，係指以園區事業、園區內分支單位、營業所為營業對象者而言。上述儲運單位得受園區事業之委託兼辦報關事宜，並得於園區事業出入機場或港口設置保稅倉庫，專供園區事業出入口物資之存儲。

9.本條第一項第二十七款所稱公共福利，係指對於園區從業員工提供醫療保健、食物供應、交通住宿、育樂活動設備及管理及其他有關公共福利事項。

10.管理局為辦理本條第一項第十九款、第二十款、第二十四款、第二十六款及第二十七款所規定事項得設置作業單位。其組織編制、薪給標準及收取服務費率由管理局擬訂，報請國科會轉報行政院核定後行之。上述作業單位因作業所發生之收支，應設置作業基金，並依法編製附屬單位預算辦理之。

11.為統一事權並有效執行園區之管理，國科會或管理局得依照「科學工業園區設置管理條例」及其他有關法令，逕行辦理或由各該主管機關委託代為辦理下列園區內業務事項：

　⑴公司登記。

　⑵動產擔保交易登記。

　⑶華僑、外國人投資及技術合作申請。

　⑷其他依本條例及各該業務有關法令規定得逕行辦理或由各該主管機關委託代為辦理園區內之業務事項。

經委託代辦上述業務有關證照之核發，應於發證後按月冊報或副知該主管機關並將所收規費解繳。

管理局為執行依本條例所規定之各項業務及便於園區事業之營運，依「科學工業園區設置管理條例施行細則」第五十條規定，得會商各有關機關訂定必要之管理規則。

㈣園區指導委員會的審議事項　第八條規定，「管理局就下列事項提請園區指導委員會審議之：

　1.園區引進科學工業之種類及優先次序。

　2.在園區內投資及技術合作之申請案。

前項第一款經審議後，由國科會報請行政院核定之。」

依「科學工業園區設置管理條例施行細則」第十六條規定，本條第一項第二款所稱園區內投資申請案，包括本國人、華僑及外國人依本條例申請及依獎勵投資條例、華僑回國投資條例、外國人投資條例之規定申請關於投資創設、增資、合併經營及其他有關投資事項之案件。上述案件，除屬於申請投資創設園區事業案件，管理局應於其手續完備一個月內提請園區指導委員會審議核定後由國科會通知申請人外，其他案件則視實際需要，酌定期限核定之。此外，本條第一項第

二款所稱園區內技術合作申請案，包括本國人、華僑及外國人依本條例及技術合作條例之規定申請技術合作之案件。

　　㈤相關業務的督導　第九條規定，「園區內下列事項，由各該事業主管機關設立分支單位，受管理局之指導、監督辦理之：

　　1.稅捐之稽徵事項。

　　2.海關業務事項。

　　3.郵電業務事項。

　　4.電力、給水及其他有關公用事業之業務事項。

　　5.金融業務事項。

　　6.警察業務事項。

　　7.土地行政事項。

　　8.其他公務機關服務事項。」

　　「科學工業園區設置管理條例施行細則」第十七條規定，依本條規定於園區內設立之各分支單位，其下列事項應受管理局之指揮監督：

　　1.關於統一辦公時間之訂定。

　　2.關於對園區事業物資之盤點、監毀及帳冊之檢查。

　　3.重要業務執行前之諮商。

　　4.園區內分支單位其他共同操作或協調事項。

　　管理局應於每年年終考績前，將各分支單位主管人員工作情形函知其上級機關，該上級機關應將其列為該分支單位主管人員年終考績資料之一。

四、土地及建築物

　　㈠土地　第十一條規定，「園區內之土地，其原屬其他機關管理

者，管理局得申請撥用；原屬私有者，得予徵收，並按市價補償之。

前項土地徵收由管理局擬具詳細徵收計畫書，附具計畫開發用地綱要計畫圖及徵收土地清冊，送由國科會轉中央地政機關核定，發交當地直轄市或縣（市）地政機關，依下列程序辦理徵收，並於辦理完畢後層報中央地政機關備查：

1.直轄市或縣（市）地政機關，於接到核定徵收土地案時，應即定期召集土地所有權人協議補償地價；未能達成協議者，提請地價評議委員會及標準地價評議委員會評定之。

2.直轄市或縣（市）地政機關，於接到核定徵收土地案時，應即派員調查一併徵收之土地改良物實況，作為計算補償費之依據；土地所有權人或利害關係人不得拒絕或妨害其調查。

3.直轄市或縣（市）地政機關，應於補償地價及土地改良物補償費協議成立或評定後十五日內公告徵收，並通知土地所有權人及土地他項權利人。公告期間為三十日；土地所有權人及利害關係人認為徵收有錯誤、遺漏或對補償地價或補償費有意見時，應於公告期間內，申請更正或提出異議。直轄市或縣（市）地政機關，應即分別查明處理或提請地價評議委員會及標準地價評議委員會復議。

4.公告期滿確定徵收後，由直轄市或縣（市）地政機關通知土地所有權人，於二十日內繳交土地所有權狀及有關證件，具領補償地價及補償費；逾期不繳交者，宣告其權狀及證件無效，其應補償之地價及補償費，依法提存之。

5.被徵收土地原設定之他項權利，因徵收確定而消滅；其權利價值，由直轄市或縣（市）地政機關於發給補償金時代為補償，並以其餘款交付被徵收土地之所有權人。

6.被徵收耕地終止租約時，由直轄市或縣（市）地政機關補償承

租人為改良土地所支付之費用及尚未收穫之農作改良物，並以地價扣除繳納增值稅後餘額三分之一補償原耕地承租人。

　　7.補償地價及補償費發給完竣後，由直轄市或縣（市）地政機關逕行辦理土地權利變更登記。

　　園區事業得依其需要向管理局申請租用園區土地，除應付租金外，並應負擔公共設施建設費用。」

　　「科學工業園區設置管理條例施行細則」第十八條規定，「本條第一項所定徵收土地按市價補償，應依「獎勵投資條例」第五十六條之規定辦理之；而本條第二項所稱之租金，應依「土地法」第一百零五條之規定計收之。

　　「獎勵投資條例」（現已廢止）第五十六條規定，依獎勵投資條例徵收土地之地價，按市價協議補償之；其建築改良物，按重置價格補償；農作改良物未屆成熟期者，按成熟時收穫量折價補償。但以其成熟時期距公告徵收之日一年以內者為限。上述市價，係指按被徵收土地原使用性質與當地使用性質相同土地之一般買賣價格而言。

　　「土地法」第一百零五條規定，租用基地建築房屋準用「土地法」第九十七、九十九及一百零一條有關租金限制的規定。「土地法」第九十七條規定，城市地方房屋之租金，以不超過土地及其建築物申報總價額年息百分之十為限。約定房屋租金超過上述規定者，該管市縣政府得依上述所定標準強制減定之。「土地法」第九十九條規定，擔保之金額不得超過二個月房屋租金之總額。已交付之擔保金超過前項限度者，承租人得以超過之部分抵付房租。而「土地法」第一百零一條規定，因房屋租用發生爭議，得由該管市縣地政機關予以調處，不服調處者，得向司法機關訴請處理。

　　本條第二項所稱公共設施建設費用，依「科學工業園區設置管

理條例施行細則」第十九條規定，係指管理局所負擔園區內之公共道路、下水道、污水管理、水電供應設備、防止走私設備、環境美化等開發建設費用而言。上述費用，園區事業應按已支付或已確定金額或貸款總額，依全區可出租土地面積平均分攤，於園區事業開始營業之日起，分二十年免息逐年攤還。

此外，該施行細則第二十條規定，園區事業購買現成廠房或自建廠房、住宅、宿舍，其租用土地得依土地法規定設定地上權。但其期限不得超過租賃土地之期間。上述地上權設定登記，由管理局列具土地地號一次層請財政部核准，授權管理局逐案辦理。建築物所有權轉讓時，其基地雖未設定地上權，地政機關應准許該建築辦理過戶登記。

㈡社區　第十二條規定，「園區內得劃定一部分地區作為社區，並由管理局配合園區建設進度予以開發、管理。

前項社區用地，除供公共設施及其必要之配合設施外，得配售予園區內被徵收土地或房屋之原所有權人及耕地承租人供興建住宅使用；其配售土地辦法，由管理局層報行政院核定之。」

㈢建築物　第十三條規定，「園區內之廠房及社區內之住宅、宿舍，得由園區事業請准自建或由管理局興建租售，必要時得開放民間投資興建租售之。

前項廠房以租售與園區事業為限。住宅、宿舍以租與園區從業人員為限。其售價及租金標準，由投資興建人擬定報請管理局核定；租金標準不受土地法第九十七條規定之限制。」

本條第一項所稱開放民間投資，依「科學工業園區設置管理條例施行細則」第二十一條規定，其投資者應以依法登記具有投資興建房屋租、售營業項目之社團法人為限，申請時應備具詳細計畫函送管理

局核辦。上述投資興建房屋租、售營業項目涉及建築施工事項者，應以營造業為限。

依本條第二項規定，科學工業園區的廠房、住宅或宿舍的租金標準，可以不受「土地法」第九十七條規定的限制。（該條規定城市地方房屋之租金，以不超過土地及其建築物申報總價年息百分之十為限。約定房屋租金超過上述規定者，該管市縣政府得依上述所定標準強制減定之。）

㈣私有廠房的轉讓與徵購　第十四條規定，「園區內私有廠房之轉讓，以供經核准設立之園區事業使用為限。

前項廠房及其有關建築物有下列情形之一者，管理局得依市價徵購之：

　1.不供園區事業使用者。

　2.使用情形不當者。

　3.高抬轉讓價格者。

　4.依第十條規定應遷出園區者。

依前項規定徵購廠房及其有關建築物時，對於原所有權人存於該廠房及其有關建築物內之一切物資，管理局得限期令其遷移或代為移置他處存放，費用及因遷移該物資所生之損害，由所有權人負擔之。

廠房及其有關建築物之徵購辦法，由行政院定之。」

本條第二項第二款所稱使用情形不當，依「科學工業園區設置管理條例施行細則」第二十二條規定，係指有下列情形之一者而言：

　⑴原使用廠房之事業因故停業在一年以上。

　⑵住宅、宿舍使用者為非園區從業人員。惟經管理局核准在社區專為園區從業人員服務或營業之營利事業所有者不在此限。

　⑶其使用情形有危害公共安全或衛生之虞。

⑷廠房不依原計畫使用。

⑸廠房或倉庫有半數以上空置逾管理局規定之期間。

⑹其他違規使用經管理局查明者。

此外，本條第二項第三款所稱高抬轉讓價格，依「科學工業園區設置管理條例施行細則」第二十三條規定，係指出售價格超過與該建築物同一類型及同一結構之新建價格，扣除該建築物按新建價格調整計算之折舊價額後之百分之十以上而言。

五、優惠措施

㈠營利事業所得稅的減免　第十五條規定，「科學工業得自其產品開始銷售或勞務開始提供之日起二年內，自行選定四年內之任何一會計年度之首日開始，連續免徵營利事業所得稅五年。

科學工業增資擴展供生產或提供勞務設備者，得就下列獎勵擇一適用。但擇定後不得變更：

1.自新增設備開始作業或開始提供勞務之日起二年內，得自行選定四年內之任何一會計年度之首日開始，連續四年內，就其新增所得免徵營利事業所得稅。

2.新增供生產或提供勞務設備之成本，得以其百分之十五抵減增資擴展年度新增所得之營利事業所得稅。當年度新增所得之應納稅額不足抵減者，得在以後四年度新增所得之營利事業所得稅中抵減之。

科學工業之營利事業所得稅及附加捐總額，不得超過其全年課稅所得額百分之二十。

依第一項、第二項之規定減免稅捐，除開始減免日期之選定，應於二年內報請稅捐稽徵機關核備外，其餘減免手續一律免辦。」

依本條第一項及第二項享受免徵營利事業所得稅供生產或提供

勞務之設備，依「科學工業園區設置管理條例施行細則」第二十四條規定，除因事實需要，經管理局報經國科會專案核准，自國外輸入者外，均以全新為限，並須屬於投資計畫內者。上述設備，如屬於該科學工業之生產或提供勞務之設備，應於到達園區內裝置完工後，申請管理局核驗發證，以證明下列事項，以便稅捐稽徵機關勾稽：

1. 設備之新、舊。

2. 舊設備是否經專案核准。

3. 裝置完成日期。

4. 是否屬於投資計畫內之設備。

5. 開始作業或提供勞務設備之日期。

6. 其他必要事項。

　　上述生產或提供勞務之設備，應於投資計畫完成時（包括分期投資之各期），由科學工業自擬生產能力百分比，送請管理局鑑定證明後持向稅捐稽徵機關勾稽。此外，本條第一項所稱之會計年度，其起訖日期，應依「所得稅法」第二十三條之規定；第二項第二款所稱之成本，應依「所得稅法」第四十五條之規定辦理。

　　㈡外國公司納稅處理　第十五條之一規定，「合於第三條第二項規定之外國公司之分公司，其所得於繳納營利事業所得稅後，將其稅後盈餘給付總公司時，應按其給付額扣繳百分之二十所得稅。」

　　㈢保稅　第十六條規定，「行政院於園區內，劃定保稅範圍，賦予保稅便利。」

　　依「科學工業園區設置管理條例施行細則」第二十六條規定，依本條劃定之保稅範圍，為適用本條例關於保稅規定之範圍；在保稅範圍內，園區事業得自由交易流通，免辦進出口簽證、報關及押運等手續。

㈣其他各稅的減免　第十七條規定，「園區事業自國外輸入自用機器設備，免徵進口稅捐、貨物稅及營業稅。但於輸入後五年內輸往保稅範圍外者，應依進口貨物之規定，課徵進口稅捐、貨物稅及營業稅。

園區事業自國外輸入原料、物料、燃料及半製品，免徵進口稅捐、貨物稅及營業稅。但於輸往保稅範圍外者，應依進口貨物之規定，課徵進口稅捐、貨物稅及營業稅。

園區事業以產品或勞務外銷者，其營業稅稅率為零，並免徵貨物稅。但其以產品、廢品或下腳輸往保稅範圍外者，除保稅範圍外尚未能產製之產品，依所使用原料或零件課徵進口稅捐、貨物稅及營業稅外，應依進口貨物之規定，課徵進口稅捐、貨物稅及營業稅；其在保稅範圍外提供勞務者，應依法課徵營業稅。

園區事業取得園區內新建或管理局依第十四條徵購之廠房及其有關建築物，免徵契稅。

依本條規定免徵稅捐者，除進口物資仍應報關查驗外，無需辦理免徵、擔保、記帳及押稅手續。」

依本條例第十五、十七條規定，科學工業園區的園區事業得享有下列五種稅捐的減免：

1.營利事業所得稅。

2.進口稅捐。

3.貨物稅。

4.營業稅。

5.契稅。

依「科學工業園區設置管理條例施行細則」第二十七條規定，本條第二項規定免徵進口稅捐之原料、物料、半製品包括使用於生產

之器具、用品、樣品。而本條第三項所稱園區事業以產品或勞務外銷者，包括園區事業與其他園區事業、國外客戶、國內加工出口區外銷事業、保稅工廠間之交易，以及售與外銷廠商直接出口或存入保稅倉庫以供外銷者在內。

㈤物資進出保稅範圍　第十八條規定，「由保稅範圍外之廠商售供園區事業自用之機器設備、原料、物料、燃料及半製品，視同外銷物資。但機器設備已課徵之進口稅捐及貨物稅，不予退稅。

前項物資復行輸往保稅範圍外時，應依進口貨物之規定，課徵進口稅捐、貨物稅及營業稅。」

有關物資進出保稅範圍，依「科學工業園區設置管理條例施行細則」第二十八～三十四條規定，說明如下：

1.園區事業依本條及第十七條進口之自用機器設備、原料、物料、燃料及半製品，除屬於禁止進口類者外，不受管制進口之限制，其項目並應事先申請管理局核定，非經核定不得申請輸入簽證。但進口後輸往園區保稅範圍外時，仍應受管制進口法令之限制。上述免稅燃料，以專供保稅範圍內園區事業直接生產用者為限；凡供保稅範圍內外交通之車輛、炊事或其他非直接生產用者不在免稅之列。免稅貨物，如屬於車輛者，限於專供科學工業園區保稅範圍內行駛，應於該車前後左右明顯處，以不易洗擦之塗料及容易辨識之字體書明『本車限於科學工業園區保稅範圍內行駛』字樣。

2.園區事業依本條及第十七條規定免稅進口之機器設備，因損壞無法在園區內修理者，得經管理局核准，並經駐區海關查驗登記後，運往保稅範圍外修理，但應限期運回。

3.依本條規定由保稅範圍外廠商售供園區事業自用之物資，視同外銷，該賣方廠商如僅依獎勵投資條例之規定，申請免徵營業稅及減

徵印花稅者，應於進入園區保稅範圍時，填妥自保稅範圍外售往園區事業物資申請減免營業稅及印花稅申請書，申請駐區海關查驗放行；如另須依照外銷品沖退原料稅捐辦法沖退所規定之各稅者，應向管理局辦理輸入簽證及向海關辦理報關手續。駐區海關對於依前項辦理輸入園區報關手續者，應於查驗無訛後七日內發給證明文件予賣方廠商。

4.由保稅範圍外輸入園區保稅範圍之物資如不申請減免或退稅，得免辦手續入區。但園區事業購進機器，需要全新證明，以便申請免徵或緩繳所得稅或日後有退回、掉換或運返保稅範圍外之需要或可能者，應於入區時填具自保稅範圍外輸入未辦沖退稅貨物至科學工業園區四聯單申請駐區海關查驗放行。上述物資，於運返保稅範圍外時，應憑該四聯單申請駐區海關查驗，免稅放行。

5.園區事業依本條及第十七條輸入園區保稅範圍內之自用物資，其留置於園區保稅範圍內之時間，不受任何限制。

6.園區事業由國外或保稅範圍外輸入物資及向國外或保稅範圍外輸出物資之驗關手續，應以由園區海關負責辦理為原則。但進、出口地海關認有必要時，得予查驗。

7.園區事業由國外或保稅範圍外輸出入物資應依科學工業園區貿易業務處理辦法之規定向管理局申請有關之輸出入許可證；管理局應於收件齊全後二十四小時上班時間內核發為原則。輸入園區物資到達港口或機場卸貨後，海關應即准由管理局設置之儲運單位申請轉運園區指定倉庫辦理報關查驗手續。輸入園區物資不論為海運或空運到達，管理局得要求船邊或機邊提貨，有關港務或機場主管機關不得再收倉儲費用。以空運輸出之物資，其起運前安全隔離之二十四小時，應自駐區海關加封時起算。駐區海關應於加封時記明時間。

㈥土地租金的減免 第十九條規定,「科學工業經管理局認定其科學技術對工業發展有特殊貢獻者,得減免其承租土地五年以內之租金。」

六、進出科學工業園區的管理規定

㈠物資輸出入 第二十條規定,「園區事業之輸出入物資,除經貿易主管機關規定,應經管理局核准者外,得免辦許可證,逕向駐區海關辦理通關事宜。

園區事業之委託加工,經管理局核准後,逕向駐區海關辦理出區手續。」

有關物資輸出入科學工業園區,依「科學工業園區設置管理條例施行細則」第三十五～三十八條規定,說明如下:

1.園區事業依本條規定申請自保稅範圍外輸入或向保稅範圍外輸出之物資,其屬准許進、出口類者,管理局得逕行核發准許證,並將副本送請經濟部國際貿易局備查;保稅範圍外業者,可免向經濟部國際貿易局另辦該項輸出(入)許可證之申請手續。其屬管制進、出口類者,應由保稅範圍外業者先向經濟部國際貿易局或其授權單位申請核發輸出(入)許可證後,再由園區事業持以向管理局申請核發准許證。管制進口類物資,應由經濟部國際貿易局通報管理局參考。園區事業自保稅範圍外輸入或向保稅範圍外輸出物資時,其所使用之幣別,應以新臺幣支付為原則。其需以外幣支付者,仍應依有關外匯貿易管理法令之規定辦理。

2.依本條第一項之規定讓售自國外輸入之物資(不包括園區事業產製之成品、半製品)於保稅範圍外者,應以具有下列情形之一者為限:

⑴園區事業因生產計畫改變，致庫存物資不能利用者。

⑵園區事業宣告解散者。

⑶園區事業因清償債務，經法院強制執行者。

⑷園區事業因管理局勒令遷出園區者。

⑸機器設備經汰舊換新者。

3.依本條第二項輸往保稅範圍外委託加工者，應具備下列條件：

⑴園區事業缺乏加工研究過程中所需技術或機械設備，致其成品所需部分零、組件須委託保稅範圍外加工者。

⑵其原料、半製品應屬准許進口類物資。

⑶委託加工之對象以依法組織之科學技術研究機構或已辦妥工廠登記之工廠為限。

4.由國外輸入園區之度量衡器及計量器，使用人應將物品、數量及單位制度等申報管理局編號列管。上述度量衡器及計量器免予檢定，但應加註「科學工業園區專用，不得輸往保稅範圍外」等字樣及編號。度量衡主管機關得作必要之抽查檢定。管理局應將上述輸入園區之度量衡器及計數器之物品、數量、編號、使用廠商名稱及單位制度，每年列表送度量衡主管機關備查。

㈡物資進出的記帳　第二十一條規定，「園區事業無論由國外或國內購入之機器設備、原料、物料、燃料、半製品及其所產生之廢品、下腳、產製之成品、半製品均應備置帳冊，據實記載物資出入數量及金額。帳載物資如有缺損，經申敘正當理由報請管理局會同海關及稅捐稽徵機關查明屬實者，准在帳冊內剔除。

前項帳冊及物資，管理局得隨時會同海關及稅捐稽徵機關派員查核。」

本條第一項所稱正當理由，依「科學工業園區設置管理條例施行

細則」第三十九條規定，係指具有下列情形之一者而言：

　　1.遭受地震、風災、水災、火災、旱災、蟲災及戰禍等不可抗力之災害損失及運輸事故損失。

　　2.竊盜損失。

　　3.盤存之原料、在製品、半成品及成品，其未經抽查之項目，事後發現錯誤者。

　　4.經盤存之保稅原料、在製品、半成品及成品，其實際盤存數量與帳面續存數量不符者。

　　5.生產過程中所產生之損耗未逾海關核定之損耗率者。

　　6.送請檢驗所發生之損耗。

　　7.因研究發展所發生之損耗。

　　㈢海關查驗及運送人資格　第二十八條規定，「園區事業輸出國外或由國外輸入之物資，均應報經駐區海關在指定倉庫查驗放行。其往來園區至港口或機場間之運送，並應交由管理局設置之儲運單位或經管理局認可之運送人，以具有保稅設備之運送工具承運之。」

　　園區事業依本條規定輸出國外或由國外輸入之物資，其往來園區至港口或機場間之運送，依「科學工業園區設置管理條例施行細則」第四十五條規定，應依管理局之規定交由管理局設置之儲運單位或經管理局認可具有保稅資格之運送人承運。管理局設置儲運單位或認可運送人時，應將設置之單位及所認可之運送人名冊通知駐區海關。惟所認可之運送人以經海關核准有案並列冊函告管理局者為限。

　　此外，該施行細則第四十六條規定，園區事業依本條規定輸出國外或由國外輸入之物資，如以空運或郵寄數量在三件以下，總重量未逾三十公斤者，輸入時得填具「園區事業空運或郵寄少量原料包裝加封交運進廠申請書」向海關申請核准，交由該園區事業所派人員攜運

進廠；輸出時得交郵寄出或比照輸入程序辦理。但在運送中遺失者，
應由園區事業補繳稅捐。

　　有關輸出產品的產地標示，該施行細則第四十八條規定，園區科
學工業輸出之產品，因輸往國家地區特殊或產品體積微小，不能標示
產地名稱者，或習慣上不標明者，得列舉事實及理由，並檢附有關文
件，向管理局申請免標產地。

七、建教合作

　　㈠建教合作及人員設備交流　第二十四條規定，「管理局對園區
事業所需人才之培育，創新技術之研究發展，及技術人員與儀器設備
之交流運用，得選擇適當之教育及學術研究機構，本建教合作精神協
商實施。

　　前項建教合作實施方案及技術人員與儀器設備之交流運用辦法，
由國科會、教育部會商有關機構定之。」

　　本條所稱技術人員之交流，依「科學工業園區設置管理條例施行
細則」第四十一條規定，係指下列情形而言：

　　1.學校教師經校方同意，在開學期間於每星期不超過八小時為
限，接受園區事業聘請兼任其科學技術研究人員。但寒暑假期間不受
此限。

　　2.園區事業之技術或管理人員，得依建教合作實施辦法第十條之
規定在學校兼課或擔任實習指導。

　　㈡在職人員選修學分　第二十五條規定，「園區事業在職科學技
術人員經申請核准，得向大學或獨立學院選讀與園區事業有關學科之
學分，於該進修人員依法取得學籍時，其成績優異者，進修時間得抵
充學位應修畢年限，但至多抵充一年。」

「科學工業園區設置管理條例施行細則」第四十三條規定，園區在職科學技術人員依本條規定申請向大學或獨立學院選讀與園區事業有關學科之學分，應檢附園區事業所發給之在職證明先向管理局申請核准；管理局應依該施行細則第四十二條所規定之認定標準認定之。本條所稱與園區事業有關學科，由管理局訂定發布；其所修學分總計已逾一學年應修畢之學分者，得抵充一年。

㈢園區教育或學術機構的設立　第二十六條規定，「凡與園區業務有關之教育或學術研究機構，擬在園區設立，經有關主管機關核准須申請租用園區土地者，管理局應視實際需要核配之。」

八、其他管理規定

㈠投資的實施及撤銷　第十條規定，「投資申請人於申請核准後，應按管理局規定繳納保證金，以保證投資之實施；其未依規定繳納者，撤銷其投資之核准。

前項保證金於投資計畫全部完成時無息發還之。如投資計畫經核准分期實施者，按實施投資金額比率發還；如未按投資計畫完成，經管理局撤銷其投資案者，除沒入保證金外，並得令其遷出園區。

園區事業投資計畫實施後，未依經營計畫經營，且未經管理局核准延期者，得撤銷其投資案並令其遷出園區。」

㈡排除專利法部分規定的適用　第二十二條規定，「園區事業之投資人或技術人已在外國獲准之專利，向我國主管機關申請專利時，得不受專利法第二條第一款及第九十六條第一款之限制。如經核准，其專利權之期間，不得超過原經外國政府核准之有效期限。」

「專利法」第二條第一款規定，有關新發明的消極要件，「本法所稱新發明，謂無下列情事之一者：申請前已見於刊物或已公開使

用，他人可能仿效者。但因研究、實驗而發表或使用，於發表或使用之日起六個月內申請專利者，不在此限。」而「專利法」第九十六條第一款規定，有關新型的消極要件，「本法所稱新型，謂無下列情事之一者：申請前已見於刊物或已公開使用，他人可能仿效者，但因研究、實驗而發表或使用，於發表或使用之日起六個月內申請新型專利者，不在此限。」既然已經在國外取得專利，當然已有公開發表或使用，是故應不受「專利法」相關規定的限制。

㈢國家科學委員會的參加投資　第二十三條規定，「國科會得報請行政院核准，在科學技術發展基金或其他開發基金內指撥專款，對符合園區引進條件之科學工業，參加投資。

前項投資額對其總額之比例，依工業類別，由雙方以契約定之。但投資額以不超過科學工業總投資額百分之四十九為限。

投資人以技術作股，應以不超過其總投資額百分之二十五為限。」

本條第二項所稱以技術作股，依「科學工業園區設置管理條例施行細則」第四十條規定，係指以專利權或專門技術作價投資於各該科學工業之總投資額而言。上述專利權或專門技術作價投資，「科學工業園區設置管理條例」及其細則未規定者，準用「專利權及專門技術作為股本投資辦法」之規定。

㈣管理費的徵收　第二十七條規定，「管理局為維護區內公共設施與公共安全及整理環境衛生，得向園區事業按其銷售額徵收管理費；徵收標準，以不超過其銷售額之千分之三為限。」

本條所規定之管理費，依「科學工業園區設置管理條例施行細則」第四十四條規定，其徵收標準由管理局擬訂報請園區指導委員會審議由國科會核定施行。上述管理費由園區事業按月於次月五日前按上月之營業額計算，自動報繳，管理局事後稽核之。園區事業如不自

動報繳或作虛偽不實之報繳者，除追繳其欠款外，管理局並得改以逐筆徵收，必要時並得定期停止其進出口簽證。管理費自動報繳款單由管理局供給；繳款之銀行名稱由管理局於繳款單內列明。

　　此外，該施行細則第四十七條規定，管理局為維護園區環境衛生得設置清潔隊；為預防及援救火災得設置消防隊。上述清潔隊、消防隊之組織及薪給標準由管理局擬訂報請國科會轉報行政院核定施行。

九、罰則

　　㈠營利事業所得稅減免的撤銷　第二十九條規定，「科學工業使用本國科學技術人員未達第三條第三項約定之比率者，撤銷其依第十五條所規定之當年度應享受之獎勵。如當年度不在選定享受獎勵之期間內者，於該科學工業開始享受獎勵之日起，減除相當於未達第三條第三項約定比率年度之獎勵年數。」

　　㈡未辦通關手續的輸出入　第三十條規定，「違反第二十條規定，未辦理通關手續將已退稅或免稅之物資攜運出保稅範圍外，或違反第二十八條之規定，將物資運入、運出保稅範圍者，以私運貨物進口、出口論，分別依海關緝私條例有關規定處理。」

　　㈢變更用途或提供他人使用的處理　第三十條之一規定，「園區事業將經核准輸往園區外之自用免稅物資變更申請用途、搬離指定場所或提供他人使用者，園區事業應自變更申請用途、搬離指定場所或提供他人使用之翌日起三十日內，向海關按原出區型態補繳進口稅捐、貨物稅及營業稅。

　　未依前項規定補繳稅捐者，除應補繳稅捐或將出區物資運返園區銷案外，並處以應補稅捐一倍之罰鍰。」

　　㈣稽徵關員的違法　第三十一條規定，「稽徵關員或其他依法令

負責檢查之人員，明知有將物資私運進出保稅範圍而放行，或為之銷售或藏匿者，處七年以上有期徒刑。」

㈤園區事業的違法　第三十二條規定，「園區事業有下列情事之一者，處一萬元以上五萬元以下罰鍰：

1.違反第二十一條第一項之規定者。

2.拒絕依第二十一條第二項規定之查核或拒不提示有關資料者。

連續有前項第二款情事者，得連續處罰之。」

㈥相關刑責法律的適用　第三十三條規定，「本條例規定應處罰鍰之案件涉及刑事責任者，應分別依有關法律處罰。」

㈦罰鍰的繳納　第三十四條規定，「本條例所定之罰鍰，由管理局科處，並限期繳納；逾期不繳者，得移送法院強制執行。」

依「科學工業園區設置管理條例施行細則」第四十九條規定，園區事業或人民對於管理局之行政處分，認為違法或不當，致損害其權利或利益者，得依訴願法之規定向國科會提起訴願。上述案件涉及投資審查、技術合作、產品檢驗、貿易外匯業務、勞工行政、勞工安全衛生、公害防治、工廠檢查等事項者，應向有關機關詳查法令事實。

第五節　科學工業園區貿易業務處理辦法

六十九年九月二十四日行政院國家科學委員會(69)臺會園字第五

八七九號令訂定

七十四年二月十一日行政院國家科學委員會(74)臺會園祕字第○

八四八號令修正

七十五年十二月十九日行政院國家科學委員會(75)臺會園投字第

一四五三六號令修正

七十八年三月十七日行政院國家科學委員會(78)臺會園經字第二

二九九號令修正

七十八年八月十一日行政院國家科學委員會(78)臺會園經字第○

九二○三號令修正

一、前言

　　爲了處理科學工業園區內的外匯及貿易業務事項，行政院國家科學委員會依「科學工業園區設置管理條例」第七條第一項第九款及第二項的規定，與經濟部、財政部、中央銀行等有關單位會商後，於民國六十九年九月二十四日發布「科學工業園區貿易業務處理辦法」。其後，本辦法經四次修正，最新壹次係於民國七十八年八月十一日。全文共計五十一條條文，分爲七章，第一章總則(第一條～第五條)、第二章輸出國外 (第六條～第十三條)、第三章自國外輸入 (第十四條～第二十六條)、第四章國外辦事處的設立(第二十七條～第三十一條)、第五章園區與課稅區貨品的輸出入(第三十二條～第三十七條)、第六

章無貨價收入及無須結匯支付價金貨品輸出入（第三十八條～第四十九條）、第七章附則（第五十、五十一條）。

二、總則

㈠制定依據　第一條規定,「本辦法依據科學工業園區設置管理條例(以下簡稱園區條例)第七條第一項第九款及第二項之規定訂定之」。

「科學工業園區設置管理條例」第七條第一項第九款規定, 管理局掌理園區內關於外匯及貿易業務事項。而同條第二項規定,「前項各款所定事項與各機關有關者, 其處理辦法, 由國科會會商有關機關定之。」因此, 行政院國家科學委員會便依上述規定制定本辦法。

㈡主管機關　第二條規定,「科學工業園區管理局(以下簡稱管理局) 辦理科學工業園區內 (以下簡稱園區內) 下列各款有關貿易業務事項:

1.輸出入申請案之審核與登證。

2.其他有關園區內貿易業務事項。」

㈢外匯業務　第三條規定,「由中央銀行指定辦理外匯業務之銀行 (以下簡稱指定銀行) 辦理園區事業有關外匯業務。」

㈣重要貿易措施的處理　第四條規定,「園區內有關貿易之重要措施, 應由管理局函請經濟部國際貿易局 (以下簡稱貿易局) 同意或備案。」

㈤區內科學工業兼營貿易業務　第五條規定,「科學工業得經管理局核准兼營其業務相關之進出口貿易業務。

前項兼營貿易業務以公司執照及園區事業登記證內均有登載者為限。」

三、輸出國外

㈠輸出程序　第六條規定,「園區事業貨品之輸出, 應先向管理局申請簽證, 核發輸出許可證, 並將該貨品存放指定倉庫或地點, 經辦理報關驗放手續後, 由駐區海關監視裝載押運。但貨品價額在經濟部所定限額以內者, 得免辦簽證, 逕向駐區海關申請依出口貨物報關驗放辦法驗放。

前項輸出許可證, 管理局應於收件後二十四小時內核發之。

第一項貨品, 如使用他人之商標時, 應先檢附有關之證明文件, 向管理局申請核准, 或核轉貿易局核准, 如係受輸出配額管制時, 應依經濟部之規定辦理。如屬管制出口之軍事用品, 管理局應先徵詢國防部之意見。」

㈡委託加工輸出或研究實驗的處理　第七條規定,「園區事業接受國外業務委託, 供應原料代為加工輸出或研究實驗, 並以外匯或原料給付加工費者, 應檢附委託合約, 報請管理局核准。其成品與原料均得以不結匯輸出、入方式辦理之。」

㈢不結匯輸出　第八條規定,「下列各款貨品, 得以不結匯方式申請輸出:

1.商業樣品。

2.廣告品。

3.賠償品。

4.補交貨品。

5.其他無貨價收入之輸出貨品。

依本條及前條規定之輸出, 如有外匯收入者, 應依管理外匯條例有關規定, 結售或存入指定銀行。」

㈣輸出價格的申報　第九條規定,「園區事業輸出貨品前應按實際銷售價格填妥申請書表檢附有關文件向管理局申請簽證。

前項所報輸出價格如有低報或匿報情形, 由管理局按管理外匯條例之規定處理。」

㈤輸出許可證有效期限　第十條規定,「輸出許可證有效期間以三十日為限, 如信用狀有效日期不足三十日者, 以信用狀有效日期為準。

前項期限, 不得申請延期, 於原核定期間內不能輸出貨品時, 應將原簽輸出許可證申請註銷重新填報辦理簽證。」

㈥輸出結匯及輸出限制　第十一條規定,「園區事業以貨品輸出取得外匯者, 應依管理外匯條例有關規定, 結售或存入指定銀行。

具有下列情形之一者, 應不得輸出貨品:

1.因可歸責於輸出人之事由, 致無法收到貨款, 使國家蒙受外匯損失者。

2.依限制欠稅人或營利事業負責人出境實施辦法之規定, 因欠稅額超過新臺幣三十萬元而被限制出境者。

3.公司之經營, 有顯著困難, 重大損害或不能清償債務時。」

㈦出進口貨品外匯申報辦法的適用　第十二條規定,「園區事業輸出貨品外匯所得存入或結售指定銀行期限, 應依出進口貨品外匯申報辦法之規定辦理。」

㈧外匯的追繳　第十三條規定,「園區事業輸出貨品, 如逾前條規定期限尚未將價款收回結售或存入指定銀行者, 由外匯局向該園區事業限期追繳。園區事業經限期追繳後仍不以外匯歸還者, 由外匯局依管理外匯條例之規定處理之。」

「管理外匯條例」第二十三條規定, 「依本條例規定應追繳之外匯, 其不以外匯歸還者, 科以相當於應追繳外匯金額以下之罰鍰。」

四、自國外輸入

㈠輸入程序　第十四條規定,「貨品之輸入園區, 應領取輸入許可證。但貨品價額在經濟部所定限額以內者, 得免辦簽證, 逕向駐區海關申請輸入, 按海關輸入規定驗放。」

㈡輸入結匯　第十五條規定,「園區事業因輸入貨品所需之外匯, 依出進口貨品外匯申報辦法規定向指定銀行申報後, 得依管理外匯條例第十三條規定經由指定銀行取得外匯支付。」

㈢加工貨物的輸入　第十六條規定,「園區事業使用國外輸入原料、物料、燃料及半製品, 其種類項目經申報管理局核定, 得申請簽證輸入。」

㈣外幣存款的動用　第十七條規定,「園區事業匯入投資股本或貸款, 以外幣方式存於指定銀行, 限於驗資後再匯出購買經管理局核准輸入之機器設備配件或原料(原料僅限投資股本), 其動用並須經管理局核准。

前項外幣存款一經動用, 即不得申請還原或循環使用。」

㈤不結匯輸入　第十八條規定,「下列各款貨品得以不結匯方式申請輸入:

1.商業樣品。

2.賠償品。

3.補交貨品。

4.其他無須結匯支付價金之貨品。」

㈥其他主管機關的審查或發證　第十九條規定,「輸入貨品依法令規定由其他主管機關審查或發證者, 得由管理局洽請該主管機關辦理。」

㈦輸入許可證的申請　第二十條規定,「園區事業輸入貨品前,應填妥申請書表檢附下列有關文件,向管理局申請簽證。

1.輸入許可證申請書。

2.國外供應商或在臺代理商正副報價單各一份。

3.其他依本辦法規定應行附繳之文件。

前項輸入許可證,如係結匯方式者,應依照進出口貨品外匯申報辦法規定向指定銀行辦理申報。」

有關科學工業園區的園區事業申請輸入許可證的作業流程如下:

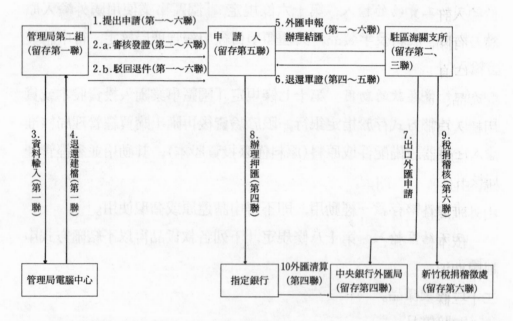

㈧浮報輸入價格的處理　第二十一條規定,「園區事業申請輸入貨品,如有浮報輸入價格情形,由管理局按管理外匯條例辦理。」

依「管理外匯條例」第六條之一及第二十條規定,「進口所需外匯,進口人應向中央銀行指定或委託之機構,依實際交易之付款條件及金額據實申報,憑以結匯。若申報不實,處以按行為匯率折算金額二倍

以下之罰鍰，並由中央銀行追繳其外匯。

㈨輸入許可證有效期限　第二十二條規定，「自國外輸入許可證有效期間均爲六個月，園區事業應洽供應商於有效期間內裝船(機)，如因特殊原因無法於規定期限內啓運者，應敍明實際情形報請管理局依有關規定延長之。」

㈩輸入許可證的修改　第二十三條規定，「園區事業憑輸入許可證辦理外匯申報後，如因業務需要，須延長貨品裝船（機）期限或更改輸入許可證所載貨品名稱、數量、規格或單價等內容者，得由申請人於輸入許可證有效日期截止前，填具輸入許可證修改申請書，檢附原證及有關證件送管理局核定之。」

㈠自用機器設備的輸入　第二十四條規定，「園區事業爲製造或裝配產品、改良品質或增加生產，得專案申請結匯或自其外匯存款中提用輸入自用機器設備及有關器材。」

㈡外匯的追繳　第二十五條規定，「因輸入貨品短裝應繳回之外匯，由外匯局限期追繳之。園區事業經限期追繳後仍不以外匯歸還者，由外匯局依管理外匯條例之規定處理之。」

依本條規定，園區事業因輸入貨品短裝而應繳回的外匯，經外匯局限期追繳後仍不以外匯歸還時，則外匯局將依「管理外匯條例」第二十三條規定，科以相當於應追繳外匯金額以下的罰鍰。

㈢帳冊的查核　第二十六條規定，「園區事業除應依照園區條例第二十一條規定，確實記載應備各種帳冊外，並應按月向管理局及駐區海關申報有關貨品輸入、使用及結存情形。管理局得隨時會同駐區海關及稅捐單位派員查核。

園區事業如不依前項規定申報或逾期申報者，駐區海關得通知管理局停止其進口簽證一個月。拒絕查核者，依園區條例第三十二條之

規定處理之。」

「科學工業園區設置管理條例」第二十一條規定,「園區事業無論由國外或國內購入之機器設備、原料、物料、燃料、半製品及其所產生之廢品、下腳、產製之成品、半製品均應備置帳冊, 據實記載物資出入數量及金額。帳載物資如有缺損, 經申敍正當理由報請管理局會同海關及稅捐稽徵機關查明屬實者, 准在帳冊內剔除。前項帳冊及物資, 管理局得隨時會同海關及稅捐稽徵機關派員查核。」

該條例第三十二條規定,「園區事業有下列情事之一者, 處一萬元以上五萬元以下罰鍰:

1.違反第二十一條第一項之規定者。

2.拒絕依第二十一條第二項規定之查核或拒不提示有關資料者。

連續有前項第二款情事者, 得連續處罰之。」

五、國外辦事處的設立

㈠設置國外辦事處的限制　第二十七條規定,「辦妥公司登記及園區事業登記之科學工業, 其實收資本額在新臺幣五百萬元以上者, 爲從事研究發展, 開拓國際市場或提供售後服務, 其無下列情事之一者, 得向本局申請核轉經濟部登記設置國外辦事處:

1.最近三年內因仿冒商標、標章、偽標產地, 侵害專利權或著作權經法院判決確定者。

2.曾受管理局停止六個月以上出進口申請之處分未滿二年; 或受暫停出進口申請之處分其原因尚未消失者。

3.因本辦法第三十一條之處分尚未期滿者。」

原辦法第二十八條、二十九條、三十條刪除。

㈡非法從事貿易有關業務以外活動的處分　第三十一條規定,「科

學工業之國外辦事處非法從事貿易有關業務以外之活動經查明屬實者，管理局得報請經濟部註銷該辦事處之登記。

前項經註銷登記之國外辦事處，一年內不得再行登記設置。」

六、園區與課稅區貨品的輸出入

㈠內銷課稅區的處理　第三十二條規定，「園區事業之貨品內銷課稅區時，應向管理局申請發給完稅內銷課稅區准許證。

前項准許證，應於貨物運送時隨帶之，並接受有關檢查人員之稽查。

前兩項之准許證，其有效期間爲三十日，園區事業如於有效期間內不能內銷貨物或繳稅時，應將該准許證申請註銷，再重新申請核發。」

㈡轉往園區保稅範圍外委託加工的處理　第三十三條規定，「園區事業原料、半製品輸往園區保稅範圍外委託加工者，應向管理局申請發給未完稅貨品輸往課稅區准許證，並向駐區海關辦理擔保或押稅手續。

前項准許證，應於貨物運送時隨帶之，並接受有關檢查人員之稽查。」

㈢自課稅區輸入自用貨物的處理　第三十四條規定，「依園區條例第十八條之規定由園區保稅範圍外之課稅區廠商售供園區事業自用之機器設備、原料、物料、燃料及半製品等視同外銷之貨物，依園區條例施行細則第三十條之規定辦理。其輸入許可證有效期間爲三十日。」

「科學工業園區設置管理條例」第十八條規定由保稅範圍外廠商售供園區事業自用之物資，視同外銷。而依「科學工業園區設置管理條例施行細則」第三十條規定，該賣方廠商如僅依獎勵投資條例之規定，申請免徵營業稅及減徵印花稅者，應於進入園區保稅範圍時，填

妥自保稅範圍外售往園區事業物資申請減免營業稅及印花稅申請書，申請駐區海關查驗放行；如另須依照外銷品沖退原料稅捐辦法沖退所規定之各稅者，應向管理局辦理輸入簽證及向海關辦理報關手續。駐區海關對於依上述規定辦理輸入園區報關手續者，應於查驗無訛後七日內發給證明文件予賣方廠商。

㈣自課稅區輸入貨物不申請減免或沖退稅的處理　第三十五條規定，「由課稅區輸入園區之貨物如不申請減免或沖退稅者，適用園區條例施行細則第三十一條之規定。」

依「科學工業園區設置管理條例施行細則」第三十一條規定，「由保稅範圍外輸入園區保稅範圍之物資如不申請減免或退稅，得免辦手續入區。但園區事業購進機器，需要全新證明，以便申請免徵或緩繳所得稅或日後有退回、掉換或運返保稅範圍外之需要或可能者，應於入區時填具自保稅範圍外輸入未辦沖退稅貨物至科學工業園區四聯單申請駐區海關查驗放行。

前項物資，於運返保稅範圍外時，應憑該四聯單申請駐區海關查驗，免稅放行。」

㈤交易幣別　第三十六條規定，「園區與課稅區間，或與加工出口區間輸出入之貨物，均以新臺幣支付貨款。園區事業間相互交易亦同。」

㈥各區間貨物往來的處理　第三十七條規定，「園區事業間相互銷售貨物，或園區事業將貨物銷售園區保稅範圍外之保稅工廠、加工出口區外銷事業或稅捐記帳之外銷加工廠者，應依照科學工業園區保稅業務管理規則第二十七條、第二十九條及第三十四條之規定辦理。」

七、無貨價收入及無須結匯支付價金貨品輸出入

㈠自國外輸入應否辦理簽證的規定　第三十八條規定，「園區事業

自國外輸入無須結匯支付價金之貨品，其價值在相當於美金一千元以下，屬於核定產品種類相關範圍之樣品、廣告品、或有案可稽之賠償品、補交貨品而屬於准許進口類者，得依不結匯進口貨品辦法免辦簽證，逕向駐區海關報關提貨；貨品價值超過相當於美金一千元者，仍應辦理輸入簽證手續。自香港、澳門、日本地區輸入者，其免辦簽證限額減半計算。」

㈡免辦簽證輸入貨品的保管　第三十九條規定，「園區事業對前條免辦簽證輸入之貨品，不得輸往課稅區，並應妥為登記保管。」

㈢列表備查　第四十條規定，「園區事業應於每月初將上月免簽證輸入之無須結匯支付價金貨品之名稱、數量、金額等列表彙報管理局備查。」

㈣自課稅區輸入應否辦理簽證的規定　第四十一條規定，「園區事業自課稅區輸入無須結匯之准許進口類貨品，如為樣品、廣告品且屬於核定產品種類及其數量範圍內者，免辦簽證手續，如為賠償品、補交貨品，原案係簽證輸入，但其價值在相當於美金二百元以下者免辦簽證，其價值超過相當於美金二百元以上者，依第三十四條或第三十五條之規定辦理。」

㈤輸出簽證的辦理規定　第四十二條規定，「園區事業向國外或加工出口區或保稅工廠輸出無貨價收入之貨品，其價值相當於美金一千元以下者，如具有正當理由或證件，得免辦簽證，逕向駐區海關辦理輸出手續，其價值超過相當於美金一千元以上者應辦輸出簽證。

前項免辦簽證輸出之貨品，園區事業應逐筆登記於物料帳簿，並於每月初，將上月免辦簽證輸出貨品之名稱、數量、金額等列表彙送管理局備查。」

㈥濫寄樣品、廣告的處理　第四十三條規定，「駐區海關如發覺園

區事業有濫寄樣品、廣告品等情事時，應即函知管理局查究。」

㈦未完稅貨品輸往課稅區的處理　第四十四條規定，「園區事業將樣品、廣告品等無貨價收入貨品送往課稅區陳列或展覽，及便利國外購貨人將樣品經課稅區攜往國外，除願課稅放行者，應依第三十二條規定辦理外，均須依下列規定申請發給准許證後始得輸往課稅區：

1.無貨價收入之貨品，其價值超過相當於美金五百元者，須送貿易局同意後始可向管理局申請發給未完稅貨品輸往課稅區准許證。但特殊急需者，得由管理局先行發證，事後補送貿易局備查。

2.無貨價收入之貨品，其價值在相當於美金五百元以下，得由管理局審核證件無誤後先予發給未完稅貨品輸往課稅區准許證，事後補送貿易局核備。

3.前兩款貨品確因時間急迫不及辦理核准發證及報關者，得先填妥「科學工業園區未完稅無貨價收入貨品（樣品）未辦准許證、報關申請先放出區切結書」送經管理局簽章登記後，持往駐區海關簽章放行，再於翌日補辦發證、報關及向貿易局補報備查。

4.無貨價收入之貨品，其價值每月累計未超過相當於美金二百元，且其貨品種類、數量及標準符合「科學工業園區免辦准許證及報關貨樣限額及破壞標準明細表」者，可免辦發給准許證及報關手續，逕由駐區海關驗放免稅出口。

前項產品於駐區海關驗放時，應在明顯處加蓋不褪色之「未完稅樣品」標誌。

園區事業將樣品、廣告品送往課稅區作陳列或展覽以外之用途時不論其價值多少，均應向管理局申請發給未完稅貨品輸往課稅區准許證。」

㈧樣品、廣告品經由課稅區攜往國外的處理　第四十五條規定，

「樣品、廣告品如爲適應國外購貨人之要求，必須經由課稅區攜往國外者，應由國外購貨人出具收據。如依第四十四條第一項第一款至第三款之規定辦理者，國外購貨人應於出廠後二十日內要求出口地海關出具輸出證明，或在依該條所核發之准許證或切結書上簽署證明其出口，以憑寄回管理局銷案。其未能於預定出國時銷案者，應予補稅。

前項樣品、廣告品如已完稅，免辦本條所規定之手續。」

㈨樣品、廣告品輸往課稅區陳列或展覽的處理　第四十六條規定，「樣品、廣告品如爲依第四十四條規定輸往課稅區陳列性質者，應在固定場所公開陳列或展覽，並由接受陳列或展覽單位出具收據，且須保證不作其他使用。」

㈩參加國外商展的處理　第四十七條規定，「申請參加國外商業展覽者，應遵守下列規定：

1.貨品應在會場展覽或贈送。但因特殊情形，經管理局核准出售者，不在此限。

2.貨品應以展覽會當地中國使領館，授權單位或主辦單位爲收貨人。

3.申請人應先估計輸出數量、單價及總值列表送管理局查對後依第四十二條規定辦理。」

㈠貨品在國外參展結束後的處理　第四十八條規定，「輸出參加國外展覽會之貨品，輸出人應於展覽會會期結束後六個月內依下列方式辦理：

1.運回。

2.因損壞或贈送而不能運回者，應開列清冊報請管理局剔除。

3.經出售者，應將所得貨款扣除當地稅捐、開支後依第八條第二項規定辦理。」

　　㈡樣品、廣告品在國內陳列發生損壞、失效或已停止生產的處理
第四十九條規定,「在國內陳列之樣品、廣告品,如日久損壞或已失效,
或已停止生產者,應運回園區保稅範圍內依廢品下腳處理,或按其現
值補稅後在當地出售。」

八、附則

　　㈠其他相關貿易法令的適用　第五十條規定,「本辦法未規定者適
用其他有關貿易之法令。」
　　㈡施行日　第五十一條規定,「本辦法自發布日施行。」

第六節　仲裁法

五十年一月二十日總統令公布

七十一年六月十一日總統令修正公布

七十五年十二月二十六日總統令修正公布

八十七年六月二十四日總統(87)華總㈠義字

第八七〇〇一二四〇一〇號令修正

一、前言

　　所謂仲裁，係指由當事人雙方約定，將彼此間現在或將來的爭議，由選定的仲裁機構來解決紛爭的方法。商務往來或國際貿易索賠與糾紛的解決，一般所採取的方法，不外由當事人自行和解、由第三者出面調解、提交仲裁機構仲裁，以及提出訴訟由法院判決等。以上各種解決方法優劣互見，手續繁簡也不同，各有其適用範圍。事實上，糾紛不大的，當事人多能以友好方式自行解決，如不能解決，再進一步邀請第三者出面調解。如情況嚴重，雙方相持不下，才進而提交仲裁甚或提起訴訟。就現代貿易實務看來，循法律途徑以訴訟來解決貿易糾紛的較少。這不僅是因為訴訟手續相當複雜，而且訴訟係採三審定讞制度，從起訴以迄最後確定判決，往往延宕時日。此外，兩造花費在律師費、訴訟費用、及執行費用上的金錢，也頗為可觀，一方縱令勝訴，也可能得不償失。因此，糾紛如無法由雙方當事人以友好的方式解決時，通常選定公正的人士為仲裁人，對當事人間的糾紛予以公平、合理的判斷，並由雙方服從其判斷。

仲裁具有下列各項優點：

1.具有法律效力：仲裁人所作的判斷，在當事人之間，與法院的確定判決具有同一效力。因此，在商務上尤爲有關當事人樂於採用。

2.出於雙方的意願：以仲裁方式解決糾紛，應事先取得當事人同意，通常係在買賣合約中所規定，並非一方強迫另一方接受。因此仲裁的基礎較爲溫和，不致完全破壞雙方情誼。

3.維持友好關係：糾紛發生時，當事人雙方由於立場不同，所持的理由自然也互異。爲免雙方堅持己見，以仲裁方式解決，較可維持雙方良好的關係，避免對簿公堂，破壞未來業務的繼續往來。

4.可保密：有關商務上的爭議，常涉及到雙方當事人的業務機密，如付諸訴訟，無異是將機密公開，非雙方當事人所願。因爲法院的訴訟，原則上任何人均可到庭旁聽，且判決亦要公布；而仲裁乃私人間解決糾紛的方法，可在秘密情況下進行，仲裁人與當事人間進行仲裁程序時不對外公開，若對外公開時，亦須對當事人的名稱與地址加以保密，藉以保持商業上的秘密。

5.費用較爲低廉：仲裁事件的收費，依照我國相關仲裁費用規則的規定，係依仲裁標的物的金額或價額計收；而訴訟費用則可能因案情的拖延而作無限的增加。因此，仲裁費較之訴訟費來得低廉。

6.解決迅速：仲裁乃爲解決商務間的爭執而設的，手續簡單，所費時間不多，且一經判斷即告確定，並拘束當事人，比訴訟程序簡單，可獲得迅速的解決。

7.由具有專門知識的仲裁人處理：仲裁人由雙方當事人審慎選擇，多以專家擔任，具有豐富的專業經驗與學識，對所爭執的問題熟悉，故其所作判斷，易使當事人心悅誠服。而對於特殊的問題，亦可憑其專門的知識與經驗而加以公平裁定。

仲裁在現代國際商務往來中，已成爲一種解決糾紛的重要方法。自從一六九七年英國基於習慣法制定了第一個採行立法形式的仲裁法，承認仲裁的法律地位以來，迄今大多數國家，有的在民事訴訟法中規定有關仲裁的條文，有的則制定單行仲裁法規或條例，規定商務糾紛可以仲裁方式來解決。我國則係於民國五十年一月二十日公布「商務仲裁條例」，以作爲解決仲裁契約當事人現在或將來有關商務上的爭議依據，其後並經民國七十一年六月及七十五年十二月兩次修正。

近年來，隨著國內各類商務仲裁案件的增加，法務部爲了順應潮流，配合時代及環境變遷需求，並促成仲裁的國際化與自由化，決定參考聯合國有關仲裁的規範，大幅修正「商務仲裁條例」，並將之更名爲「仲裁法」，其內容主要特色如下：

1.擴大提付仲裁的範圍，舉凡所有民事上可以和解的案件，不再僅限於商務爭議，包括公共工程、消費事件、不動產交易和醫療糾紛等，均可提付仲裁，期能有效消弭各類爭端，達成減少訟源的目標。

2.明白揭示仲裁條款的獨立性，規定仲裁條款雖附隨於當事人所訂立的契約，但其效力應獨立認定，而不受契約不成立、無效、撤銷、解除或終止的影響。

3.尊重當事人自治，確保仲裁人及仲裁程序的公正性，同時確立仲裁程序不公開原則。當事人得自行約定仲裁程序、仲裁地，涉外仲裁事件並得約定仲裁程序所使用的語言等。此外，仲裁人對於仲裁事件負有保密義務。

4.各級團體均可成立機構辦理仲裁，並由曾任法官、律師、會計師等各業專業人士擔任仲裁人，而政府則可以提供補助。

5.修正外國仲裁判斷的定義，在中華民國依外國仲裁法規、外國仲裁機構規則或國際組織仲裁規則所作成的仲裁判斷，也視爲外國仲

裁判斷的一種，可據以聲請法院裁定承認後強制執行，不但符合現代化的需求，也將有利於吸引外資，發展國際貿易。

「仲裁法」經法務部報請行政院審核通過，再送請立法院於八十七年五月二十九日三讀通過，完成立法程序，而於八十七年六月二十四日由總統公布，並訂於同年十二月二十四日起施行。全文共計五十六條條文，分為八章，第一章仲裁協議(第一條～第四條)，第二章仲裁庭之組織 (第五條～第十七條)，第三章仲裁程序 (第十八條～第三十六條)，第四章仲裁判斷之執行 (第三十七條～第三十九條)，第五章撤銷仲裁判斷之訴(第四十條～第四十三條)，第六章和解與調解(第四十四條～第四十六條)，第七章外國仲裁判斷(第四十七條～第五十一條)，第八章附則 (第五十二條～第五十六條)。

二、仲裁協議

㈠仲裁協議的訂立　第一條規定，「有關現在或將來之爭議，當事人得訂立仲裁協議，約定由仲裁人一人或單數之數人成立仲裁庭仲裁之。

前項爭議，以依法得和解者為限。

仲裁協議，應以書面為之。

當事人間之文書、證券、信函、電傳、電報或其他類似方式之通訊，足認有仲裁合意者，視為仲裁協議成立。」

㈡仲裁協議不生效力的情形　第二條規定，「約定應付仲裁之協議，非關於一定之法律關係，及由該法律關係所生之爭議而為者，不生效力。」

㈢仲裁條款的效力　第三條規定，「當事人間之契約訂有仲裁條款者，該條款之效力，應獨立認定；其契約縱不成立、無效或經撤銷、

解除、終止，不影響仲裁條款之效力。」

㈣不遵守仲裁協議所提起的訴訟　第四條規定，「仲裁協議，如一方不遵守，另行提起訴訟時，法院應依他方聲請裁定停止訴訟程序，並命原告於一定期間內提付仲裁。但被告已為本案之言詞辯論者，不在此限。

原告逾前項期間未提付仲裁者，法院應以裁定駁回其訴。

第一項之訴訟，經法院裁定停止訴訟程序後，如仲裁成立，視為於仲裁庭作成判斷時撤回起訴。」

三、仲裁庭之組織

㈠仲裁人　第五條規定，「仲裁人應為自然人。

當事人於仲裁協議約定仲裁機構以外之法人或團體為仲裁人者，視為未約定仲裁人。」

㈡仲裁人的積極資格　第六條規定，「具有法律或其他各業專門知識或經驗，信望素孚之公正人士，具備下列資格之一者，得為仲裁人：

1.曾任實任推事、法官或檢察官者。

2.曾執行律師、會計師、建築師、技師或其他與商務有關之專門職業人員業務五年以上者。

3.曾任國內、外仲裁機構仲裁事件之仲裁人者。

4.曾任教育部認可之國內、外大專院校助理教授以上職務五年以上者。

5.具有特殊領域之專門知識或技術，並在該特殊領域服務五年以上者。」

㈢仲裁人的消極資格　第七條規定，「有下列各款情形之一者，不得為仲裁人：

1.犯貪污、瀆職之罪，經判刑確定者。

2.犯前款以外之罪，經判處有期徒刑一年以上之刑確定者。

3.經褫奪公權宣告尚未復權者。

4.破產宣告尚未復權者。

5.受禁治產宣告尚未撤銷者。

6.未成年人。」

㈣仲裁人的訓練或講習　第八條規定，「仲裁人應經訓練或講習。仲裁人之訓練講習辦法，由行政院會同司法院定之。」

㈤仲裁人的約定及選定　第九條規定，「仲裁協議，未約定仲裁人及其選定方法者，應由雙方當事人各選一仲裁人，再由雙方選定之仲裁人共推第三仲裁人爲主任仲裁人，並由仲裁庭以書面通知當事人。

仲裁人於選定後三十日內未共推主任仲裁人者，當事人得聲請法院爲之選定。

仲裁協議約定由單一之仲裁人仲裁，而當事人之一方於收受他方選定仲裁人之書面要求後三十日內未能達成協議時，當事人一方得聲請法院爲之選定。

前二項情形，於當事人約定仲裁事件由仲裁機構辦理者，由該仲裁機構選定仲裁人。

當事人之一方有二人以上，而對仲裁人之選定未達成協議者，依多數決定之；人數相等時，以抽籤定之。」

㈥選定仲裁人後的通知　第十條規定，「當事人之一方選定仲裁人後，應以書面通知他方及仲裁人；由仲裁機構選定仲裁人者，仲裁機構應以書面通知雙方當事人及仲裁人。

前項通知送達後，非經雙方當事人同意，不得撤回或變更。」

㈦催告選定仲裁人的期限　第十一條規定，「當事人之一方選定仲

裁人後, 得以書面催告他方於受催告之日起, 十四日內選定仲裁人。

應由仲裁機構選定仲裁人者, 當事人得催告仲裁機構, 於前項規定期間內選定之。」

(八)逾期不選定仲裁人的處理　第十二條規定,「受前條第一項之催告, 已逾規定期間而不選定仲裁人者, 催告人得聲請仲裁機構或法院爲之選定。

受前條第二項之催告, 已逾規定期間而不選定仲裁人者, 催告人得聲請法院爲之選定。」

(九)約定仲裁人無法履行仲裁任務的處理　第十三條規定,「仲裁協議所約定之仲裁人, 因死亡或其他原因出缺, 或拒絕擔任仲裁人或延滯履行仲裁任務者, 當事人得再行約定仲裁人; 如未能達成協議者, 當事人一方得聲請仲裁機構或法院爲之選定。

當事人選定之仲裁人, 如有前項事由之一者, 他方得催告該當事人, 自受催告之日起, 十四日內另行選定仲裁人。但已依第九條第一項規定共推之主任仲裁人不受影響。

受催告之當事人, 已逾前項之規定期間, 而不另行選定仲裁人者, 催告人得聲請仲裁機構或法院爲之選定。

仲裁機構或法院選定之仲裁人, 有第一項情形者, 仲裁機構或法院得各自依聲請或職權另行選定。

主任仲裁人有第一項事由之一者, 法院得依聲請或職權另行選定。」

(十)當事人不得不服仲裁機構或法院選定的仲裁人　第十四條規定,「對於仲裁機構或法院依本章選定之仲裁人, 除依本法請求迴避者外, 當事人不得聲明不服。」

有關本法規定仲裁人應迴避處理仲裁事件的情形, 主要規定在第

十五條。

　　㈩仲裁人應即告知當事人的情形　第十五條規定，「仲裁人應獨立、公正處理仲裁事件，並保守秘密。

　　仲裁人有下列各款情形之一者，應即告知當事人：

　　1.有民事訴訟法第三十二條所定法官應自行迴避之同一原因者。

　　2.仲裁人與當事人間現有或曾有僱傭或代理關係者。

　　3.仲裁人與當事人之代理人或重要證人間現有或曾有僱傭或代理關係者。

　　4.有其他情形足使當事人認其有不能獨立、公正執行職務之虞者。」

　　依「民事訴訟法」第三十二條規定，推事有下列各款情形之一者，應自行迴避，不得執行職務：

　　1.推事或其配偶、前配偶或未婚配偶，爲該訴訟事件當事人者。

　　2.推事爲該訴訟事件當事人八親等內之血親，或五親等內之姻親，或曾有此親屬關係者。

　　3.推事或其配偶、前配偶或未婚配偶，就該訴訟事件與當事人有共同權利人、共同義務人或償還義務人之關係者。

　　4.推事現爲或曾爲該訴訟事件當事人之法定代理人或家長、家屬者。

　　5.推事於該訴訟事件，現爲或曾爲當事人之訴訟代理人或輔佐人者。

　　6.推事於該訴訟事件，曾爲證人或鑑定人者。

　　7.推事曾參與該訴訟事件之前審裁判、更審前之裁判或仲裁者。

　　㈪當事人得請求仲裁人迴避的情形　第十六條規定，「仲裁人有下列各款情形之一者，當事人得請求其迴避：

1.不具備當事人所約定之資格者。

2.有前條第二項各款情形之一者。

當事人對其自行選定之仲裁人，除迴避之原因發生在選定後，或至選定後始知其原因者外，不得請求仲裁人迴避。」

㈢當事人請求仲裁人迴避的處理　第十七條規定，「當事人請求仲裁人迴避者，應於知悉迴避原因後十四日內，以書面敍明理由，向仲裁庭提出，仲裁庭應於十日內作成決定。但當事人另有約定者，不在此限。

前項請求，仲裁庭尚未成立者，其請求期間自仲裁庭成立後起算。

當事人對於仲裁庭之決定不服者，得於十四日內聲請法院裁定之。

當事人對於法院依前項規定所爲之裁定，不得聲明不服。

雙方當事人請求仲裁人迴避者，仲裁人應即迴避。

當事人請求獨任仲裁人迴避者，應向法院爲之。」

四、仲裁程序

㈠仲裁程序的開始　第十八條規定，「當事人將爭議事件提付仲裁時，應以書面通知相對人。

爭議事件之仲裁程序，除當事人另有約定外，自相對人收受提付仲裁之通知時開始。

前項情形，相對人有多數而分別收受通知者，以收受之日在前者爲準。」

㈡仲裁程序的適用法律　第十九條規定，「當事人就仲裁程序未約定者，適用本法之規定；本法未規定者，仲裁庭得準用民事訴訟法或依其認爲適當之程序進行。」

「民事訴訟法」有關訴訟程序係規定在第四章，共分七節，第一

節當事人書狀 (第一百十六條~第一百二十二條)，第二節送達 (第一百二十三條~第一百五十三條)，第三節期日及期間(第一百五十四條~第一百六十七條)，第四節訴訟程序之停止(第一百六十八條~第一百九十一條)，第五節言詞辯論 (第一百九十二條~第二百十九條)，第六節裁判 (第二百二十條~第二百四十條)，第七節訴訟卷宗 (第二百四十一條~第二百四十三條)。

㈢仲裁地　第二十條規定，「仲裁地，當事人未約定者，由仲裁庭決定。」

㈣仲裁程序及期限　第二十一條規定，「仲裁進行程序，當事人未約定者，仲裁庭應於接獲被選爲仲裁人之通知日起十日內，決定仲裁處所及詢問期日，通知雙方當事人，並於六個月內作成判斷書；必要時得延長三個月。

前項十日期間，對將來爭議，應自接獲爭議發生之通知日起算。

仲裁庭逾第一項期間未作成判斷書者，除強制仲裁事件外，當事人得逕行起訴或聲請續行訴訟。其經當事人起訴或聲請續行訴訟者，仲裁程序視爲終結。

前項逕行起訴之情形，不適用民法第一百三十三條之規定。」

依「民法」第一編總則第一百三十三條規定，時效因聲請調解或提付仲裁而中斷者，若調解之聲請經撤回、被駁回、調解不成立或仲裁之請求經撤回、仲裁不能達成判斷時，視爲不中斷。因此，如果仲裁庭無法在六個月內或延長三個月後仍無法作成判斷書時，則該仲裁事件應視爲時效中斷，當事人可以逕行起訴。

㈤當事人對仲裁庭管轄權的異議　第二十二條規定，「當事人對仲裁庭管轄權之異議，由仲裁庭決定之。但當事人已就仲裁協議標的之爭議爲陳述者，不得異議。」

㈥當事人的陳述及調查　第二十三條規定,「仲裁庭應予當事人充分陳述機會,並就當事人所提主張為必要之調查。

仲裁程序,不公開之。但當事人另有約定者,不在此限。」

㈦當事人的委任　第二十四條規定,「當事人得以書面委任代理人到場陳述。」

㈧涉外仲裁事件的語文　第二十五條規定,「涉外仲裁事件,當事人得約定仲裁程序所使用之語文。但仲裁庭或當事人之一方得要求就仲裁相關文件附具其他語文譯本。

當事人或仲裁人,如不諳國語,仲裁庭應用通譯。」

㈨證人或鑑定人的應詢　第二十六條規定,「仲裁庭得通知證人或鑑定人到場應詢。但不得令其具結。

證人無正當理由而不到場者,仲裁庭得聲請法院命其到場。」

㈩文書的送達　第二十七條規定,「仲裁庭辦理仲裁事件,有關文書之送達,準用民事訴訟法有關送達之規定。」

「民事訴訟法」第四章訴訟程序的第二節有關送達的規定,主要條文如下:

1.送達,由法院書記官交執達員或郵政機關行之。由郵政機關行送達者,以郵差為送達人。

2.對於在中華民國有事務所或營業所之外國法人或團體為送達者,應向其在中華民國之代表人或管理人為之。

3.關於商業之訴訟事件,送達得向經理人為之。

4.訴訟代理人有受送達之權限者,送達應向該代理人為之。

5.送達,除別有規定外,付與該文書之繕本。

6.送達於住居所、事務所或營業所不獲會晤應受送達人者,得將文書付與有辨別事理能力之同居人或受僱人。

7.送達不能於應受送達人之住居所、事務所或營業所行之，或是不能將文書付與有辨別事理能力之同居人或受僱人者，得將文書寄存送達地之自治或警察機關，並作送達通知書，黏貼於應受送達人住居所、事務所或營業所門首，以爲送達。

8.應受送達人拒絕收領而無法律上理由者，應將文書置於送達處所，以爲送達。

9.送達，非經審判長或受命推事、受託推事或送達地地方法院推事之許可，不得於星期日或其他休息日或日出前、日沒後爲之。但應受送達人不拒絕收領者，不在此限。

10.送達人應作送達證書，記載下列各款事項並簽名：

(1)交送達之法院。

(2)應受送達人。

(3)應送達之文書。

(4)送達處所及年、月、日、時。

(5)送達方法。

11.送達證書，應於作就後交收領人簽名、蓋章或按指印；如拒絕或不能簽名、蓋章或按指印者，送達人應記明其事由。

12.於外國爲送達者，應囑託該國管轄機關或駐在該國之中華民國大使、公使或領事爲之。

13.對於當事人之送達，有下列各款情形之一者，受訴法院得依聲請，准爲公示送達：

(1)應爲送達之處所不明者。

(2)於有治外法權人之住居所或事務所爲送達而無效者。

(3)於外國爲送達，不能囑託該國管轄機關或駐在該國之中華民國大使、公使或領事爲之者，或預知雖依上述規定辦理而無效者。

14.公示送達，應由法院書記官保管應送達之文書，而於法院之牌示處黏貼公告，曉示應受送達人得隨時向其領取。但應送達者，如係通知書，應將該通知書黏貼於牌示處。

15.公示送達，自將公告或通知書黏貼牌示處之日起，其登載公報或新聞紙者，自最後登載之日起，經二十日發生效力；受訴法院依聲請或職權之公示送達，自黏貼牌示處之翌日起，發生效力。

㈩仲裁庭對法院或其他機構協助的請求　第二十八條規定，「仲裁庭為進行仲裁，必要時得請求法院或其他機關協助。

受請求之法院，關於調查證據，有受訴法院之權。」

㈡當事人對仲裁程序的異議　第二十九條規定，「當事人知悉或可得而知仲裁程序違反本法或仲裁協議，而仍進行仲裁程序者，不得異議。

異議，由仲裁庭決定之，當事人不得聲明不服。

異議，無停止仲裁程序之效力。」

㈢當事人主張無理由的處理　第三十條規定，「當事人下列主張，仲裁庭認其無理由時，仍得進行仲裁程序，並為仲裁判斷：

1.仲裁協議不成立。

2.仲裁程序不合法。

3.違反仲裁協議。

4.仲裁協議與應判斷之爭議無關。

5.仲裁人欠缺仲裁權限。

6.其他得提起撤銷仲裁判斷之訴之事由。」

㈣衡平原則的適用　第三十一條規定，「仲裁庭經當事人明示合意者，得適用衡平原則為判斷。」

㈤仲裁判斷的評議　第三十二條規定，「仲裁判斷之評議，不得公

開。

合議仲裁庭之判斷，以過半數意見定之。

關於數額之評議，仲裁人之意見各不達過半數時，以最多額之意見順次算入次多額之意見，至達過半數爲止。

合議仲裁庭之意見不能過半數者，除當事人另有約定外，仲裁程序視爲終結，並應將其事由通知當事人。

前項情形不適用民法第一百三十三條之規定。但當事人於收受通知後，未於一個月內起訴者，不在此限。」

「民法」第一百三十三條有關時效的規定，同本法第二十一條的分析。

(六)判斷書的內容　第三十三條規定，「仲裁庭認仲裁達於可爲判斷之程度者，應宣告詢問終結，依當事人聲明之事項，於十日內作成判斷書。

判斷書應記載下列各款事項：

1.當事人姓名、住所或居所。當事人爲法人或其他團體或機關者，其名稱及公務所、事務所或營業所。

2.有法定代理人、仲裁代理人者，其姓名、住所或居所。

3.有通譯者，其姓名、國籍及住所或居所。

4.主文。

5.事實及理由。但當事人約定無庸記載者，不在此限。

6.年月日及仲裁判斷作成地。

判斷書之原本，應由參與評議之仲裁人簽名；仲裁人拒絕簽名或因故不能簽名者，由簽名之仲裁人附記其事由。」

(七)判斷書的送達　第三十四條規定，「仲裁庭應以判斷書正本，送達於當事人。

前項判斷書，應另備正本，連同送達證書，送請仲裁地法院備查。」

比照「民事訴訟法」第一百四十一條有關送達證書的規定，仲裁判斷書送達人應作成送達證書，記載下列各款事項並簽名：

1.交送達之仲裁庭。

2.應受送達人（當事人）。

3.應送達之文書。

4.送達處所及年、月、日、時。

5.送達方法。

㈥判斷書的更正　第三十五條規定，「判斷書如有誤寫、誤算或其他類此之顯然錯誤者，仲裁庭得隨時或依聲請更正之，並以書面通知當事人及法院。其正本與原本不符者，亦同。」

㈦簡易仲裁程序的適用　第三十六條規定，「民事訴訟法所定應適用簡易程序事件，經當事人合意向仲裁機構聲請仲裁者，由仲裁機構指定獨任仲裁人依該仲裁機構所定之簡易仲裁程序仲裁之。

前項所定以外事件，經當事人合意者，亦得適用仲裁機構所定之簡易仲裁程序。」

有關適用簡易訴訟程序的範圍，依「民事訴訟法」第三章簡易訴訟程序第四百二十七條規定，關於財產權之訴訟，其標的之金額或價額在十萬元以下者（司法院得因情勢需要，以命令減爲五萬元，或增至十五萬元），適用簡易訴訟程序。下列各款訴訟，不問其標的金額或價額一律適用簡易程序：

1.因房屋定期租賃或定期借貸關係所生之爭執涉訟者。

2.僱用人與受僱人間，因僱傭契約涉訟，其僱傭期間在一年以下者。

3.旅客與旅館主人、飲食店主人或運送人間，因食宿、運送費或

因寄存行李、財務涉訟者。

　　4.因請求保護占有涉訟者。

　　5.因定不動產之界線或設置界標涉訟者。

　　6.本於票據有所請求而涉訟者。

　　7.本於合會有所請求而涉訟者。

　　8.因利息、紅利、租金、贍養費、退職金及其他定期給付涉訟者。

五、仲裁判斷之執行

　　㈠仲裁判斷的效力　第三十七條規定,「仲裁人之判斷,於當事人間,與法院之確定判決,有同一效力。

　　仲裁判斷,須聲請法院為執行裁定後,方得為強制執行。但合於下列規定之一,並經當事人雙方以書面約定仲裁判斷無須法院裁定即得為強制執行者,得逕為強制執行:

　　1.以給付金錢或其他代替物或有價證券之一定數量為標的者。

　　2.以給付特定之動產為標的者。

　　前項強制執行之規定,除當事人外,對於下列之人,就該仲裁判斷之法律關係,亦有效力:

　　1.仲裁程序開始後為當事人之繼受人及為當事人或其繼受人占有請求之標的物者。

　　2.為他人而為當事人者之該他人及仲裁程序開始後為該他人之繼受人,及為該他人或其繼受人占有請求之標的物者。」

　　㈡法院應駁回執行裁定聲請的情形　第三十八條規定,「有下列各款情形之一者,法院應駁回其執行裁定之聲請:

　　1.仲裁判斷與仲裁協議標的之爭議無關,或逾越仲裁協議之範圍者。但除去該部分亦可成立者,其餘部分,不在此限。

2.仲裁判斷書應附理由而未附者。但經仲裁庭補正後，不在此限。

3.仲裁判斷，係命當事人為法律上所不許之行為者。」

㈢假扣押或假處分的聲請　第三十九條規定，「仲裁協議當事人之一方，依民事訴訟法有關保全程序之規定，聲請假扣押或假處分者，如其尚未提付仲裁，命假扣押或假處分之法院，應依相對人之聲請，命該保全程序之聲請人，於一定期間內提付仲裁。但當事人依法得提起訴訟時，法院亦得命其起訴。

保全程序聲請人不於前項期間內提付仲裁或起訴者，法院得依相對人之聲請，撤銷假扣押或假處分之裁定。」

依「民事訴訟法」第七編保全程序第五百二十二條規定，債權人就金錢請求或得易為金錢請求之請求，欲保全強制執行者，得聲請假扣押。依同法第五百三十二條規定，債權人就金錢請求以外之請求，欲保全強制執行者，得聲請假處分。

六、撤銷仲裁判斷之訴

㈠得提起撤銷仲裁判斷之訴的情形　第四十條規定，「有下列各款情形之一者，當事人得對於他方提起撤銷仲裁判斷之訴：

1.有第三十八條各款情形之一者。

2.仲裁協議不成立、無效，或於仲裁庭詢問終結時尚未生效或已失效者。

3.仲裁庭於詢問終結前未使當事人陳述，或當事人於仲裁程序未經合法代理者。

4.仲裁庭之組成或仲裁程序，違反仲裁協議或法律規定者。

5.仲裁人違反第十五條第二項所定之告知義務而顯有偏頗或被聲請迴避而仍參與仲裁者。但迴避之聲請，經依本法駁回者，不在此限。

6.參與仲裁之仲裁人，關於仲裁違背職務，犯刑事上之罪者。

7.當事人或其代理人，關於仲裁犯刑事上之罪者。

8.為判斷基礎之證據、通譯內容係偽造、變造或有其他虛偽情事者。

9.為判斷基礎之民事、刑事及其他裁判或行政處分，依其後之確定裁判或行政處分已變更者。

前項第六款至第八款情形，以宣告有罪之判決已確定，或其刑事訴訟不能開始或續行非因證據不足者為限。

第一項第四款違反仲裁協議及第五款至第九款情形，以足以影響判斷之結果為限。」

㈡撤銷仲裁判斷之訴的管轄機關與提起的期限　第四十一條規定，「撤銷仲裁判斷之訴，得由仲裁地之地方法院管轄。

提起撤銷仲裁判斷之訴，應於判斷書交付或送達之日起，三十日之不變期間內為之；如有前條第一項第六款至第九款所列之原因，並經釋明，非因當事人之過失，不能於規定期間內主張撤銷之理由者，自當事人知悉撤銷之原因時起算。但自仲裁判斷書作成日起，已逾五年者，不得提起。」

㈢提起撤銷仲裁判斷之訴的擔保　第四十二條規定，「當事人提起撤銷仲裁判斷之訴者，法院得依當事人之聲請，定相當並確實之擔保，裁定停止執行。

仲裁判斷，經法院撤銷者，如有執行裁定時，應依職權併撤銷其執行裁定。」

㈣仲裁判斷經撤銷確定者的訴訟　第四十三條規定，「仲裁判斷經法院判決撤銷確定者，除另有仲裁合意外，當事人得就該爭議事項提起訴訟。」

七、和解與調解

㈠仲裁和解　第四十四條規定,「仲裁事件, 於仲裁判斷前, 得爲和解。和解成立者, 由仲裁人作成和解書。

前項和解, 與仲裁判斷有同一效力。但須聲請法院爲執行裁定後, 方得爲強制執行。」

㈡仲裁調解　　第四十五條規定,「未依本法訂立仲裁協議者, 仲裁機構得依當事人之聲請, 經他方同意後, 由雙方選定仲裁人進行調解。調解成立者, 由仲裁人作成調解書。

前項調解成立者, 其調解與仲裁和解有同一效力。但須聲請法院爲執行裁定後, 方得爲強制執行。」

㈢仲裁和解及調解相關規定的準用　　第四十六條規定,「第三十八條、第四十條至第四十三條之規定, 於仲裁和解、調解之情形準用之。」

依本條規定, 有關仲裁和解以及仲裁調解對於法院應駁回執行裁定聲請的情形、撤銷仲裁和解以及仲裁調解之訴、撤銷仲裁和解以及仲裁調解之訴的管轄機關與提起的期限、提起撤銷仲裁和解以及仲裁調解之訴的擔保、仲裁和解以及仲裁調解經撤銷確定者的訴訟等, 均可適用仲裁判斷的相當規定。

八、外國仲裁判斷

㈠外國仲裁判斷的定義及執行　　第四十七條規定,「在中華民國領域外作成之仲裁判斷或在中華民國領域內依外國法律作成之仲裁判斷, 爲外國仲裁判斷。

外國仲裁判斷, 經聲請法院裁定承認後, 得爲執行名義。」

㈡聲請承認外國仲裁判斷的文件　　第四十八條規定,「外國仲裁判斷之聲請承認, 應向法院提出聲請狀, 並附具下列文件:

1.仲裁判斷書之正本或經認證之繕本。

2.仲裁協議之原本或經認證之繕本。

3.仲裁判斷適用外國仲裁法規、外國仲裁機構仲裁規則或國際組織仲裁規則者, 其全文。

前項文件以外文作成者, 應提出中文譯本。

第一項第一款、第二款所稱之認證, 指中華民國駐外使領館、代表處、辦事處或其他經政府授權之機構所爲之認證。

第一項之聲請狀, 應按應受送達之他方人數, 提出繕本, 由法院送達之。」

㈢法院應駁回承認外國仲裁判斷聲請的情形　　第四十九條規定,「當事人聲請法院承認之外國仲裁判斷, 有下列各款情形之一者, 法院應以裁定駁回其聲請:

1.仲裁判斷之承認或執行, 有背於中華民國公共秩序或善良風俗者。

2.仲裁判斷依中華民國法律, 其爭議事項不能以仲裁解決者。

外國仲裁判斷, 其判斷地國或判斷所適用之仲裁法規所屬國對於中華民國之仲裁判斷不予承認者, 法院得以裁定駁回其聲請。」

依本條第二項規定, 外國仲裁判斷的承認, 適用互惠原則。除非該外國仲裁判斷地國或該外國仲裁判斷所適用的仲裁法規所屬國也承認在我國或依我國「仲裁法」所作成的仲裁判斷, 否則我國法院可以裁定駁回該外國仲裁判斷的承認聲請。

㈣他方當事人得聲請駁回承認外國仲裁判斷的情形　　第五十條規定,「當事人聲請法院承認之外國仲裁判斷,有下列各款情形之一者,

他方當事人得於收受通知後二十日內聲請法院駁回其聲請：

　　1.仲裁協議，因當事人依所應適用之法律係欠缺行為能力而不生效力者。

　　2.仲裁協議，依當事人所約定之法律為無效；未約定時，依判斷地法為無效者。

　　3.當事人之一方，就仲裁人之選定或仲裁程序應通知之事項未受適當通知，或有其他情事足認仲裁欠缺正當程序者。

　　4.仲裁判斷與仲裁協議標的之爭議無關，或逾越仲裁協議之範圍者。但除去該部分亦可成立者，其餘部分，不在此限。

　　5.仲裁庭之組織或仲裁程序違反當事人之約定；當事人無約定時，違反仲裁地法者。

　　6.仲裁判斷，對於當事人尚無拘束力或經管轄機關撤銷或停止其效力者。」

　　㈤外國仲裁判斷的撤銷承認或停止執行　　第五十一條規定，「外國仲裁判斷，於法院裁定承認或強制執行終結前，當事人已請求撤銷仲裁判斷或停止其效力者，法院得依聲請，命供相當並確實之擔保，裁定停止其承認或執行之程序。

　　前項外國仲裁判斷經依法撤銷確定者，法院應駁回其承認之聲請或依聲請撤銷其承認。」

九、附則

　　㈠仲裁程序法律的適用與準用　　第五十二條規定，「法院關於仲裁事件之程序，除本法另有規定外，適用非訟事件法，非訟事件法未規定者，準用民事訴訟法。」

　　「非訟事件法」主要適用於民事非訟事件以及商事非訟事件兩類，

其中民事非訟事件包括登記事件、財產管理事件、法人之監督及維護事件、出版拍賣及證書保存事件、監護及收養事件、繼承事件等，而商事非訟事件則包括公司事件、海商事件、票據事件等。

有關非訟事件的程序主要係規定在「非訟事件法」第十三條至第三十條，其中規定包括：

1.聲請或陳述，除另有規定外，得以書面或言詞為之。

2.民事訴訟法有關送達期日、期間、證據及釋明方法之規定，於非訟事件準用之。

3.法院應依職權，調查事實及必要之證據。

4.關於事實及證據之調查、傳喚、通知及裁定之執行，得依囑託為之。

5.訊問關係人、證人或鑑定人，不公開之。但法院認為適當時，得許旁聽。

6.非訟事件之處分，以裁定為之。裁定應作成裁定書，由推事簽名。

7.法院為裁定後，認為其裁定不當時，得撤銷或變更之。

8.因裁定而權利受侵害者，得為抗告。駁回聲請之裁定，聲請人得為抗告。惟抗告法院之裁定，應附理由。

9.抗告應向為裁定之原法院或抗告法院提出抗告狀，或以言詞為之。

10.對於抗告法院之裁定，非以其違背法令為理由，不得再為抗告。有關抗告及再抗告，準用民事訴訟法關於抗告程序之規定。

(二)應提付仲裁事件的準用法律　　第五十三條規定，「依其他法律規定應提付仲裁者，除該法律有特別規定外，準用本法之規定。」

(三)仲裁機構組織及仲裁費用　　第五十四條規定，「仲裁機構，得

由各級團體設立或聯合設立，負責仲裁人登記及辦理仲裁事件。

仲裁機構之組織、設立、仲裁費用、調解之程序與費用，由行政院會同司法院定之。」

依原「商務仲裁條例」第二十九條規定，內政部、經濟部及司法行政部於民國六十二年四月六日共同制定公布「商務仲裁協會組織及仲裁費用規則」，其後並於民國七十二年十一月十九日、七十七年七月四日、八十一年四月二十九日及八十五年十月二十三日由行政院及司法院會同修正四次。全文共計四十二條，分為五章，第一章總則，第二章商務仲裁協會之組織，第三章仲裁人，第四章仲裁費用，第五章附則。有關商務仲裁協會組織的重要內容說明如下：

1.全國商務仲裁協會，應設於中央政府所在地，各省（市）得設省（市）商務仲裁協會，各縣（市）得設縣（市）商務仲裁協會。

2.各商務仲裁協會，分別推行各該區域內仲裁業務，應互相協助，但無統屬關係。

3.各商務仲裁協會之設立，應檢具章程，依下列程序為之：

(1)縣（市）商務仲裁協會，應報經縣（市）政府徵得該管地方法院同意後核准之。

(2)省（市）商務仲裁協會，應報經省（市）政府徵得該管高等法院或地方法院同意後核准之。

(3)全國商務仲裁協會，應報經內政部徵得法務部、經濟部同意後，陳報行政院徵得司法院同意核准之。

4.各商務仲裁協會之章程，應記載下列事項：

(1)名稱。

(2)宗旨。

(3)區域。

(4)會址。

(5)組織。

(6)會員資格及入會、退會之手續。

(7)會員之權利與義務。

(8)入會費及常年會費之數額，繳納會費之等級。

(9)會員代表之名額及其產生之標準。

⑽理事、監事之名額、職權、任期、選任及解任。

⑾會議。

⑿經費及會計。

⒀章程之訂定與修改之程序。

⒁訂定或修改章程之年、月、日。

上述章程修改時，應依第六條規定之程序報請核備。

5.凡公私營工、商、農、礦、企業及貿易性之機構、團體，均得爲商務仲裁協會之會員。各商務仲裁協會會員應按其自行選擇之等級繳納會費。前項會員得選派代表一人至五人，依繳納會費之等級決定代表名額。各會員代表之表決權、選舉權與被選舉權相同。

6.各商務仲裁協會，應置理事九人至三十一人，監事三人至九人，由會員代表於會員大會中互選之，分別成立理事會、監事會。候補理事、監事之名額分別不得超過理事、監事名額三分之一。理事、監事應分別互選常務理事及常務監事，其名額分別不得超過理事、監事名額三分之一。理事就常務理事中選舉一人爲理事長，爲會員大會及理事會之召集人；常務監事三人以上者，互推一人爲監事會召集人。各商務仲裁協會應將前兩項選舉結果，自選舉之日起十五日內依下列規定報請核備：

(1)縣（市）商務仲裁協會報請縣（市）政府核備。

⑵省（市）商務仲裁協會報請省（市）政府核備。

⑶全國商務仲裁協會報請內政部、法務部、經濟部核備。

7.各商務仲裁協會理事、監事爲義務職，任期三年，連選得連任。但理事長之連任，以一次爲限。

8.各商務仲裁協會會員大會，每年舉行一次，理事會、監事會每三個月分別或聯合舉行一次。必要時均得召開臨時會議。

9.會員大會之決議，以會員代表過半數之出席，出席者過半數之同意行之。但理事、監事之解任，章程之修改及重要財產之處分，應以會員代表過半數之出席，出席者三分之二以上之同意行之。理事會、監事會之決議，除另有規定外，各以理事、監事過半數之出席，出席者過半數之同意行之。

有關仲裁費用的重要內容如下：

1.因財產權而聲請仲裁之事件，除於聲請時領用有關書表資料，應繳納工本費新臺幣六百元外，應按其仲裁標的之金額或價額，依下列標準逐級累加繳納仲裁費：

⑴新臺幣六萬元以下者，繳費新臺幣三千元。

⑵超過新臺幣六萬元至新臺幣六十萬元者，就其超過新臺幣六萬元部分，按百分之四計算。

⑶超過新臺幣六十萬元至新臺幣一百二十萬元者，就其超過新臺幣六十萬元部分，按百分之三計算。

⑷超過新臺幣一百二十萬元至新臺幣二百四十萬元者，就其超過新臺幣一百二十萬元部分，按百分之二計算。

⑸超過新臺幣二百四十萬元至新臺幣四百八十萬元者，就其超過新臺幣二百四十萬元部分，按百分之一點五計算。

⑹超過新臺幣四百八十萬元至新臺幣九百六十萬元者，就其超

過新臺幣四百八十萬元部分，按百分之一計算。

⑺超過新臺幣九百六十萬元者，就其超過新臺幣九百六十萬元部分，按百分之零點五計算。

仲裁標的之金額以外幣計算者，按聲請日外匯市場兌換率折合計算之。仲裁標的之金額以金銀計算者，按聲請日各該市價折合計算之。

2.非因財產權而聲請仲裁之事件，應繳納仲裁費新臺幣九千元。非因財產權而聲請仲裁之事件並為財產權上之請求時，其仲裁費分別計算。

3.仲裁標的之價額，由仲裁人核定。民事訴訟費用法第四條至第七條規定，於計算仲裁標的之價額時，準用之。仲裁標的價額不能核定者，其標的價額視為新臺幣六萬元。

4.各商務仲裁協會應就所仲裁事件，按其仲裁標的金額或價額，將所收仲裁費依下列百分比，轉交參與該事件之仲裁人，其餘歸商務仲裁協會：

⑴新臺幣二千萬元以下者，為百分之六十。

⑵超過新臺幣二千萬元至新臺幣三億元者，就其超過新臺幣二千萬元部分，為百分之五十。

⑶超過新臺幣三億元者，就其超過新臺幣三億元之部分，為百分之四十。

5.抄錄費、翻譯費、郵電費、運送費、登載新聞紙費及其他有關仲裁之必要費用，依實支數計算。

6.證人出席費每次新臺幣六百元以上新臺幣一千二百元以下；鑑定人、通譯出席費，每次新臺幣九百元以上新臺幣一千八百元以下；均由仲裁人定之。

7.證人、鑑定人、通譯，因就詢或通譯滯留一日以上者，於出席費外，每日給以滯留費新臺幣九百元以上新臺幣一千八百元以下，由仲裁人定之。

8.仲裁人出外調查證據之交通費、食宿費，證人、鑑定人、通譯之交通費、滯留期間之食宿費，依各商務仲裁協會所定標準計算。

9.鑑定人之鑑定費，視事件之繁簡，由仲裁人酌定之。

10.仲裁費用或和解費用之負擔，應記明於判斷書主文或和解書。上述判斷書或和解書中未確定其費用額者，當事人得聲請法院裁定確定之。

11.當事人撤回仲裁之聲請者，由其負擔仲裁費用。當事人於仲裁人選定後，仲裁詢問開始前，聲請撤回仲裁者，得請求退還依第4點規定應轉交與仲裁人仲裁費之半數。其於仲裁人選定前撤回者，當事人得請求退還應轉交與該仲裁人仲裁費之全額。

12.第1、2點之仲裁費由聲請人於聲請時預繳於商務仲裁協會。

13.第5～9點之費用，商務仲裁協會得通知當事人預繳之。

14.非經商務仲裁協會辦理之仲裁事件，其仲裁費用之收取，得準用「商務仲裁協會組織及仲裁費用規則」有關之規定。

㈣政府對仲裁機構的補助　　第五十五條規定，「為推展仲裁業務、疏減訟源，政府對於仲裁機構得予補助。」

㈤施行日　　第五十六條規定，「本法自修正公布日後六個月施行。」

依本條規定，由於「仲裁法」係在民國八十七年六月二十四日經總統令制定公布，因此本法自民國八十七年十二月二十四日正式施行。

習題

壹、填充題

1.「管理外匯條例」所稱外匯，指_____、_____及_____。

2.管理外匯之行政主管機關為_____，掌理外匯業務機關為_____。

3.中央銀行應將外匯之買賣、結存、結欠及對外保證責任額，按期彙報_____。

4.「管理外匯條例」於_____、_____或_____時，行政院得決定停止第七條、第十三條及第十七條全部或部分條文之適用。

5.加工出口區內之土地屬私有者，依法徵收，並按_____補償之。

6.科學工業使用本國各級科學技術人員之人數，視科學工業之性質與規模，及逐年成長程度，由園區與科學工業分別以契約定之。但自產品銷售或提供勞務之日起三年內，應遞增至不低於該事業科技人員總數_____。

7.園區事業之貨品內銷課稅區時，應向管理局申請發給完稅內銷課稅區准許證，其有效期間為_____。

8.科學工業園區與課稅區間，或與加工出口區間輸出入之貨物，均以_____支付貨款。

9.仲裁人之判斷，於當事人間，與法院之_____，有同一效力。

10.仲裁判斷，須聲請法院為執行裁定後，方得為_____。

11.提起撤銷仲裁判斷之訴，應於判斷書交付或送達之日起，_____之不變期間內為之。

12.仲裁判斷經法院判決撤銷者，當事人得就該爭議事項提起_____。

13.仲裁事件，於仲裁判斷前，得為_____。

14.未依「仲裁法」訂立仲裁協議者，_____得依當事人之聲請，經他方同意後，由雙方選定仲裁人進行_____。

15.外國仲裁判斷，經聲請_____裁定承認後，得為執行名義。

貳、問答題

1.試述我國外匯主管機關及其主管事項？另國際貿易主管機關有何權責？

2.依「管理外匯條例」之規定，免結匯進口之貨品有那些？

3.試述指定銀行得辦理之外匯業務？

4.試述加工出口區的區內事業應具備何種條件？而其管理機關及相關機構各有那些？

5.試述加工出口區區內事業有何種稅捐優惠？

6.試述設置科學工業園區的目的為何？管理法令之依據有那些？督導及決策機關為何？

7.試述科學工業園區的科學工業範圍為何？應具備何種條件？

8.試述科學工業園區之園區事業有何種稅捐優惠？

9.依「科學工業園區貿易業務處理辦法」之規定，園區事業得以不結匯方式申請輸出之貨品有那些？

10.依「科學工業園區貿易業務處理辦法」之規定，園區事業得以不結匯方式申請輸入之貨品有那些？

11.試述仲裁之進行程序及仲裁判斷之效力。

12.試述仲裁和解與仲裁調解之效力。

13.何謂外國仲裁判斷？其效力如何？在何種情況下，法院應駁回當事人聲請承認之外國仲裁判斷？

14.試述仲裁人的積極資格及消極資格。

三民大專用書書目——經濟·財政

三民大專用書書目——行政·管理

書名	著者		任職機構
行政學（修訂版）	張潤書	著	政治大學
行政學	左潞生	著	前中興大學
行政學	吳瓊恩	著	政治大學
行政學新論	張金鑑	著	前政治大學
行政學概要	左潞生	著	前中興大學
行政管理學	傅肅良	著	前中興大學
行政生態學	彭文賢	著	中央研究院
人事行政學	張金鑑	著	前政治大學
人事行政學	傅肅良	著	前中興大學
各國人事制度	傅肅良	著	前中興大學
人事行政的守與變	傅肅良	著	前中興大學
各國人事制度概要	張金鑑	著	前政治大學
現行考銓制度	陳鑑波	著	
考銓制度	傅肅良	著	前中興大學
員工考選學	傅肅良	著	前中興大學
員工訓練學	傅肅良	著	前中興大學
員工激勵學	傅肅良	著	前中興大學
交通行政	劉承漢	著	前成功大學
陸空運輸法概要	劉承漢	著	前成功大學
運輸學概要	程振粤	著	前臺灣大學
兵役理論與實務	顧傳型	著	
行為管理論	林安弘	著	德明商專
組織行為學	高尚仁、伍錫康	著	香港大學
組織行為學	藍采風、廖榮利	著	美國印第安那大學、臺灣大學
組織原理	彭文賢	著	中央研究院
組織結構	彭文賢	著	中央研究院
組織行為管理	龔平邦	著	前逢甲大學
行為科學概論	龔平邦	著	前逢甲大學
行為科學概論	徐道鄰	著	
行為科學與管理	徐木蘭	著	臺灣大學
實用企業管理學	解宏賓	著	中興大學
企業管理	蔣靜一	著	逢甲大學